LLOYDMISSIONEN
Robert Claessens'
Fahrten um die Welt
1891–1955

Jörn Bullerdiek
Daniel Tilgner (Hg.)

LLOYDMISSIONEN

Robert Claessens' Fahrten um die Welt 1891–1955

EDITION TEMMEN

Inhalt

Robert und Alfons Claessens, 1880

Kindheit und Jugend

Ich wurde am 27. Juli 1876 in Orschen, Kreis Preußisch Eylau, als Sohn des Rittergutsbesitzers Alphons Claessens und seiner Ehefrau Maria, geb. Baur, geboren und am 3. August des gleichen Jahres im Elternhaus durch den katholischen Pfarrer aus Landsberg auf die Namen Hugo Carl Robert getauft. Vater und Mutter waren Aachner Kinder. Vater war daselbst am 24. Dezember 1837 und Mutter am 25. Mai 1846[1] geboren.

Als junger Mann war Vater zur Erlernung der Landwirtschaft zu dem Majoratsbesitzer Freiherrn von Tettau Tolks gekommen, dessen Besitz in der Nähe von Bartenstein in Ostpreußen lag. Anfang der siebziger Jahre pachtete mein Vater das in der Nähe liegende Gut Loyden und heiratete am 21. Juni 1873 meine Mutter in Aachen. In Loyden wurden meine beiden älteren Brüder Alfons am 4. April 1874 und Eugen am 13. April 1875 geboren. Anfang 1876 kaufte dann mein Vater das etwa 3000 Morgen große Rittergut Orschen. Orschen war sehr schön gelegen. Das langgestreckte Gutshaus mit den einen großen viereckigen Hof einschließenden Wirtschaftsgebäuden lag auf einer Erhebung. Ein acht Morgen großer Garten erstreckte sich bergabwärts, und unten lag das Dorf, das heißt die Häuser der Gutsarbeiter und einige kleine Bauerngehöfte. Das Gutshaus selbst war ein aus dem 18. Jahrhundert stammender jetzt einstöckiger Bau. Früher soll es einen zweiten Stock gehabt haben, den aber ein Vorbesitzer hat herunternehmen lassen. Hier wurde am 1. August 1877 meine Schwester Elisabeth, genannt Else, und am

4. November 1880 mein jüngster Bruder Hugo geboren. Wir waren somit fünf Geschwister.

Die ersten Schulkenntnisse erwarb ich mir mit den älteren Brüdern zusammen bei einer Erzieherin und unserem Dorfschullehrer. Später erhielten wir dann einen Hauslehrer, Kandidat Ilse, der ein ganz ausgezeichneter Lehrer und Erzieher war. Gerne erinnere ich mich der schönen Zeiten meiner ersten Jugend in Orschen. Wir waren acht Kilometer, zum größten Teil sehr schlechten Landwegs, von der nächsten kleinen Stadt Landsberg, unserer Poststation, entfernt, und bis zur nächsten Bahnstation, Preußisch Eylau, waren es zehn Kilometer, teils sehr schlechter Landweg und fünf Kilometer Chaussee.

In dem rund tausend Morgen großen zum Gut gehörenden Wald konnten wir ungestört umherstreifen, in den großen Teichen baden und schwimmen, und außerdem waren wir schon als kleine Bengel von den Pferden nicht herunterzubekommen.

Die erste Trübung erfuhr dieses schöne Leben, als unser Kandidat Ilse uns im Jahre 1885 plötzlich verlassen mußte, da seine politische Einstellung meinem streng konservativ ausgerichteten Vater nicht paßte. Er wurde durch einen Kandidaten namens Westfal abgelöst. Am 1. April 1886 brachte uns drei ältere Brüder Mutter nach Königsberg. Wir wurden bei Familie Flakowski in Pension gegeben und bestanden alle drei die Aufnahmeprüfung, die beiden ältesten für die Untertertia und ich für die Quinta des königlichen Wilhelms Gymnasiums.

Alphons und Maria Claessens

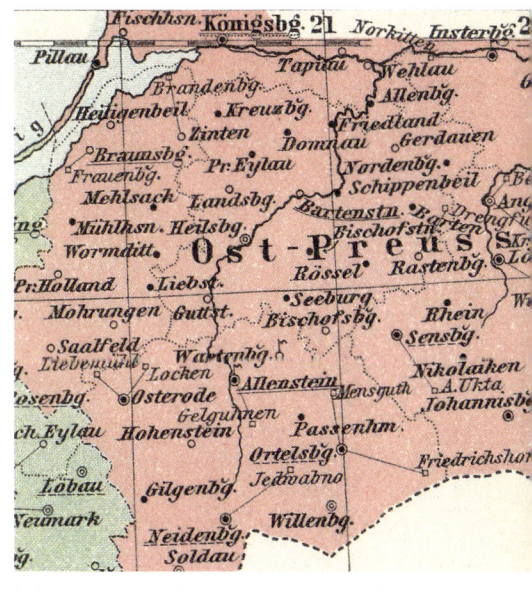

Teil von Ostpreußen mit Landsberg und Preußisch Eylau

Vorbei war die schöne Zeit, und der Ernst des Lebens begann für mich damals noch nicht zehnjährigen Bub. Bei Flakowskis waren wir in einem Zimmer untergebracht, das nach der Straße zu im Parterre lag. Die Verpflegung war ausreichend, aber sehr einfach, zum Beispiel erhielten wir zum Frühkaffee zwei trockene Semmeln und durften uns zwei weitere, ebenfalls trocken, zur Schule mitnehmen; zum Nachmittagskaffee gab es wieder zwei trockene Semmeln. Um so mehr freuten wir uns, wenn die Ferien herankamen und wir nach Hause fahren konnten. Schon die Bahnfahrt von Königsberg nach Preußisch Eylau, die damals eine Stunde dauerte, war jedesmal ein Ereignis; dort wurden wir von unserem Kutscher bei schlechtem Wetter im Viererzug, bei gutem Wetter im Zweispänner abgeholt. Zu Hause durften wir uns mal wieder richtig austoben. Ich war ein nicht schlechter Schüler, brachte fast immer gute Zeugnisse mit nach Hause und wurde stets als einer der ersten versetzt. Mein Vater hatte mich zum Studium der Medizin bestimmt, während meine beiden älteren Brüder Offiziere werden sollten und wollten.

Da besuchte uns im Jahre 1890 ein Onkel, Bruder meiner Mutter, Kapitän Hugo Baur[2], der einen Schnelldampfer des Norddeutschen Lloyd führte und mich überredete, in seine Fußtapfen zu treten und Seemann zu werden. Mein Vater gab schließlich nach, ich wurde Ostern 1891, noch nicht 15 Jahre alt, nach Obersekunda versetzt, erhielt damit das Reifezeugnis für den einjährigen Dienst und verließ die Schule, um mich dem Seemannsberuf zu widmen. Es war dieses ein Schritt, den damals niemand verstehen konnte und der in unserem Bekanntenkreise einiges Aufsehen erregte. Der Sohn eines der angesehensten Großgrundbesitzer, der sich nichts

Alfons   Robert   Eugen

Robert mit beiden älteren Brüdern

hatte zuschulden kommen lassen, der einer der besten Schüler des vornehmen Wilhelms Gymnasiums war, der wollte Schiffsjunge werden, das konnte einfach niemand begreifen.

Wenn ich heute auf die 60 und mehr Jahre, die seither vergangen sind, zurückblicke, so bereue ich es nie, diesen Schritt getan zu haben. Gewiß war die erste Zeit für mich sehr, sehr schwer, gewiß hätte ich auch als Arzt schöne Reisen machen und die Welt kennenlernen können; aber gerade die Erfahrungen, die ich als Schiffsjunge gemacht habe, und die Menschenkenntnis, die ich mir als Matrose und im späteren Leben erworben habe, sind es schon allein wert, all das Schwere, das mir in jungen Jahren beschieden war, durchgemacht zu haben. Aber all dieses soll nun der Reihe nach niedergelegt werden.

Ende April 1891 fuhr meine Mutter mit mir nach Bremerhaven und lieferte mich im Hause meines Onkels Baur, der damals in der Lloydstraße 9 wohnte, ab. Seine Frau, Tante Sophie[3], und ihre Kinder[4], Bernhardine, Adele, Hugo und Gerhard nahmen mich gleich sehr liebevoll auf, und ich verlebte dort zunächst sehr schöne Tage. Den Höhepunkt bildete die Ankunft des Schnelldampfers »Eider«[5], auf dem mein Onkel Kapitän war, zu damaliger Zeit ein kleiner König. Wir fuhren, noch während das Schiff auf der Rhede lag, an Bord, und ich betrat zum ersten Mal die Planken eines größeren Schiffes. Aus dem Staunen und der Bewunderung kam ich nicht heraus. Die Schnelldampfer konnten damals nicht in Bremerhaven anlegen, sondern gingen in Nordenham an den Pier, ich machte also gleich eine kleine Fahrt mit.

Abends wurde dann in der Kapitänskajüte ein Dinner serviert, das gleich mit frischen Austern anfing, die ich in meinem Leben nie gesehen, geschweige

Schlossteich in Königsberg

D. von Henk beschrieb die »Eider« 1895 in seinem Buch »Zur See«, S. 362 f., wie folgt:

Der Schnelldampfer »Eider«, ein schwimmender Palast

Die »Eider« ist wie ihre Schwesterschiffe von der Fairfield Shipbuilding Company in Govan bei Glasgow im Jahre 1884 erbaut. Dieselbe ist 131 m lang, 14,4 m breit, 10,6 m tief, wiegt leer ca. 5.000 Tonnen oder 100.000 Centner und ist im Stande, ungefähr das gleiche Gewicht als Fracht und Ausrüstung an Bord zu nehmen. Sie wird durch sieben Querwände in neun wasserdichte Abtheilungn getheilt. Selbst wenn die größte dieser Abtheilungen sich mit Wasser gefüllt haben sollte, so würde dadurch allein noch keine ernste Gefahr für die Sicherheit des Schiffes entstehen können.

Die innere Einrichtung des Schiffes ist selbstverständlich eine so komplizirte, dass es in den ersten Tagen des Anbordsein schwer hält, sich in den Ecken und Winkeln, den Treppen und Gängen zurechtzufinden. Vergleicht man das Schiff mit einem Haus, so entsprechen den Laderäumen die Keller, dem Zwischendeck das Parterre, während sich im ersten Stock die beiden Salons, die Kabinen der Kajütspassagiere und erforderlichen Sanitätseinrichtungen befinden; im zweiten Stock, einem Aufbau auf dem eigentlichen Oberdeck, liegt mittschiffs das Rauchzimmer, während die Wohnungen der Schiffsoffiziere und die Küche an den Seiten angebracht sind. Noch eine Treppe höher befindet sich der Damensalon und daranstoßend das Kartenhaus.

Der erste Salon liegt vor dem Maschinenraum, ungefähr in der Mitte des Schiffes, dort, wo sich die Bewegung am wenigsten fühlbar macht. Es ist ein mächtiger Saal, welcher die ganze Schiffsbreite einnimmt und ungefähr ebenso lang wie breit ist. Das Tageslicht dringt durch mehrere Seitenfenster, sowie durch die farbigen Glasfenster eines mächtigen Lichtschachts ein. Während den Raum unter den Fenstern gute Gemälde eines namhaften Berliner Künstlers einnehmen, sind die Decken und die Wände mit reichem dekorativen Schnitzwerk im Renaissancestil geschmückt. Auf dickem, weichem Teppich sind längsschiffs zwei mächtige Speisetische nebst drehbaren Sesseln aufgestellt. An einer der Tafeln präsidirt bei den Mahlzeiten der Kapitän, dem zur Seite sich die vielumworbenen Ehrenplätze befinden. Der Raum zwischen diesen Tafeln und der

Erster-Klasse-Speisesaal der »Lahn«, Lloyddampfer der »Flüsseklasse«

Ein stolzes Schiff: Schnelldampfer »Eider«, Kapitän Hugo Baur, Robert Claessens' Onkel

Schiffswand ist durch kleinere Tische ausgefüllt, welche besonders für größere
Familien bestimmt sind. Ein Pianino und
ein Buffet vervollständigen die elegante
Einrichtung.

Von dem Salon der ersten Kajüte aus
laufen nach vorn und hinten je zwei Kor-
ridore, an welchen die Schlafkabinen der
Passagiere liegen, kleine Räume in Länge
von ungefähr 2,5 m, bei einer Breite von
3 m. Trotz der geringen Größe bieten sie
durch praktische Einrichtung bequeme
Unterkunft für zwei Passagiere und haben feste Betten, welche übereinander an
der inneren Kabinenlängsseite angebracht
sind. Muß wegen starker Besetzung des
Dampfers noch eine dritte Lagerstätte
hergestellt werden, so wird hierzu das
Sopha benutzt, welches sich an der äußeren Längsseite befindet. Sein Licht empfängt der kleine Raum durch ein rundes
Fenster in der Schiffsseite (Ochsenauge),
welches so hoch über dem Wasser liegt,

dass ein Schließen desselben nur beim Eintritt schlechten Wetters erforderlich ist.

Der zweite Salon befindet sich hinter
dem Maschinenraum, und die Einrichtung
entspricht ungefähr der, welche man früher auf Dampfern der ersten Kajüte fand.
Die Schlafräume liegen nebenan und enthalten je vier Schlafplätze.

Das Zwischendeck ist in drei mächtige
Abtheilungen geschieden, wie dies ein in
der Vereinigten Staaten erlassenes Gesetz
vorschreibt. In der ersten, der vordersten
Abtheilung, sind die allein reisenden Männer, in der mittleren die Familien, und in
der hinteren die einzelnen Frauen untergebracht. Als Schlafplätze dienen ihnen
viereckige Kasten von ca. 2 m Länge und
0,5 m Breite, die in zwei Reihen übereinander liegen [...]. Einige herunterzulassen-
de Tische und Bänke sind ebenfalls vorhanden. So einfach das alles auch ist, so ist
man doch sichtlich bemüht, der Bequemlichkeit der Passagiere und den Anforde-

rungen der Sittlichkeit und der Hygiene
soweit als angängig Rechnung zu tragen.
Davon zeugen auch außer der Ventilati-
onseinrichtung, welche besonders hervor-
zuheben ist, die auf dem Oberdeck befindlichen Waschräume und andere Anstalten.

Die vorstehend beschriebenen Räume
liegen unter dem Oberdeck, welches vorn
und hinten schildförmige Aufbauten, die sogenannten Schildkröten-Decks, und einen
größeren Aufbau mittschiffs trägt, in welchem sich außer den Kabinen der Offiziere
das bequem eingerichtete Rauchzimmer
befindet. Das Deck vor demselben ist für
die Zwischendeckspassagiere, das Hinter-
deck für die Passagiere der zweiten Kajüte
zum Tummelplatz bestimmt. Eine Treppe
höher befindet sich das zierlichste aller an
Bord vorhandenen Gemächer, der Damensalon der ersten Kajüte. Die zu ihm führende
Treppe mündet auf das ungefähr 60 Meter
lange, für die Passagiere erster Klasse bestimmte Promenadendeck.

Die Lloydstraße in Bremerhaven um 1895
(Postkarte). Links vorne die »Taback- und
Cigarrenhandlung« von Johann Heinrich
Kastan, Lloydstraße 37

Robert Claessens im Ölzeug

denn gegessen hatte. Ich aß und trank
aber alles mit, wollte mich doch nicht
vor meinem Vetter Hugo blamieren. Leider bekam mir das aber nicht besonders.
Die erste Lehre, die ich erhielt.

Bei Pötter und Langholdt[6] wurde
dann die erste seemännische Ausrüstung für mich beschafft. Ich ließ mich
natürlich gleich in vollem Ölzeug foto-
graphieren und fing an, mich schon als
richtiger Seemann zu benehmen.

Mit meinem Vetter Hugo fuhr ich
auch nach Vegesack, besuchte dort Verwandte und sah von einem Boot aus den
Stapellauf des letzten hölzernen Segel-
schiffes, das auf der Langeschen Werft in
Vegesack gebaut worden ist, mit an.[7]

Dort lernte ich auch Kapitän Reitzenstein kennen, mit dessen Schiff »Freiburg«, einem hölzernen Vollschiff, ich
meine erste Reise machen sollte. Hie-
raus wurde aber aus irgendeinem mir
heute nicht mehr bekannten Grunde
nichts und zu meinem Glück, denn das
Schiff ist irgendwo im Weltmeer unter-
gegangen.[8]

Ein Scandal in Bremerhaven

Bremerhaven, 23. April. (Prov. Ztg.) Ein heftiger blutiger Zusammenstoß zwischen Seeleuten und Polizisten hat in der Nacht zum Mittwoch zwischen 11 und 12 Uhr in der Langestraße stattgefunden. Entstanden war der Scandal in einem dortigen Tanzlocal, wo etwa zwanzig Mann von der Besatzung zweier Lloyddampfer sich amüsirten, durch die Behauptung eines derselben, ihm sei Geld abhanden gekommen. Der Wirth wies dem Ruhestörer schließlich die Thür, worauf der Scandal sich auf die Straße fortpflanzte und den Sicherheitsbeamten zum Einschreiten veranlasste. Als der Ruhestörer verhaftet werden sollte, sprangen ihm sofort mehrere seiner Collegen zur Hülfe und versuchten, ihn zu befreien. Dies war für die Seeleute das Signal zu einem allgemeinen Angriff, der in kürzester Frist, nachdem beide Theile Verstärkungen erhalten hatten, zu einer wahren Schlacht ausartete. Alles, was an Angriffsmitteln zu erhaschen war, Aschkästen, Unrathsgefäße etc., wurde von den Aufrührern ergriffen und zum Angriff auf die 5 Polizeibeamten (2 Schutzleute und 3 städtische Nachtwächter) benützt, welch' letztere wiederum in ihrer Noth von der Waffe Gebrauch machten. Mehrere Passanten, welche von den Beamten zur Hülfeleistung gegen die Uebermacht aufgefordert wurden, zogen es bis auf auf einen beherzten Mann vor, sich schleunigst in Sicherheit zu bringen, und so hatten die Beamten einen schweren Stand. Auf beiden Seiten gab es Verwundungen. Ein Wächter erhielt eine bedeutende Verletzung an der Backe und einem Schutzmann wurde die Uniform buchstäblich vom Leibe gerissen. Schließlich blieben die Beamten aber Sieger. Es gelang ihnen, die drei Haupträdelsführer zu verhaften; fünf weitere Verhaftungen wurden am Mittwoch Morgen vorgenommen. Die übrigen Kämpfer werden noch gesucht. Die Verhafteten werden sich wegen Aufruhrs, Befreiung von Gefangenen und gemeinschaftlichen Widerstandes gegen die Staatsgewalt zu verantworten haben.

Bremerhaven: Blick vom Neuen Hafen auf die Stadt. Im Bereich des linken Bildrandes endet die Lloydstraße am Hafenbecken. Photochrom zwischen 1890 und 1900

woch früh Verstorbene ist der Arbeiter Heinemann aus Geestemünde, ein geborener Schweizer. Heinemann soll in einer Wirthschaft mit einem anderen Arbeiter, den er noch bezeichnen konnte, in Wort-

Noch weit weniger glimpflich war am gleichen Abend eine andere Auseinandersetzung ausgegangen:

Mit einer tiefen Stichwunde am Halse fanden am Dienstag Abend zwischen 10 und 11 Uhr Passanten einen Arbeiter in der Fährstraße hilflos am Boden liegen. Der Mitt-

wechsel gerathen sein, dann aber, anscheinend versöhnt, mit ihm den Nachhauseweg angetreten haben. Auf dem Marktplatz hat dann der Streit von Neuem angefangen und mit dem unseligen Messerstich und der Vernichtung eines blühenden Menschenlebens geendet.

»Weser-Zeitung« vom 23. April 1891, Mittagsausgabe

Der Stapellauf der »Sirius«

Vegesack, 22. April. Heute Nachmittag lief das auf Johann Lange's Werft für die Rhederei von Siedenburg, Wendt u. Comp. in Bremen neu erbaute Segelschiff »Sirius« glücklich vom Stapel. Das ziemlich scharf gebaute Fahrzeug gewährt zu Wasser einen imposanten Anblick. Dasselbe ist ganz aus Stahl und nach den Vorschriften des Germanischen Lloyd und des Bureau Veritas für erstklassige Schiffe erbaut. Es hält 1800 Registertons Netto und bekommt Vollschifftakelung mit doppelten stählernen Mars- und Brahmrahen. Bugspriet, Untermasten und Stengen sind ebenfalls aus Stahl angefertigt. Die Größenverhältnisse des Schiffes sind folgende: Die Länge beträgt in der Wasserlinie 260 Fuß, die größte Breite 40 Fuß, die Raumtiefe 23 Fuß 3 Zoll und der Tiefgang bei voller Ladung 21 Fuß englisch. Die Führung des Schiffes ist Herrn Kapt. Behring von hier übertragen worden.

Vollschiff »Sirius« auf der Lange-Werft in Vegesack
und auf dem Dimensionsplan von 1891

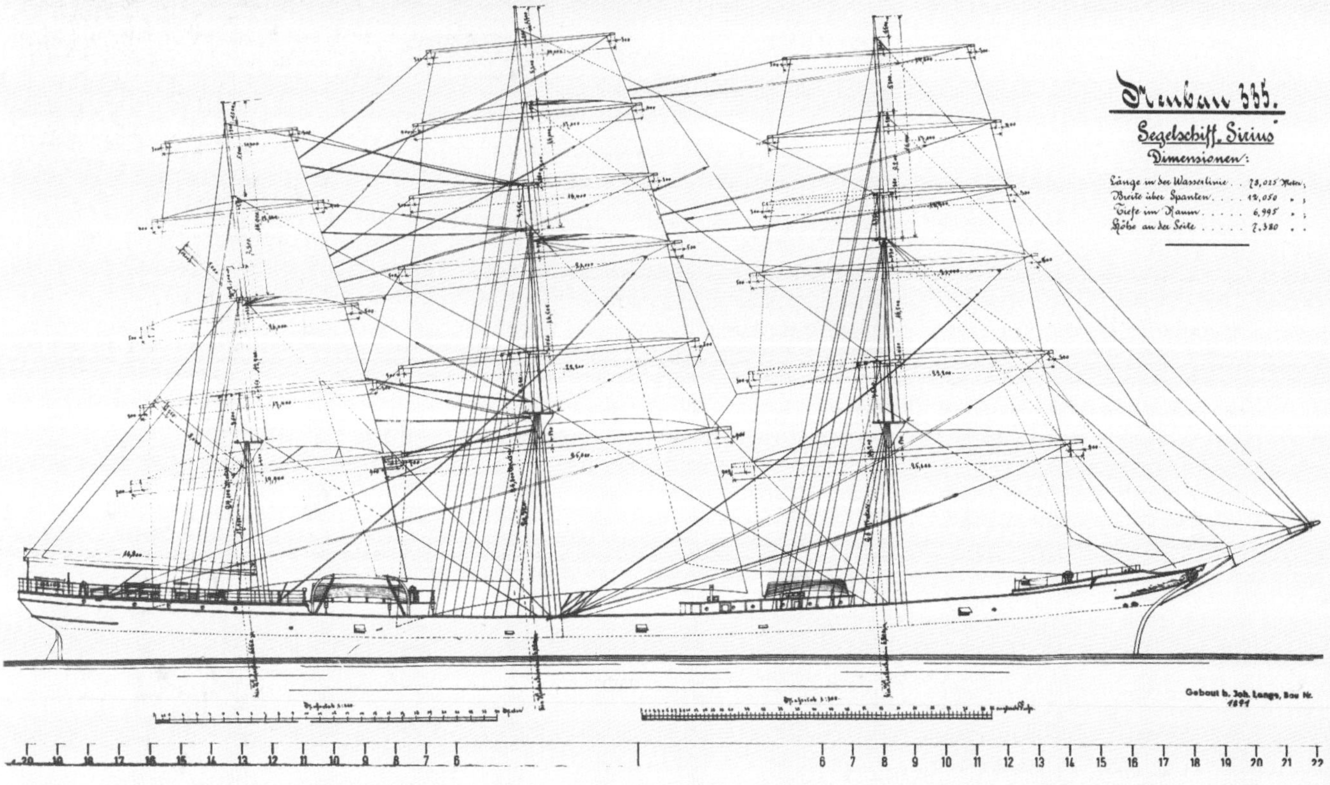

14

Bremerhaven, Blick in den Neuen Hafen
Richtung Leuchtturm um 1890

1 Johann Maria Florentin Otto Alphons Claessens,
   in Aachen geboren als Sohn des Postbeamten Florentin Anton Claessens und seiner Frau Amalia
   Buchholz; Maria Clementine Hubertina Baur, geboren in Aachen als Tochter des Weinhändlers
   Peter Engelbert Baur und seiner Frau Elise Strom.
2 Peter Aloys Hubert Hugo Baur, geb. 26. März 1842
   in Aachen.
3 Sophie Auguste Baur, geb. Garlich, geb. 7. März
   1850 in Esens, hatte Hugo Baur am 25. August
   1870 in Vegesack geheiratet, wo das Paar zunächst
   auch in der Hafenstraße wohnte.
4 Bernhardine Elisabeth Baur, geb. 24. Mai 1871 in
   Vegesack, gest. 14. Februar 1951 in Bremen; Adele Sophie Baur, geb. 1. September 1873 in Vegesack.
5 Baur führte den Schnelldampfer »Eider«, der nach
   Stapellauf am 15.12.1883 die Jungfernfahrt 1884
   von Bremerhaven nach New York gemacht hat-

te. Auch danach war das Schiff überwiegend im
Liniendienst zwischen Bremerhaven und Nordamerika eingesetzt.
6 Langhold, P. & Co, Manufacturwaarenhandlg.
   Kurzestraße 11, Inh. J.W.M. Pötter.
7 Hier erinnert sich Robert Claessens offensicht-
   lich falsch, denn er spricht von der »Sirius«, die
   ein Vollschiff mit Stahlrumpf war.
8 Das 1908 Reg. Tonnen große Bremer Vollschiff
   »Freiburg« ex »Pharos«, gebaut 1877, wurde von
   dem Vegesacker Kapitän Paul Reitzenstein, Vegesack, geführt und von J.D. Bischoff in Vegesack
   bereedert. Entgegen Claessens' Erinnerung ist
   das Schiff auf der Reise nach Südamerika nicht
   gesunken, sondern Kapitän Reitzenstein und viele Besatzungsmitglieder verstarben an Gelbfieber
   und Unfällen. Friedrich Spengemann: Von Vegesacker Reedern, Schiffen und Kapitänen. Bremen
   1956, S. 17 f.

Blick auf die Hamburger Neustadt in den 1880er Jahren

Die ersten Fahrten

Mitte Mai fuhr ich nach Hamburg, um auf dem hölzernen Vollschiff »Wilhelm«[1] anzuheuern, das in Hamburg eine Ladung, bestehend aus Stückgut, für New York einnahm. An Bord gekommen, wurde ich gleich von Kapitän Wilhelmsen und seiner Frau in Empfang genommen und mir das schöne Amt eines Kajütsjungen übertragen, das heißt ich sollte in der Kajüte wohnen und gewissermaßen Hausmädchen für Kapitän und die beiden Steuerleute spielen. Während der Tage, die das Schiff noch im Hafen lag, zeigte mir Frau Wilhelmsen, wie ich Kajüte und Kammern reinzuhalten, Tisch zu decken, Essen aufzutragen und aus der Kombüse zu holen, und was dergleichen Pflichten mehr sind, zu tun hätte.

In der ersten Nacht an Bord habe ich viel geheult, es war doch manches anders, als ich es mir gedacht hatte, und auch später ist noch manche Träne meine Backen hinuntergeflossen, aber ich habe mich durchgebissen und nicht die Flinte ins Korn geworfen. An einem schönen Maitag ging es dann mit Schlepperhilfe aus dem Hafen hinaus und die Elbe abwärts und in die Nordsee hinaus. Diese war mir nicht ganz unbekannt; denn von Bremerhaven aus hatte ich mit dem kleinen Schnelldampfer »Tell«[2] eine Pfingstfahrt nach Helgoland gemacht, die alles andere als ruhig verlaufen war. Hin ging es ganz gut, aber zurück setzte schlechtes Wetter ein, und wir alle, 50 Passagiere, opferten aus vollen Kräften. Von den schönen Sachen, die wir auf Helgoland gegessen hatten, brachten wir nichts mit nach Hause.

Auf dem »Wilhelm« wurden alle Segel gesetzt, und mit günstiger Brise steuerten wir durch den Kanal. Allmählich wurde ich auch in die Seemannskünste eingeweiht. Ich lernte steuern und mußte in meiner Freizeit den gerade das Steuerruder bedienenden Matrosen ablösen, damit er zu anderen Arbeiten mit herangezogen werden konnte, in die Takelage aufentern, Segel mit festmachen und was alles sonst dazugehörte. Die Besatzung bestand aus dem Kapitän, dem ersten und zweiten Steuermann, Zimmermann, Segelmacher, Koch, zehn Matrosen, einem Decksjungen und mir. Kapitän, Steuerleute und ich wohnten in der sehr geräumigen Kajüte auf dem Achterdeck. Auf dem Vorschiff stand das Deckshaus, in dem nach dem Achterschiff zu der Zimmermann, Segelmacher und Koch in zwei Kammern hausten; davor lag die Kombüse und davor das »Logis« für die Matrosen und den Jungen. Die Reise verlief ohne besondere Ereignisse und war vom Wetter begünstigt. In der Nähe der Neufundlandsbänke beging ich meinen Geburtstag, das heißt ich wurde 15 Jahre alt, ohne daß jemand Notiz davon nahm. Anfang August trafen wir in New York ein und legten mit Schlepperhilfe an einen Pier in Brooklyn in der Nähe der großen Brücke an.

Wie bestaunte ich damals alles, die Freiheitsstatue, die großen ein- und auslaufenden Dampfer und den damals riesigen Ferryboatverkehr. Damals war die Brooklynbrücke die einzige Brücke, die das eigentliche New York mit seinen Vorstädten verband. Mit dem Entlöschen

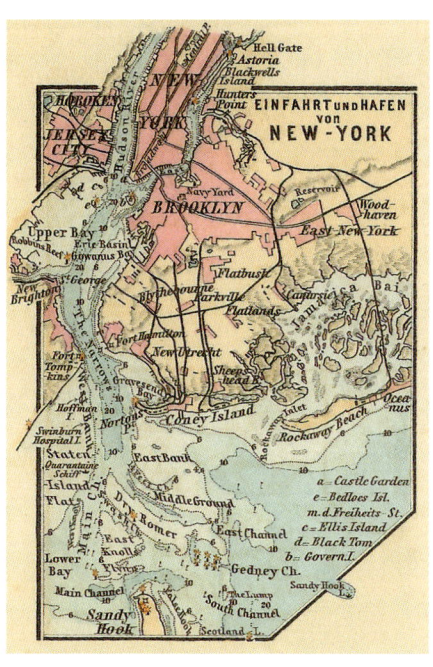

Einfahrt und Hafen von New York aus Justus Perthes' See-Atlas, Gotha 1896

Moritz Lindemann (Bearbeiter): Der Norddeutsche Lloyd – Geschichte und Handbuch. Bremen 1892, S. 284 ff.

Der Hafen von Newyork

Der Hafen von Newyork ist einer der großartigsten der Welt. »Die ungeheure Wasserfläche«, sagt Emil Deckert in seinen vor Kurzem erschienenen »Reiseskizzen aus dem Norden und Süden der Vereingten Staaten«, die sich zwischen Newyork und seinen Vorstädten ausbreitet – zwischen Staten Island, Brooklyn und Jersey-City als Newyork-Bai, zwischen Brooklyn, Long-Island-City und Newyork als North-River oder Hudson schlechthin – und die wir als die eigentliche Quelle und Grundlage der Blüte und des Reichtums der jungen Metropole anzusehen haben, gewährt in der Tat ein großartiges, zauberhaftes Bild. Und

während von den Hügeln von Staten-Island die parkumrahmten Villen und Sommerschlösschen gar vornehm und stattlich auf uns herabblickten, imponierten uns unter den zahllosen Fahrzeugen, welche die Bai und die Stromarme belebten, vor allen Dingen die zahlreichen, von mächtigen Hochdruckdampfmaschinen bewegten Riesenfähren, welche den Verkehr zwischen den einzelnen Stadtteilen vermitteln und die gleich schwimmenden Palästen majestätisch durch die Fluten glitten, mit ihren Rundbogenfenstern und Balkonen eine elegante, anderweit nicht gesehene Wasserarchitektur zur Geltung bringend.« Ein be-

sonderes Wahrzeichen des Hafens von New York ist die auf Bedloe's Island, einem kleinen, 1¾ miles von der Battery, der äußersten Spitze der Manhattan-Insel entfernten Eiland sich erhebende im Oktober 1886 enthüllte Statue der »die Welt erleuchtenden Freiheit«, von August Bartholdi [...]. Zu beiden Seiten des North und East River sind Piers, meist hölzerne Landungsbrücken mit festen Liegeplätzen zum Löschen und Laden der Schiffe, gebaut. Diese Piers erstrecken sich ungefähr 7 Meilen weit in beiden Flüssen hinauf, und sind den tiefstgehenden Schiffen zugänglich; Flut und Ebbe steigen und fallen an den Piers 5–6 F.

»Wie bestaunte ich damals alles, die Freiheitsstatue, die großen ein- und auslaufenden Dampfer und den damals riesigen Ferryboat-Verkehr.« Claessens war beeindruckt von New York. Blick von der Spitze Manhattans nach Süden auf die Hafeneinfahrt von New York, Vogelperspektive, Currier & Ives, 1892

New York: South Street and Brooklyn Bridge,
New York City, um1900

der Ladung wurde sofort mit eigener Mannschaft begonnen, und ich mußte tüchtig mithelfen, bei der enormen Sommerhitze keine leichte Aufgabe. An einem Sonntag fuhr ich nach Hoboken hinüber und besuchte dort einen alten Junggesellen, einen Herrn Strom, ein entfernter Vetter meiner Mutter, der seit langen Jahren dort ansässig [war] und in New York eine Schweizer Seidenfirma leitete. Da mir mein Sonntagsanzug zu klein geworden war, mußte ich zu diesem Besuch meine dicke Seemannsjacke anziehen und schwitzte nicht schlecht. Am Nachmittag fuhren wir mit der Pferdebahn nach den »Jersey Heights«

und sahen dort in einem für damalige Verhältnisse riesigen Stadion das Schaustück »Salomon und die Zerstörung von Jerusalem«.

Nachdem wir unsere Ladung gelöscht und Fässer mit Petroleum für die Heimreise geladen hatten, konnte diese schon in den ersten Septembertagen angetreten werden. Es war dieses eine der schönsten Reisen, die ich je über den Atlantik gemacht habe, von schönstem Wetter und mäßigen westlichen Winden begünstigt. Da wir nach Stettin bestimmt waren, ging es nördlich an England vorbei und durch das Skagerak und Kattegat in die Ostsee.

Robert Claessens nach seiner ersten Seereise

Königsberg, Fischbrücke am Pregel, Postkarte aus dem Besitz von Robert Claessens

An einem herrlichen Herbstmorgen segelten wir an Kopenhagen vorbei, das mir einen unvergeßlichen Anblick bot. In der Ostsee kamen bei ganz ruhigem Wetter Fischerboote längsseit und verkauften uns für wenig Geld eine Unmenge Makrelen, die wir teils frisch gebraten aßen, teils in rasch vom Zimmermann hergestellten Räucherkisten räucherten und so vor dem Verderben schützten. Später haben sie dann gut geschmeckt. Mit Schlepperhilfe ging es dann an Swinemünde vorbei durch das Stettiner Haff die Oder aufwärts nach Stettin, wo wir im sogenannten Petroleumhafen festmachten. Hiermit war meine erste Seereise beendet. Ich musterte ab, vereinbarte aber mit dem Kapitän, daß ich die nächste Reise wieder mitmachen würde.

Der »Wilhelm« war ein »Petroleum-Klipper«, das heißt er fuhr mit Stückgut nach New York, und von dort brachte er regelmäßig eine Ladung Fässer mit Petroleum nach Deutschland. Tankdampfer gab es damals noch kaum. Mein Gehalt war zehn Mark monatlich, und da ich in New York einiges Geld ausgegeben hatte, bekam ich in Stettin nur noch 20 Mark ausbezahlt. Ich hatte mir ausgerechnet, daß ich, wenn ich 4. Klasse fuhr, damit bis nach Hause kommen könnte, und so fuhr ich denn, unbeschwert durch zu vieles Geld, los.

In Königsberg angekommen, besuchte ich Flakowskis und pumpte mir vom alten Herrn fünf Mark, um nun stolz das letzte Stück nach Preußisch Eylau, unserer Bahnstation, 2. Klasse weiterzufahren. Dort holte mich meine Schwester ab, und zusammen fuhren wir nach Orschen. Zu Hause verging die Zeit leider zu rasch. Vergeblich versuchten meine Eltern, mich zu überreden, die Seefahrt aufzugeben.

Vergessen war alles Leid, und in den ersten Novembertagen fuhr ich wieder nach Stettin und meldete mich auf »Wilhelm«. Dieses Mal musterte ich als »Jungmann« mit einem Gehalt von monatlich zwölf Mark an und mit mir zwei Steuerleute, Zimmermann, Segelmacher, Koch, acht Matrosen, ein Leichtmatro-

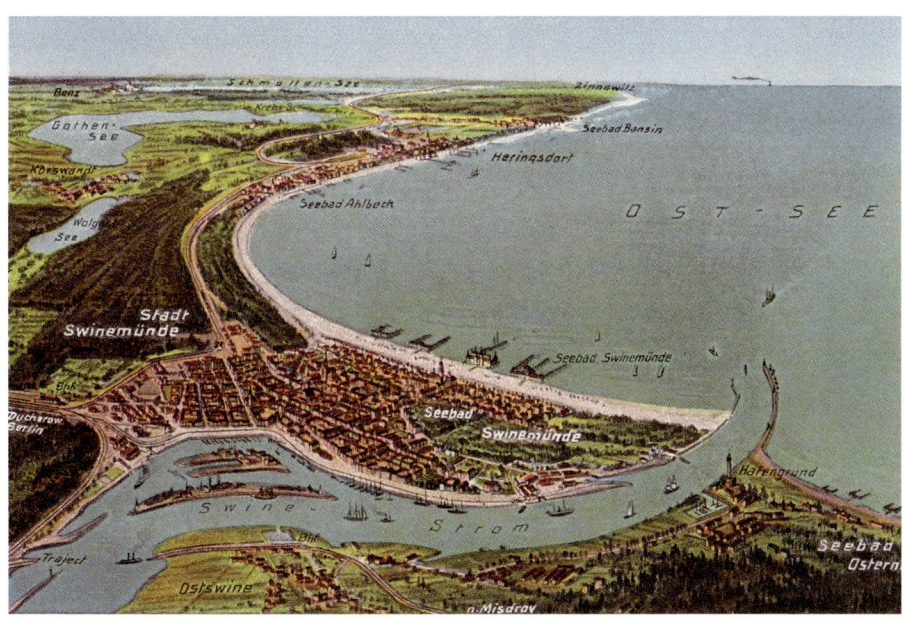

se, zwei Jungmannen und ein Kajüts-
steward. Unter den Matrosen waren
mehrere Leute aus der Kassubei[3], nicht
sehr angenehme Vertreter, die uns Jungs
während der späteren Reise mit Vergnügen drangsalierten.

Aber auch das ging vorüber. Da ich
schon eine Reise mit dem Schiff gemacht
hatte, wußte ich gut Bescheid und ließ
mir nicht so leicht an den Wagen fahren.

Am 8. November 1891 ging es wieder in See, das heißt zunächst nur bis
Swinemünde, wo wir die Nacht über liegen bleiben mußten, um zunächst vom
Zoll richtig abgefertigt zu werden.

Am 8. November um neun Uhr früh
ging es dann endlich hinaus, und wir
kamen bei teils schönem, teils recht stür-
mischem Wetter voran. Für mich neu
war, daß ich auch einer Wache ange-
hörte, das heißt vier Stunden Dienst,
vier Stunden Ruhe normalerweise. Bei
schlechtem Wetter wurde natürlich die
Ruhezeit oft unterbrochen, dann mußten alle Mann raus, um die größeren und
schweren Segel festzumachen. Aber
auch daran gewöhnt man sich leicht und
nutzt jede freie Minute zum Ausschla-

fen. In dieser freien Zeit müssen auch
die Mahlzeiten eingenommen werden,
das Essen aus der Kombüse geholt werden, aufgebackt und später wieder ab-
gebackt und das Küchengeschirr gereinigt werden. Die Herren Matrosen ließen
sich natürlich von uns Jungs tüchtig
bedienen, und so mußten wir tüchtig
schuften, um noch einige Stunden
Schlaf zu erwischen. Wir gingen dieses
Mal bis in die Passatgegenden hinunter, um dort einen möglichst günstigen
NO-Wind zu erwischen und den Winter-
stürmen im Nord-Atlantik zu entgehen.
Bei schönstem Wetter passierten wir am
Sonntag, den 6. Dezember, Madeira und
befanden uns bald im Passat. Das schöne Wetter wurde fleißig ausgenutzt und
das Schiff von unten bis oben, soweit
dieses möglich, gemalt, Masten und Rahen, die alle von Holz, geschrapt und
geölt und die Takelage gründlich überholt. Alles Arbeiten, die mir vollkommen
neu waren, aber gelernt werden mußten.
Eines Tages harpunierte der erste Steuermann einen Schweinefisch, und es gab
zum ersten Mal schöne Steaks aus seinem Fleisch, dann wieder bekam ich die

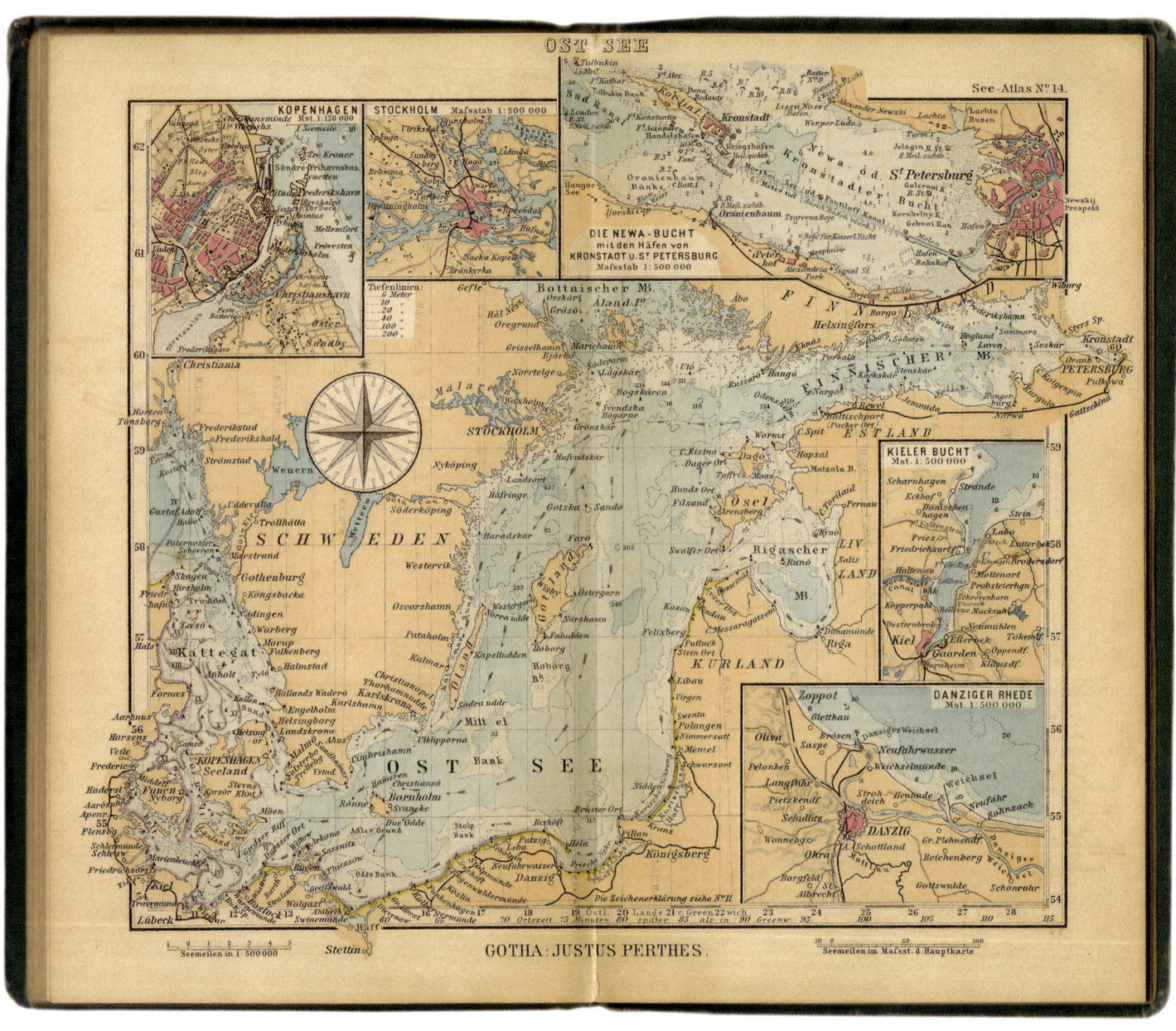

»Die Ostsee«

Rechte Seite:
»Der atlantische Ocean«, eingetragen sind die wesentlichen Schifffahrtswege sowohl für Dampf- als auch, nach Jahreszeit wechselnd, für Segelschiffe. Beide Karten aus: Justus Perthes' See-Atlas, Gotha 1896

New York, South Street, 1892. »Die Haupt-
magazine und Kontore der vornehmsten
Importeure befinden sich aber an der South
Street, die sich von der Battery an fast
den ganzen East River entlang hinzieht.«[4]

ersten fliegenden Fische zu sehen, von
denen auch hin und wieder einer an
Deck niederfiel, um dann gleich in die
Kombüse zu wandern und als Bratfisch
wieder herauszukommen.

Die Weihnachtstage brachten uns sehr
schlechtes Wetter, und während im El-
ternhause der Baum angesteckt wurde,
mußten wir Segel festmachen, da das
Wetter für unseren alten Wilhelm zu
schlecht wurde. Da wieder weiter nördlich gesteuert wurde, blieb das stürmische Wetter, brachte uns aber schnell
voran. Am 4. Januar 1892 bekamen wir
einen Lotsen, und am nächsten Tage liefen wir mit Schlepperhilfe in den Hafen
von New York ein. Bei heftigem Schneesturm blieben wir zunächst bis zum
8. Januar vor Anker liegen und gingen
dann erst an den gleichen Liegeplatz wie
bei der letzten Reise.

Den nächsten Tag, einen Sonntag,
benutzte ich zu einem Besuch bei meinem Onkel[5], der mittlerweile Inspektor
des Norddeutschen Lloyd in Hoboken,
dem Liegeplatz der NDL-Dampfer, geworden war und der mit seiner Familie in dem sehr schönen Inspektorhaus
in Hoboken wohnte. Die nächste Woche wurde die Ladung gelöscht, und
am 16. Januar verholten wir nach Perth
Amboy, um dort wieder Petroleum in
Fässern zu laden. Sonntags fuhr ich zu
meinen Verwandten Baur nach Hoboken

Eine der New Yorker Fähren, die Claessens
vom Liegeplatz der »Wilhelm« nach Staten
Island nutzte

Die Anlagen des Norddeutschen Lloyd in Hoboken

In 12 Monaten, abschliessend mit dem 30. Juni 1891, kamen in den Hafen von Newyork von fremden Ländern: 3911 fremde Schiffe, 1375 amerikanische Schiffe, zusammen 5286 Schiffe mit einem Tonnengehalt von 6 403 064 t. Während derselben Zeit segelten von Newyork nach fremden Häfen: 3805 fremde Schiffe, 1007 amerikanische Schiffe, zusammen 4812 Schiffe mit einem Tonnengehalt von 6 044 372 t.

Zu beiden Seiten des North und East River sind Piers, meist hölzerne Landungsbrücken mit festen Liegeplätzen zum Löschen und Laden der Schiffe, gebaut. Diese Piers erstrecken sich ungefähr 7 Meilen weit die beiden Flüsse hinauf, und sind den tiefstgehenden Schiffen zugänglich; Fluth und Ebbe steigen und fallen an den Piers 5–6 F. Die Norddeutschen Lloyddampfer landen an der Hoboken-Seite. Im Jahre 1861 wurde der Landungsplatz der Lloyddampfer nach dem rechten Ufer des Hudson und zwar nach Hoboken verlegt, in den Jahren 1868 – 1870 das Areal für die heutige Anlage allmählich käuflich erworben und sodann diese Anlagen geschaffen.

An Pier 1 und 2 legen alle Lloyddampfer an, landen über dieselben Fahrgäste, sowie Gepäck und Ladung. Der kleine Pier 3 mit einem Liegeplatz ist seit 10 Jahren an die Wilson-Linie vermietet. Hoboken Warehouse (Warenhaus) dient als bonded warehouse und General Ordre Store, d. h. zur Aufnahme von Waren, die unter Regierungs-Kontrolle bleiben, bis der Einfuhrzoll bezahlt ist. Die an die Consolidated Iron Works vermietete Maschinen-Werkstätte ist auf Lloyd-Grund gebaut und ihre unmittelbare Nähe bei dem Landungsplatze hat sich schon vielfach für den Lloyd von Nutzen erwiesen, da es in vorkommenden Fällen dadurch möglich wurde, dringende Reparaturen schnell auszuführen.

Das Kesselhaus enthält 3 Kessel, die den nötigen Dampf zum Betrieb der Maschinen für Lösch- und Ladungsverrichtungen und zum Betriebe der Dynamos für die elektrische

Beleuchtung liefern, außerdem wird von ihnen die Maschinenwerkstätte mit Dampf versehen. Das Inspektors Haus ist Wohnhaus für Beamte.

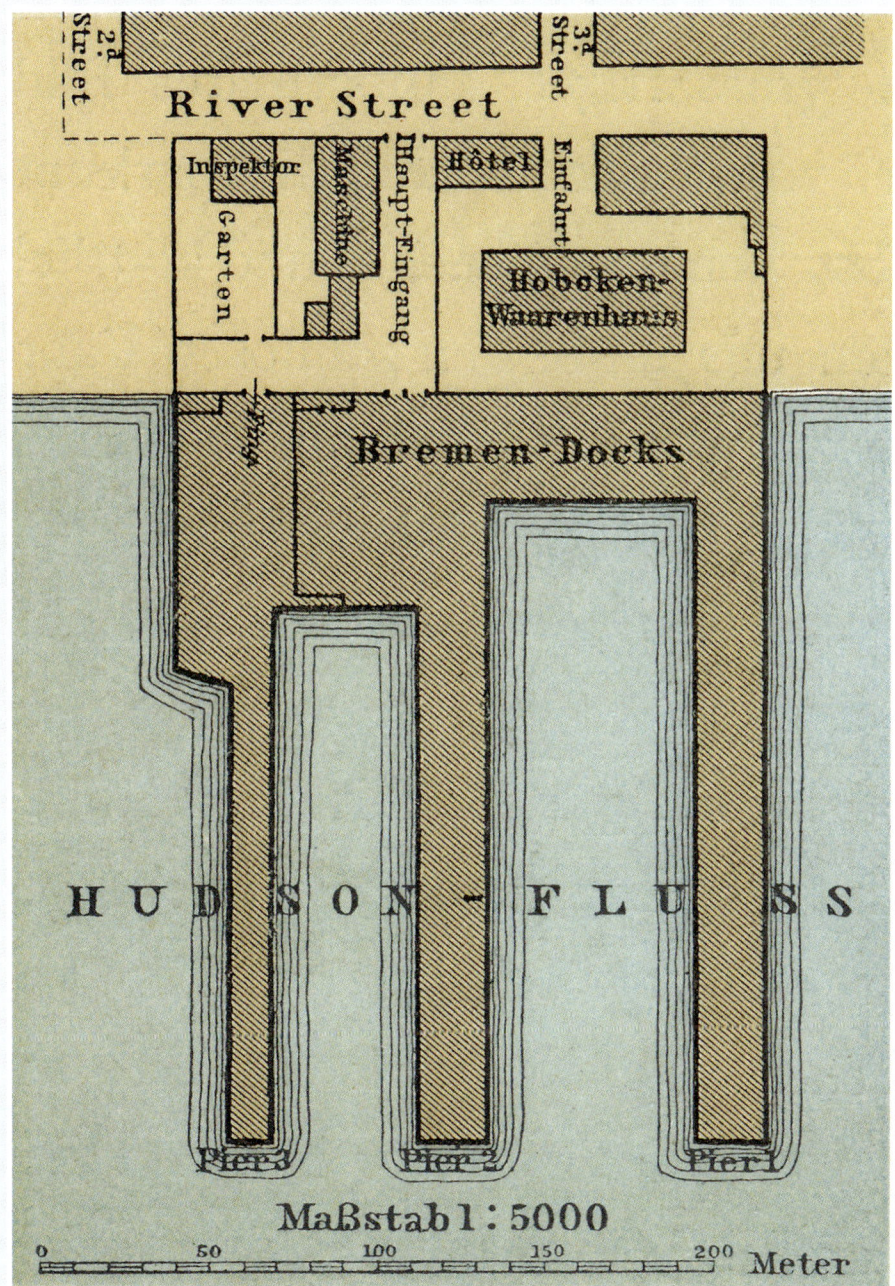

»Die Anlagen des Norddeutschen Lloyd in Hoboken bei Newyork«

Der Hafen von New York mit der Brooklyn Bridge,
Chromolithographie von Andrew Melrose, veröffentlicht 1887

und verlebte dort manch schöne Stunde. Um aber dorthin zu kommen, mußte ich mit einer Fähre nach Staten Island übersetzen, dann eine Strecke mit der Bahn fahren, wieder Fähre nach New York, dann Straßenbahn und schließlich wieder Fähre nach Hoboken.

Alles ging auch gut, bis ich mich eines Sonntagsabends verspätete und den Anschluß nach Staten Island verpaßte. Ich trieb mich die halbe Nacht in den warmen Ferry-Stationen umher, ging auch mal in ein obskures Nachtlokal und trank eine Tasse schlechten Kaffee, bis schließlich gegen vier Uhr das erste Ferry fuhr. Ich kam auch gut auf der anderen Seite von Staten Island an, aber da war guter Rat teuer. Um sechs Uhr spätestens mußte ich an Bord sein, und das erste Ferry nach Perth Amboy fuhr um 6:15 Uhr. Ich entdeckte schließlich ein Ruderboot und versprach den beiden Insassen des Bootes nach langem Handeln drei Dollar, wenn sie mich hinübersetzen würden. Die Leute ruderten auch los, und wir schipperten hinüber, und ich hatte nur noch einen Dollar in der Tasche. Nebenbei, es war noch stockfinster. Auf der anderen Seite angekommen, sprang ich mit einem Satz aus dem Boot, warf meinen Dollar in das Boot und verschwand im Dunkel, verfolgt von den fluchenden Bootsleuten. Ich kam aber gut an Bord und verkroch mich in meiner Koje, ohne entdeckt zu werden. Mit einem Dollar war die Überfahrt übrigens gut bezahlt, wie mir am nächsten Tage versichert wurde. Aber Angst habe ich doch ausgestanden.

Am 2. Februar traten wir dann, voll beladen, unsere Heimreise nach Hamburg an, die für mich sehr übel verlaufen sollte. Als wir den schweren Anker auf die Back aufsetzen wollten, brach der Topphanger, in dem der Anker hing, und das eine Ende fiel auf meinen rechten Fuß. Ich trug gottlob nur eine üble

Quetschung davon. Eigentlich hätte mich der Kapitän mit dem noch beim Schiff befindlichen Schleppdampfer nach New York zurückschicken müssen; aber er glaubte, die Wunde selbst heilen zu können, und behielt mich an Bord. Ich wurde in der Kammer des Zimmermanns untergebracht, da der sonst mit ihm zusammenwohnende Segelmacher krankheitshalber in New York zurückgeblieben war. Leider heilte die Wunde sehr schlecht. Es war schlimmer, als zuerst angenommen, und ich mußte die ganze Heimreise in der Kammer zubringen. Nach sehr stürmischer Überfahrt erreichten wir am 9. März den Kanal, den wir mit günstigem Wind durchsegelten. Am 11. sahen wir den auf den Needles gestrandeten NDL-Schnelldampfer »Eider«, auf dem ich manche schöne Stunde verlebt hatte.

In der Nordsee hatten wir noch mit widrigen Ostwinden zu kämpfen; aber schließlich erreichten wir doch die Elbe und gingen gleich mit Schlepperhilfe nach Hamburg. Mein Fuß war wenigstens so weit geheilt, daß ich gleich nach der Abmusterung am 21. März nach Hause fahren konnte.

Sechs Wochen mußte ich zu Hause bleiben, ehe mein Fuß wieder ganz hergestellt war und ich daran denken konnte, wieder zur See zu fahren. Während meines Aufenthaltes in Orschen brach eines Mittags in einem Stallgebäude Feuer aus, das bald größeren Umfang annahm und mehrere Wirtschaftsgebäude einäscherte. Ich beteiligte mich natürlich an den Löscharbeiten, für die uns nur Eimer und eine elende Handspritze zur Verfügung standen. Von Landsberg kam eine für damalige Zeiten sehr kräftige Feuerspritze angefahren, diese konnte aber nicht in Tätigkeit treten, da die ganz modern mit Helmen geschmückten Feuerwehrleute das Mundstück vergessen hatten.

Die »Eider« strandet an der Küste der Isle of Wight

Stranding of the Eider.

All of the passengers safely taken ashore. The steamer grounded in a fog on the Isle of Wight – the captain and crew remain aboard – efforts to float the vessel.

London, Feb.1. – A dispatch was received this morning from the signal station at St. Catherina´s Point, the southern extremity of the Isle of Wight, stating that the North German Lloyd steamer Eider, Capt. Heinecke, from NewYork, Jan. 23, for Bremen, stranded on Atherfield Ledge, near the point at 10 o´clock last night. A heavy fog prevailed at the time the steamer struck. [...]

Es folgt eine ausführliche Darstellung der Ereignisse und am 26. ein weiterer Bericht mit deutlicher Kritik an der deutschen Bergungstätigkeit:

The stranded Eider.

Slow progress of the work of saving her cargo.

London, Feb. 25. – The leisurely manner in which the work of salving the cargo of the North German Lloyd steamer Eider, stranded on Atherfield Ledge, off the southwest coast of the Isle of Wight, its proceeding is provoking much criticism in shipping and other circles interested in maritime affairs.

The officers who still remain on board the Eider complain of the slowness of the German salvers. There are only a dozen men working on the steamer, though it is known that a strong southwest gale, which is not an infrequent occurrence on that coast, may spring up at any time, and the heavy sea which would be sure to run with such a wind would demolish the vessel. If the steamer sinks a few more inches her position will be hopeless, and it is thought that this fact alone should tend to extra exertions being made to get as much cargo as possible out of her.

There are evidently one or more large holes in the after part of the hull, for the sea sashes in and out of the hold. The after part oft the steamer is also twisted and has a list to port. The forward part is fairly sound.

Als Moritz Lindemann 1892 für den Norddeutschen Lloyd mit wenigen Worten auf die Geschehnisse zurückblickte, schienen alle Schwierigkeiten vergessen zu sein (S. 78):

Zu Beginn des Jahres 1891, am 31. Januar, Abends nach 9 Uhr, strandete der von Newyork kommende Schnelldampfer »Eider«, Kapitän Heineke, in Folge starken Nebels auf einer Klippe bei Atherfield, Südküste der Insel Wight. Menschenleben gingen dabei nicht verloren, Dank der energischen Thätigkeit der englischen Ret-

Rettung der Passagiere von der gestrandeten »Eider«

tungsmannschaften wurden die Fahrgäste wohlbehalten gelandet, auch die Post und ein Theil der Ladung wurde geborgen und nach 2 Monaten gelang es den Dampfern des »Nordeutschen Bergungsvereins«, das Schiff von den Felsen wieder ab- und nach dem Hafen von Southampton zu bringen. Kaiser Wilhelm II. bekundete lebhafteste Theilnahme, er sandte Belohnungen für die Rettungsmannschaften und anerkannte besonders die tüchtigen Leistungen der die Bergungsarbeiten leitenden Ingenieure. Das Verhalten des Kapitäns wie der gesamten Besatzung bei dem Unfall waren ohne Tadel.

Der Hamburger Jungfernstieg, links der Alsterpavillon. Während seines Aufenthaltes in Hamburg im Mai 1892 machte Claessens vom Hotel »Belvedere« an der Ecke Bergstraße/Alsterdamm täglich einen Spaziergang um die Binnenalster. Zeitgenössisches Photochrom

Anfang Mai fuhr ich nach Hamburg und wohnte dort im Hotel Belvedere an der Alster, das einem Herrn Hugo Linck und seiner Schwester, Verwandte meiner Mutter, gehörte.

Dort war ich sehr gut aufgehoben und machte jeden Abend mit dem alten Herrn Linck und seinem Pudel nach dem Abendessen einen Spaziergang um die Innenalster.

Da ich keine Heuer auf einem Segelschiff bekommen konnte, musterte ich auf dem Dampfer »Lissabon« der Hamburg Süd als Leichtmatrose für 40 Mark monatlich an und ging Ende Mai mit dem Dampfer nach Buenos Aires in See.

Das Leben auf dem Dampfer war natürlich ganz anders als auf einem Segelschiff. Takelage hatte der Dampfer damals auch, aber die Bedienung derselben war viel leichter als auf einem Segelschiff. Die Segel wurden nur bei günstigem Wind zu Hilfe genommen, und im übrigen waren wir mit Instandhaltungsarbeiten beschäftigt. Es waren nur einige Passagiere an Bord, mit denen wir aber gar nicht in Berührung kamen. Einige Zwischenhäfen wurden angelaufen, von denen ich kaum etwas zu sehen bekam, und erst in Buenos Aires konnte ich zum ersten Mal an Land gehen.

Buenos Aires

Der Eindruck, welchen die Stadt auf den Nordeuropäer macht, ist entschieden ein fremdartiger, sobald man einmal über die centralen Theile hinauskommt. In diesen allerdings fallen nur die verhältnismäßig engen Straßen auf (etwa 12 m); doch sind die Läden so glänzend, das Gewühl der Menschen so groß, und so viel Gefährte und Pferdebahnen kreuzen sich unaufhörlich, daß wenig Zeit zum Beachten der Unterschiede übrig bleibt und man sich recht gut in einer italienischen oder südfranzösischen Stadt glauben könnte. Anders ist der Anblick der weiter entfernten Viertel, welche dem Mittelstande zum Wohnsitz dienen. Dort dehnt der Häuser lange Zeile sich endlos und ziemlich monoton hin. Die flachen Dächer der fast ausnahmslos einstöckigen Gebäude sowie die Eisengitter vor allen Fenstern bringen einen beinahe orientalischen Eindruck hervor; und schaut man durch die stets geöffneten Hausthüren in's Innere, so wird der Blick angenehm überrascht durch die Fülle blühender Gewächse, welche die luftigen Höfe zieren, in schönem Gegensatz mit der Sonnengluth der einsamen Straßen. Von Zeit zu Zeit heben eine Pinie oder ein Eukalyptus ihre düsteren Häupter gegen den tiefblauen Himmel, oder die Kuppel und Doppelthürme einer Kirche unterbrechen die Aussicht. Nur der Ruf der italienischen ambulanten Verkäufer von Früchten und Fischen, oder die Klingel der Wasserkarren sind zu vernehmen, doch in kurzen Zeiträumen rasseln die Kutschen der Pferdebahn zum Centrum oder nach den Vorstädten [...]. Diese Pferdebahnen sind das ausgedehnteste Verkehrsmittel der weitgestreckten Stadt.

Im Mittelpunkte der Stadt finden wir die palastartigen Gebäude der Börse und verschiedener Banken, ferner sind an hervorragenden Bauten und öffentlichen Anstalten zu nennen: die Zollniederlagsgebäude, das Gebäude des Nationalkongresses und der Nationalregierung, die Post, die Münze, das Stadthaus (cabildo), eine Reihe von Krankenhäusern, die 1824 durch den edlen Präsidenten Rivadavia gegründete Universität, das Collegio nacional, das ursprünglich durch den leider kürzlich verstorbenen Dr. Burmeister geleitete naturhistorische Museum, zwei öffentliche Bibliotheken.

Zahlreiche Plätze unterbrechen die sich meist rechtwinklig kreuzenden Strassen; dieselben sind nach Art der englischen Squares großartig bepflanzt und auf einigen erheben sich die Statuen berühmter Patrioten, wie die San Martins und Alsinas. Der Hauptplatz (de la Victoria) ist mit Springbrunnen, der Unabhängigkeitssäule und dem Reiterstandbild des Generals Belgrano geziert [...].

Ein eigentlicher Hafen existierte in Buenos Aires früher nicht, die großen Schiffe lagen 11–13 Seemeilen von der Stadt auf der sogenannten Barra verankert, der seichte und nach den Ufern sich allmählich abflachende La Plata erlaubte denselben nicht, näher heran zu kommen. Kleinere Schiffe lagen 4–5 Seemeilen von der Stadt entfernt [...]. Seit einigen Jahren ist man nun damit beschäftigt, in Buenos Aires gehörige Hafenanlagen zu schaffen. Man plante vier große Docks, jedes 570 m lang und 160 m breit, in einer Reihe liegend und durch 20 m breite Schleusen miteinander verbunden, es sollten Schiffe mit 22–23 Fuß Tiefgang jederzeit einlaufen können. Die Häfen sollten längs des Ufers im Osten der Stadt gebaut werden. Es sind auch bereits zwei fertig; am dritten Dock wird nur langsam gearbeitet und das vierte mit der geplanten, nördlichen, besseren Einfahrt soll erst noch gebaut werden.

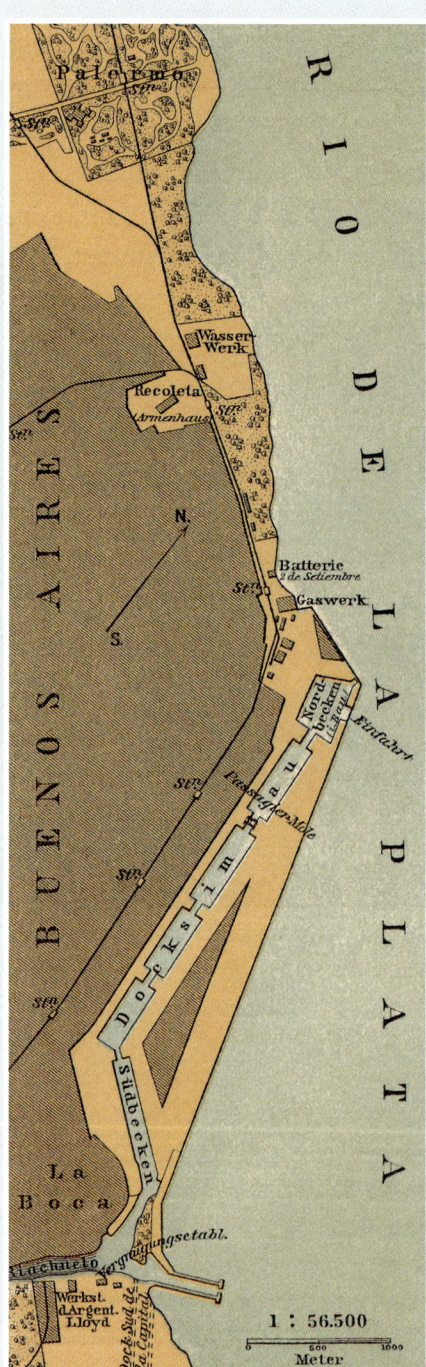

Nach kurzem Aufenthalt in einigen anderen Häfen ist Buenos Aires der erste südamerikanische Hafen, in dem Claessens im Juni 1892 an Land gehen darf. Die Hafenanlagen befinden sich gerade im Bau

Buenos Aires, Plaza di Mayo

Bald ging es weiter den La Plata aufwärts nach Rosario und San Niklas. Hier wurde für die Heimreise eine volle Ladung Weizen eingenommen. Das Beladen geschah durch Leute, die wir von Buenos Aires mitgenommen hatten. Eine wild zusammengewürfelte Gesellschaft. Fast alle Rassen und Klassen der Menschheit waren darunter vertreten, leider auch mehrere verkrachte und heruntergekommene Deutsche.

Ende Juli trafen wir wieder in Hamburg ein, und am 29. Juli, zwei Tage nach meinem 16. Geburtstag, musterte ich ab und begab mich diesmal zu einem »Schlaf- und Heuerbas-Engel«, da ich sonst kaum eine Stelle auf einem Segelschiff erhalten hätte. Ich war dort nicht schlecht untergebracht und konnte schon am 6. August auf der 160 tons großen Schonerbrigg »Margrethe« als Leichtmatrose anmustern. Das Schiff gehörte O'Swald und war nach Madagaskar bestimmt.

»Margrethe« sollte dort an der Küste bleiben, jedenfalls waren wir auf eine längere Abwesenheit von der Heimat vorbereitet. Die ganze Besatzung bestand aus dem Kapitän, einem Steuermann, Bootsmann, Koch, einem Matrosen und zwei Leichtmatrosen.

Am 10. August verließen wir Hamburg, und wie gut war das; denn kurz darauf brach in Hamburg die Cholera aus, die monatelang in der Stadt wütete und viele Tausende Opfer forderte.

Die Cholera in Hamburg

Als Claessens im Sommer 1892 auf der »Margrethe« anheuerte, bahnte sich in Hamburg eine Katastrophe an. Es begann ein verheerender Ausbruch der Cholera in der Stadt, die für ihre völlig unzureichenden Wohnverhältnisse der ärmeren Bevölkerungsschichten bekannt und für ihre unzähligen nicht selten überfluteten »Wohnkeller« berüchtigt war. Jeglicher Unrat wurde in die Fleete und Kanäle entsorgt. Der Staat kümmerte sich kaum um die Behebung der schlechten hygienischen Verhältnisse und lediglich in der Art, dass Senat und Bürgerschaft sich jahrzehntelang nicht über den Bau eines Filtrierwerks einigen konnten. Das öffentliche Leitungssystem wurde in Rothenburgsort weiterhin mit unaufbereitetem Elbwasser gespeist.

Am 10. August verließ Claessens auf der »Margrethe« Hamburg, vom 14. August bis Ende Oktober wurden insgesamt 16.956 Erkrankungen gezählt, 8605 Menschen fanden den Tod.

»Meine Herren, ich vergesse, dass ich in Europa bin!«, kommentierte der zu Hilfe gerufene Leiter des Hygienischen Instituts der Berliner Universität, Robert Koch, als er sich ein Bild von den schlechten Hamburger Wohnverhältnissen in den »Gängevierteln« machte.[6]

Blick in ein Fleet in der Hamburger Altstadt. Jeglicher Abfall und Fäkalien gelangten ungeklärt ins Wasser, das zugleich Trinkwasser war

Wir erfuhren davon erst in Madagaskar. Zunächst ging unsere Fahrt sehr langsam vonstatten. Das Schiff mußte außerdem erst mal gründlich überholt und instand gesetzt werden, wozu in Hamburg keine Zeit mehr war, und so hatten wir erst am 26. August den Kanal hinter uns, trotzdem die »Margrethe« kein schlechter Segler war. Da wir eine weite und unter Umständen lange Reise vor uns hatten, mußte auf dem kleinen Schiff mit allem sehr sparsam gewirtschaftet werden. Frischwasser zum Waschen gab es nur, wenn es geregnet hatte. Aber die Verpflegung war nicht schlecht.

Nach 53-tägiger Reise passierten wir erst den Äquator; der Windgott hatte es nicht gut mit uns gemeint. Das Leben an Bord war ziemlich eintönig. Eine Zeitlang hatten wir günstige Passatwinde, dann wieder unbeständige, teilweise stürmische Winde, so daß es auf dem kleinen Schiff viel zu tun gab. Schließlich gelangten wir am 8. November nach 87-tägiger Reise auf die Höhe des Cap der guten Hoffnung. Hier trafen wir sehr stürmischen, aber günstigen Wind an, der uns schnell ostwärts weiterbrachte. Allerdings waren die nächsten fünf Tage die wenigst angenehmen der ganzen Reise. Um das Schiff vor allzu schweren achterlichen Seen zu bewahren, mußten wir Ölbeutel über das Heck hängen. Aber zum Schluß nahmen wir doch eine See über, die die ganze Kajüte unter Wasser setzte. Das kleine Fahrzeug machte sich aber auch in diesen schweren Seen sehr gut.

Dann besserte sich das Wetter, und wir steuerten NO auf Madagaskar zu. Am 25. November bekamen wir nach 105-tägiger Reise Madagaskar in Sicht und passierten bald darauf einen kleinen Küstendampfer. Fort Dauphin, an der Südostküste gelegen, war unser erster Bestimmungshafen. Bevor wir diesen Hafen jedoch erreichten, hatten wir

noch ein tolles Erlebnis. Am 16. November abends war plötzlich unser Steuermann verschwunden. Wie sich dann herausstellte, muß er mit einer Korkweste versehen über Bord gesprungen sein und versucht haben, an Land zu schwimmen. Aus welchem Grunde, ist uns allen unbekannt geblieben. Weit wird er der Haie wegen nicht gekommen sein; wir haben auch nichts mehr von ihm gehört.

Am Sonntag, den 27. November, kamen wir endlich in Fort Dauphin, einem kleinen befestigten Platz an der Südostküste von Madagaskar, an und gingen in der sehr schönen Bucht vor Anker. Da wir am 10. August Hamburg verlassen hatten, waren wir also 109 Tage unterwegs. Am nächsten Tage verholten wir das Schiff mit Hilfe Eingeborener näher an Land und begannen sofort mit dem Löschen einiger Ladung und nahmen Kautschuk über. Der Kautschuk wurde zu damaliger Zeit in Kugelform gewonnen, die Kugeln, sechs oder acht, in Mattensäcke verpackt und so verschifft.

Wie wir hier erfuhren, hatten wir die Aufgabe, mit unserem kleinen Schiff von einem Küstenplatz zum anderen zu fahren, dort Kautschuk zu laden, der meist im Tauschhandel erworben wurde, und nach Tamatave zu bringen. Von dort holte ihn der Firma O'Swald gehörende Dampfer »Sansibar« ab, brachte die Ladung nach Ostafrika zur weiteren Verladung mit einem Dampfer der Ostafrika-Linie. Als Tauschware hatten wir Glasperlen, billige Stoffe, Demijohns etc. und viele Kisten mit französischen Fünffrankenstücken an Bord. Die Geldstücke wurden in kleine Stücke zerhackt und damit gewichtmäßig gehandelt. Nach einigen Tagen schon gingen wir wieder in See unter Mitnahme eines Passagieres, Mr. Pottier. Es ging nun weiter nach Farafangana, das wir nach viertägiger

Karte von Madagaskar aus
Brockhaus' Konversations-
Lexikon, 14. Auflage

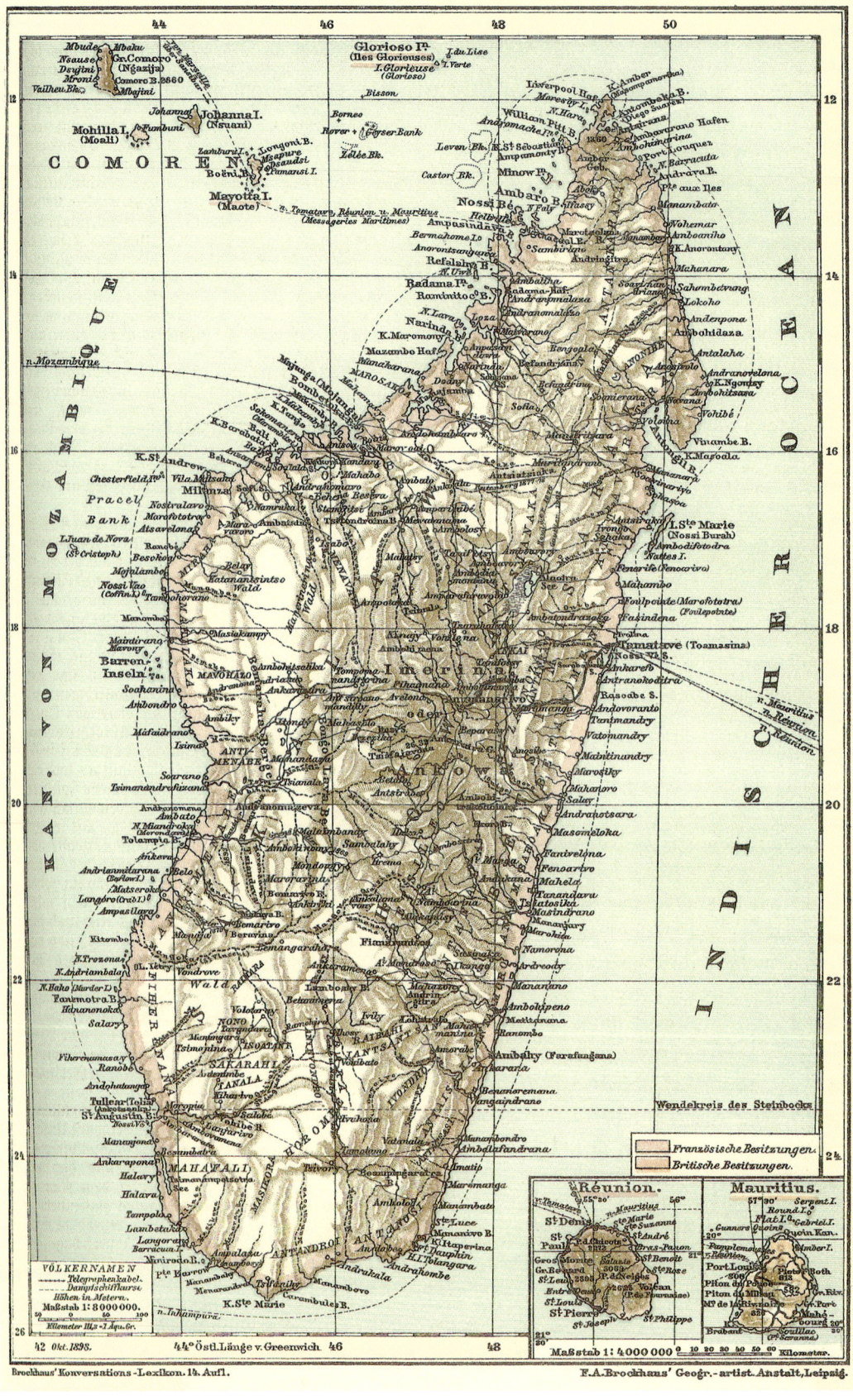

Reise erreichten. Leider gibt es an der ganzen Ostküste Madagaskars keinen richtigen Hafen, sondern man muß auf offener See ankern und gutes Wetter abwarten, um löschen und laden zu können. Einigermaßen gute Leichter waren überall vorhanden. An der Küste herrschte ein lebhafter Verkehr, und eines dieser Fahrzeuge suchte dem anderen den Rang abzujagen; wir waren aber meist schneller als die anderen.

Am 11. Dezember ging es dann weiter nach Tamatave. Da unser Zimmermann und der zweite Leichtmatrose erkrankt waren, Rest also nur noch vier Mann, nahmen wir ein Dutzend Eingeborene mit. 14 Tage brauchten wir, um Tamatave, das nur 280 Seemeilen entfernt war, zu erreichen. Heiligabend wurde mit Grog und Pfannkuchen gefeiert, und am ersten Weihnachtstag mittags segelten wir bei sehr flauer Brise durch das Tamatave vorgelagerte Riff und gingen um fünf Uhr nachmittags vor Anker.

Es lagen dort ein französisches Kriegsschiff sowie verschiedene größere und kleinere Segelschiffe, und am 26. kam der Postdampfer »Pei-Ho«, der uns Post aus der Heimat brachte.

Mit der Entladung des Kautschuks wurde sofort begonnen und neue Ladung für die Küstenplätze eingenommen. Tamatave war ein sehr lebhafter Handelsplatz. Während unseres Aufenthaltes trafen dort verschiedene größere englische und französische Dampfer und mehrere kleine Küstenfahrzeuge ein. Tamatave war damals Endhafen der englischen Castle-Dampfer.

Sonntag, den 1. Januar 1893, ging ich zum ersten Mal an Land. Am 3. Januar in der Frühe gingen wir dann wieder mit vier Kajüts- und zehn Deckspassagieren (Eingeborene) in See. Durch das Riff wurden wir von einem kleinen Schleppdampfer »Nautilus« ge-

schleppt. Wir segelten zunächst nach Mananzary, das wir schon nach drei Tagen erreichten. Hier löschten wir etwas Ladung, einige Passagiere gingen von Bord, andere kamen an Bord, und nach wenigen Stunden waren wir wieder unterwegs nach Manakara. Wir segelten, gingen bei Flaute zu Anker, damit uns der Strom nicht wieder zurücksetzte, und waren am 9. Januar in Manakara. Es sind dieses an der offenen See liegende kleine Küstenplätze; die Ladung wird in großen Booten angebracht und abgeholt. Wir luden hier unter anderem 430 Säcke Reis, 15 Gänse, 22 Hühner und sechs Enten. Am 10. vormittags segelten wir weiter nach Farafangana, das wir schon am gleichen Nachmittag erreichten. Hier trafen wir am nächsten Tag mit dem der gleichen Reederei gehörenden Dampfer »Zansibar« zusammen.

Hier blieben wir bis Sonnabend, den 14. Januar, liegen und segelten dann nach Fort Dauphin, das wir am Montag, den 16., erreichten. Hier lag auch die »Zansibar«. Die Passagiere gingen an Land, und dann kam schlechtes Wetter, Sturm und Regen. Die »Zansibar« ging schleunigst in See. Nach einigen Tagen besserte sich das Wetter, so daß wir etwas Ladung löschen konnten; aber am Sonntag, den 29. Januar, wurde das Wetter derart stürmisch, daß wir selbst vor den beiden verhältnismäßig schweren Ankern nicht sicher lagen. Ein kleiner Schoner kam ins Treiben und wurde schließlich von einigen Hundert Eingeborenen auf den Strand gezogen, ein anderer wurde von seiner Mannschaft verlassen, unsere Anker hielten. Am Mittwoch besserte sich das Wetter; der auf Strand gezogene Schoner wurde wieder flottgemacht, und wir konnten am Sonntag, den 5. Februar, wieder in See gehen und trafen nach sehr schöner Reise am 18. Februar in Tamatave ein. Hier kam ein neuer Steuermann an Bord.

Am Montag löschten wir 75 Ballen Baumwolle in einen Leichter, der am Nachmittage schlechten Wetters wegen von mehreren Booten an Land geschleppt wurde, wo er letzten Endes strandete. Über Nacht artete der Sturm zum Orkan aus; morgens ließen wir den dritten Anker fallen, trieben aber trotzdem. Wir schlugen Löcher in die Verschanzung, um dem Wasser Abfluß zu schaffen. Um zehn Uhr wurde der Koch, der kurz vorher noch unseren Hund gerettet hatte, über Bord gewaschen und verschwand sofort. Gegen Mittag kappten wir die Masten und trieben nun als vollständiges Wrack. Der Kapitän wurde gegen das Ruderrad geschleudert und brach mehrere Rippen. Wir trugen ihn in die Kajüte und versammelten uns dort, da dieses schließlich der einzig sichere Platz war und wir an Deck doch nichts mehr tun konnten. Hier erwarteten wir das Ende, da wir annahmen, daß die See uns jeden Augenblick auf die Riffe schleudern würde.

Wir hatten aber Glück; statt auf das Riff warf uns die See auf eine Sandbank, und da das Schiff hielt, konnten wir uns alle als gerettet betrachten. Wind und See flauten ab, und am nächsten Morgen konnten wir sehen, wo wir waren. Das Schiff lag auf einer Sandbank im Mündungsdelta eines Flusses, vom Festland getrennt durch einen nicht sehr breiten und anscheinend auch nicht tiefen Flußarm. Ich watete sogar hindurch. Zunächst stärkten wir uns aber erst einmal an den noch brauchbaren Vorräten, und ich übernahm die Küche. Dann brachten wir unser kleines Boot an den Fluß, mußten aber ein Übersetzen damit aufgeben, da es durch die schweren Seen zu sehr gelitten hatte. Unser Steuermann wollte versuchen, nach Tamatave zu kommen und von dort Hilfe zu holen.

Mittags erschienen einige Eingeborene mit einem Kanu, die den Steuermann übersetzten und ihm den Weg nach Tamatave, das unserer Berechnung nach etwa zehn Meilen südlich liegen mußte, wiesen. Wir anderen blieben beim Schiff, das einen traurigen Anblick bot. Es war nur noch der Rumpf vorhanden, der hoch und trocken auf dem Sand lag. Man konnte um das Schiff herumgehen.

Am nächsten Tage nachmittags kam unser Steuermann mit dem jungen O'Swald, der gerade in Tamatave war, und hundert Eingeborenen zurück, und es wurde sofort begonnen, die wertvolle Ladung und alles bewegliche Gut an Land in Sicherheit zu schaffen. Der Kapitän und der Bootsmann, der vom langen Stehen im Seewasser dicke Füße bekommen hatte, wurden in einer Sänfte nach Tamatave geschafft. Und am nächsten Tage folgte ich mit einer ganzen Karawane von Lastträgern nach.

Auch ich wurde in einer Art Sänfte getragen; vier Eingeborene liefen im Trab mit mir los, zwei weitere liefen nebenher und lösten ohne Aufenthalt die anderen Träger ab. Zweimal ließen die Kerle mich fallen, aber schließlich erreichten wir doch glücklich Tamatave, und ich wurde im Haus des deutschen Konsuls, Tappenbeck, untergebracht, da dort auch der Kapitän wohnte, den ich etwas pflegen sollte.

Am folgenden Tag schon kam der Rest der Besatzung, es wurde Verklarung abgelegt und abgemustert. Ich machte mich soweit als möglich im Hause nützlich und verlebte ein paar schöne Tage. Tamatave selbst bot damals wenig Abwechslung, am interessantesten waren die morgendlichen Marktbesuche. Es gab Geflügel und Früchte in Hülle und Fülle, zu jeder Mahlzeit Reis und Curry, das ich hier zum ersten Mal aß.

Am 3. März traf der englische Postdampfer »Pembroke Castle« ein, mit dem

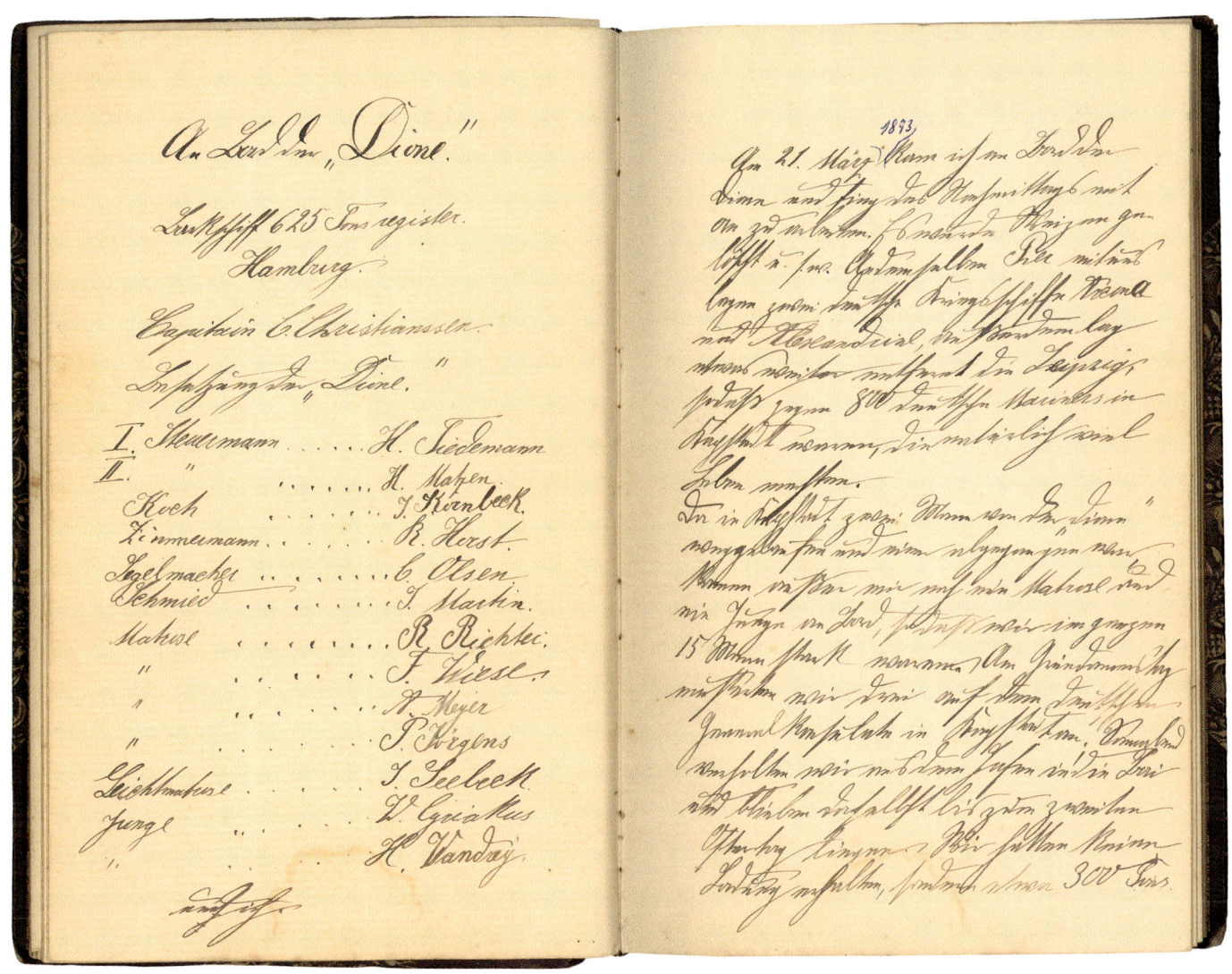

Tagebuchseite von der Fahrt mit der »Dione«

wir die Heimreise antreten sollten, dieses Mal aber als Passagiere 3. Klasse.

Wir gingen an Bord und richteten uns in den sehr guten Kabinen ein. Am gleichen Abend, den 3. März, ging der Dampfer in See. Wir liefen noch einen kleinen Platz in Madagaskar an, und dann ging es nach Port Natal, East London, Mosselbay und Port Elisabeth. In Mosselbay sah ich die ersten von 18 bis 24 Ochsen gezogenen hoch mit Wollballen beladenen Karren.

Am 20. März 1893 trafen wir in Kapstadt ein. Mir war die Fahrt jetzt schon leid, das Nichtstun gefiel mir nicht, und

so beschloß ich, wenn irgend möglich, den Dampfer hier zu verlassen und auf einem der im Hafen liegenden deutschen Segelschiffe anzumustern, um schnellstmöglich die für das Steuermannsexamen benötigte Fahrzeit zu bekommen. Dieses glückte mir schon am folgenden Tage. Im Hafen lag die 600 tons große Hamburger Bark »Dione«, die mehrere Leute durch Krankheit verloren hatte.

Ich ging als Leichtmatrose gegen eine Heuer von 40 Mark monatlich an Bord. Die »Dione« war ein sauberes kleines Schiff, kein sehr schneller Segler, aber eine gut gebaute eiserne Bark. Sie war am 17. Mai 1892 von Hamburg nach Brisbane gesegelt und hatte von dort und von Geelong australischen Weizen nach Kapstadt gebracht. Am gleichen Pier mit uns lagen die deutschen Kriegsschiffe »Alexandrine« und »Arcona« und etwas weiter hin die »Leipzig«, damals ein stolzes Geschwader. Alle drei Schiffe hatten noch volle Takelage und sahen blendend aus. Am Karfreitag ging ich mit vielen anderen Deutschen an Bord der »Leipzig« und wurde dort mit Schokolade und Kuchen bewirtet, eine schöne Erinnerung.

Am Sonnabend vor Ostern legten wir vom Pier ab und gingen im Außenhafen vor Anker. Die »Dione« hatte keine Ladung, sondern nur 300 tons Ballast übergenommen. Am Ostermontag ging es dann nach Colombo in See. Dort sollten wir den eigentlichen Bestimmungshafen erfahren. Die Besatzung bestand aus dem Kapitän C. Christianssen, zwei Steuerleuten, Koch, Segelmacher, Schmied, Zimmermann, vier Matrosen, zwei Leichtmatrosen und zwei Jungen.

Die Reise verlief ohne besondere Erlebnisse, die Verpflegung und Behandlung waren gut, und nach 54-tägiger Fahrt erreichten wir Colombo, es war der 19. Mai. Wir gingen abends außerhalb der Mole vor Anker und erhielten am nächsten Morgen Post und unsere Segelorder für Calcutta. Auch für mich waren mehrere Briefe dabei. Die ersten Nachrichten aus der Heimat seit fünf Monaten! Zu Hause war ich schon totgesagt worden, da wohl die Strandung der »Margrethe«, aber nichts über unsere Rettung in den Zeitungen gestanden hatte.

Noch vormittags wurde Anker gehievt, und Segel wurden gesetzt. Bald kamen wir in den SW-Monsun, der uns rasch voranbrachte, und schon am 31. Mai morgens erreichten wir das ers-

te Feuerschiff von Calcutta. Hier gingen wir in der Nähe einer Lotsenbrigg zugleich mit einem großen englischen Vollschiff (»Rhyn«) vor Anker.

Schon um acht Uhr früh kam ein Lotse an Bord, wir gingen wieder unter Segel und passierten im Laufe des Tages zwei weitere Feuerschiffe und gingen um sechs Uhr abends in der Nähe der kleinen Insel Sago zu Anker. Viele Segelschiffe und Dampfer passierten uns, und man merkte die Nähe eines bedeutenden Schiffahrtsplatzes. Am nächsten Morgen wieder Anker auf und weiter den Fluß (Hooghly) aufwärts gesegelt, vorbei an freundlichen Dörfern und bebautem Lande, bemerkten aber auch große Verwüstungen, die der letzte Hurricane angerichtet hatte. Ein deutscher Viermaster »Wilhelm Tell« lag hoch auf dem Strand.

Uns hätte beinahe das gleiche Schicksal ereilt; bei einer scharfen Biegung des Flusses setzte eine heftige Böe von vorne ein, so daß im Augenblick alle Segel back standen. Wir stießen verschiedene Male auf Grund, kamen aber noch glücklich wieder ab. Abends gingen wir oberhalb Gardenrich, ein paar Meilen von Calcutta entfernt, zu Anker und hatten nachts das Vergnügen, ein großartiges Affenkonzert, begleitet von anderen Tierstimmen, mit anzuhören.

Am Freitag früh segelten wir dann bis zur Stadt Calcutta und gingen zunächst mitten in dem stark strömenden Fluß zu Anker. Alle Segel wurden abgeschlagen, der Klüverbaum hereingenommen, und nachmittags wurde das Schiff mit Hilfe einer Anzahl Kulis an vier Bojen befestigt. Vorne und hinten je zwei Ankerketten mit je 30 Faden Länge. Bald nach acht Uhr abends lagen wir wohlvertäut in der Reihe der übrigen den Hafen bevölkernden Schiffe. Es lagen etwa 40, meist größere Segelschiffe

und mit wenigen Ausnahmen Engländer da, unter ihnen auch das große Hamburger Vollschiff »Erato«.

In Calcutta führten wir ein verhältnismäßig gutes Leben; im Laderaum arbeiteten mit großem Geschrei etwa 50 Kulis. Ein »Bomboot« brachte uns jeden Tag Eier, Obst und was wir sonst haben wollten an Bord. Die Preise waren sehr mäßig. 100 Eier kosteten etwa 1,50 Mark, und abends konnten wir soviel wir wollten an Land gehen. Ein kleines Boot brachte uns gegen ein sehr geringes Entgelt hinüber. Es war sehr

warm, und am liebsten blieb man an Bord, da es auf dem Wasser abends frischer als an Land war. Trotzdem habe ich mir das Leben und Treiben in der Stadt angesehen, und der Aufenthalt in Calcutta gehört mit zu den schönsten Erinnerungen. Leider wurde er durch einen Unfall getrübt, der eine Lücke in unsere Besatzung riß.

An einem Sonnabendabend beobachteten wir das Einlaufen eines großen Schiffes, und unser in Kapstadt an Bord gekommener Junge Cyriakus hatte sich bequemlichkeitshalber auf die Reeling gelegt. Plötzlich wurden wir von einem Nachbarschiff darauf aufmerksam gemacht, daß bei uns jemand über Bord gefallen sei. Cyriakus muß abgerutscht sein und beim Fall mit dem Kopf auf eine der vorspringenden Platten aufgeschlagen sein, jedenfalls sahen wir nichts mehr von ihm, und die starke Strömung muß den Körper sofort hinweggerissen haben. Nach mehreren Tagen wurde seine Leiche an einem Brückenpfeiler hängend aufgefunden, und ich mußte zu seiner Identifizierung in die Leichenhalle gehen. Ein schauerlicher Anblick. Neben ihm lagen noch mehrere, lauter vollkommen schwarz gewordene Wasserleichen. Der erste Steuermann und ich gingen zu seinem Begräbnis. An seiner Stelle wurde ein neuer Junge angemustert, der uns aber allen nicht gefiel.

Mittlerweile war der Ballast gelöscht und neue Ladung, bestehend aus Jutesäcken, in großen Ballen eingenommen. Die Ladung war für einen Salpeterhafen in Chile bestimmt.

Am 23. Juni früh um sechs Uhr verließen wir Calcutta und trieben zunächst stromabwärts bis Gardenrich, wo wir zu Anker gingen. Am nächsten Morgen erhielten wir dann einen 700 t großen Schlepper (»Red River«), der mit der kleinen »Dione« mit zehn Meilen Fahrt loslief. Da draußen heftiger Gegenwind stand, gingen wir noch mal bei Sago Island zu Anker und blieben dort bis Dienstag, den 27. Juni, liegen, hatten also viel Zeit, das Schiff gut seeklar zu machen. Fortwährend mußten wir gegen steifen SW-Monsun, der viel Regen brachte, ankreuzen, und erst nach 26-tägiger Reise passierten wir die Linie. Eine lange Reise stand uns bevor. Der SO-Passat war auch nicht viel freundlicher, aber es ging ständig dem Süden zu. Viele Wale und dergleichen gab es zu sehen, aber nie ein Schiff. In 45 bis

50 Grad Süd wurde ostwärts gesteuert; am 22. September passierten wir den 180. Längengrad. Zwischen Australien und Neuseeland vom 1. bis 20. September hatten wir fast immer Gegenwind oder vollständige Stille und später teils günstige Winde, teils so schweres Wetter, daß wir beidrehen mußten. Am 7. Oktober waren wir auf 90 Grad Ost und 40 Grad Süd und bekamen endlich besseres Wetter, jedoch wenig Wind. Am nächsten Tag sahen wir eine Bark, das erste Schiff seit bald drei Monaten. Einige Tage später sichteten wir das erste Land, die Insel Mas a fuera, und steuerten nun direkt auf die Küste von Südamerika zu und bekamen auch schon am 27. Oktober das Festland in Sicht, steuerten an der Küste bei flotter Brise aufwärts und trafen schon am nächsten Abend in Taltal, unserem ersten Bestimmungshafen ein.

Den ersten Abend werde ich nie vergessen. Wir hatten schon lange sehr gekürzte Rationen Fleisch etc. erhalten, wußten aber, daß in Taltal, einem ganz elenden Salpeterplatz damals, auch nichts zu erhalten war. Um so größer war unsere Freude, als der Captain, der abends noch an Land gefahren war, bald wieder zurückkam und eine große Anzahl Büchsen mit Konservenfleisch mitbrachte, die von dem kürzlich in der Nähe gestrandeten Rostocker Schiff »G. N. Wilcox« stammten.

Jeder Mann erhielt sofort eine große Büchse Fleisch, die dann auch restlos verzehrt wurde, natürlich nur mit einem Stückchen Hartbrot. In Taltal löschten wir nur 100 Ballen, tauschten den in Calcutta angemusterten Mann gegen einen Leichtmatrosen der »Wilcox« aus, erhielten und schrieben Briefe und segelten weiter nordwärts nach Iquique, dem größten Salpeterhafen.

Am Donnerstag, den 2. November, gingen wir, nachdem wir uns noch

reichlich mit frischen Fischen versehen hatten, in See und trafen am Montag, den 6. November, in Iquique ein. In damaligen Zeiten herrschte in den Salpeterhäfen ein sehr reges Leben. In Iquique lagen nur 36 größere Segelschiffe, unter ihnen viele deutsche. Eigentliche Häfen sind nicht vorhanden, die Schiffe liegen alle in regelmäßigen Reihen auf offener Rhede vor Anker, und der ganze Verkehr vom Schiff bis zum Land und umgekehrt spielt sich mit Booten und Leichtern ab. Die Schiffsbesatzungen müssen tüchtig beim Löschen und Laden mithelfen, und jedes Schiff beeilt sich, so rasch als möglich die ungastlichen Gestade wieder zu verlassen. An Land ist nichts Grünes zu sehen, nur kahle Felsen mit Vorgelände. Wasser und alle Lebensmittel werden mit Küsten-

dampfern vom Süden und Norden herbeigebracht. Nur reichlich Fische gibt es, das Hauptnahrungsmittel der dortigen Bevölkerung.

In Taltal kostete eine Flasche Trinkwasser eine Mark, ebensoviel wie eine Flasche deutsches Bier. Iquique hatte damals rund 50.000 Einwohner. Wir löschten auch hier wieder einige Hundert Ballen und wurden am 18. November, einem Sonnabend, durch einen kleinen Schlepper nach Calleta Buena, einem kleinen, nur wenige Meilen entfernten Salpeterplatz geschleppt. Von hier ging es nach St. Junin, das wir nach sechs Stunden Fahrt erreichten. Bis Dienstag, den 30. November, blieben wir in Junin und wurden dann von einem winzigen Schlepper nach Pisagua, unserem letzten Salpeterhafen, gebracht. Hier soll-

Pisagua, im Hintergrund am Hang der Anden
die Bahn, »die aus dem Innern des Landes
über das Küstengebirge hinweg den Salpeter
ladefertig heranschafft«

ten wir eine volle Ladung Salpeter für
Europa übernehmen.

Pisagua ist Endstation einer Bahn,
die aus dem Innern des Landes über das
Küstengebirge hinweg den Salpeter ladefertig heranschafft. Ich ahnte damals
nicht, daß ich in späteren Jahren von
hier und Iquique aus diese Salpeterfelder besuchen würde. Der Salpeter wird in
Säcken von etwa 200 englischen Pfund
in Leichtern längsseits gebracht und auf
den Schiffen ohne Dampfwinden mit
gewöhnlichen Handwinden einen Sack
zur Zeit übergenommen. Dabei wird ein
ziemliches Tempo vorgelegt, und im

Schiffsraum muß jeder einzelne Sack auf
dem Rücken an Ort und Stelle gebracht
werden. Eine schwere und bei der meist
herrschenden Hitze mühselige Arbeit.
Auch wir mußten helfen, und abends
fühlte man kaum noch seine Knochen
ob der ungewohnten Arbeit. In Pisagua
erhielt jeder von uns 24 Stunden Urlaub,
die wir dann auch möglichst an Land
verbrachten, manch einer größtenteils
im »Kallabuss«, das heißt Gefängnis,
wenn er sich hatte verleiten lassen, zuviel von dem landesüblichen Schnaps,
übrigens ein scheußliches Zeug, zu trinken und dann Dummheiten zu machen.

Die Polizei ging ziemlich rigoros vor, und am nächsten Vormittag sah man dann die betreffenden Kapitäne ihre Leute gegen Zahlung diverser Peseten wieder auslösen.

Am Dienstag, den 12. Dezember, wurde der letzte Sack Salpeter, eine besonders feierliche Angelegenheit, übergehievt und alles für die Heimreise seeklar gemacht.

Am Donnerstag, den 14. Dezember, verließen wir Pisagua, und die Rückreise nach Europa begann. Bald hatten wir Land aus Sicht, aber dann flaute der Wind ganz ab, und die so sehnlich gewünschte Brise wollte nicht kommen.

Am Sonntag, den 24. Dezember, herrschte reges Leben bei uns im Logis.

Alle Mann waren damit beschäftigt, aus einem Besenstiel und Besenreisern einen Weihnachtsbaum herzurichten. Bunte Ketten wurden geklebt und sonstiger Baumschmuck hergerichtet, und als es dunkel wurde, erstrahlte unser Baum wie ein richtiger Weihnachtsbaum. Für mich der erste Weihnachtsbaum seit drei Jahren. Ein gutes Abendessen und eine Punschbowle erhöhten die Stimmung, der Kapitän und der erste Steuermann leisteten uns eine Stunde Gesellschaft, und so saßen wir lange zusammen, sangen und machten auf den uns zur Verfügung stehenden Instrumenten Musik.

Am ersten Feiertag bekamen wir dann auch endlich den ersehnten günstigen Wind, der uns auch lange treu

In Pisagua, dem letzten Salpeterhafen, der von der »Dione« angelaufen wurde, erhielt die Besatzung 24 Stunden Urlaub, der von einigen Mannschaftsmitgliedern überwiegend im Gefängnis verbracht wurde

Teil Südamerikas, am Nordrand der Karte die »Salpeterküste«

blieb. Am 1. Januar 1894 hatten wir noch schönes warmes Wetter, dann änderte es sich aber, und wir merkten bald, daß wir uns dem 50. Grad südlicher Breite näherten und daß Kap Horn näher rückte. Wir trafen dort schweres Wetter an, mußten verschiedentlich beidrehen, aber sonst ging alles gut. Am 22. passierten wir Diego Ramiro, und auch bei den Falklands-Inseln hatten wir sehr unstetes Wetter; aber es ging nun durch den Atlantik nordwärts.

Der erste Steuermann harpunierte zwei Springer- oder Schweinefische, die schöne Beefsteaks abgaben. Eines unserer Schweine wurde geschlachtet, und so gab es reichlich Abwechslung auch in der Verpflegung. Wir sahen verschiedene Mit- und Gegensegler und schipperten langsam durch den leider sehr flauen SO-Passat nordwärts. Ostern feierten wir im NO-Passat, dann gab es noch mal sehr schlechtes Wetter, und wir erreichten schließlich am 15. April Falmouth, einem Sonntag, erhielten hier Post, aber noch keine Nachricht, wohin wir unsere bringen sollten. Am Donnerstag erhielten wir endlich unsere Orders, und zwar war die Ladung nach Garston, einem kleinen Kohlenplatz bei Liverpool, bestimmt. Wir gingen sofort in Begleitung eines Lotsen in See und lagen schon am Sonntag, den 22. April, vor Liverpool. Wir nahmen einen Schlepper, der uns in der Nacht noch bis Liverpool brachte. Dort wurde zunächst geankert, und am nächsten Nachmittag schleppte er uns nach Garston Docks. Am Dienstag fingen wir selbst an, die Ladung zu löschen. Das ging aber sehr langsam vonstatten, da die meisten von uns gerne nach Hause wollten. Freitag wurden dann auch drei Matrosen und ich abgemustert. Ich fuhr sofort nach Liverpool, beschaffte mir dort einen neuen Anzug, fuhr dann weiter nach Grimsby und von dort mit dem

Willkommene Abwechslung des Speiseplans: harpunierter Delfin

regelmäßigen Dampfer nach Hamburg, wo ich Sonntag früh eintraf. Am Montag regelte ich noch einige ausstehende Sachen mit der Firma O'Swald, den Reedern der »Margrethe«, und reiste dann direkt nach Hause. Am Dienstag, den 1. Mai 1894, traf ich nach zweijähriger Abwesenheit wieder zu Hause ein.

1 Vollschiff »Wilhelm«, Kapitän W.M. Wilmsen, 1315 N.R.T., gebaut 1870 in Bath, Eigner Johann Friederich Wessels, Bremen. Otto Höver: Von der Galiot zum Fünfmaster. Bremen 1934, S. 321.

2 Schraubendampfer »Tell«, 64 Reg.-Tons, Kapitän J. Weidemann, Geestemünde, Bugs-Ges. Union.

3 Kassubei: Von den Kassuben (syn.: Kaschuben), einem westslawischen Stamm, bewohnte Gegend Westpreußens, Brockhaus' Konversationslexikon, 14. Auflage, Leipzig, Berlin und Wien 1898-97.

4 Meyers Konversationslexikon, Leipzig und Wien, 4. Aufl., 1885-1892, Bd. 12, S. 121.

5 Der ehemalige Kapitän der »Eider«, Peter Aloys Hubert Hugo Baur.

6 Ernst Christian Schütt: Die Chronik Hamburgs. Dortmund 1991, S. 320 f.

Der Hamburger Hafen um 1890

Auf der »F. E. Hagemeyer« und anderen Schiffen

Zu Hause verlebte ich vier schöne Wochen. Dann aber packte mich wieder die Reiselust, und ich fuhr, mit kurzen Unterbrechungen in Berlin etc., nach Hamburg zurück, indem ich hoffte, dort bald eine Stellung auf einem Segelschiff zu finden. Ich hatte in dieser Beziehung Glück. Schon am 15. Juni musterte ich auf der 1175 tons großen, hölzernen Bremer Bark »F.C. Hagemeyer« als Leichtmatrose an und trat am Montag, den 18. Juni, meinen Dienst an Bord an. Die Besatzung bestand alles in allem aus 18 Mann. Das Schiff war ein alter sogenannter Petroleum-Klipper, ähnlich dem »Wilhelm«.

Am 20. Juni verließen wir Hamburg und gingen am Freitag, den 22. Juni, von unserem letzten Ankerplatz bei Cuxhaven in See. Anfangs hatten wir Gegenwind, bekamen dann aber bald günstigen Wind und liefen vor dem Wind durch den Kanal bis zu den Scillys. Dann aber gab es wieder Gegenwind, und unter fortwährendem Kreuzen kamen wir nur langsam vorwärts. Unser Bestimmungshafen war New York. Von einer schnellen Überfahrt konnte nunmehr keine Rede sein. Am Montag, den 26. Juli 1894, also am Tage vor der Vollendung meines 18. Lebensjahres, waren wir schließlich auf etwa 33 Grad West und 45 Grad Nord gekommen. Am Nachmittag wurde es neblig, und wir machten Vorbramsegel und Außenklüver fest. Von acht bis neun Uhr abends stand ich auf Ausguck, und von neun bis zehn Uhr war mein Ruderturn. Um 9.30 Uhr hörten wir an Backbord voraus die Nebelsignale eines vor dem Winde segelnden Schiffes. Wir antworteten wie üblich, segelten übrigens mit Backbord-Halsen, und behielten unseren Kurs bei. Nach acht Minuten sahen wir an Backbord die Lichter des Schiffes, das mit großer Fahrt unseren Bug kreuzen wollte, statt wie vorgeschrieben hinter uns herum zu gehen. Auf Kommando des Kapitäns legte ich sofort das Ruder hart herunter, unser Schiff gehorchte augenblicklich und schoß in den Wind, aber es war zu spät.

Wir trafen das fremde Schiff dicht hinter dem Back, es klappte, ohne seine Fahrt viel zu mindern, an unsere Steuerbordseite, nahm unseren Klüverbaum, Bugsprit und ganzen Vortopp sowie vom Großtopp die Bramstenge nebst Royal und Bramrahe mit, nur der Besanmast blieb unbeschädigt. Wir konnten noch sehen, daß das fremde Schiff ebenfalls Schaden an der Takelage erlitten hatte, riefen uns die Namen der Schiffe zu, und im nächsten Augenblick war der fremde Segler wieder im Nebel verschwunden. Ich konnte nur sehen, daß der Fremde ein großes, schwer beladenes, eisernes Vollschiff war. Gott sei Dank hatten wir nur Windstärke vier bis fünf und mäßigen Seegang. Trotzdem herrschte bei uns eine heillose Verwirrung. Die ganze Besatzung kam auf das Achterdeck gestürzt, da man im ersten Augenblick annahm, uns sei der ganze Bug weggerissen und das Schiff würde im nächsten Moment wegsacken.

Vorstehende Verhandlung ist — einschliesslich der nachfolgenden Angaben über Heuer, Vorschuss und Handgeld — den Anwesenden vorgelesen, von ihnen genehmigt und von den Schiffsleuten

A.	B.	C.	D.
Heuer, monatlich.	Vorschuss, bezw. Handgeld.	Namensunterschrift.	Dienstliche Stellung.
100 ℳ	200 ℳ	1. F. Kemmrad	1ter Steuermann
68 „	68 „	2. C. Klaehn	2ter do
87 „	87 „	3. H. Bartels	Zimmermann
75 „	75 „	4. C. Boysen	Koch
60 „	120 „	5. H. P. Detje	Segelmacher
50 „	100 „	6. Otto Krause	Matrose
50 „	100 „	7. A. Hensen	„
50 „	100 „	8. H. König	„
50 „	100 „	9. O. Kuhlbärn	„
50 „	100 „	10. C. Dollerfahl	„
50 „	100 „	11. S. Genow	„
50 „	100 „	12. C. Granholm	„
50 „	100 „	13. W. Rasmuss	„
50 „	100 „	14. F. Kison	„
50 „	100 „	15. A. Friechen	„
45 „	90 „	16. R. Claessen	„
45 „	45 „	17. H. Biger	„
35 „	—	18. N. Petersen	Leuchtwärter
25 „	25	19. F. Surhoff	„
25 „	50	20. v. Miville	„
10 „	20 „	21. K. Göbber	Junge
10 „	20 „	22. A. Langebartels	„
30 „	60 „	23. J. Jöhnk	Steward
		24.	
		25.	

Der Kapitän riß aber die Leute zusammen und ließ zunächst das auf dem Achterdeck stehende Rettungsboot mit Proviant versehen und klar zum Aussetzen machen und in der Zwischenzeit den Zimmermann die Pumpen peilen, um festzustellen, wieviel Wasser sich im Schiff befand und wie es zunahm. Es befanden sich nur 27 Zoll Wasser im Raum unter langsamer Zunahme, also keine große Gefahr. Kurz nach der Havarie hatte sich unsere Besatzung um zwei Köpfe vermehrt.

Von dem fremden Schiff waren der Segelmacher, ein Schwede, und ein Matrose, ein Finne, durch fallendes Tauwerk über Bord gerissen worden und an unserer über der Steuerbordseite hängenden Takelage zu uns an Bord geklettert. Von den beiden Geretteten erfuhren wir Näheres über das fremde Schiff. Es war das der Reederei Wencke gehörige Vollschiff »Kalliope« und mit einer Ladung Salpeter von Taltal in Chile nach Rotterdam bestimmt. Wir gingen nun vor allen Dingen daran, das Schiff von dem über Bord hängenden Takelzeug zu befreien und dann mit alle Mann an die Pumpen, um das Schiff lenz zu bekommen, was uns nach dreistündiger Arbeit gelang. Die Pumpen mußten aber zunächst ständig besetzt bleiben.

Sobald es Tag wurde, konnte der angerichtete Schaden näher besichtigt werden. Der Vorsteven war gerade in der Wasserlinie gebrochen, die Back demoliert u. s. w. Die aus Stückgut bestehende Ladung wurde nach hinten getrimmt, so daß sich das Schiff vorne mehrere Fuß hob und so dort kein Wasser mehr eindringen konnte. Dann gingen wir daran, an Deck Ordnung zu schaffen und eine Nottakelage aufzubringen. Wir wollten mit dem günstigen NW-Wind versuchen, die etwa 300 Seemeilen entfernt liegenden Azoren zu erreichen. Eine Fortsetzung der Reise nach New York war nicht

möglich. An dem noch stehenden, allerdings gebrochenen Fockmast wurde eine Reserve-Rahe und eine halbe Mars-Rahe als Stenge aufgebracht, eine Reserve-Marsstenge als Klüverbaum und statt der gebrochenen Großmarsrahe die noch heile Bramrahe nebst dazu passenden Segeln. So liefen wir vor der leichten Brise durchschnittlich vier bis Seemeilen. Dienstag, den 24. Juli, trafen wir glücklich in Horta auf Fayal ein und gingen dort zu Anker.

Fayal war damals ein kleiner Platz, hatte aber einen durch eine große Mole geschützten, verhältnismäßig guten Hafen. Fayal war alte Walfänger-Station. Sobald von einer Signalstation aus Wale gesichtet wurden, fuhren große Ruderboote mit Harpunierern hinaus und schleppten die harpunierten Wale in eine kleine Bucht, wo sie dann entspeckt wurden. Alles andere ließ man im Wasser treiben. An Land wurde dann in großen Trankochereien der Speck verarbeitet. Für uns begannen nun sechs ziemlich langweilige Wochen. So lange dauerte es, bis sich die in Frage kommenden Parteien darüber einig wurden, was mit dem Schiff geschehen sollte. Schließlich wurde es für reparaturunwürdig erklärt und aufgegeben. Wir brachten alle Ladung an Land und nahmen soviel Ballast ein, damit das Schiff nicht umkippte. Im übrigen vertrieben wir uns die Zeit mit Segeln, Schwimmen und Spaziergängen an Land. Ich fuhr viel mit dem Kapitän in einem kleinen Boot umher, und er schoß dann an der sehr felsigen Küste Tauben, die es dort zu Tausenden gab.

Am 29. August wurden wir abgemustert und gingen an Bord des portugiesischen kleinen Postdampfers »Funchal«, der uns nach Lissabon bringen sollte. Wir fuhren als Zwischendecks-Passagiere, und der Aufenthalt auf dem Dampfer war nicht gerade sehr ange-

Kein Seemannsgarn: die Kollision von »F. E. Hagemeyer« und »Kalliope«

Über den Unfall der »F. E. Hagemeyer« wurde ausführlich in der »Weser-Zeitung« berichtet. Während Claessens' beschädigte Bark bald den rettenden Hafen von Fayal erreichen konnte, schien das andere an der Kollision beteiligte Schiff nicht so gut davon gekommen zu sein, doch tatsächlich ging keines der beiden Schiffe verloren:

Fayal, 26. Juli. (Privattelegramm der Weser-Zeitung.) Das mit der deutschen Bark F. E. Hagemeyer in Collision gewesene deutsche Schiff Kalliope, von Taltal nach Rotterdam bestimmt, ist sehr wahrscheinlich verloren. Der F. E. Hagemeyer ist über der Wasserlinie beschädigt und macht 2 Fuß Wasser in der Stunde.[1]

Fayal, 26. Juli. (Privattelegramm der Weser-Zeitung.) Das nach Kollision mit dem Hamburger Schiffe Kalliope, Frese, hier eingelaufene Schiff F. E. Hagemeyer hat Schaden am Rumpf über der Wasserlinie erhalten, macht stündlich zwei Zoll Wasser und wird voraussichtlich condemnirt werden. Man vermuthet, dass die Kalliope nach der Collision gesunken ist. (Die Kalliope, 1612 Registertons Netto, im Jahre 1888 in Glasgow aus Stahl erbaut, ist Eigenthum der Firma B. Wencke Söhne in Hamburg und führt 24 Mann Besatzung.)[2]

Fayal, 26. Juli. Das mehrmals erwähnte deutsche Schiff F. E. Hagemeyer hat außer dem bereits gemeldeten Schaden die Gallionsfigur und den Steven verloren, desgleichen das Bugspriet und den Klüverbaum, ferner die Vormars- und Vorbramrah sowie die Vor- und Großbramstenge nebst Rahen und Gut. Wie bereits mitgetheilt, wird das Schiff, welches auch leck ist, condemnirt werden.[3]

Fayal, 26. Juli. Der mehrmals erwähnte Zusammenstoß der deutschen Schiffe F. E. Hagemeyer und Kalliope erfolgte während nebligem Wetter nicht weit von den Azoren. Die beiden Geretteten von der Kalliope sind wahrscheinlich während der Collision an Bord des F. E. Hagemeyer übergesprungen. Von dem Schicksal der Kalliope und ihrer übrigen Besatzung ist bis jetzt hier nichts bekannt.[4]

London, 31. Juli. (Privattelegramm der Weser-Zeitung.) Das deutsche Schiff Kalliope, wegen dessen Schicksals man etwas besorgt war, wurde auf 50° N. 10° W. durch Collision leicht beschädigt gesprochen.[5]

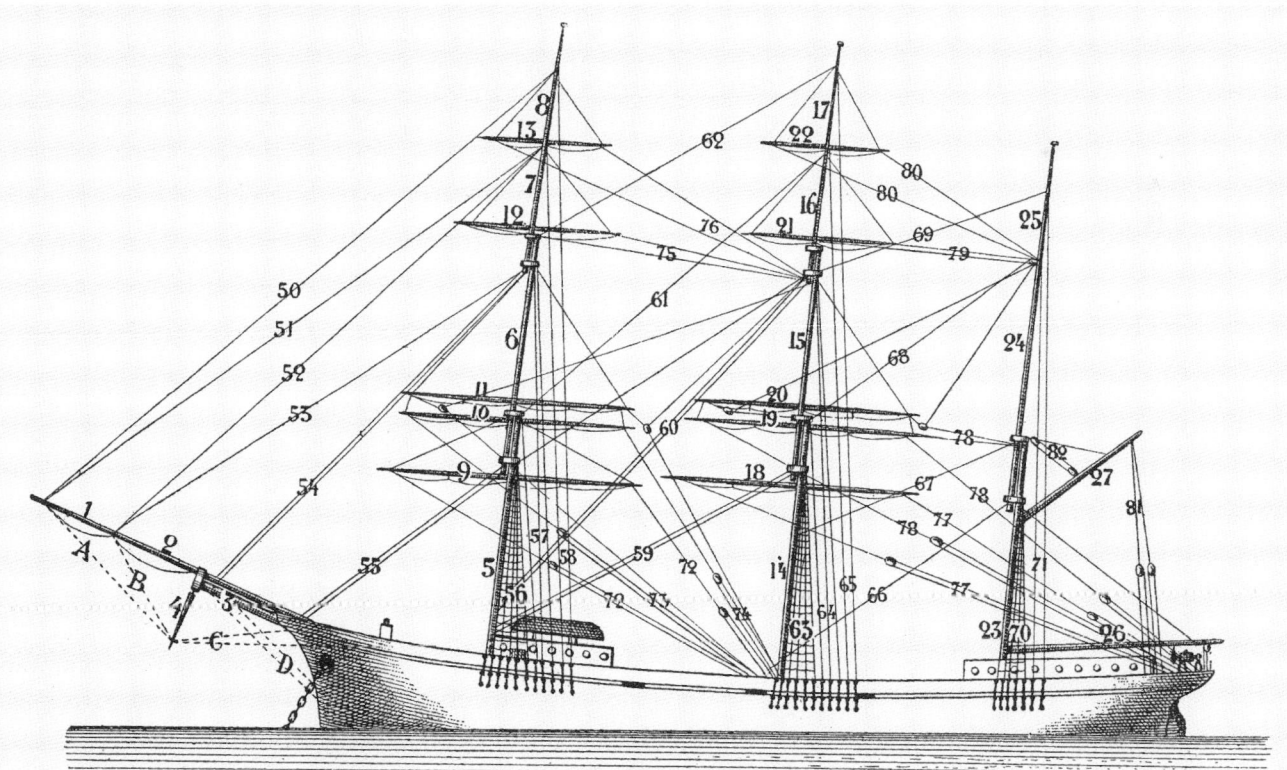

Bei der Havarie verlor die »F. E. Hagemeyer« Klüverbaum (1,2), Bugspriet (3) und den ganzen Vortopp (5) sowie vom Großtopp (14) die Bramstenge (16) nebst Royal- (22) und Bramrahe (21), »nur der Besanmast (23) blieb unbeschädigt«. Takelriss einer Dreimastbark, aus H. Paasch: Vom Kiel zum Flaggenknopf. Marine-Wörterbuch [...], 4. Aufl., Hamburg 1908, Pläne, Nr. 85 oben

Bremer Vollschiff »Drehna«

nehm. Da die »Funchal« fast alle Azoren-Inseln und zum Schluß auch noch Madeira anlief, dauerte die Reise ziemlich lange. In St. Michael und Madeira machte ich mit einigen Kameraden sehr schöne Ausflüge.

Am Sonntag, den 9. September in aller Frühe, trafen wir in Lissabon ein und begaben uns gleich in ein kleines Hotel, in dem wir erst einmal ordentlich frühstückten. Dann ging es an die Besichtigung der Sehenswürdigkeiten von Lissabon. Abends ging ich in den Circus Lisbonense, den ich auch am Montagabend wieder aufsuchte.

Dienstag, den 11. September gingen wir an Bord des der Oldenburg-Portugiesischen Reederei gehörigen Dampfers »Bremen«, der uns mit nach Hamburg nehmen sollte.

Es war dieses nur ein kleiner Frachtdampfer mit geringer Passagiereinrichtung, aber da der Kapitän für genügend Proviant gesorgt hatte und das Wetter günstig blieb, verlief die Überfahrt ganz angenehm. Nach achttägiger Fahrt trafen wir in Hamburg ein, und ich blieb dort, um mich gleich um eine neue Heuer zu bemühen. Es glückte mir dann auch, bald ein neues Schiff zu finden, und nach kaum dreiwöchigem Aufenthalt ging ich als Matrose mit dem Bremer Vollschiff »Drehna« wieder nach der Westküste von Südamerika in See.

Unser erster Bestimmungshafen war Valparaiso. Wir hatten in Kapitän Haesloop einen sehr guten und tüchtigen Schiffsführer, und die Reise verlief ohne irgendwelche Besonderheiten. Nach rund 100 Tagen erreichten wir Valparaiso und löschten dort einen Teil unserer Ladung. Da dort eine große Anzahl Schiffe lag, herrschte an Land immer Hochbetrieb. Die Deutsche Flagge war in damaliger Zeit an der Westküste stark vertreten, insbesondere durch die großen Segler der Firma F. Laisz, Hamburg, und durch die Dampfer der Hamburger Kosmos-Linie. Weiter ging die Fahrt nach Iquique, und dort wurde eine volle Ladung Salpeter, für Antwerpen bestimmt, eingenommen.

Ende Juli trafen wir nach wenig ereignisreicher Reise in Antwerpen ein. Auf der »Drehna« hatte ich einen Fähnrich als entgleisten Marine-Offizier-Anwärter getroffen, den ich von meiner Schulzeit her kannte und der nun als Matrose fuhr, um die für das Steuermannsexamen benötigte 48-monatige Fahrzeit zu bekommen. Er hatte mir sehr zugeredet, doch zu versuchen, bei der damals im Aufblühen sich befindenden Kaiserlichen Marine als Kadett einzutreten und die Marineoffizier-Laufbahn zu ergreifen. Ich musterte also in Antwerpen von der »Drehna« ab, trotzdem der Kapitän mich gerne behalten wollte, und fuhr zunächst nach Hause. Dieser Schritt hat mir später sehr leid getan.

Mein Vater war mit meinem Vorhaben sehr einverstanden, und nun wurden alle Hebel in Bewegung gesetzt, um für mich die Erlaubnis zum Eintritt als Kadett bei der K.M. zu erhalten, trotzdem ich ja nur das Versetzungszeugnis nach Obersekunda in der Tasche hatte. Nach vielem Hin und Her gelang dieses auch mit Hilfe eines uns befreundeten Kapitäns zur See, der damals im Reichsmarineamt war. Am 1. Oktober sollte ich mich in Kiel melden. Ich fuhr dann auch zur angegebenen Zeit nach Kiel, wurde dort von einigen bekannten Fähnrichen in Empfang genommen und zu einem Hotel gebracht.

Am Abend fand eine große Feier statt, die einer der Fähnriche oder Kadetten in einem bekannten Kieler Lokal gab, an der ich auch teilnehmen mußte. Die Feier endete mit allgemeiner, ich kann ruhig sagen: Besoffenheit. Dieser Feier habe ich es auch zu verdanken, daß ich nicht Marineoffizier geworden bin. Die Kadetten schleppten mich zur Akademie, dem »Bildungsschuppen«, in dem sie auch wohnten. Am Morgen wachte ich mit einem furchtbaren Jammer auf. Damit die Vorgesetzten nichts merkten, wurde ich schleunigst hinausbefördert und begab mich in mein Hotel, um zunächst einmal ein paar Stunden zu schlafen. Dann hatte ich genug von der K.M., telegraphierte sofort an meinen Vater und bat ihn, meine Papiere zurückzufordern, und ich selbst fuhr noch am gleichen Tage nach Hamburg, um mich dort nach einer neuen Heuer auf einem Segelschiff umzusehen, da mir zur Ablegung des Steuermannsexamens noch beinahe zwölf Monate zur Fahrzeit fehlten. Wäre ich auf der »Drehna« geblieben, hätte ich viele Monate gewonnen.

In Hamburg begann nun eine trübe Zeit für mich. Es war ein Überangebot von Seeleuten vorhanden und verhältnismäßig wenige Segelschiffe im Hafen. Nach langem Warten und vergeblichen Bemühungen fuhr ich nach Bremerhaven, nahm dort bei Bekannten Wohnung, und hier glückte mir auch schließlich, auf dem englischen Vollschiff »Belfast« eine Heuer als Matrose zu bekommen.

Am 13. Dezember 1895, einem Freitag, traten wir die Reise nach New York an. Die Besatzung des Schiffes setzte

Die Marineakademie in Düsternbrook bei Kiel

Claessens hat keine gute Erinnerung an einen Abend in Kiel und den »Bildungs-schuppen«. Nach einem Besäufnis mit den zukünftigen Kadettenkollegen am Vor-abend des Ausbildungsbeginns bittet er schon am nächsten Tag telegrafisch seinen Vater, ihn von der Marineakademie wieder abzumelden. Was ihn dort inhaltlich im nächsten halben Jahr erwartet hätte, wird zusammengefasst in der 14. Auflage von Brockhaus' Konservationslexikon in Band 11 (1895) im Stichwort:

Marineakademie, eine Hochschule der deutschen Marine, zu der eine Aus-wahl von etwa acht Seeoffizieren jährlich zu zwei sechsmonatigen Winterkursen kommandiert werden. Lehrgegenstände sind: Seekriegsgeschichte, See- und Land-taktik, Artillerie-, Torpedo- und Minenwe-sen, Schiffs- und Maschinenbau, höhere Mathematik, Naturlehre, Elektrotechnik, Oceanographie, Astronomie, Zoologie der Meere, Schiffshygiene, Nationalökonomie, Seerecht, russ., span. und franz. Sprache.

Die Marineakademie ist der Direktion des Bildungswesens der Marine unterstellt. Das 1888 eingeweihte Gebäude der Marine-akademie in Düsternbrook bei Kiel enthält die Räume für die Marineschule und die Unterbringung der Kadetten, ferner Modell-sammlungen, das gesamte Seewesen um-fassend, eine etwa 30 000 Bände starke Bibliothek des Seewesens und ein Museum von historischen Marinegegenständen und alten Schiffsmodellen.

Kiel, Marineakademie. Photochrom, um 1900

sich aus etwa zehn Nationen zusammen.
Es war alles vertreten: Engländer, Deutsche, Norweger, Schweden, ein Russe,
Däne, Irländer, Holländer, ein Franzose
und zwei Malayen als Köche. Die Unterbringung der Mannschaft auf dem über
2000 tons großen Schiff war schauderhaft.

Vorne unter der Back waren an der
Bordwand zwei übereinanderliegende
Reihen Kojen angebracht, das war alles.
Spinde und Tische gab es nicht, nur ein
paar Bänke bildeten die ganze Einrichtung. Die Mannschaft war trotz der nationalen Verschiedenheit nicht schlecht
und hielt gut zusammen. Kapitän und
Steuerleute richtige Rauhbeine. Gleich
der Anfang der Reise war wenig ver-
heißungsvoll. Beim Weser-abwärts-
Schleppen wollten wir abends, da der
Wind günstig, Segel setzen und waren
dabei, das Großobermarssegel zu hissen,
als oben etwas unklar wurde. Ein sehr
tüchtiger Leichtmatrose, Sohn eines
deutschen Pastors, kletterte nach oben

und auf die Rahe hinaus. Er hatte ein
paar lange Fischerstiefel, die ich kürzlich erworben hatte und ihm, da er keine guten Stiefel hatte, lieh, an. Als er
draußen auf der Rah war, brach das
Fall, und die schwere Rah fiel mit dem
wild schlagenden Segel auf die Unter-
marsrah. Er wurde in hohem Bogen von
oben geschleudert und fiel in die Weser. Da das Schiff hinter dem starken
Schlepper ziemlich viel Fahrt machte
und gleichzeitig eine Schneeböe die
Dunkelheit verdichtete, war an eine Rettung nicht zu denken. Der starke Strom
hatte ihn auch schon, wer weiß, wohin
getrieben.

In der Nordsee trafen wir auf günstigen Wind, und wir machten in den
nächsten Tagen sehr gute Fahrt, so daß
wir schon mit einer schnellen Reise rech-
neten. Der Kapitän war ein scharfer Segler, ehe er ein Segel wegnehmen ließ, da
mußte es schon toll wehen. Wir waren
etwa zwölf Tage in See, ich stand abends
am Ruder, und das Schiff lief mit halbem

Wind und fast allen Segeln seine zwölf bis vierzehn Knoten. Mir kam die Sache nicht ganz geheuer vor, die Luft gefiel mir nicht. Der erste Steuermann hatte den Kapitän auch an Deck geholt, ihn auf das Wetter aufmerksam gemacht. Aber er wollte keine Segel fortnehmen, sondern den guten Wind weiter ausnutzen. Da schoß plötzlich in einer Böe der Wind aus, das heißt er ging von bisher SW mit einem Ruck nach NO herum. Alle Segel schlugen Back, und im selben Augenblick krachten die oberen Stengen von oben. Bei dem herrschenden Seegang und einsetzenden Sturm gab es ein schönes Durcheinander. Die von oben kommenden Rahen und Stengen donnerten gegen die Schiffswand, und das ganze Deck war mit Tauwerk und Segeln übersät. Wir kappten zunächst mal alles Tauwerk, um die außenbords hängenden Teile loszuwerden, und brachten das Schiff mit den noch vorhandenen Segeln in den Wind, um einigermaßen ruhig arbeiten zu können.

Das Schiff hielt dicht, die Ballerei hatte ihm nichts geschadet. Nach vielstündiger, schwerer Arbeit waren wir so weit, daß wir mit den wenigen noch vorhandenen Untersegeln einige Knoten Fahrt machten, und so ging es wieder Kurs nach den Azoren. Dieses Mal aber nicht nach Fayal, sondern nach Ponta Delgada auf Sao Miguel. Dort trafen wir nach siebentägiger Fahrt glücklich ein und erwarteten die telegraphisch von Liverpool bestellten Rahen und Segel und sonstiges Zubehör. In der Zwischenzeit hatten wir genug zu tun, um alle Vorbereitungen zur Instandsetzung der Takelage zu treffen. Es war vorgesehen, das Schiff hier nur mit der allernotwendigsten Takelage zu versehen, nach New York weiterzusegeln und dort den Rest aufzubringen.

Nach wenigen Wochen trafen dann auch die benötigten Teile ein, und wir gingen sofort daran, das Schiff wieder einigermaßen segelfertig zu machen. Es wurde tüchtig gearbeitet. Die Mannschaft verstand ihr Geschäft, und bald konnte das Schiff wieder seeklar gemeldet werden. Allerdings sah die Takelage etwas komisch aus, in einem Topp hatten wir nur Untersegel und Marssegel, im anderen noch Bramsegel, aber die Hauptsache war, es ging wieder vorwärts. Wir hatten auch etwas Dusel und trafen nach verhältnismäßig kurzer Reise, 136 Tage nach Verlassen von Bremerhaven, in New York an einem Sonntag früh ein und gingen zunächst in Staten Island an einen Pier, um dort einen Teil der Ladung zu löschen. Ich erhielt hier sofort einen dringenden Brief von meinem Onkel, dem Inspektor des Norddeutschen Lloyd in Hoboken. Der Brief enthielt die strikte Anweisung, sofort das englische Schiff zu verlassen, er würde alles Weitere regeln. In dem Brief lag eine Zehn-Dollar-Note. Ich machte mich dann auch gleich landfein, ging an Land und sagte der »Belfast« Lebewohl. Dann fuhr ich zu meinem Onkel nach Hoboken und wurde dort mit offenen Armen, allerdings auch mit einem kleinen Anpfiff von meinem Onkel, empfangen.

Mein Onkel, der meine Reisen mit großem Interesse verfolgte, hatte erfahren, daß die »Belfast« von New York nach Indien gehen sollte und von dort, wer weiß wohin. Ich wäre also noch lange an das Schiff gebunden gewesen, während mir nur noch einige Monate Fahrzeit fehlten, um die Schule besuchen zu können und mein Steuermannsexamen zu machen. Da die Firma Oelrichs & Co., die Vertreter des NDL in New York, gleichzeitig Makler für die »Belfast« waren, hatte mein Onkel alles mit ihnen geregelt, so dass ich in New York abmustern konnte und meine Papiere erhielt. Ich holte dann auch am nächs-

ten Tag mit einem Schlepper des NDL meine Sachen von Bord und musterte ab, hatte allerdings eine Monatsgage von 50 Schilling Strafe zu zahlen. Das tat ich aber gerne.

Da auf dem in Hoboken liegenden NDL-Dampfer »Aachen«[6] gerade ein Steurer fehlte, musterte ich gleich hier an, um die noch fehlende Fahrzeit vollzubekommen. Mit nur wenigen Passa-

gieren ging es bald nach Bremerhaven in See. Wie anders war das Leben auf diesem Dampfer als auf der »Belfast«. Ich kam mir vor wie im Himmel. Von Bremerhaven machte ich dann noch eine Reise mit der »Aachen« nach Baltimore, dieses Mal aber mit rund tausend Zwischendecks-Passagieren. So lernte ich auch diese Seite der christlichen Seefahrt kennen.

1 »Weser-Zeitung«, 27. Juli 1894, Morgen Ausgabe.
2 »Weser-Zeitung«, 27. Juli 1894, Mittags Ausgabe.
3 »Weser-Zeitung«, 27. Juli 1894, Abend Ausgabe.
4 »Weser-Zeitung«, 30. Juli 1894, Mittags Ausgabe.
5 »Weser-Zeitung«, 31. Juli 1894, Abend Ausgabe.
6 NDL-Dampfer »Aachen«: Erbaut bei AG Vulcan,

Stettin. 113,21 m Länge ü. a., 13,30 m Breite. Stapellauf und Ablieferung 1895. 15.6.1895 Jungfernfahrt Bremen – La Plata, 12.1.1896 erste Reise Bremen – New York, 9.11.1896 erste Reise Bremen – Baltimore. Arnold Kludas: Die Seeschiffe des Norddeutschen Lloyd. Herford 1991, S. 52.

Post aus der Heimat –
Familie Claessens im
Garten von Gut Orschen

Neue Fahrten für den Lloyd

Wieder von der Reise zurück, musterte ich ab, fuhr zu kurzem Urlaub nach Orschen und meldete mich am 1. Oktober 1896 in Bremen bei der Seefahrtsschule[1], um dort mein Steuermannsexamen zu machen.

Ich fand in Bremen eine sehr gute Pension bei der Familie Hafers in der Großen Johannisstraße, nicht weit von der Schule entfernt.

Ich bezahlte hier die volle Pension, Schlaf- und Wohnzimmer, von 75 Mark monatlich und hatte es dort in jeder Weise gut getroffen. Die Weihnachtstage verlebte ich im Elternhaus. Der Schulbesuch machte mir Freude, und vor allem hatte ich nette Kameraden gefunden. Wenn ich damals mit der Pferdebahn durch Bremen fuhr, ahnte ich nicht, daß ich später noch mal Direktor dieses Unternehmens sein würde.

Am 27. Juli 1897 konnte ich dann nach Hause telegraphieren, daß ich das Examen mit Auszeichnung bestanden hatte. Einige schöne Wochen im Elternhaus folgten.

Am 1. Oktober 1897 meldete ich mich in Wilhelmshaven als Einjähriger ROA[2] bei der Marine. 137 Einjährige wurden hier zu einer besonderen Kompanie zusammengezogen und ausgebildet. Zunächst der übliche Infanteriedienst, dann kamen wir auf den alten »Mars« und mußten Geschützexerzieren lernen. Später wurden wir auf einzelne Schiffe der Flotte verteilt.

Am 21. Juni 1898 konnte ich in Orschen die Silberhochzeit meiner Eltern mit begehen und den ersten Walzer mit meiner zukünftigen Frau tanzen.

Die Domsheide mit dem Bremer Gerichtsgebäude Ende des 19. Jahrhunderts, davor ein Wagen der Pferdebahn

Am 1. Juli 1898 wurde ich zum Gefreiten und am 1. Oktober desselben Jahres zum Bootsmannsmaaten befördert. Anschließend machte ich gleich eine Übung, und zwar auf dem Küstenpanzer »Fritjof«, und wurde Ende November als Vize-Steuermann der Reserve entlassen.

Ich meldete mich dann sofort beim Norddeutschen Lloyd, in der Hoffnung, dort bald Anstellung als vierter Offizier zu finden. Mein alter Gönner, Direktor Leist, sagte zwar, augenblicklich läge kein Bedarf vor, aber ganz hoffnungslos fuhr ich nicht nach Hause. Das Weihnachtsfest wollte ich noch einmal zu Hause verleben. Da erhielt ich am 21. Dezember ein Telegramm vom NDL, mich sofort in Bremerhaven auf »D. Willehad«[3] als vierter Offizier zu melden.

Der Dampfer ginge am 23. Dezember nach Baltimore in See. Das Telegramm brachten am späten Abend zwei

Dampfer »Willehad«

Frauen bei starkem Schneesturm, da wir acht Kilometer von unserer Poststation in Landsberg wohnten. Um sieben Uhr früh am nächsten Morgen schon saß ich im Wagen und fuhr nach Preußisch Eylau – 15 Kilometer – zur Bahn. Meine Mutter ließ es sich nicht nehmen, mich zur Bahn zu begleiten. Alles klappte, und abends traf ich in Bremerhaven ein. Mein alter Freund, der ein tüchtiger Geschäftsmann war, Brunken, hatte schon Uniform und alles fertig. Ich begab mich gleich an Bord des »D. Willehad«. Da der Lloydbetrieb mir nichts Neues war, fand ich mich leicht zurecht. Am nächs-

ten Morgen um acht Uhr gingen wir mit rund 1000 Zwischendeckspassagieren nach Baltimore in See.

Diese erste Reise als vierter Offizier sollte für mich recht ereignisreich verlaufen. Kaum 24 Stunden nach Passieren der Scillys verloren wir bei gutem Wetter die Steuerbordschraube. Der »D. Willehad« war ein Zweischraubenschiff. Der Kapitän beschloß, sofort nach Falmouth zurückzudampfen, um in dem dortigen Dock die Schraube zu erneuern. Wir kamen gut in Falmouth an, und nach mehrtägiger Arbeit war das Schiff wieder fahrbereit und konnte die unterbrochene Reise fortsetzen. Während der Liegezeit im Dock hatte ich das zweifelhafte Vergnügen, den Arzt zu ersetzen. Der erste Offizier und ich waren allein an Bord. Die übrigen Herren waren mit dem Schiffsarzt an Land gegangen. Da kam am späten Abend eine der Zwischendeckswärterinnen mit der Nachricht, daß eine Frau eine Fehlgeburt gehabt hätte und verblutete. Der erste Offizier wollte nicht ran, also mußte ich meine auf der Seefahrtsschule erworbenen medizinischen Kenntnisse zur Anwendung bringen. Es ging auch alles gut, und ich glaube, ich habe der Frau das Leben gerettet, jedenfalls behauptete das der später von Land eintreffende englische Arzt.

Von Baltimore ging es dann wieder mit voller Ladung und einigen Kajütspassagieren nach Bremerhaven zurück. Auf der Heimfahrt hatten wir dann ein tolles Erlebnis. Unser Schiffsarzt, der auf uns alle einen wenig vertrauenerweckenden Eindruck machte, tobte eines Vormittags mit geladenem Revolver durchs Schiff. Kurz vorher hatte er einem Matrosen, der sich von ihm behandeln lassen wollte, mit dem Revolver in die Kehrseite geschossen. Alles flüchtete auf die Brücke oder in den Maschinenraum. Da wir den Mann irgendwie

36 Steel ocean-going tug, New York Harbor—most powerful of its kind in U. S. A. Copyright 1903 by H. C. White Co.

fangen mußten, ging ich in den Salon und reizte ihn durch Zurufe. Er reagierte auch prompt darauf und feuerte seinen sechsschüssigen Revolver leer, ohne mich jedoch zu treffen. Dann lief er in die Kammer, um neue Patronen zu holen. Auf diesen Moment hatte ich gewartet. Die Kammertür zuschlagen war eins, und einer unserer schwersten Leute warf sich noch vor die Tür, so dass wir den Arzt gefangen hatten. Die Tür wurde verrammelt, und alles schöpfte Atem. Der Gefangene öffnete nun aber sein Bullauge (Kammerfenster) und brüllte dort hinaus. Bei dem herrschenden Seegang klatschte natürlich viel Wasser in die Kammer, und wir befürchteten, daß er ertrinken würde. Wir ließen nun vom Oberdeck aus eine Schlinge vor sein Bullauge fallen, und sobald er wieder den Kopf heraussteckte, wurde zugezogen. Beim Überholen des Schiffes fiel er zurück und hing nun in der Schlinge. Die Kammertür wurde aufgebrochen, und wir konnten nun den Ohn-

mächtigen überwältigen und gleich in eine Zwangsjacke stecken. Viel Arbeit haben wir noch mit dem Mann gehabt und waren froh, als wir ihn endlich in Bremerhaven abliefern konnten. Er ist dann etwa ein Jahr später in der Irrenanstalt gestorben.

Ich machte nun verschiedene Reisen, unter anderem mit »D. Oldenburg«[4] nach Australien. Übrigens war ein mehrwöchiger Aufenthalt in Galveston in Texas sehr interessant. Bevor Galveston durch eine große Sturmflut fast völlig verwüstet wurde, war ich mit dem Dampfer »Willehad« dort. Mit dem Dampfer »Lahn« kam ich am Tage nach dem großen Brand in Hoboken an. Diesem Brand fielen der Dampfer »Saale« und mehrere andere Dampfer zum Opfer. Viele Menschen an Bord der Schiffe und auf den Piers kamen ums Leben.

Schlepper im Hafen von New York, Stereobild, Library of Congress, Washington: Als Claessens in Hoboken eintrifft, liegt die große Brandkatastrophe an den Piers des NDL erst einige Tage zurück. Viele Opfer werden jetzt erst geborgen: »The site of the burned piers of the North German Lloyd Steamership Company presented the same scene of desolation yesterday as on the two previous days, and the smoke still rose from the Campbell Stores, while searchers in boats approached as near as the heat would permit to the leveled American terminal of the line.« Unklarheit herrscht über die Rolle der Schlepperbesatzungen bei Hilfsaktionen: »Chief of Police Charles Donovan of Hoboken has started his investigation of the alleged action of certain tugboat Captains in refusing to rescue drowning men from the water during the fire ...« »New York Times«, 4. Juli 1900

Der Brand in Hoboken am 30. Juni 1900

Unter der Überschrift »Feuer auf den Piers und auf den Dampfern des Norddeutschen Lloyd in Hoboken« melden die »Bremer Nachrichten« vom 2. Juli 1900:

Am westlichen Ufer des Hudson, in der Newyorker Hafenstadt Hoboken, dort, wo die deutschen Dampfer anlegen, hat sich am Sonnabend Nachmittag ein großes Unglück ereignet, wodurch nicht nur der Norddeutsche Lloyd und die Hamburg-Amerika-Linie betroffen wurden, sondern welchem leider auch eine größere Anzahl von Menschenleben zum Opfer gefallen ist. Die Ursache der Feuersbrunst, welche den Lloydpier in Hoboken zerstört und mehrere Dampfer zerstört hat, ist noch nicht festgestellt, dürfte aber wohl auf einem Terrain, auf dem eine größere Menge Baumwolle lagerte, zu suchen sein. Es läßt sich ebenfalls noch nicht übersehen, wie es möglich war, daß so viele Menschen – man spricht

von 100 bis 200 – bei dem Brande um's Leben kommen konnten; jedenfalls muss sich das Feuer mit großer Geschwindigkeit über die ganze Fläche verbreitet haben, so daß etliche Menschen am Qualm erstickt sind und andere Bedrängte, die keinen Ausweg sahen, in ihrer Verzweiflung ins Wasser gesprungen und ertrunken sind.

Zu der Katastrophe erscheint in der gleichen Ausgabe der »Bremer Nachrichten« (2. Juli 1900) auch eine Pressemitteilung, die mit »Folgende Mittheilung von der Direction des Norddeutschen Lloyd geht uns noch kurz vor Schluss des Blattes zu« überschrieben ist und in der es heißt:

Die an der Westseite des Hudson-River an der Stadt Hoboken belegenen Pieranlagen des Norddeutschen Lloyd, welche, wie bereits gemeldet, ein Raub der Flammen geworden sind, bestehen aus vier, 6 bis

800 Fuß in der Fluß vorspringenden Pierbauten. Zwischen den einzelnen Piers befinden sich Wassereinschnitte in einer Breite von ca. 200 Fuß. An diesen Piers, die mit Schuppenaufbauten bedeckt sind, und zwar der größte Pier mit einem zweistöckigen, die anderen Piers mit einem einstöckigen Schuppenaufbau, lagen am Sonnabend die Dampfer des Nordd. Lloyd »Kaiser Wilhelm der Große«, »Bremen«, »Saale« und »Main«, sämmtlich mit Löschen und Laden beschäftigt. Passagiere befanden sich, soweit bekannt, nicht auf den Schiffen, da keiner dieser Dampfer an diesem Tage zur Expedition zu gelangen hatte. »Saale« sollte am folgenden Tag nach Boston versegeln, um dort Passagiere zu nehmen, während »Kaiser Wilhelm der Große« und »Main« am Dienstag, die »Bremen« am Donnerstag zu expediren waren. Nachmittags 4 Uhr brach auf dem südlichsten

Die Katastrophe als Postkartenmotiv

der 4 Piers in dort lagernder Baumwolle Feuer aus. Trotzdem sofort mit den vorhandenen Feuerlöscheinrichtungen das Feuer bekämpft wurde, verbreitete sich das Feuer mit rasender Geschwindigkeit über die sämmtlichen 4 Piers und die an der Landseite befindlichen Schuppen, so daß es unmöglich war, die Dampfer in den Fluß zu bringen, ehe sie Feuer fingen. Der Dampfer »Kaiser Wilhelm der Große« gelangte zuerst in den Strom mit geringen Beschädigungen an den Böten. Sodann gelang es die Dampfer »Bremen« und »Saale«, welche bereits hell brannten, in das offene Wasser zu bringen, wo sie, um den Schiffskörper vor Flammen zu schützen, auf Strand gesetzt wurden. Am schwierigsten gestalteten sich die Umstände bei dem Dampfer »Main« der nach kürzester Frist so von Flammen umgeben war, daß es anfangs unmöglich schien, ihn vom Pier zu entfernen, doch wurde auch dieser Dampfer in den Hudson River gebracht und ebenfalls versenkt. Eine größere Anzahl von den Personen der Besatzungen sind ums Leben gekommen, doch liegen zuverlässige Angaben über die Zahl der umgekommenen bis jetzt nicht vor. Vermisst wird Kapitän Mirow vom Dampfer »Saale«. Das Feuer an Bord der Dampfer »Main« und »Bremen« ist noch nicht gänzlich gelöscht. Sobald dasselbe geschehen, werden die Dampfer gehoben und der Umfang des Schadens, den sie erlitten, festgestellt werden können. Die auf den Piers gebauten Schuppen waren versichert, während die Dampfer zum Teil versichert sind.

Die Zeitung dokumentierte auch die Beileidsbekundungen zur Katastrophe:
    Beileidstelegramm des Kaisers an den Norddeutschen Lloyd.
    Von Sr. Maj. dem Kaiser ging dem Norddeutschen Lloyd aus Wilhelmshaven folgendes Beileidstelegramm zu:
    »Das Unglück, von welchem der Nordd. Lloyd in Newyork betroffen worden ist, er-

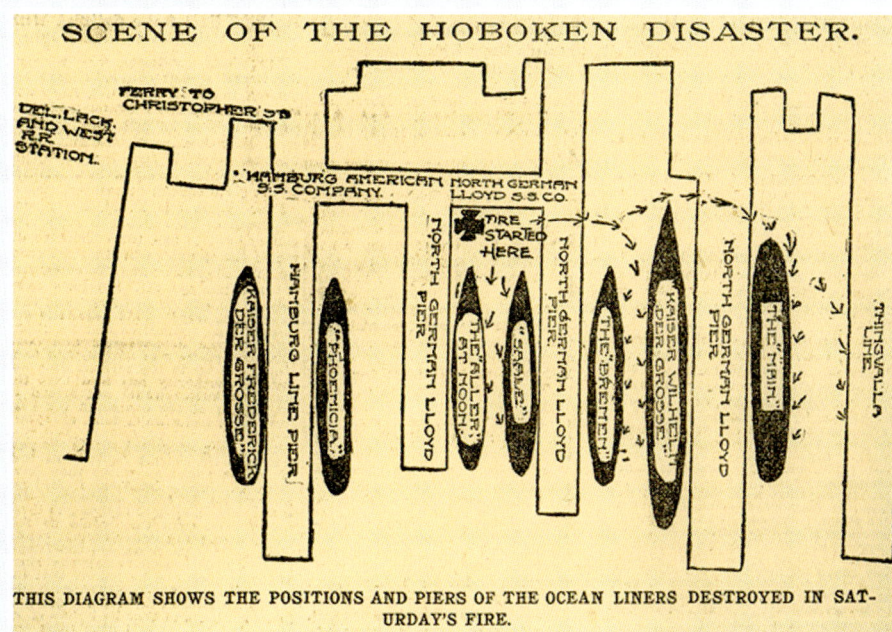

SCENE OF THE HOBOKEN DISASTER.

THIS DIAGRAM SHOWS THE POSITIONS AND PIERS OF THE OCEAN LINERS DESTROYED IN SATURDAY'S FIRE.

Skizze vom Verlauf der Brandkatastrophe von Hoboken, »Detriot Evening News«, July 2, 1900«

füllt Mich mit wahrer Betrübnis. Der große Verlust an Mensch und Schiffen ist ein harter Schlag. Ich habe aber die feste Überzeugung, dass die bewährte Leitung des Nordd. Lloyd auch dieser Prüfung mit mannhafter Stirn begegnen wird, und dass die Angestellten des Lloyd in Newyork auch in dieser schweren Stunde ihre gewohnte Pflichttreue gezeigt haben.
Wilhelm II. R.«

Der Norddeutsche Lloyd antwortete darauf wie folgt:
    »An des Kaisers Majestät, Wilhelmshaven. Euerer Majestät warme Antheilnahme an dem schweren Unglücksfalle, der uns betroffen, stärkt uns in dem Vertrauen, dass der Norddeutsche Lloyd aus dem Kampfe mit hartem Missgeschick seine Kraft zu weiterer neuer Blüthe entwickeln werde. Euere Majestät bitten wir, unseren ehrerbietigsten Dank für den Ausdruck der Allerhöchsten Theilnahme entgegenehmen zu wollen.
Norddeutscher Lloyd
Achelis. Wiegand.«

Zwischen den Senaten von Hamburg und Bremen fand gestern folgender Depeschenwechsel statt:

An den Senat Bremen
Dem Senate der Schwesterstadt spricht der Senat von Hamburg, erschüttert von dem so schweren Unglück, das den Norddeutschen Lloyd und mit ihm Bremen getroffen hat, seine wärmste Theilnahme aus. Der Senat bittet auch, dem Norddeutschen Lloyd den Ausdruck seines tiefempfundenen Mitgefühls zu übermitteln.
Hachmann

An den Senat Hamburg
Dem Senate von Hamburg sprechen wir für die warme Theilnahme an dem Unglück, das den Norddeutschen Lloyd betroffen hat und unsere ganze Stadt auf das tiefste berührt, unsern herzlichen Dank aus. Dem Norddeutschen Lloyd haben wir von dem Telegramme Kenntnis gegeben.
Senat von Bremen
Gröning

Im August 1900 ging ich mit »D. Rhein«[5] nach Ostasien in See. »Rhein« brachte das dritte Ostasiatische Regiment gelegentlich der Boxer-Unruhen hinaus. Das war wieder eine sehr interessante Fahrt. Auf dem 10.000 Tonnen großen Schiff waren 200 Mann und etwa 130 Offiziere, darunter General v. Lessel mit seinem Stab, untergebracht. Wir kamen gut nach Taku Rhede, landeten dort unsere Truppen und erlebten noch die Schleifung der Taku Forts.

»Boxeraufstand«, »Hunnenrede« und deutliche Kritik aus Bremen

Claessens fuhr mit der als Truppentransporter eingesetzten »Rhein« Angehörige des Ostasiatischen Expeditionscorps zur Bekämpfung der »Boxer« nach China. Die »Boxer« entstammten alten chinesischen religiösen Geheimbünden und formten sich erst Ende des 19. Jahrhunderts zur sozialrevolutionären Kampfbewegung besonders gegen die in China lebenden Ausländer. Im Frühjahr 1900 kam es zu zahlreichen Übergriffen und Attacken und Ermordungen in Peking, und am 20. Juni wurde der deutsche Gesandte Clemens von Ketteler auf offener Straße erschossen. Eine internationale Militärexpedition unter Beteiligung von Deutschland, Großbritannien, Frankreich, Österreich-Ungarn, Italien, Japan, Russland und den USA beendete die Boxerbewegung.

Zur Verabschiedung des »Ostasiatischen Expeditionscorps« hatte Kaiser Wilhelm II. am 27. Juli 1900 in Bremerhaven eine Ansprache gehalten, die bald als »Hunnenrede« international bekannt wurde. Er sagte darin die noch während des Ersten Weltkriegs vor allem von England als Inbegriff zur Kennzeichnung brutaler deutscher Kriegsführung häufig zitierten Worte »Pardon wird nicht gegeben! Gefangene werden nicht gemacht!«. Dies und seine abfälligen Äußerungen über China und die chinesische Kultur im Vergleich zur christlich-abendländischen ließen ungewöhnlich deutliche Kritik laut werden. Hier Auszüge der am 28. Juli in der zweiten Morgenausgabe der »Weser-Zeitung« abgedruckten Rede des Kaisers und der kommentierende Artikel vom 2. August 1900, Robert Claessens' Abfahrtstag mit der »Rhein«:

Rede des Kaisers in Bremerhaven. Die Ansprache des Kaisers an die Truppen des ostasiatischen Expeditionscorps lautet, wie die hiesige Filiale des officiösen Wolff'schen Telegraphenbureaus meldet, wörtlich wie folgt: »Zum ersten Mal, seit das deutsche Reich wieder erstanden ist, tritt an Sie eine große überseeische Aufgabe heran. [...] Sie sind die Folge davon, daß das deutsche Reich wieder erstanden ist und damit die Verpflichtung hat, für seine im Ausland lebenden Brüder einzustehen im Momente der Gefahr. Mithin sind nur die alten Aufgaben, die das alte römische Reich nicht hat lösen können, von neuem hervorgetreten und das neue deutsche Reich ist in der Lage sie zu lösen, weil es ein Gefüge bekommen hat, das ihm die Möglichkeit dazu giebt. [...] Eure Kameraden von der Marine haben uns schon gezeigt, daß die Ausbildung und Grundsätze, nach denen wir unsere militärischen Streitkräfte ausgebildet haben, die richtigen sind und an Euch wird es sein, es ihnen gleich zu thun. Nicht zum geringsten erfüllt es uns alle mit Stolz, daß gerade aus dem Munde auswärtiger Führer das höchste Lob unseren Streitern zuerkannt wurde. Die Aufgabe, zu der Ich Euch hinaussende, ist eine große. Ihr sollt schweres Unrecht sühnen. Ein Volk, das, wie die Chinesen, es wagt, tausendjährige alte Völkerrechte umzuwerfen und der Heiligkeit der Gesandten und der Heiligkeit des Gastrechts in abscheulicher Weise Hohn spricht, das ist ein Vorfall, wie er in der Weltgeschichte noch nicht vorgekommen ist und dazu von einem Volke, welches stolz ist auf eine viel tausendjährige Cultur. Aber Ihr könnt daraus ersehen, wohin eine Cultur kommt, die nicht auf dem Christenthum aufgebaut ist. Jede heidnische Cultur, mag sie noch so schön und gut sein, geht zu Grunde, wenn große Aufgaben an sie herantreten. So sende Ich Euch aus [...]. Ihr sollt Beispiele abgeben von der Manneszucht und Disciplin, aber auch der Ueberwindung und Selbstbeherrschung. Ihr sollt fechten gegen eine gut bewaffnete Macht, aber Ihr sollt auch rächen, nicht nur den Tod des Gesandten, sondern auch vieler Deutscher und Europäer. Kommt Ihr vor den Feind, so wird er geschlagen, Pardon wird nicht gegeben; Gefangene nicht gemacht. Wer Euch in die Hand fällt, sei in Eurer Hand. Wie vor tausend Jahren die Hunnen unter ihrem König Etzel sich einen Namen gemacht, der sie jetzt noch in der Ueberlieferung gewaltig erscheinen läßt, so möge der Name Deutschland in China in* einer solchen Weise bekannt werden, daß niemals wieder ein Chinese es wagt, etwa einen Deutschen auch nur scheel anzusehen. Ihr werdet mit Uebermacht zu kämpfen haben, das sind wir ja gewöhnt, unsere Kriegsgeschichte beweist es.«

Kommentar der »Weser-Zeitung«:
In der viel erörterten Kaiserrede bei der Einschiffung nach China bestimmter Truppen kommt auch eine Stelle vor, in der ein Urtheil über die chinesische Cultur gefällt wird. Die Chinesen seien stolz auf ihre uralte Cultur, aber wie wenig sie werth sei, sehe man an den jetzigen Zuständen. Und der Kaiser gibt, daran anknüpfend, seiner Ansicht Ausdruck, dass es überhaupt keine wahre Cultur geben könne, die nicht auf dem Grunde des Christenthums erwachsen sei. Äußerungen wie diese darf man natürlich nicht mit dem kritischen Maßstabe messen, den man anlegen würde, wenn sie in einem gelehrten Werk vorkämen, sie entsprechen jedenfalls einer weit verbreiteten Meinung, und sie enthalten gewiss auch einen Theil der geschichtlichen Wahrheit. Ob sie aber in jeder Beziehung den Thatsachen entsprechen, ist doch die Frage, und es ist gerade jetzt nicht überflüssig, die abendländische Welt darauf hinzuweisen, wie wenig sie Anlass hat, ein endgültiges Verdammungsurtheil über einen so großen Theil des Menschengeschlechts zu fällen. Man darf um so unbedenklicher darauf aufmerksam machen, als es auf die energische Führung des Kampfes gegen das verruchte Boxerthum keinen Einfluss haben wird, ob man nun das Chinesenthum im Ganzen für unheilbar versumpft oder einer Wiedergeburt für fähig hält. Unsere Soldaten und die der übrigen Mächte werden sich von geschichtsphilosophischen Gedanken wenig beeinflussen lassen.

Für die nicht soldatische öffentliche Meinung dagegen ist es nicht ganz gleichgültig, ob sie sich den Ereignissen mit einseitigem, vom Zorne dictierten Hasse ge- genüberstellt oder sich bemüht, allen Herausforderungen zum Trotze auch dem Feinde Gerechtigkeit zu Theil werden zu lassen und wenigstens bis zu völliger Klarstellung mit dem Verdammnisurtheil zurückzuhalten. Wir sollten vor allem uns immer zweierlei vor Augen halten, dass wir es einmal mit einer ungeheuren Menge zu thun haben, die ganz gewiss in ihrem Inneren viele und starke Verschiedenheiten

In Bremerhaven hält Kaiser Wilhelm II. seine »Hunnenrede« an die Truppen vor deren Abfahrt nach China am 27. Juli 1900

enthält, – man braucht ja nur daran zu denken, wie zahlreich und groß solche Verschiedenheiten innerhalb unseres eigenen viel kleineren Volkes sind, wie verkehrt es sein würde, nach einem Berliner Pöbelexcesse ganz Deutschland zu richten oder die Amerikaner nach den Greueln, die eben jetzt weiße Männer in Neworleans gegen Neger verübt haben. Und zweitens sollten wir nicht vergessen, dass wie wenig wir von dem gewaltigen Menschenhaufen des Reiches der Mitte wirklich und genau wissen, von seiner Geschichte sowohl als auch von seiner Gegenwart, von seinem wirklichen Leben und Treiben, seinen Sitten, Anschauungen, religiösen Meinungen usw. Selbst von den Boxern haben wir nur eine dunkle Vorstellung; dass sie eine wilde und verderbliche Horde sind, liegt zu Tage; aber die inneren Triebfedern, das eigentliche Wesen ihrer Bewegung sind uns, wenn wir ehrlich sein wollen, ein Geheimnis. Sicherlich sind wir nach unserer Kenntnis der Dinge nicht berechtigt, diese Horde und die dreihundert Millionen des ganzen Reiches einander gleich zu stellen. Wenn wir von Frankreich so wenig wüssten wie von China, so hätten wir vielleicht im März 1871 alle Franzosen für Communards gehalten; mit wie wenig Recht!*

Mit unserem Motorboot machte ich zusammen mit unserem ersten Offizier eine sehr interessante Fahrt den Peiho hinauf bis Tientsin. Dann wurde ich abgeteilt als »nautischer Beirat« der Ausschiffungskommission mit Sitz in Tientsin. Ich fuhr mit der wieder verkehrenden Bahn von Taku nach Tientsin, nahm Quartier im Hotel Astor House und meldete mich bei Hauptmann Gündel. Mein Amt war nun, zusammen mit einem Pionier-Oberleutnant die Ausladung der für die Expedition bestimmten Güter zu überwachen.

Die Ausladestelle befand sich bei der damaligen Universität. Eine sehr interessante Aufgabe. Leider dauerte das Vergnügen nicht lange, da, wie es hieß, die Hamburg-Amerika-Linie einen älteren Herren dort haben wollte. Gündel wollte mich gerne behalten, da ich gut

eingearbeitet war. Aber es nützte nichts, ich mußte weichen und fuhr wieder auf mein Schiff. Wir verließen auch bald die immer ungemütlicher werdende Rhede von Taku und dampften nach Kuchinotzu in Japan, um dort billige Kohle für die Heimfahrt einzunehmen. Hier in Kuchinotzu lernte ich Japan kennen, und da es dort kaum Europäer gab, noch das alte, urwüchsige Japan. Von unserem Kohlenhändler wurden der Kapitän und wir Offiziere zu einem richtigen japanischen Abendessen mit allem Drum und Dran eingeladen, für mich ein ganz großes Erlebnis.

Nach Übernahme einer genügenden Menge Kohlen, um damit bis nach Hause dampfen zu können, gingen wir in See, und zwar direkt nach Suez. In der Nähe der Philippinen erwischte uns noch ein Taifun schlimmster Sorte, der aber unserem großen, leicht geladenen Schiff wenig anhaben konnte. Die Weiterfahrt verlief ohne besondere Ereignisse, und wir lieferten unser Schiff wohlbehalten in Bremerhaven ab.

Noch eine oder zwei Reisen nach Nordamerika machte ich, und dann hatte ich meine 24 Monate Seefahrtzeit, um das Examen als Schiffer auf großer Fahrt machen zu können. Weihnachten verlebte ich zu Hause, und am 2. Januar 1901 meldete ich mich auf der Seefahrtsschule in Bremen und beabsichtigte, Ende Februar dort in das Examen zu steigen, sehr zum Entsetzen von Professor Schilling, dem Leiter der Schule.[6]

Alles ging gut, und Ende Februar bestand ich die Prüfung und erhielt mein Patent als Schiffer auf großer Fahrt, das heißt die Berechtigung, jedes deutsche Handelsschiff als Kapitän zu führen. Ich meldete mich nun sofort in Wilhelmshaven, um als Vize-Steuermann die Seeoffiziers-Übung zu machen. Ich wurde auf das damalige alte

Carl Schilling, Leiter der Seefahrtsschule

Panzerschiff »Württemberg« kommandiert und verlebte an Bord sehr schöne acht Wochen.

1 »Beginn der Lehrkurse in der Schifferschule, Bremen, Neustadtswall 1, Anfangs März und Anfangs Oktober.« Das »Schulgeld für den Schiffercursus« betrug »60 Mk. pränumerando zu zahlen« (Bremer Adressbuch von 1895).

2 Wer sich freiwillig für ein Jahr zum Militärdienst meldete und dabei die Kosten für Ausrüstung und Unterkunft selbst trug, kam um den deutlich längeren Regeldienst herum. Weitere Voraussetzung für das »Einjährige« der Reserveoffiziersanwärter (ROA) war das Zeugnis der »mittleren Reife«.

3 NDL-Dampfer »Willehad«: Erbaut bei Blohm & Voss, Hamburg. 122,22 m Länge ü. a., 14,03 m Breite. Stapellauf und Ablieferung 1894. 24.5.1894 Jungfernfahrt Bremen – New York. Das Schiff konnte fast 1100 Passagiere im Zwischendeck und 105 in der Zweiten Klasse befördern. Kludas, S. 52.

4 NDL-Dampfer »Oldenburg«: Erbaut bei Fairfield Shipb. & Eng. Co., Glasgow. 131,40 m Länge ü. a., 14,63 m Breite. Stapellauf 1890 und Ablieferung 1891. 11.2.1891 Jungfernfahrt Bremen – La Plata. Kludas, S. 48.

5 Der NDL-Dampfer »Rhein« gehörte zur »Rheinklasse«: Erbaut bei Blohm & Voss, Hamburg. 158,50 m Länge ü. a., 17,70 m Breite. Stapellauf und Ablieferung 1899. 9.12.1899 Jungfernfahrt Bremerhaven – New York. Passagiere I. Klasse: 139, II. Klasse: 125, Zwischendeck: 2.500. Kludas, S. 56.

6 Professor Dr. Carl Schilling war 1882 in das Kollegium der Seefahrtsschule in Bremen eingetreten und 1897 deren Direktor geworden. Otto Fulst: Gründung und Entwickelung der Seefahrtsschule in Bremen, in: Bremisches Jahrbuch, Bd. 19 (1900), Bremen, S. 36 – 93, S. 92.

Herzogin Sophie Charlotte von Oldenburg

Großherzog von Oldenburg

Auf Segelschulschiffen des Lloyd

Nach Beendigung der Übung meldete ich mich gleich wieder beim NDL zurück und erhielt den Auftrag, den Großherzog August von Oldenburg[1] auf einer Vergnügungsfahrt zu begleiten. Der Großherzog hatte, da seine neue Yacht »Lehnsahn« noch nicht fertig war, den großen Seeschlepper »Seeadler«[2] des NDL gechartert, um mit ihm 14 Tage umherzufahren.

Ich hatte mit der Schiffsführung nichts zu tun, sondern sollte nur aufpassen, daß alles klappte und erhielt hierfür vom damaligen Oberinspektor Kapt. Hamelmann die weitgehendsten Vollmachten. Das Schiff wurde in aller Eile zweckentsprechend ausgerüstet, und dann dampften wir nach Elsfleth, um dort den Großherzog und sein Gefolge an Bord zu nehmen. Außer dem Großherzog kamen Oberst v. Dallwig, Major Jordan und Leutnant v. Plettenberg nebst einem Diener und einem alten Vertrauten des Großherzogs an Bord. Unsere Fahrt ging in die Nordsee und durch das Skagerrak in die Ostsee nach Kiel. Dort wurde auf der Howald-Werft die neue »Lehnsahn« besichtigt, und nach mehrtägigem Aufenthalt dampften wir denselben Weg zurück.

Es waren sehr schöne Tage, die ich an Bord verlebte, und alles klappte vorzüglich. Alle Mahlzeiten nahm ich mit dem Großherzog und seinen Herren ein, und vor allem nach dem Abendessen saßen wir manche Stunde zusammen. Dann erzählte der Großherzog gern Seemannsgeschichten und Erlebnisse von seinen vielen größeren und kleineren Seefahrten.

Kaum war ich wieder ein paar Tage in Bremerhaven, da rief Kapt. Hamelmann mich wieder zu sich und erklärte mir, daß sofort wieder der »Seeadler« klargemacht werden müsse, um den Großherzog und seine Tochter, die Herzogin

Mit 50 Metern Länge und acht Metern Breite war die »Seeadler« eines der kleineren Schiffe der NDL-Flotte

Sophie Charlotte[3], an Bord zu nehmen, und ich sollte die Herrschaften wieder begleiten, auf besonderen Wunsch des Großherzogs.

Wieder lagen wir wenig später in Elsfleth bereit, und dieses Mal kamen der Großherzog und seine Tochter, nur begleitet von einer Kammerfrau und dem alten Faktotum des Großherzogs, an Bord. Ich sollte die Rolle eines Adjutanten übernehmen. Diese 14 Tage an Bord des »Seeadler« werden mir stets unvergeßlich bleiben. Hier lernte ich die Seefahrt von einer schönen Seite ken-

Herzogin Sophie Charlotte von Oldenburg an
Bord der »Seeadler«

nen. Schon am ersten Abend ankerten
wir hinter Borkum. Ich wurde noch an
Land geschickt, um bei der Telegraphen-
station des Leuchtturmes einige Depe-
schen für den Großherzog aufzugeben.
Ich kam mir dabei natürlich sehr wichtig vor.

Nach kurzem Aufenthalt dampften
wir dann in die Nordsee hinein nach Kiel
und von dort nach Flensburg. Hier kam
Besuch an Bord, Major v. d. Lippe und
Frau und Tochter, die eine Freundin der
Herzogin war. In Flensburg wurde uns
die Barkasse des dort liegenden Schulschiffes »Blücher« zur Verfügung gestellt, und ich fuhr nun mit den beiden
jungen Damen an Land, allerlei Besorgungen zu machen, oder wir fuhren bei
herrlichem Wetter in der schönen Förde
umher.

Nach einigen Tagen ging es dann
wieder zurück zum Nord-Ostsee-Kanal,
und in Rendsburg gingen unsere Gäste,
die Familie von der Lippe, von Bord. Ei-

Major v. d. Lippe

Blick auf Flensburg und die Förde, Photochrom, vor 1900

Aus dem Betriebe des Norddeutschen Lloyd Bremen, o. Verf., Bremen o.J. [1912], S. 103 ff.

Das erste Segelschulschiff des Norddeutschen Lloyd: »Herzogin Sophie Charlotte«

Der Norddeutsche Lloyd hatte bereits Jahre vor dem Kauf der »Herzogin Sophie Charlotte« 1899 Überlegungen zum Betrieb eines Schulschiffes angestellt:

Schon seit dem Jahre 1896 hatte man im Norddeutschen Lloyd über die Gründung eines Kadettenschulschiffes verhandelt. Alle bremischen Reedereien und sonstigen maritimen Sachverständigen waren mit dem Lloyd einer Meinung, dass ein dringendes Bedürfnis nach Heranbildung tüchtiger Seeleute vorhanden wäre, dass aber gerade an der Weser der infolge Verringerung der Segelschifffahrt eintretende Mangel an gutem Nachwuchs sich weit mehr bei den Offizieren als bei der Deckmannschaft bemerkbar machte. Die Leiter des Norddeutschen Lloyd kamen zu der Ansicht dass, wenn sie nicht energische Schritte

täten, um sich einen guten Nachwuchs für ihr Offizierkorps zu sichern, bald ein Mangel an tüchtigen Offizieren eintreten würde. So entschloss sich denn der Lloyd, ein eigenes Kadettenschulschiff in Dienst zu stellen, dessen Protektorat vom Großherzog von Oldenburg übernommen wurde. Mit den Vorarbeiten wurde Professor Dr. Schilling, der Direktor der Bremer Seefahrtsschule, beauftragt. Als geeignetes Schiff wurde die eiserne Viermastbark »Albert Rickmers«, bei Rickmers, Bremerhaven, und am 30. Oktober 1894 vom Stapel gelaufen, erworben. Abgeliefert wurde sie Anfang 1895. Die Führung erhielt bereits zu diesem Zeitpunkt Kapitän Hermann Warnecke.

Nach Erwerb durch den NDL und vollzogenem Umbau wurde die Bark auf den

Namen der Tochter des Großherzogs von Oldenburg »Herzogin Sophie Charlotte« umgetauft. Die Ausbildung auf dem Schiff war in ein Curriculum eingebettet, das auch auf eine spätere Tätigkeit der Kadetten als Kapitän ausgerichtet war:

Das Schiff ist zur Aufnahme von 100 Kadetten eingerichtet, die in einem dreijährigen Kursus an Bord des Schulschiffes und in einem weiteren einjährigen Kursus an Bord von Dampfern des Norddeutschen Lloyd so weit vorgebildet werden, daß sich an diesen Kursus unmittelbar der Besuch der Seefahrtsschule für die Vorbereitung zur Steuermannsprüfung anschließen kann. Der Besuch der Seefahrtsschule beansprucht infolge der an Bord erworbenen Vorbildung statt 8 bis 9 Monate nur etwa 3 bis 4 Monate. Nach erlangtem Befähigungszeugnis zum Seesteuermann finden die Zöglinge, soweit sie sich als tüchtig und geeignet erwiesen haben und freie Stellen vorhanden sind, Anstellung als 4. Offiziere an Bord von Dampfern des Norddeutschen Lloyd, ohne dass sie jedoch ihrerseits zum Eintritt beim Lloyd verpflichtet sind. Nach weiterer zweijähriger Dienstzeit ist alsdann ein zweiter Besuch der Seefahrtsschule von 4 bis 5 Monaten behufs Ablegung der Prüfung zum Schiffer auf großer Fahrt erforderlich, womit die theoretische Schulausbildung abgeschlossen ist. Das Befähigungszeugnis zum Schiffer auf großer Fahrt (Kapitänspatent) berechtigt zur selbständigen Führung von Kauffahrteischiffen auf allen Meeren und Gewässern. Neben der erforderlichen Besatzung von Offizieren und Mannschaften hat das Schiff zwei Navigationslehrer, von denen einer dem Lehrerkollegium der Bremer Seefahrtsschule angehört, der andere aus dem Offizierkorps des Norddeutschen Lloyd ausgesucht wird.

Das NDL-Segelschulschiff »Herzogin Sophie Charlotte«, ex »Albert Rickmers«, war zur Ausbildung des Offiziersnachwuchses des NDL in Dienst gestellt worden

Eine andere Seite der Ausbildung hebt die »Weser-Zeitung« vom 16. Dezember 1899 hervor:

[...] es läßt sich nicht leugnen, dass in den Kreisen des besseren Bürgerstandes aus dem Grunde eine Abneigung gegen den Seemannsstand besteht, weil die Lehrzeit den jungen Seemann unter Umständen mit Elementen zusammenbringen kann, die durch oft eine nicht einmal bösartige Roheit auf die sittliche Entwicklung ungünstig einwirken muss. Es kommt dazu, dass aus alten Überlieferungen den Schiffsjungen Arbeiten zugemutet werden, die nicht zur seemännischen Ausbildung, aber auch nicht einmal zur Förderung der Disziplin erforderlich und recht unangenehm sind. Es ist selbstverständlich, daß bei der beabsichtigten Einrichtung des Dienstes auf dem Schulschiff jeder, auch der härteste Dienst, den Kadetten nicht vorenthalten werden soll; aber was nicht zur Ausbildung zum Seemann im weitesten Sinne für notwendig zu erachten ist, das kann auf diesem Schiffe ihnen auch füglich fern gehalten werden.

Um nun die seemännische Ausbildung in vollkommener Weise durchzuführen, ist es natürlich notwendig, dass das Schulschiff ein Segelschiff ist. Geht auch die Segelschiffahrt immer mehr zurück, so können doch die für den Dampferofficier erforderlichen Charaktereigenschaften: Mut, schnelle Auffassung und Entschließung, körperliche Gewandtheit usw., nur in dem Dienste auf einem Segelschiff erworben werden [...]

nige Tage später erreichten wir wieder Elsfleth, und damit war diese so schöne Fahrt beendet. Ich erhielt wenige Tage später mit einem sehr netten Schreiben je ein Bild des Großherzogs und der Sophie Charlotte mit eigenhändiger Unterschrift. Auf einen Orden hatte ich dankend verzichtet.

In den kommenden Monaten machte ich mehrere Reisen nach den verschiedensten Weltteilen. Ich war zum dritten Offizier befördert worden und fuhr als solcher unter anderem auf der »Königin Luise«[4] nach New York und Australien und auf dem Schnelldampfer »Lahn«[5] nach New York. Verschiedentlich war ich in Baltimore. Von dort aus besuchte ich meine Verwandten in Philadelphia und lernte dadurch auch diese Stadt kennen.

Ende Juni 1902 erhielt ich dann plötzlich den Auftrag, mich bereitzuhalten, mit dem Schulschiff »Herzogin Sophie Charlotte« des NDL als Lehrer in See zu gehen. Das Schiff lag in Bremerhaven und wurde für die neue Reise, die nach Chile gehen sollte, ausgerüstet. Die »Herzogin Sophie Charlotte« war eine große Viermastbark und hatte außer einer Besatzung, bestehend aus älteren Zöglingen und einigen anderen Leuten, 40 junge Kadetten an Bord, die ihre erste Reise machen sollten. Der Führer des Schiffes war Kapitän Warneke.[6]

Außerdem waren vier Offiziere, zwei Lehrer (außer mir noch Dr. Timerding) und ein Arzt, Dr. Wilkens, an Bord. Anfang Juli kamen die Kadetten an Bord, und nach mehreren Besichtigungen etc. gingen wir schließlich am 10. Juli 1902[7] in See.

Ich hatte mich bald in das mir vollkommen neue Amt hineingefunden und den Unterricht der Kadetten in Fremdsprachen, Navigation und allem, was dazu gehört, zusammen mit dem ersten Lehrer Dr. Timerding übernommen.

Robert Claessens, 1902

Claessens' Kollege Dr. Timerding

Gruppenbild auf der »Herzogin Sophie Charlotte«, rechts Kapitän Warnecke

Erster Offizier der »Herzogin Sophie Charlotte«

Robert Claessens

Kadetten beim Aufentern

Linientaufe auf der »Herzogin Sophie Charlotte«

Die »Preußen« nach ihrer Jungfernfahrt auf der Reede vor Iquique. Claessens nennt das bei Tecklenborg in Bremerhaven erbaute Fünfmastvollschiff der Hamburger Reederei Laeisz rückblickend das »größte und damals schönste Schiff der Welt«

Die »Herzogin Sophie Charlotte« auf Reede vor Iquique,
beide Bilder nahm Claessens im Oktober 1902 auf

Salpeter

Der Chilisalpeter ist nicht nur eine neuere, sondern wegen seines Vorkommens auch eine sehr merkwürdige Erscheinung. Auf einem 1000 m über der See liegenden Hochplateau an der Westküste Südamerikas, der die Grenze zwischen Chili und Peru bildenden dürren Wüste Atacama, wo niemals ein Tropfen Regen fällt, findet sich in verschiednen Örtlichkeiten kristallisierter trockner S. aufgehäuft, der natürlich, wo er weggenommen wird, sich nie wieder ersetzen kann. Allem Anschein nach hat dieses Hochland einst den Boden eines Natronsees gebildet, dessen Ränder sich noch nachweisen lassen. Das Salz findet sich bald in Form von Ausblühungen an der Oberfläche, die wie schmutziger Schnee aussehen, bald liegt es in Vertiefungen und bildet 4½–7 cm starke Krusten oder es steckt in Höhlen und Klüften in festen Massen; meistens aber liegen die Kristalle einzeln bei einander wenige Fuß unter der Oberfläche, und bilden unter einer Bedeckung von Sand und Thon weithin streichende Schichten in einer Mächtigkeit von 6–24 dm, die wie Kies ausgegraben werden.

Die salzreichste und besonders ausgebeutete Gegend ist die Ebene von Tamarugal, zu Peru gehörig, zwar nur 10–15 englische Meilen von der See entfernt, aber das zwischenliegende Terrain ist eine steile, sandige und zerklüftete, noch überdies mit einem Höhenzug gekrönte Küste und hat noch keine andern Wege als gewundne Saumpfade, auf welchen das Salz durch Maultiere in Säcken herabtransportiert wird. Die Transportzüge gehen teils nach dem Hafenorte Iquique in Peru, teils nach Concepcion in Chile; unterwegs liegen auf beiden Routen Raffinerien, in denen das Rohsalz mit siedendem Wasser ausgezogen und durch Abdampfen umkristallisiert wird. Die Feuerung dazu bilden Steinkohlen, die aus England herbeigeschafft werden müssen. Nach dieser Behandlung ist die Ware noch immer eine rohe mit etwa 90–93 % S., indes das übrige aus Kochsalz, schwefelsaurem und salpetersaurem Kali, Magnesiasalzen, Gips etc. besteht und für die meisten Zwecke, außer für die Landwirtschaft, in Europa noch weiter zu reinigen ist. Diese Ware wird ebenfalls in Säcken von durchschnittlich 100 kg Inhalt verschifft. Infolge der Eigenschaft des Salzes, leicht Feuchtigkeit anzuziehen, enthält das käufliche Salz gewöhnlich 2 % davon; kann es in feuchten Lokalitäten noch 1% oder mehr aufnehmen, so beginnt die Auflösung und die Säcke tropfen von konzentrierter Salpeterlauge.

Die Einfuhr der Ware ist nicht nur nach Europa, sondern auch nach Nordamerika sehr beträchtlich. Der Begehr ist fortwährend lebhaft, denn es sind, abgesehen von kleinen Verwendungen, drei große, viel verbrauchende zu decken, nämlich die Bereitung von Salpetersäure, welche sich jetzt nur an diese Art S. hält, die Umwandlung in Kalisalpeter und die Bedürfnisse der Landwirtschaft, welche dieses Salz als ein ausgezeichnetes Düngemittel mehr und mehr schätzen lernt und in Anspruch nimmt. Daß die Säurefabrikation sich ausschließlich dieses Rohstoffs bedient, hat seine guten Gründe; er ist nicht nur wesentlich wohlfeiler als der Kalisalpeter, sondern obendrein ertragreicher, denn das Salz besteht aus 36 Natron und 63 Säure, besitzt also an letzterer 10% mehr als der gewöhnliche S.

Salpeterfabrik

Robert Claessens mit einer Gruppe Kadetten im »Hotel Central«, Taltal

Iquique, Theater

Iquique, Rennplatz

Iquique, Markthalle

Iquique, Stierkampf

Die voll abgeladene »Herzogin Sophie
Charlotte« kurz vor der Rückreise

Die Reise verlief sehr gut und bei den
ausgezeichneten Segeleigenschaften der
»Herzogin Sophie Charlotte« verhältnismäßig schnell. Am Äquator wurde eine
große Schiffstaufe aller die Linie zum
ersten Mal Passierenden vorgenommen.[8]

Bei Cap Horn war uns der Wettergott
gnädig, so daß die viel gefürchtete Um-
segelung glatt vonstatten ging. Anfang
Oktober, am 2. Oktober, nach 78 Tagen
vom englischen Kanal, trafen wir in Taltal ein, und hier führte ich meine Zöglinge zum ersten Mal an Land aus. Nach
kurzem Aufenthalt segelten wir dann
weiter nach Iquique. Hier trafen wir den

Fünfmaster »Preußen«, das größte und
damals schönste Schiff der Welt. Das
Schiff machte unter Führung von Kapitän Petersen seine erste Reise.[9]

Wir konnten es eingehend besichtigen. Durch die in Iquique ansässigen
Deutschen wurden die Kadetten, soweit
der Dienst es erlaubte, an Land eingeladen. An Bord wurden kleine Feste gegeben, und so entspann sich ein reger
Verkehr. Da im Hafen der Unterricht
ausfiel, hatte ich viel Zeit, mich an Land
umzusehen, und ich benutzte auch die
Gelegenheit zu einem längeren Ausflug
in die Salpeterfelder. Ich lernte dort die

Albatrosse an Deck

Ausstopfen eines Albatros

Schwere See in den gefürchteten Gewässern
um Kap Horn

Achterdecks-Wache bei schlechtem Wetter

»Die ›Herzogin Sophie Charlotte‹ zeigte sich von ihrer besten Seite«, notierte Claessens zu seinem bei sehr schlechtem Wetter während der Umrundung Kap Horns aufgenommenen Foto

Die »R.S. Morning«, das Versorgungsschiff für die von Robert F. Scott geleitete »Discovery-Expedition« in die Antarktis (1901–04) begegnet der »Herzogin Sophie Charlotte« und dippt die Flagge

Die Kadetten werden in der Bedienung
des Rettungsgeschützes unterwiesen

»Kadett Müller«

Das Rettungsgeschütz wird abgefeuert

Die Kadetten werden mit allen im Schiffs–
betrieb anfallenden Arbeiten vertraut
gemacht

Auf Segelschulschiffen des Lloyd

»Schützengruppe« nannte Robert Claessens
dies Bild, das ihn selbst als Zweiten von
rechts zeigt

Antwerpen um 1900

Kapitän Hermann Warnecke

Der aus der Wesermarsch stammende Kapitän Warnecke war 1902 47 Jahre alt und zusammen mit seinem Schiff, der »Herzogin Sophie Charlotte« ex »Albert Rickmers« zum Norddeutschen Lloyd gekommen. Sein Benehmen auf dem Schulschiff des NDL brachte ihm reichlich Kritik ein. Über die erste Fahrt der »Herzogin Sophie Charlotte« berichtet der damalige Kadett und spätere Kapitän Eduard Gerhard Müller:

Der Führer des Schulschiffes, Kapitän Warnecke, war durch den Kauf des Schiffes zum Norddeutschen Lloyd gekommen, weil er das Schiff schon jahrelang geführt hatte und als alter Segelschiffskapitän seine Sache wirklich verstand. Er war aber alles andere als ein geeigneter Jugenderzieher. So herrschte bald an Bord sowohl im Verhältnis der Offiziere zum Kapitän als auch der Kadetten zum Kapitän ein außerordentlich unerquicklicher Ton. Es war auf der Reise soviel Streit und Krach vorgekommen, daß der Norddeutsche Lloyd sich gezwungen sah, von New York seinen Oberinspektor Moeller zum Schlichten der Streitfälle nach Portland zu schicken. Er kam, schlichtete, versprach Besserung der Verhältnisse, reiste ab und der Streit brach von neuem aus. [...]

Der Geist der Unzufriedenheit war nun einmal in uns allen, und ich glaube auch mit Recht. Wir waren schwer enttäuscht worden. Kadetten sollten wir sein, hohe Pensionen bezahlten unsere Eltern. Wir aber wurden ausgenutzt bis zum letzten. Für unsere Ausbildung wurde aber nichts getan. Immer nur Arbeitsverteilung, arbeiteten in der Ladung, um Stauereiarbeiter zu sparen. Auch einige Offiziere waren alles andere als Erzieher. Es musste leider soweit kommen, dass jüngere Jahrgänge, die nach uns dieselben Nöte hatten, offen revoltierten und sich diese Erzieher verbaten. Der Norddeutsche Lloyd hat ihren Beschwerden stattgegeben.[10]

Kritische Berichte über das Verhalten Warneckes an Bord sind indes nicht nur von Eduard Gerhard Müller überliefert. Über die Eindrücke des damaligen 1. Offiziers und späteren Kapitäns Emil Zander auf der zweiten Reise der »Herzogin Sophie Charlotte« berichtet Heinz Burmeister:

[...] als Lloydoffizier stellte er sich den Schulschiffsbetrieb etwas straffer vor, und er war entsetzt, als er sah, daß sein Kapitän nach altem Seemannsbrauch über Bord urinierte, indem er sich auf dem Achterdeck an die Leereeling stellte.[11]

Zudem fiel das unpassende Verhalten Warneckes nicht nur an Bord auf:

Das Verhältnis der Besatzung des Schulschiffes zum Kapitän war leider von vornherein ein äußerst gespanntes und wurde mit der Zeit unerträglicher. Auch in Gefle [heute Gävle, schwedische Stadt am Bottnischen Meerbusen] betrug sich der Kapitän gesellschaftlich derart, daß er überall von den Schweden und Deutschen gemieden wurde und bei uns jede Autorität verlor.[12]

Wegen dieser Beschwerden wurde Warnecke nach der dritten Fahrt der »Herzogin Sophie Charlotte«, die Claessens beschreibt, abgelöst.[13]

Gewinnung und Aufarbeitung des Salpeters kennen, konnte stundenlang in der »Pampa« umherreiten, ohne überhaupt ein Lebewesen geschweige denn einen Grashalm zu sehen. Von Iquique segelten wir dann Ende Oktober nach Pisagua und [...] vervollständigten hier die für Antwerpen bestimmte Ladung. Am 4. November wurde die Heimreise mit voller Ladung angetreten. Die Rückreise verlief ohne besondere Zwischenfälle. Die »Herzogin Sophie Charlotte« zeigte sich von ihrer besten Seite. Die Kadetten hatten sich an das Schiffsleben gewöhnt, nur herrschte an Bord eine etwas gereizte Stimmung, hervorgerufen wohl durch ein nicht immer taktvolles Benehmen des ersten Offiziers und vielleicht auch durch den Kapitän, der wohl ein tüchtiger Segler, aber ein schlechter Menschenkenner war.

Nun, mich ging das nichts an. Ich hatte meinen Unterricht zu erteilen, und damit war meine Arbeit erledigt. Am 23. Januar trafen wir in Antwerpen ein. Hier wurde sofort mit der Entladung begonnen. Der erste und der zweite Offizier sowie der Arzt wurden hier abgelöst. Ich benutzte die Liegezeit in Antwerpen zu einem Besuch meiner Verwandten in Brügge, die Besitzer des Hôtels de Flandres waren, und im übrigen wurden Antwerpen und das schöne Brüssel fleißig besichtigt.

Am 24. Februar gingen wir dann, damit die Kadetten weitere seemännische Ausbildung erhalten konnten, wieder mit Ballast in See, und zwar nach dem Mittelmeer. Nach guter Fahrt gingen wir Mitte März auf der Rhede von Cagliari (Sardinien) vor Anker, um hier den Kadetten eine gute Ausbildung im Bootsdienst zu geben. Ich segelte hier viel, war auch häufig an Land, und besonders der dortige Ruderklub trug viel zur Unterhaltung der Kadetten und Offiziere bei.

Am 2. April gingen wir wieder Ankerauf und traten die Heimreise an, die leider nicht ganz friedlich verlaufen sollte. Trotz des Offizierswechsels kam es an Bord zu groben Auseinandersetzungen, mit denen ich aber Gott sei Dank nichts zu tun hatte. Und so lief der Kapitän zunächst Falmouth an, um dort Instruktionen vom NDL zu erwarten. Am 7. April segelten wir dann von Falmouth nach Bremerhaven und trafen am 3. Mai auf der Rhede von Bremerhaven ein. Hier blieben wir zunächst liegen, und hier wurden erst mal alle an Bord entstandenen Unstimmigkeiten bereinigt.

Am 5. Mai verholten wir in den Hafen, und damit war diese Reise beendet. Ich nahm einen längeren Urlaub und fuhr zu meinen Eltern, die mittlerweile nach Königsberg gezogen waren.

Ausbildung der Kadetten im Bootsdienst

Familie Claessens nach dem Umzug von Orschen nach Ratshof, einem 1905 eingemeindeten Königsberger Villenvorort, Robert Claessens steht ganz rechts

Im Anschluß an diesen Urlaub meldete ich mich zu einer Übung bei der Marine und wurde als Wachoffizier, ich war Leutnant z. S., auf S.M.S. »Olga« kommandiert. Die alte »Olga« war Schulschiff für leichte Waffen und lag fast die ganze Zeit meiner achtwöchigen Übung in Wilhelmshaven an der »Kohlenpier«. Nur wenige Tage fuhren wir in der Nordsee umher oder lagen auf der Elbe vor Anker. Die acht Wochen auf S.M.S. »Olga« werden mir unvergeßlich bleiben. Nach beendeter Übung machte ich mehrere Reisen nach Nordamerika, und ich war Anfang 1904 wieder in Bremerhaven.

Plötzlich hieß es, Aalesund in Norwegen sei durch eine furchtbare Feuers-brunst zerstört worden, und der NDL sowie die Hamburg-Amerika-Linie wären aufgefordert, eine Hilfsexpedition nach dort zu senden. Ich befand mich gerade auf dem »Reserve-Offiziersball«. als mich der NDL durch Boten sofort auf die »Weimar« beorderte, die am nächsten Morgen schon mit Sanitätspersonal, Lebensmitteln, Betten etc. nach Aalesund in See gehen sollte. Also Hals über Kopf an Bord. Die ganze Nacht wurde gearbeitet. Am frühen Morgen brachte ein Sonderzug das Sanitätspersonal. Anschließend gingen wir in See. In Aalesund sah es böse aus. Auf der »Weimar« wurde gekocht, was die Küchen hergeben wollten, und ein regelmäßiger

Die Stadt Aalesund in Flammen

Wieder übermittelt uns der Telegraph die Nachricht einer verheerenden Brandkatastrophe, die anscheinend schwere Folgen nach sich ziehen wird. Die Stadt Aalesund in Norwegen ist heute Vormittag den Flammen zum Opfer gefallen. Bisher liegt nur eine kurze telegraphische Meldung über das Unglück vor, aus der der Umfang derselben noch nicht klar erkennbar ist. Das Telegramm lautet:

Christiana, 23. Jan. Nachmittags 2 ¼ Uhr. Die ganze Stadt Aalesund ist am Vormittag niedergebrannt. 12 000 Einwohner sind obdachlos. Es fehlt an allem, besonders Medikamente werden verlangt. Der Schaden wird auf viele Millionen geschätzt. Da die telegraphischen Verbindungen unterbrochen sind, fehlen Einzelheiten.

Da nur von Obdachlosigkeit von 12 000 Einwohnern die Rede ist, steht zu hoffen, daß Menschenleben nicht verloren gegangen sind. Aalesund ist ein bekannter Handelsplatz in dem zum Stift Bergen gehörigen Teiles des Amtes Romsdal. Die Stadt ist 1824 gegründet, hatte im Jahre 1900 11 672 Einwohner und bildete den Zentralpunkt für die reichen Dorschfischereien, welche an den Küsten der Vogtei Söndor betrieben werden. [...]

Die Stadt besteht hauptsächlich aus hölzernen Häusern, woraus sich leicht erklärt, daß »die ganze Stadt« den Flammen zum Opfer gefallen ist. Sie liegt auf mehreren Inseln zerstreut um den zum Teil von einer Mole geschützten Hafen. [...]

Das norwegische Ålesund nach dem Brand, der im Januar 1904 den größten Teil der überwiegend aus Holzbauten errichteten Stadt vernichtete

Schnelle Hilfe für die Opfer

Hamburg, 23. Jan. Brandunglück in Aalesund. Wie Wolffs Telegraphisches Bureau hört, ist infolge einer von dem Kaiser an Herrn Generaldirektor Ballin gerichteten telephonischen Aufforderung bereits heute abend unter Mitwirkung des Roten Kreuzes ein Hilfskomitee zusammengetreten, welches über die zur Linderung der Not erforderlichen dringendsten Maßnahmen sofort beraten soll. Es ist beschlossen worden, den großen Dampfer »Phönizia« der Hamburg-Amerika-Linie nach Aalesund zu senden. Derselbe wird bereits morgen (Sonntag) mittag in Hamburg auslaufen. Der Dampfer ist mit Proviant für 4000 Personen ausreichend versehen und enthält ferner Medikamente, Verbandsstoffe, Kleidung und besonders große Vorräte an Bettzeug, wollenen Decken, sowie Barchent. Drei Ärzte, eine größere Anzahl Krankenpfleger und Krankenschwestern, sowie einige andere Abgesandte des Roten Kreuzes werden den Transport begleiten. Von der Hamburg-Amerika-Linie werden der Chef des Ausrüstungswesens, v. Holtzendorff, ferner die Inspektoren Kapitän Kirchheim und v. Lön sich dem Transport anschließen. Zur Führung des Dampfers ist Inspektor Kapitän Bruns bestimmt worden.

Kiel, 23. Jan. Der Kreuzer »Prinz Heinrich« geht morgen früh gegen 9 Uhr mit mehreren Ärzten und ausreichendem Arzneimaterial an Bord mit beschleunigter Fahrt nach Aalesund ab, um dort beim Rettungswerk behilflich zu sein.

Ein Werk edler Nächstenliebe unternimmt der Norddeutsche Lloyd, indem er den Entschluß verwirklicht, den von der verheerenden Brandkatastrophe in Aalesund Heim-

gesuchten durch die Absendung eines Hilfsschiffes Unterstützung in ihrer beklagenswerten Not zu bringen. Heute, Sonntag, abend geht von Bremerhaven aus der

Der Dampfer »Weimar«, ein Schiff der »Städte-Klasse« des NDL, vor Ålesund. Das Schiff war bei Fairfield Shipb. & Eng. Co. in Glasgow gebaut und 1891 vom Stapel gelaufen und abgeliefert worden. Die »Weimar« war 131,4 Meter über alles lang und 14,63 Meter breit

Dampfer »Weimar« der Gesellschaft, mit allen Mitteln reichlich ausgestattet, nach der Unglücksstätte des Brandes direkt ab. Der Dampfer faßt 2000 Menschen. Ärzte schiffen sich darauf mit ein, er kann im Notfalle also auch als Zufluchtsstätte für die Obdachlosen, die jeder Unbill des Winters ausgesetzt sind, dienen. Da der Hunger wohl hart anklopfen mag und mancher der Abgebrannten nur das nackte Leben ge-

rettet hat, so ist es nicht hoch genug zu veranschlagen, wenn der Norddeutsche Lloyd sich entschlossen hat, auch die Mildtätigkeit der Bremer Bevölkerung bei sei-

ner hochherzigen Expedition in Anspruch zu nehmen. Die Gesellschaft nimmt Kleidungsstücke aller Art und eventuell auch transportierbare Nahrungsmittel heute Mittag bis ein Uhr in ihrem Gepäckschuppen am Bahnhof für die Verunglückten entgegen. Es ist also allen wohltätigen Händen ein reiches Wirkungsfeld eröffnet. Zu beherzigen ist hier besonders, dass, wer schnell gibt, doppelt gibt!

Noch lange nach Ende seines Einsatzes in
Ålesund erhielt Robert Claessens Postkarten
von Norwegerinnen

KEISER VILHELM I AALESUNDS PARK.

Aalesund 8/...04

Tusend take for kortet
Mange hilsener
Margit Steffensen

Alb. Gjörtz

„Axla" med Fjeldstuen

M. & Co. 38

Norge   Söholt — Söndmöre

Mange tak for kort og paaskehilsen! Her hun ikke
vidunderlig vakkert ud? Naste gang de kommer til
Norge, maa De reise indover vor deilige fjorde.
Venligste hilsener
Bertha Olsen

Das zweite Segelschulschiff des Norddeutschen Lloyd: »Herzogin Cecilie«

Die stählerne Viermastbark »Herzogin Cecilie« (93,9 m Länge, 15 m Breite, 7,6 m Tiefe, 3242 BRT) war bei Rickmers, Bremerhaven / Geestemünde gebaut worden und 1902 vom Stapel gelaufen.[14] Bald nach Indienststellung der »Herzogin Sophie Charlotte« hatte sich herausgestellt, dass zu einer gründlichen Erziehung des Offiziersnachwuchses vermieden werden müsse, mehr als etwa 60 Zöglinge an Bord zu nehmen. Kapitän dieses zweiten vom Norddeutschen Lloyd in Dienst gestellten Schulschiffes war Max Dietrich. Claessens berichtet unter anderem über die dritte Reise der »Herzogin Cecilie« von Bremerhaven nach Taltal in Chile.

Die »Herzogin Cecilie«, benannt nach Cecilie zu Mecklenburg (1886–1954), die 1905 durch Heirat mit dem Thronfolger Wilhelm von Preußen die letzte deutsche Kronprinzessin wurde

Fährdienst eingerichtet, mit dessen Hilfe Hunderte von Aalesundern an Bord kamen, um eine warme Mahlzeit einzunehmen. Das Wetter war herrlich und in der Bucht von Aalesund derart milde (Golfstrom), daß wir an Deck essen konnten.

Meiner besonderen Fürsorge waren die zahlreichen jungen Mädel der dortigen großen Kabelstation anvertraut, die auch an Bord schliefen. Die Marine erschien ebenfalls auf dem Plan und baute große Baracken auf, um die am meisten benötigten Unterkünfte zu schaffen. Nachdem die erste Not gemildert war, fuhren wir wieder nach Bremerhaven zurück.

Im Anschluß hieran machte ich wieder mehrere Reisen nach New York, Bal-

timore und Galveston als zweiter Offizier.

Anfang September des Jahres 1904 wurde ich als erster Offizier auf das Kadetten-Schulschiff »Herzogin Cecilie« kommandiert. Die »Herzogin Cecilie« war eine etwa 3000 tons große Viermastbark, die besonders für Schulschiffzwecke gebaut war.

Wir nahmen 80 Kadetten an Bord, davon 40, die schon ein Jahr gefahren hatten, und 40 Neulinge, außerdem eine Anzahl sogenannte Obermatrosen, das heißt Jungen, die schon drei Jahre Fahrzeit hinter sich hatten. Wir gingen von Bremerhaven direkt nach Taltal/Chile in See, und da der neue Fünfmaster »Preußen« zur ungefähr gleichen Zeit von Hamburg nach Iquique in See ging, wurde es ein richtiges Wettsegeln zwischen den beiden Schiffen.

Kapitän war der im [später im Ersten] Weltkrieg als Zeppelinführer bekannt gewordene Dietrich, ein schneidiger Segler. Am Äquator überholte uns die »Preußen«. Später sahen wir sie nochmals kurz vor Kap Horn. In Taltal hielten wir uns nicht lange auf, und weiter ging es nach Iquique. Dort lag die »Preußen« schon seit acht Tagen und war schon beinahe wieder voll beladen mit Salpeter. Wir löschten unsere Ladung und begannen dann ebenfalls sofort mit der Übernahme einer vollen Ladung Sal-

peter. Da wir eine sehr gute Kadetten-Kapelle an Bord hatten, wurden verschiedene nette kleine Festlichkeiten für die dortigen Deutschen gegeben. An Land waren wir auch gerngesehene Gäste. Ich verkehrte viel bei Herrn Hütterot und Sigismund Gildemeister und machte auch mit letzterem eine mehrere Tage dauernde Fahrt in die Salpeterfelder der Firma Gildemeister.

Jedenfalls knüpfen sich an diesen meinen letzten Aufenthalt in Chile die angenehmsten Erinnerungen. Bald wurde die Heimreise angetreten. Nach einer sehr schnellen und guten Fahrt trafen

»Am Äquator überholte uns die ›Preußen‹«, notierte Robert Claessens zu diesem Bild

»Waschtag«

»Linientaufe«

»Teakholzscheuern« gehört zu den Aufgaben
der Kadetten...,

...über deren Erledigung die Offiziere
zu wachen haben

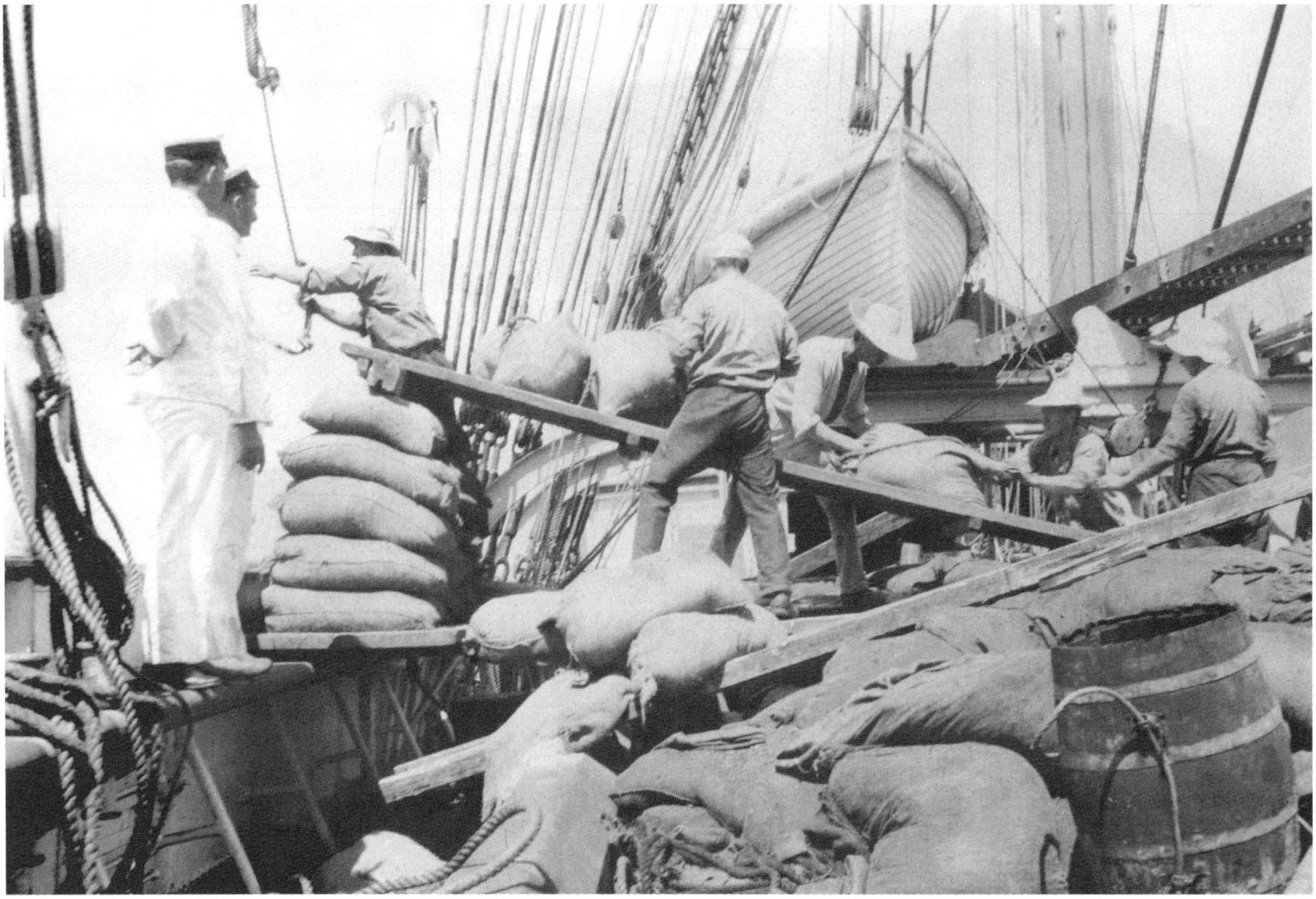

Salpeterübernahme

Rechte Seite:
Die Bucht von Taltal

Gruppenfotos nach
der Arbeit: links die
einheimischen Hilfs-
kräfte, rechts die
Bordmannschaft

Ballastlöschen und Salpeter-Übernahme

»Ausflug der Kadetten nach der Pampa«

»Musterung der Kadetten«

»Ein fideler Sonntag in Antwerpen«

Flaggenparade in Antwerpen

Besuch von Vertretern der Handelskammer an
Bord der »Herzogin Cecilie« in Antwerpen

wir im Mai 1905 in Antwerpen ein. Dort wurde sofort mit der Entlöschung der Ladung begonnen.

In Antwerpen besuchte mich mein ältester Bruder Alfons, der damals in Diedenhofen stand, und Onkel Eugen Claessens aus Aachen. Wir verlebten einige nette Tage zusammen. Mehrere Male fuhr ich auch nach Brügge zu meinen Verwandten. Nach Entlöschung der Ladung ging es dann nach Bremerhaven. Dort verließ ich die »Herzogin Cecilie«, um zunächst einmal einen mehrwöchigen Urlaub zu nehmen, den ich größtenteils mit einigen Vettern am Rhein verlebte.

1 Großherzog Friedrich August II. von Oldenburg, *16. November 1852, † 24. Februar 1931, war der letzte regierende Großherzog von Oldenburg. Er förderte Seefahrt und Marine u. a. durch den Ausbau der oldenburgischen Weserhäfen, aber auch seine persönlichen Interessen galten der Seefahrt.

2 Seeschlepper »Seeadler« des NDL. Bei der G. Seebeck Werft in Geestemünde gebauter Dampfer, Stapellauf und Auslieferung 1897. Als Tender, Seebäderschiff und Schlepper eingesetzt. 50 m reg. Länge, 8 m Breite. Kludas, S. 159.

3 Herzogin Sophie Charlotte von Oldenburg (* 2. Februar 1879, † 29. März 1964) war die älteste Tochter des Großherzogs Friedrich August II. von Oldenburg.

4 NDL-Dampfer »Königin Luise«: Erbaut bei AG Vulcan, Stettin. 166,30 m Länge ü. a., 18,31 m Breite. Stapellauf 1896 und Ablieferung 1897. 22.3.1897 Jungfernfahrt Bremerhaven – New York. Kludas, S. 60.

5 Der NDL-Dampfer »Lahn« war wie die »Eider« ein Schnelldampfer der »Flüsseklasse«: Erbaut bei Fairfield Shipb. & Eng. Co., Glasgow. 136,60 m Länge ü. a., 14,74 m Breite. Stapellauf und Ablieferung 1887. 1.2.1888 Jungfernfahrt Bremerhaven – New York. Kludas, S. 34.

6 Insgesamt hatte die »Herzogin Sophie Charlotte« einschließlich Kadetten eine Besatzung von 89 Mann. Kludas, S. 88, und Peter-Michael Pawlik: Von der Weser in die Welt, Bd. 3, Bremen 2008, S. 291 f.

7 Heinz Burmester benennt abweichend von dieser Angabe den 13. Juli 1902. Heinz Burmester: Segelschulschiffe rund um Kap Horn – Die abenteuerlichen Lebenswege der Viermastbarken »Herzogin Cecilie«, »Herzogin Sophie Charlotte« und »L'Avenir/Admiral Karpfanger«. Oldenburg, Hamburg 1976, S. 58.

8 Am 14. August. Ebd., S. 58 f.

9 Die »Preußen«, das einzige Fünfmastvollschiff der Welt (121,9 m zdL, 16,4 m Breite und 8,20 m Tiefe) war bei Tecklenborg, Bremerhaven/Geestemünde erbaut worden und ist 1902 vom Stapel gelaufen. Die Jungfernreise unter Führung von Kapitän Boye Petersen führte von der Weser nach Iquique. Pawlik, Bd. 3, S. 415 f.

10 »Der Albatros«, 1997, S. 34 ff., 45 f., zitiert nach Pawlik, Bd. 3, S. 294.

11 »Der Albatros«, 1983, S. 73 ff., 76, Ebd.

12 »Der Albatros«, 1997, S. 74, Ebd.

13 Burmester, S. 58

14 Pawlik, Bd. 3, S. 301 ff.

Das Gebäude der Deutschen Nationalbank, Unser Liebenfrauenkirchhof / Ecke Katharinenstraße

Intermezzo vor dem Aufbruch in die Südsee

Dann ging es mit Dampfer »Gera«[1] direkt nach Schanghai mit der Absicht, dort diesen Dampfer den Russen, die nach verlorenem Krieg zur Heimführung ihrer vielen in japanischer Gefangenschaft befindlichen Soldaten Schiffe benötigten, zu geben.

Wochenlang lagen wir auf dem Jang Tse Kiang, vertrieben uns die Zeit so gut es eben ging mit Segeln, Jagd etc., besuchten auch verschiedentlich Schanghai und die von deutschen Missionaren errichteten Taifun-Meldestationen und sonstigen sehr segensreichen Einrichtungen.

Aber aus dem Verkauf wurde nichts. Schließlich dampften wir nach Kobe, um dort unser Glück zu versuchen. Von Kobe aus machten wir sehr schöne Ausflüge, die meist mehrere Tage dauerten. Wir waren in Kioto, Nara, befuhren die »Hodzugava Rapids« und machten auch weitere Fußtouren in die Umgebung von Kobe. Aus dem Verkauf wurde wieder nichts. Die »Gera« sollte nun mit einer Ladung Kohlen nach Hause fahren. Da erschien Dampfer »Willehad«, der zusammen mit den neuen Schiffen »Prinz Sigismund« und »Prinz Waldemar« den Verkehr zwischen Japan, China, Neuguinea und Sydney aufrecht hielt, und benötigte dringend einen ersten Offizier.

Ich meldete mich sofort und kam so auf mein altes Schiff, mit dem ich sehr interessante Reisen machte. Yokohama war der Endhafen, und von hier ging es zurück über Kobe nach Hongkong – Manila – Friedrich Wilhelmshafen (Neuguinea) – Rabaul – Port Moresby – Sydney. Für mich eine ganz neue Fahrt, nur Sydney war mir bekannt.

Als wir in Rabaul eintrafen, legten wir als erster Dampfer an dem dort vom NDL erbauten Pier an. Dieses wurde dann auch gebührend mit allem Südseezauber gefeiert. Rabaul war damals gerade im Aufbau begriffen. Bisher war

In Shanghai

der Sitz des Gouverneurs in Herbertshöhe. In Manila kam eine australische Familie (Waine) an Bord, mit der ich mich sehr anfreundete und in deren Haus ich später manch nette Stunde ver-

Chinesischer Bauernhof

Dschunken im Hafen von Shanghai

»Wochenlang lagen wir auf dem Jang Tse Kiang, vertrieben uns die Zeit so gut es eben ging mit Segeln, Jagd etc.«

Straßenszene in Shanghai

E. CHING FONG
GENERAL OUTFITTER
AND
DEALER IN SUNDRY GOODS.
29 bis Nanking Road

Mit dem NDL-Dampfer »Prinzregent Luitpold« kehrte Claessens von Hongkong nach Deutschland zurück

Kreuzer »München«, zeitgenössische Postkarte

Karte Neuguinea

lebt habe. Sie wohnten in Randwick. Der alte Herr nannte sich sehr stolz »Major«.

Ich machte mehrere Reisen mit dem Dampfer »Willehad« zwischen Yokohama und Australien. Auf einer dieser Fahrten wurden auch Samarai, Brisbane und verschiedene andere kleine Häfen angelaufen. So lernte ich ein schönes Stück der Südsee kennen.

Im September wurde ich dann auf meinen Wunsch in Hongkong abgelöst und fuhr als überzähliger Offizier mit D. »Prinzregent Luitpold« nach Deutschland zurück.

In Bremen angekommen, meldete ich mich sofort zu einer Übung bei der K. M. und kam als Oberleutnant zur See und Wachoffizier an Bord des kleinen Kreuzers »München«, auf dem ich sehr schöne acht Wochen verlebte.

Die »München« war ein Torpedoschulschiff und lag in Kiel. Morgens fuhren wir in die Eckernförder Bucht, um dort unsere Schießübungen abzuhalten. Abends ging es wieder nach Kiel zurück. Am letzten Übungstag dampften wir durch den Kaiser-Wilhelm-Kanal nach Wilhelmshaven. Dort verließ ich die »München« und begab mich wieder nach Bremen zurück.

In Bremen erfuhr ich durch Bankdirektor Hincke[2], daß von einem Konsortium, gebildet aus NDL, National Bank und Reederei W. M. Müller in Rotterdam, beabsichtigt sei, eine gut ausgerüstete Expedition in die Südsee zu entsenden, um dort auf verschiedenen Inseln nach Phosphatvorkommen zu suchen. Der NDL beabsichtige, mich als seinen Vertreter zu entsenden.

Phosphatvorkommen in der Südsee

Die Erschließung neuer Phosphatvorkommen war für das Deutsche Reich von großer Bedeutung, wie Carl Elschner 1915 rückblickend feststellte:

Als unser großer Chemiker Justus von Liebig im Jahre 1840 während eines Aufenthaltes in England empfahl, Knochenmehle, welche ja bereits seit Anfang des 19. Jahrhunderts als Düngemittel dem Handel angehörten, mit Schwefelsäure aufzuschließen, ahnte er wohl kaum, welchen schnellen Aufschwung die dadurch hervorgerufene Industrie besonders in unserem deutschen Vaterlande nehmen würde [...]. Es ist, möchte ich sagen, Sitte geworden, die chemische Farbenfabrikation und die Herstellung synthetischer Heilmittel anzuführen, wenn man von der großartigen Entwickelung der deutschen chemischen Industrie spricht. Aber wenn man die kurze Geschichte der Superphosphat- und Kunstdünger-Industrie, besonders in den letzten 30 bis 40 Jahren überblickt, so glaube ich, daß sie sich ruhig den genannten Zweigen chemischer Technik an die Seite stellen kann, ja, ich möchte noch behaupten, daß sie dieselben an wirtschaftlicher Bedeutung bei weitem überragt, wenn auch ein großer Teil des deutschen Volkes keine rechte Ahnung davon hat, welche gewaltigen Werte die Produkte der deutschen Düngerindustrie eines einzigen Jahres repräsentieren und, noch mehr, welche ins Unberechenbare gehende Steigerung des Geldeswertes unserer landwirtschaftlichen Produkte durch die Anwendung der Erzeugnisse der deutschen Kunstdüngerindustrie erzielt wird.[3]

Große Erfolgschancen für die Entdeckung lohnender Phosphatvorkommen boten die damals deutschen Südseeinseln. Man kannte 1907 bereits Phosphatvorkommen auf anderen als den Inseln, die jetzt besucht werden sollten; die Entstehungsmechanismen und -voraussetzungen waren aber die gleichen, sodass sich vermuten ließ, auch auf weiteren Südseeinseln lohnende Phosphatvorkommen zu finden.

Die Phosphate verdanken ihre Entstehung den auf den Koralleninseln lebenden und dort brütenden Seevögeln, die oft in so ungeheuren Mengen vorhanden sind, daß

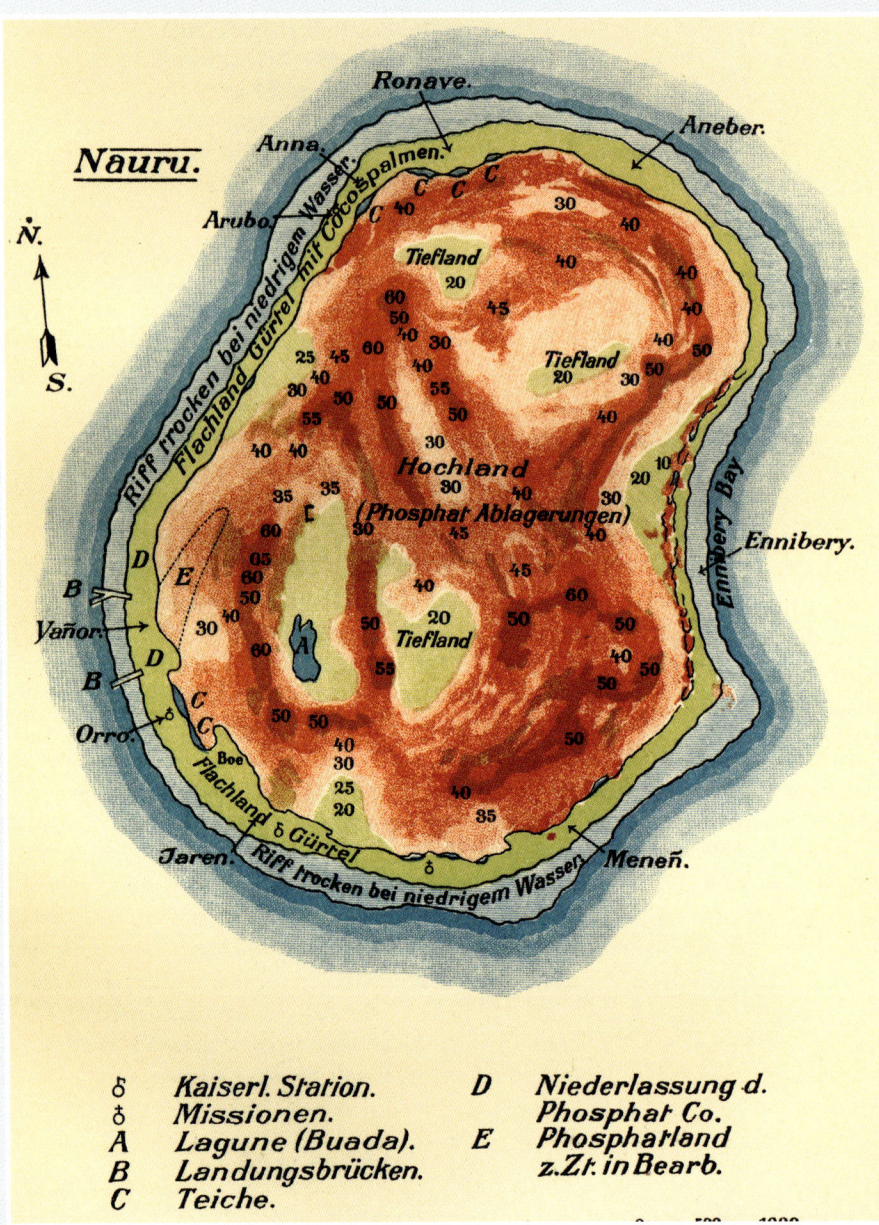

Auf der Insel Nauru wurde 1907 bereits mit großem Erfolg Guanophosphat abgebaut. Die Abbaurechte waren von Deutschland der Pacific-Phosphate-Co. übertragen worden. Inselplan aus Carl Elschners Buch, 1915

des Menschen Fuß keinen Platz findet zwischen den im Sande in einfachen Vertiefungen liegenden Eiern und jungen Vögeln. Letztere werden von den Alten bis zum Flüggewerden mit Fischen gefüttert, sind sehr gefräßig und verbringen ihre Zeit nur mit Fressen und Verdauen. Nimmt man an, daß ein Seevogel mittlerer Größe 15 bis

Veränderungen mit ihm vor. Die organische Substanz wird allmählich durch den Regen ausgelaugt und es bleiben schließlich nur mineralische Bestandteile wie phosphorsaurer und kohlensaurer Kalk, dazu Magnesiumsalze, Eisenoxyd, Tonerde, kieselsaurer und schwefelsaurer Kalk zurück. Die durch Einwirkung des Regenwas-

zerbröckeltem Lehm, so daß sie sich mit der Schaufel bearbeiten lassen, oder sie bilden auch feste Blöcke und Felsen, die bei ihrem Abbau die Anwendung von Brechstangen erfordern.[4]

Kommerziell ausgebeutet wurden 1907 in der Südsee nur die Vorkommen auf Ocean-Island (seit 1901) und Nauru (seit 1906). Der Abbau auf diesen beiden Inseln wurde durch die englische Pacific-Phosphate-Co., Ltd., London, betrieben. Diese wiederum hatte die entsprechenden Abbaurechte für Nauru von der Hamburger Jaluit-Gesellschaft erworben, die eine Guano-Konzession der deutschen Regierung hatte.[5]

Der damalige Gouverneur von Deutsch-Neuguinea, Albert Hahl, berichtet in den Erinnerungen an seine Gouverneursjahre in Neuguinea über die Vorgeschichte der Gründung des Syndikates Folgendes:

Ende 1905 erfreute mich Bezirksamtmann Senfft mit der Nachricht, daß er auf der Insel Angaur der Palaugruppe phosphathaltige Erde gefunden habe. Die mir übersandten Proben schickte ich nach Melbourne an einen mir bekannten Fabrikanten künstlicher Düngemittel. Ich erhielt einen begeisterten Bericht und die besten Analysen.

Hahl hatte dann erfolglos versucht, den Fabrikanten zur Gründung eines Unternehmens zum Abbau der Phosphate zu bewegen. Auf einer Deutschlandreise 1906 fuhr er dann nach Bremen *und unterbreitete die Angelegenheit Generaldirektor Wiegand. Dieser griff zu, so daß es 1907 zur Verleihung einer Konzession an ein Syndikat kam, das unter der Führung des Norddeutschen Lloyd stand.*[6]

Zu diesem Zeitpunkt wird Claessens in die Pläne des Syndikats eingeführt, das eine Expedition zur Untersuchung der Phosphatvorkommen auf Angaur und möglicher weiterer Vorkommen plant. Details der Expedition sind indes noch nicht abschließend geklärt.

Wassertümpel am inneren Rand des Flachlandgürtels auf Nauru

25 kg Exkremente jährlich von sich gibt, so kann man die Entstehung gewaltiger Guanolager wohl verstehen. Während in regenarmen Gegenden (Peru) der Guano als solcher mit der Hauptmenge seiner organischen Substanz erhalten bleibt, vielfach den Charakter eines Gesteins annimmt und ein stickstoffhaltiges Düngemittel liefert, gehen in den regenreichen Himmelsstrichen wie in der Südsee bemerkenswerte

sers auf die mehr oder weniger zersetzten Vogelexkremente entstandenen Lösungen verbinden sich mit dem kohlensauren Kalk aus der Koralle und bilden so die Mineralphosphate [...]. Die Phosphate in der Südsee lagern meist an der Erdoberfläche auf einer Unterlage von gehobener, dolomitisierter Koralle, deren Vertiefungen, Spalten, Löcher und Klüfte sie ausfüllen. Sie haben entweder die Form von grobem Sand oder

Steigendes Interesse an Phosphaten als
Grundlage von Kunstdüngern. Werbung
für Geräte zur Aufarbeitung von phosphat-
haltigen Mineralien

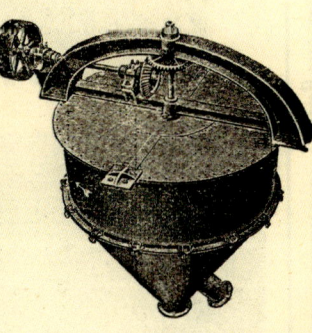
»Wir haben beschlossen, gemeinschaft-
lich mit der Firma Wilhelm H. Müller in
Rotterdam, der Deutschen Nationalbank
in Bremen und der Tellus A.G. in Frank-
furt/Main eine Expedition auszurüsten
und in die Südsee hinauszusenden zur
näheren Erforschung einiger Inseln des
deutschen Schutzgebietes. Jede der beteiligten Firmen sendet einen ihrer Beamten hinaus, und wir haben beschlossen, Sie für den Norddeutschen Lloyd
hinauszusenden. Haben Sie Lust an der

NORDDEUTSCHER LLOYD, BREMEN   DIREKTORIUM UND INSPEKTOREN

Jnspektor Grambow   Oberinspektor Blanke.   Direktor Ph. Heineken.   Oberingenieur Walter.   Direktor von Pilis. Jnspektor Berkelmann.
      Direktor Kauffmann.   Direktor von Helmolt.   Jnspektor Schmölder.   Jnspektor Wippern.   Jnspektor Thoene.
                        Jnspektor Meissel.   Direktor Petzet.
      Jnspektor Oeding   Direktor Leist. Oberinspektor Engelbart. Generaldirektor Dr. Wiegand.   Oberinspektor Beul. Direktor Bremermann.

Das Direktorium des Norddeutschen Lloyd

Sache?« So sprach am 10. Januar 1907 der Generaldirektor des Norddeutschen Lloyd Dr. Wiegand zu mir.

Selbstverständlich erklärte ich mich sofort bereit, an der Expedition teilzunehmen und nach bestem Wissen und Können die Zwecke der Expedition fördern zu helfen. »Ferner«, fuhr Herr Generaldirektor Wiegand fort, »haben wir beschlossen, Sie nach beendeter Expedition in Sydney zu stationieren zur Wahrung der Interessen des Norddeutschen Lloyd. Ich hoffe, daß Sie sowohl während der Expedition als auch späterhin voll und ganz Ihre Schuldigkeit tun werden und sich des in Sie gesetzten Vertrauens würdig zeigen werden. Die weiteren Anweisungen betreffs der Expedition wird Ihnen Herr Direktor Petzet geben.«

Die näheren Ziele und Zwecke der Expedition wurden mir nun durch die Herren Regierungsrat Petzet und Bankier Hincke, Inhaber der Deutschen Nationalbank, klargelegt.

Nach Berichten des Bezirksamtmannes von Jap, Herrn Regierungsrat Senfft, sollen auf einigen Inseln des Bezirkes Phosphat-Lager vorkommen, die bisher von niemandem näher untersucht oder ausgebeutet worden sind. Auf Anraten des Norddeutschen Lloyd und der National Bank haben sich nun die obengenannten Firmen zu dem sogenannten Phosphat Syndikat zusammengeschlossen, das die Erschließung und etwaige Ausbeutung dieser Lagerstätten bezweckt.

Da ein endgültiger Beschluß über die zu bewilligenden Mittel, den Abgang

Otto Lueger: Lexikon der gesamten Technik und ihrer Hilfswissenschaften, Bd. 8, Stuttgart und Leipzig 1910, S. 33–36

Kabelreparatur

Zur Kabelreparatur und zum Kabeleinholen sei noch folgendes bemerkt: Obwohl ein Tiefseekabel stets so verlegt wird, daß es nicht straff, sondern mit der nötigen Lose auf dem Meeresboden liegt, würde es unmöglich sein, mit einem Greifanker einfach unter das Kabel zu fassen und es nach oben zu bringen. Der so entstehende Bogen würde viel länger sein als die Linie des Kabels auf dem Meeresboden, und das Kabel würde infolgedessen reißen, ehe es der Anker nach oben bringen könnte. Man muß daher das Kabel vor dem Herausholen zerschneiden, was mittels eines sehr sinnreich konstruierten Ankers (System Lucas) erfolgen kann. Es ist dieser Anker ein Gerät, bei dem sich zwei Backen um einen Mittelpunkt drehen. Hat der Anker das Kabel gefaßt, so bewirkt der Zug, den das Kabel ausübt, das Schließen der Backen. Diese klemmen das Kabel fest, während gleichzeitig die vorn an den Backen sitzenden Messer es durchschneiden. Das festgeklemmte Ende wird jetzt mittels der Kabeleinholmaschine am Bug des Dampfers herausgezogen; der Zug wird dauernd durch ein Dynamometer gemessen und kontrolliert. Es ist nicht ge-

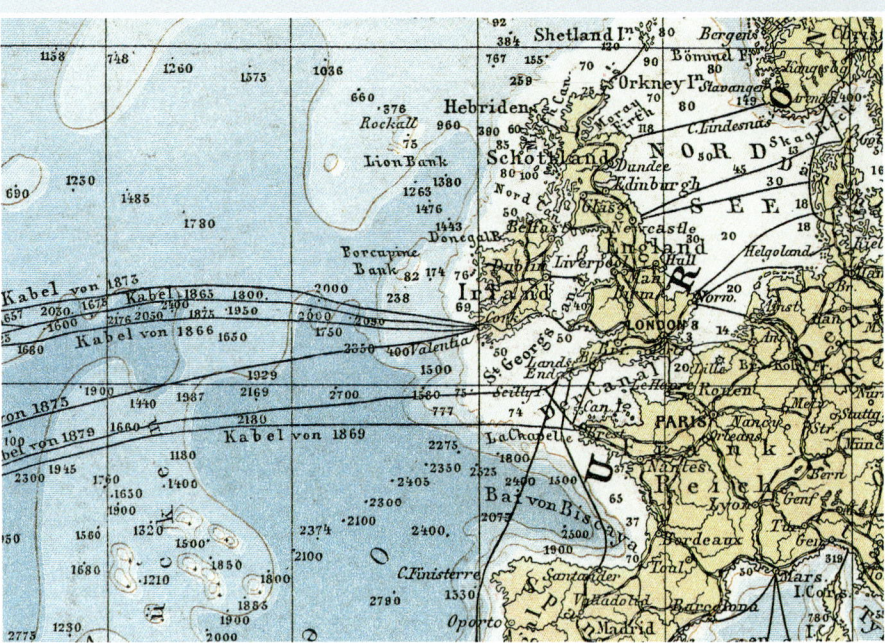

Seekabelverbindungen in der Nordsee Anfang der 1870er Jahre, aus Andree's Handatlas

sagt, daß dieser Patentanker das Kabel bereits auf dem Meeresgrund zerschneidet; ein Zerschneiden tritt erst ein, wenn der Zug in dem Kabelaufholapparat so stark wird, daß die an einem Hebel sitzenden Messer die Armierung des Kabels und sei-

ne Litzen zerstören können. Das nicht eingeklemmte Ende gleitet auf den Meeresboden zurück und muß später nochmals gefischt werden. Die Fehlerstelle im Kabel wird durch einen Widerstandsmeßapparat festgestellt.

der Expedition u. s. w. noch nicht gefaßt war, so wurde ich vorläufig beschieden, in Bremerhaven in Lloyds Diensten diesen abzuwarten. Ich blieb einige Zeit in Bremerhaven als Wachoffizier an Bord der »Bayern«[7], einem dort aufliegenden Dampfer. Mitte Januar 1907 war dann das der Deutschen Reichspost angehörende Kabel Sylt–Arendal (Norwegen) in der Nordsee schadhaft geworden und die Ausbesserung des Kabels den Norddeutschen

Kabelwerken in Nordenham übertragen worden. Der NDL war vertraglich verpflichtet, das auf den dem Werk gehörenden Kabeldampfern etwa fehlende seemännische Personal aus seinen Beständen zu ergänzen. Ich wurde nun sofort nach Nordenham beordert und ging dort auf dem Kabeldampfer »Großherzog von Odenburg« an Bord als Wachoffizier. Sonntag, den 20. Januar, gingen wir in See. Solch ein Kabeldampfer ist speziell zum Legen von neuen

Kabeln und zur Reparatur schadhaft gewordener Kabel mit den besten technischen Einrichtungen versehen und hatte unter den 86 Mann starken Besatzung eine große Anzahl erstklassiger Techniker an Bord. Um ein schadhaft gewordenes Kabel reparieren zu können, muß es zunächst aufgefischt werden, das heißt der Dampfer fährt so lange in der Querrichtung über das Kabel weg, bis daß es an einem mitgeschleppten Anker hängen bleibt. Am 24. nachmittags hakte das Kabel hinter den Anker und es gelang, dasselbe an Deck zu hieven. Mit Hilfe von Meßgeräten wurde festgestellt, daß der Fehler im nördlichen Ende steckte. Das Kabel wurde nun durchschnitten und das Südende, an einer Boje befestigt, wieder ins Wasser gelassen. Das Nordende sollte nun langsam eingeholt werden, bis die schadhafte Stelle gefunden war. Diese Stelle wurde an Bord repariert, die beiden Enden wieder zusammengespleißt, und

das Kabel war wieder in Ordnung. Da schlechtes Wetter aufkam, ging die Reparatur nicht so glatt vonstatten. Wir mußten auch das Nordende, mit einer Boje versehen, wieder fallen lassen und dampften nach Christiansund in Südnorwegen, um dort besseres Wetter abzuwarten.

Am 25. früh trafen wir dort ein. Hier erhielt der Kapitän des Kabeldampfers ein Telegramm der Kabelgesellschaft, mich, wenn irgend entbehrlich, mit nächster Gelegenheit nach Bremen zu senden, da der Lloyd mich schnellmöglichst dort zu haben wünschte.

Ich fuhr noch in derselben Nacht mit einem kleinen norwegischen Postdampfer, der den stolzen Namen »Harald« führte, gen Frederikshavn. Hier traf ich nach einer ganz netten Überfahrt am 26. nachmittags um zwei Uhr ein und setzte an demselben Abend um sechs Uhr die Weiterreise nach Bremen fort.

NDL-Direktor Heinrich Wiegand (1855–1909)

1 Der Dampfer »Gera« gehörte wie die »Weimar« zur »Städte-Klasse« des NDL. Er war bei Fairfield Shipb. & Eng. Co. in Glasgow gebaut worden und 1890 vom Stapel gelaufen und abgeliefert worden. Die »Gera« hatte eine Länge von 131,40 m ü. a. und eine Breite von 14,63 m. Kludas, S. 48.

2 Friedrich Hincke, Direktor der Deutschen Nationalbank, Bremen. Ehemann von Claessens' Cousine Bernhardine Elisabeth, geb. Baur, S. 8/15.

3 Carl Elschner: Corallogene Phosphat-Inseln Austral-Oceaniens. Lübeck 1915, S. 117 f.

4 Paul Preuß: Wirtschaftliche Werte in den Deutschen Südseekolonien. Der Tropenpflanzer Jg. 19 (1916), S. 491–514, S. 508 f.

5 Ebd., S. 511.

6 Albert Hahl: Gouverneursjahre in Neuguinea, hg. von Wilfried Wagner. Hamburg 1997, S. 190-192.

7 NDL-Dampfer »Bayern«: Gebaut bei AG Vulcan, Stettin. Stapellauf 1886 und Ablieferung 1887. 118,93 m reg. Länge, 13,95 m Breite. Kludas, S. 42.

Schmuckkarte zum 50-jährigen Bestehen des Norddeutschen Lloyd – oben das alte und unten das damals noch im Bau befindliche neue Verwaltungsgebäude des NDL an der Papenstraße

Laborarbeit und Ausrüstung

Nach mancherlei Zugverspätungen traf ich am 27. [Januar 1907] um zwölf Uhr mittags in Bremen ein und verlebte dort einen sehr gemütlichen Nachmittag bei Familie Hincke. Am nächsten Tag meldete ich mich bei den Kabelwerken in Nordenham zurück und später bei dem Norddeutschen Lloyd in Bremen. Herr Direktor Leist teilte mir mit, daß ich vorläufig für unbestimmte Zeit vom NDL beurlaubt sei und ganz dem Südsee Phosphat Syndikat zur Verfügung stände.

Von Herrn Petzet, dem Geschäftsführer des Syndikats, erhielt ich dann Auftrag, mich mit Herrn Reg. Baumeister Schönian in Verbindung zu setzen, da derselbe zum Leiter der Expedition ausersehen sei, um mit demselben über die zweckmäßige Art der Ausrüstung u. s. w. zu beraten und gleichzeitig einen ungefähren Kostenanschlag für eine Expeditionsdauer von hundert Tagen auszuarbeiten. Ich fuhr nach Altona und lernte dort bei der Firma F. H. Schmidt Herrn Schönian kennen, mit dem ich alles für die Ausrüstung der Expedition in Betracht Kommende besprach und gleichzeitig einen ungefähren Reiseplan zurechtlegte. Ich sah mir dann noch bei Beinhauer & Söhne in Hamburg die verschiedenen Ausrüstungsgegenstände an und fuhr am 30. Januar wieder nach Bremen zurück.

Hier erhielt ich den Auftrag, meine persönlichen Angelegenheiten in Bremerhaven zu regeln, mich dann mit Herrn Regierungs-Rat Senfft, der augenblicklich in Berlin weilte, zu besprechen und im Anschluß daran nach Rotterdam zu gehen und dort im Laboratorium der Firma Wm. Müller mir eine möglichst große Fertigkeit in der Herstellung chemischer Bodenanalysen anzueignen.

Am Donnerstag, den 7. Februar, begann ich meine Tätigkeit in Rotterdam. Herr Nottmeyer, Chef der Abteilung Bergbau der Firma Müller, führte mich selbst in das Laboratorium ein und übergab mich dort der weisen Fürsorge des Leiters des Laboratoriums, Herrn Alex. Müller.

In der kurzen Zeit, die ich in Rotterdam gewesen bin (etwa vier Wochen), hat Herr Müller es doch verstanden, mir allerlei schöne Künste beizubringen und mich in die geheimsten Tiefen chemischen Wissens einzuweihen. Nebenbei haben wir uns nicht nur mit trockener Wissenschaft geplagt, sondern manch heiteres Scherzwort und manche lustige Erzählung machte den Aufenthalt in dem zeitweise nach wahren Höllendünsten riechenden Laboratorium zu einem Vergnügen, wozu auch Herr Twisselmann, der Assistent des Herrn Müller, sein Redliches beitrug. Um die Zeit möglichst auszunutzen, wurde in Rotterdam tüchtig gearbeitet, und manchmal wurde es Mitternacht, ehe ich zur wohlverdienten Ruhe zum Weimar-Hotel heimkehrte, sogar die Sonntage wurden teilweise zu Hilfe genommen. An einem Sonntage machte ich einen sehr netten Ausflug nach dem Haag, Scheveningen und Amsterdam. Amsterdam hat mir ausgezeichnet gefallen, während ich vom Haag eigentlich etwas enttäuscht war, hatte mir die Stadt großartiger vorgestellt.

Von Bezirksamtmann Arno Senfft stammte die Anregung zur Phosphatsuche

O. Mann: Das Aufsuchen von Erzlagerstätten nutzbarer Mineralien in den Tropen. Eine Anleitung zum Prospektieren für den Offizier, Beamten, Kaufmann und Pflanzer. Hamburg 1913, S. 1-6

Die Ausrüstung des Prospektors

Die Untersuchung von Erzlagerstätten sowie das Auffinden derselben ist in den tropischen Gebieten mit einer Reihe von besonderen Schwierigkeiten verknüpft, die meist nicht genügend bei derartigen Arbeiten gewürdigt werden. Ganz abgesehen davon, daß schon das Klima der Tropen die Arbeitsfähigkeit herabdrückt, haben wir noch mit einer Reihe von anderen Hindernissen zu kämpfen. In vielen Gegenden machen mörderische Krankheiten ein Arbeiten fast unmöglich. In anderen Gebieten ist es wieder die üppige Vegetation, die uns Halt

Arbeiten auch nicht die geringste Hilfe haben. [...]

Zur Aufsuchung und Untersuchung von nutzbaren Lagerstätten bedürfen wir einer besonderen Ausrüstung, die je nach dem Zwecke, dem sie dienen soll, verschieden ist. Vielfach dürften uns schon Hammer, Meißel, Lupe, Strichtafel und Sichertrog für die ersten Untersuchungen genügen. Doch läßt sich das bei Arbeiten in einem oft völlig unbekannten Gebiet niemals voraussehen. Da nun mit einer Nachbestellung meist sehr viel Zeit verloren geht, eine

Zwecke dürfte die folgende Zusammenstellung genügen:
Hammer, Meißel, Kompaß, Lupe, Salzsäureflasche, Messer, Härteskala, Strichtafel, Mörser, Siebe, Sichertrog, Bohrapparat, Pickäxte und Schaufeln, Gesteinsbohrer und Fäustel, Äxte und Sägen

Zur weiteren Ausrüstung des Prospektors gehören noch ein Bandmaß, um die Schürffelder annähernd auszumessen, ein Resultat, das man freilich auch durch Schrittzählen erreichen kann, eine Waage,

Phosphatisierungsgrade von Mineralien. »a: teilweise phosphatisierter Dolomit, b: phosphatis. Koralle, ca. 83 % $Ca_3P_2O_8$, c: Phosphat–Achate« (Fotografien aus: C. Elschner)

gebietet. In anderen Gegenden fehlt es an Wasser, so daß wir nur unter sehr erschwerten Umständen dort tätig sein können. Dazu kommt fast überall das Mißtrauen, ja nicht selten das Übelwollen der eingeborenen Bevölkerung, an der wir für unsere

solche oftmals sogar überhaupt nicht möglich ist, so empfiehlt es sich, lieber etwas mehr Geräte mitzunehmen, als vielleicht später aus Mangel an dem nötigen Handwerkszeug von einer wichtigen Untersuchung absehen zu müssen. Für die meisten

um Proben abwiegen zu können, eine Anzahl kleiner Säckchen, um Proben darin aufzubewahren, sowie Papier und Schreibmaterialien. Damit dürften die nötigsten Apparate zum Aufsuchen nutzbarer Lagerstätten angeführt sein.

Am 20. Februar fuhr ich mit Herrn Nottmeyer nach Bremen, da gleichzeitig mit den Jubiläumsfeiern des Norddeutschen Lloyd die Schlußsitzung des Syndikats stattfinden sollte. Am 22. fand die Sitzung im Lloydgebäude statt, und es wurde hier beschlossen, die Expedition auf mindestens 200 Tage auszudehnen und für dieselbe 200.000 Mark zu bewilligen. Herr Schönian und ich erhielten den Auftrag, die Ausrüstung schnellmöglichst zu beschaffen, so daß die Expeditionsmitglieder am 28. April mit dem fahrplanmäßigen Dampfer des NDL von Genua aus die Ausreise antreten und die ganze Ausrüstung am 24. April von Bremerhaven aus via Singapore verschifft werden könnte. Der Dampfer »Natuna«[1] des NDL wurde vom Syndikat gechartert und sollte in Singapore die ganze Ausrüstung an Bord nehmen, nach Jap hingehen und dort die über Neuguinea eintreffenden Expeditionsteilnehmer erwarten.

Ich nahm am Donnerstag noch an dem Festessen des Lloyd in Bremerhaven an Bord des Schnelldampfers »Kaiser Wilhelm II«[2] teil und fuhr am Montag, den 25. Februar, mit Herrn Schönian zusammen wieder nach Rotterdam.

In den vier Wochen seiner Ausbildung in Rotterdam wohnte Claessens im Hotel Weimar. Baedeker's Belgien und Holland vermerkt dazu in seiner Ausgabe des Jahres 1897: »*[=empfehlenswert] H. Weimar, Spaansche Kade, nahe der Maas, mit Aussicht, Z.L.B. [=Zimmer, Licht, Bedienung] von 1 ¼ fl. an. F[rühstück]. ¾, M[ittagsmahl]. 2, P[ension]. 6 fl.«

Die Feiern zum 50-jährigen Bestehen des Norddeutschen Lloyd 1907

Das Jahr 1907 war für den Norddeutschen Lloyd von besonderer Bedeutung. Am 20. Februar jährte sich zum 50. Mal der Tag, an welchem die Gesellschaft ins Leben trat. Die Jubiläumsfeier gestaltete sich zu einer äußerst imposanten und zeigte aufs deutlichste, in welch hohem Maße der Lloyd seine nationalen und internationalen Verdienste um die Hebung des Verkehrs und die auf die Förderung von Handel, Industrie und Gewerbe gerichteten Bestrebungen im In- und Auslande einmütig anerkannt sah. Die Jubiläumsfeierlichkeiten erstreckten sich über die Tage vom 19. bis 23. Februar.

Seine Majestät der Kaiser gab dem eingehenden Interesse, welches er der Entwicklung des Lloyd seit seinem Regierungsantritt gezeigt hat, dadurch Ausdruck, daß er den Prinzen Friedrich Wilhelm als seinen Vertreter zum Jubiläum des Lloyd entsandte und eine große Anzahl von Orden und Ehrenzeichen an die leitenden Persönlichkeiten sowohl wie an einfache Arbeiter des Lloyd verlieh. Von den deutschen Fürsten trafen zahlreiche telegraphische Glückwünsche ein, ebenso von den Senaten von Hamburg und Lübeck, vom Reichskanzler, den Staatssekretären des Reichsmarineamts, des Innern und des Auswärtigen, sowie Tausende von Glückwunschtelegrammen aus allen Teilen der Welt.

So fasste der Norddeutsche Lloyd 1911 in einer Selbstdarstellung die Feierlichkeiten aus Anlass seines Jubiläums zusammen.[3] Höhepunkt war das Festessen am Abend des 21. Februar an Bord des Dampfers »Kaiser Wilhelm II.« Die »Weser-Zeitung« vom 22. Februar berichtete in ihrer Beilage zur Zweiten Morgen-Ausgabe:

Zwei Sonderzüge brachten [...] die geladenen Gäste, unter ihnen auch den Vertreter des Kaisers, Prinzen Friedrich Wilhelm von Preußen, nach Bremerhaven. Festlicher Flaggenschmuck der in den Häfen liegen-

den Schiffe grüßte die ankommenden Gäste von fernher und muntere Weisen der Schiffskapelle empfingen sie, als sie den Zug verließen. Unter den Gästen befanden sich u. a. die Herren Bürgermeister Dr. Marcus und Dr. Barkhausen, der Staatssekretär des Reichspostamts Krätke, der stellvertretende Kolonialdirektor, Wirkl. Geh. Rat Dernburg, Unterstaatssekretär Holle, Ministerialdirektor von Jonquires, Großadmiral von Köster, Viceadmiral v. Ahlefeld, der preußische Gesandte bei den Hansestädten Freiherr v. Heyking, der hanseatische Gesandte, Ministerresident Dr. Klügmann, der preußische Gesandte in Oldenburg, von Bülow, der Rektor und Prorektor der Technischen Hochschule in Charlottenburg, Vertreter der bremischen Bürgerschaft, die Präsidenten der Bremer Handelskammer, der Gewerbekammer und der Landwirtschaftskammer, ferner eine Reihe von Mitgliedern anderer bremischer Behörden, der Oberpostdirektion in Bremen, verschiedener Eisenbahndirektionen, von Heer und Flotte, der Presse sowie die Konsuln fremder Länder und viele Geschäftsfreunde des Norddeutschen Lloyd. Aufsichtsrat und Vorstand des Norddeutschen Lloyd waren vollzählig vertreten. Der geräumige Speisesaal des gastlichen Schiffes war für den [...] Abend mit besonders festlichem Schmuck versehen.

Zierliche Medusenguirlanden schlangen sich in gefälligem Bogen von den Pfeilern des Saales zur Mitte des Oberlichts hinauf und versahen auch die Pfeiler und Täfelungen mit leichtem gefälligem Schmuck. Die Tafeln selbst hatte die kundige Hand des hiesigen Kunstgärtners Fritz M. Bremermann mit dem schönsten geschmückt, was um diese Zeit die Flora des Treibhauses zu bieten hat. Mit kostbaren, teilweise Licht spendenden Aufsätzen wechselten prachtvolle Blumenarrange-

ments, gebildet aus verschiedenfarbigen Rosen, Tulpen, Flieder, Schneeballen, Nelken und Maiblumen ab. Kurz was die Kunst der Tafeldekoration zu leisten vermochte, war geleistet worden. Es war wahrlich verlockend, an so reizvoll gedeckten Tischen Platz zu nehmen und die Freuden der Tafel über sich ergehen zu lassen.

Prinz Friedrich Wilhelm von Preußen nahm an der Mitteltafel Platz, zu seiner Rechten Herr Bürgermeister Dr. Marcus, zu seiner Linken Herr Präsident Plate[4], gegenüber die Herren Bürgermeister Dr. Barkhausen, Staatssekretär Krätke und Generaldirektor Dr. Wiegand. Von Anfang an herrschte eine sehr angeregte Stimmung, die im Laufe des Mahls wesentlich erhöht wurde durch die große Zahl inhaltreicher ernster und vielfach launiger Reden. Den Reigen eröffnete Herr Präsident Geo Plate:

Er dankte den Herren, die der Einladung des Lloyd zur heutigen Feier gefolgt seien, wodurch sie ihre Teilnahme für das Institut bekundeten. Wir haben, so fuhr er fort, heute morgen in einer Aufsichtsratssitzung gemeint, diesem Jubeltage auch in einer Form Ausdruck geben zu sollen, die uns ein bleibendes Gedächtnis daran schafft, und zwar haben wir dafür eine Form gewählt, für deren Ausführung wir allerdings erst Ew. Königliche Hoheit um Erlaubnis bitten müssen. Wir haben zur Zeit in Geestemünde einen großen Passagierdampfer im Bau von 18.000 Tonnen und 15.000 Pferdekraft und einer Länge von annähernd 600 Fuß, und unsere untertänige Bitte geht dahin, daß Ew. Königliche Hoheit genehmigen, diesen Dampfer »Prinz Friedrich Wilhelm« zu taufen. (Bravo!) Wenn wir in dieser Weise die Möglichkeit gehabt haben, dem freundlichen Verkünder kaiserlicher Worte unsere Verehrung zum Ausdruck zu bringen, so werden wir des kaiserlichen Herrn, der ihn entsandt hat, gewiß nicht vergessen. Meine Herren! Es gibt wohl in unserem deutschen Vaterlande kaum eine Betätigung der Industrie und des Verkehrs, wo wir nicht in unserem inneren Herzen denken: Was wird der Kaiser dazu sagen? Und zwar aus dem einfachen Grunde, weil wir in der ganzen Regierungszeit des gnädigen Herrn immer wieder auf Beweise seines großen und lebhaften Interesses gestoßen sind. So ist es auch in diesem Falle gewesen. Der Kaiser hat uns nicht vergessen, er hat uns mit Beweisen seiner Huld und Gnade überschüttet. Wir sind dem hohen Herrn mit tiefer Dankbarkeit verpflichtet für den Anreiz, den er uns immer wieder gibt neues zu schaffen, und sie werden es begreiflich finden, daß wir voll Dank heute an ihn denken, wenn wir so zusammenkommen, um uns zu freuen über einen großen Abschnitt unserer Tätigkeit, weil wir das Empfinden haben: es ist etwas, worüber der Kaiser sich freuen kann. Meine Herren! Ich brauche keine Worte weiter hinzufügen. Ich bitte Sie, den Gefühlen unserer Treue und Dankbarkeit Ausdruck zu geben, indem Sie sich erheben und mit mir ausrufen: Es lebe Allerhöchst Se. Majestät unser Kaiser! Hurra! Hurra! Hurra!

Prinz Friedrich Wilhelm: Ich bin wahrhaft gerührt über die große Ehrung, die mir dadurch angetan ist, daß der Aufsichtsrat beschlossen hat, ein Schiff nach mir zu nennen. Und Sie wollen versichert sein, daß ich dieser großen Ehre mir voll bewußt bin. Der Herr Präsident hatte die Güte, nachzufragen, ob ich einverstanden sei, daß das Schiff meinen Namen erhält. Ich muß zuvor die Genehmigung S.M. des Kaisers dazu einholen. Meine Herren! Ich habe bereits gestern Gelegenheit gehabt, die Anerkennung und das Wohlwollen S.M. des Kaisers für den Norddeutschen Lloyd zum Ausdruck zu bringen und ich kann Sie versichern, daß ich von hier scheide in der Überzeugung,

Der Speisesaal erster Klasse des Dampfers »Kaiser Wilhelm II.«

daß der Norddeutsche Lloyd immerdar sich der kaiserlichen Huld und Gnade würdig erzeigen wird. Blickt man zurück auf die 50 Jahre, die hinter ihm liegen, so wird man mit größter Bewunderung erfüllt. Aus kleinen Anfängen hat sich der Lloyd zu der Höhe emporgearbeitet, auf der er im Stande ist, mit den größten Schiffahrtsgesellschaften der Welt um die erste Stelle zu ringen. Er ist der Vermittler unseres wirtschaftlichen Lebens mit anderen Ländern. Er ist es, der andern Ländern deutschen Fleiß, deutsche Arbeit und deutsche Kultur nutzbar macht. Er hat sich an der Entwicklung der Schiffsbaukunst ein großes Verdienst erworben und durch den Geist, den er in seinen Kapitänen, seinen Offizieren

und in der Mannschaft seiner Flotte groß zieht, ist er nicht hoch genug zu schätzen für die Wehrkraft des deutschen Vaterlandes. Meine Wünsche für den Norddeutschen Lloyd gehen nun dahin, daß es ihm vergönnt sein möge, getragen durch das Wohlwollen Seiner Majestät und durch das Vertrauen des deutschen Volkes, in dem vor ihm liegenden Jahrhundert auf dem mit Ruhm und Erfolg betretenen Wege zu verharren, auf daß es ihm vergönnt sein möge, daß wir Deutsche immer mit Stolz sagen können: »Der Norddeutsche Lloyd ist unser!« Darauf bitte ich Sie das Glas zu erheben und zu rufen: Der Norddeutsche Lloyd er lebe hoch, nochmals hoch und immer hoch!

Panorama der Lage von Glion und Caux auf einer zeitgenössischen Postkarte

Herr Schönian blieb einige Tage dort, und ich arbeitete noch bis zum 4. März, im dortigen Laboratorium meine Kenntnisse vervollständigend. Am 5. März wurde ich telegraphisch von Herrn Schönian zu einer Besprechung mit Herrn Alex. Müller nach Köln gerufen und erhielt gleichzeitig Auftrag, von dort weiter nach Frankfurt a. M. zu fahren. Dienstagmittag, den 5. März, traf ich in Köln ein und fuhr noch im Laufe des Nachmittages, da in Köln bald alles erledigt, nach Aachen und blieb dort bis zum Abend.

Am 6. März fuhr ich mit Herrn Müller nach Bonn, um dort bei der Firma Gerhardt die Laboratoriumsausrüstung zu bestellen. Am Abend fuhren wir weiter nach Frankfurt, und am nächsten Tage trat ich in das Laboratorium der Firma Beer, Sondheimer & Co. ein, um dort gemeinsam mit Herrn Ingenieur Pilz, einem weiteren Mitglied der Expedition, meine chem. Studien zu vervollständigen. In demselben Gebäude waren auch die Büroräume des Tellus, und war ich so in steter Verbindung mit Herrn Dr. Naumann, dem zweiten Geschäftsführer des Syndikats. Es wurde fleißig an der weiteren Zusammenstellung und Beschaffung der Expeditionsausrüstung gearbeitet und alle für unsere Zwecke in Betracht kommende Lektüre durchgearbeitet. Ich hatte eine ganz nette, kleine Privatwohnung gemietet und benutzte die mir leider nur in geringem Maße bleibende freie Zeit zur Besichtigung der Stadt und der nächsten Umgegend. In Wiesbaden besuchte ich mehrere Male meine dortigen Verwandten und machte am 23./24. März eine sehr schöne Tour das Moseltal hinauf und traf in Trier mit meinem ältesten Bruder bei dessen Schwiegereltern – Lintz – zusammen. Am Karfreitag, den 29., fuhr ich nach Heidelberg, blieb dort bis zum Abend und fuhr dann via Basel – Bern nach Montreux weiter.

Am Sonnabend früh fuhr ich hinauf nach Glion und traf dort im Hotel Righi Vaudois mit meiner Schwester zusammen. Wir machten bei herrlichstem Wetter ein paar schöne Touren in der Umgebung von Glion nach Caux u. s. w., und am Montag früh fuhr ich via Lausanne-Bern-Basel wieder nach Frankfurt zurück, sehr befriedigt von meinem Osterausflug. Hier blieb ich noch bis zum 4. April. Am 5. früh fuhr ich nach Bonn und nahm dort die nunmehr fertige Laboratoriumsausrüstung ab. Den Nachmittag verlebte ich in Köln mit meinem ältesten Bruder und verschiedenen Verwandten und fuhr am Abend nach Bremen weiter. Von Bremen aus mußte ich dann verschiedentlich nach Hamburg und Bremerhaven, und am 18. fuhr ich von Bremerhaven nach Berlin. Ich hatte anfangs die Absicht, in Berlin zu bleiben, gab dieses aber auf und fuhr noch am selben Abend mit dem Nachtschnellzug nach Königsberg weiter. Bis zum Sonntagabend blieb ich bei meinen Eltern, die sich sehr über meinen unverhofften, leider nur so kurzen dreitägigen Besuch freuten. Montagnachmittag war ich schon wieder beim NDL in Bremen, um mich dort zu verabschieden. Vom Lloyd begab ich mich zur National Bank und von dort mit Vetter Hincke nach dessen Heim; hier wurde noch ein tüchtiger Abschiedstrunk genommen, und um zwölf Uhr etwa sagte ich Bremen Lebewohl. Ich fuhr zunächst nach Frankfurt und von dort am Nachmit-

Glion - Hôtel Righi Vaudois

Glion, Hotel Righi Vaudois, zeitgenössische Postkarte

tage nach Wiesbaden, um auch dort Adieu zu sagen.

In Frankfurt war noch allerlei zu erledigen, und hier traf ich auch mit Herrn Prager, dem vierten Expeditionsmitglied, zusammen. Die beiden Herren Schönian und Pilz waren mittlerweile nach Algier gefahren, um die dortigen Phosphatlager kennenzulernen. In Neapel wollten wir mit den Herren zusammentreffen und von dort die Reise nach Australien gemeinsam an Bord des »Kleist« fortsetzen.

---

1 Küstendampfer »Natuna«, NDL: Gebaut bei Ramage & Ferguson, Leith, und abgeliefert 1898 an Det Ostasiatiske Kompagni, Kopenhagen. Ende 1900 angekauft durch den NDL. 64,0 m Länge ü. a., 9,78 m Breite. Kludas, S. 82.

2 Schnelldampfer »Kaiser Wilhelm II.« (2): Gebaut bei der AG Vulcan, Stettin. 215,34 m Länge ü.a., 22,05 m Breite. Stapellauf 1902 und Ablieferung 1903. Kludas, S. 68.

3 Aus dem Betriebe des Norddeutschen Lloyd, S. 39.

4 Georg »Geo« Plate, 1844 in Moskau als Sohn eines Baumwollkaufmanns geboren, war 1887 in den Aufsichtsrat des NDL berufen worden und wurde 1892 dessen Präsident. Plate starb 1914 auf seinem Gut bei Neuglobsow, Mark Brandenburg. Bereits 1911 hatte er alle Ämter niedergelegt. Herbert Schwarzwälder: Das Große Bremen-Lexikon. 2 Bde., 2. Aufl., Bremen 2003, S. 678.

Von Frankfurt nach Herbertshöhe

Herr Prager und ich verließen Frankfurt am 25. April [1907] mit dem Baseler Nachtschnellzug und trafen am nächsten Tage um sechs Uhr abends via St. Gotthard in Genua ein. Auf der Fahrt durch die Schweiz hatten wir herrliches Wetter, das uns leider in Genua vollständig im Stich ließ, so daß man dort wenig anfangen konnte. Am nächsten Morgen traf auch schon der »Kleist« in Genua ein.

Ich begab mich sofort an Bord, froh, endlich mal wieder für längere Zeit ein festes Quartier zu haben. Ich hatte auf dem »Kleist« eine sehr schöne geräumige Kabine auf dem Oberdeck und fühlte mich darin bald vollkommen heimisch. Am Sonntag, den 28., ging es bei leider sehr trübem und kaltem Wetter weiter nach Neapel, das wir am nächsten Morgen erreichten. Das Wetter wurde uns hier günstig gesonnen, so daß ich im Laufe des Tages noch allerlei Schönes von Neapel zu sehen bekam. Da ich in Neapel mit einigen Bekannten zusammentraf und mit diesen zusammenbleiben wollte, fuhr ich nicht nach Pompeji, sondern sah mir nur alles irgendwie Sehenswerte in Neapel selbst an.

Die deutsche Post, die wir in Neapel an Bord nehmen sollten, war durch die Lodderei der italienischen Bahn mal wieder in Mailand liegen geblieben, und so mußten wir bis zum nächsten Morgen in Neapel liegen bleiben. Der Abend wurde in riesig fideler Gesellschaft an Land verbracht, und hier wurde auch noch Wiedersehen mit den Herren Schönian und Pilz gefeiert, die von ihrer Algierfahrt sehr befriedigt waren.

Bei schönem Wetter traten wir am nächsten Morgen die Weiterreise an, und dasselbe blieb uns auch während der ganzen späteren Fahrt treu. Wir waren in der ersten Klasse des »Kleist« zu 23 Personen, bedauerten es aber nicht, in nur

Der NDL-Dampfer »Kleist« im Hafen von Genua

so kleiner Gesellschaft gewesen zu sein. Außer uns vieren waren folgende Passagiere in der ersten Klasse: Herr und Frau Cox, zwei wirklich reizende Menschen, die bis Adelaide fuhren und von dort später nach China weiterfahren wollten; Dr. Veitch und Frau, die bis Sydney reisten und von dort weiter nach Neu Seeland. Herr und Frau Helms aus Queensland nebst Willi, einem kleinen siebenjährigen Jungen, der bald der Liebling aller Leute im Schiff war.

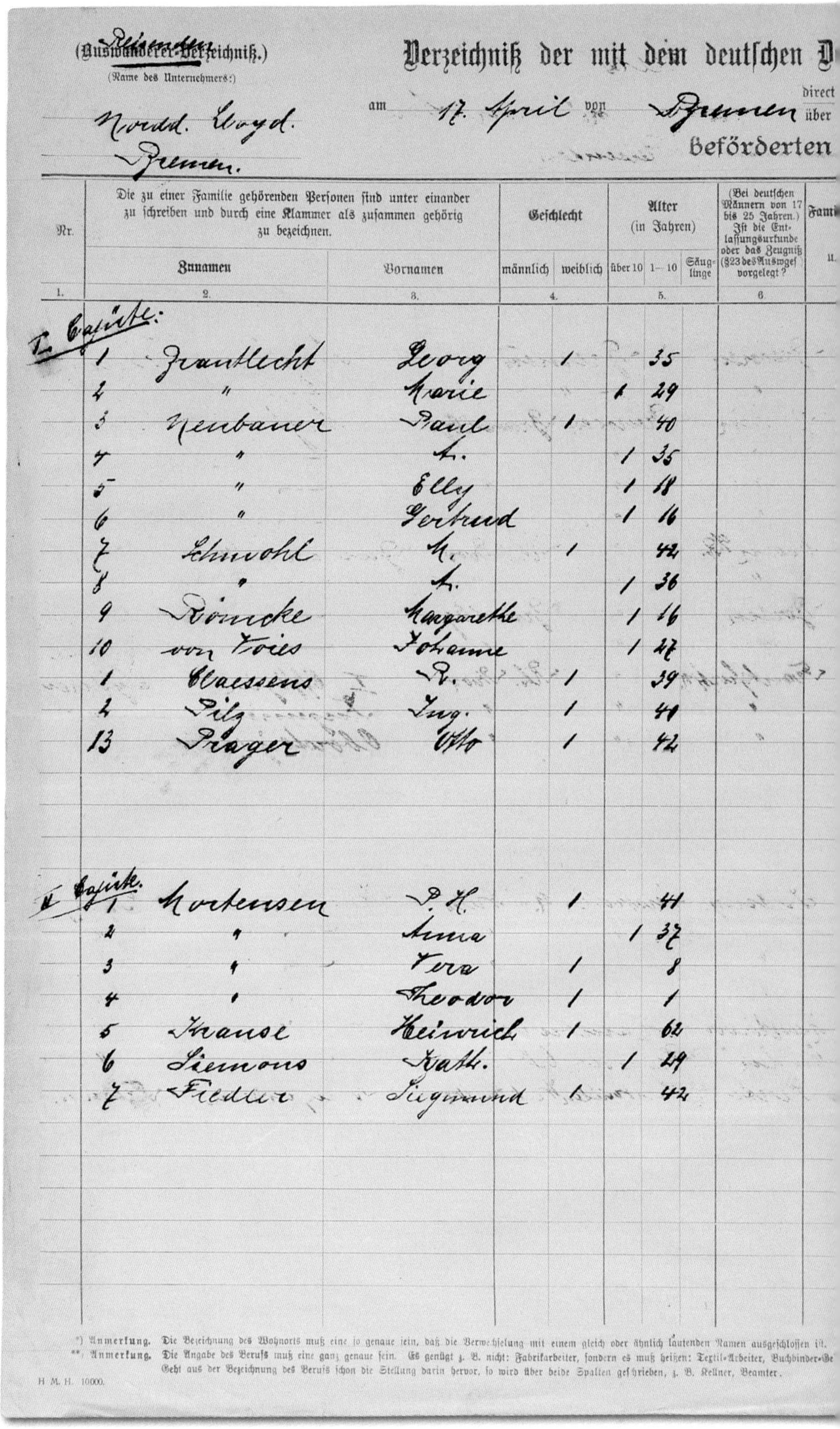

(Auswanderer-Verzeichniß.)
(Name des Unternehmers:)

Verzeichniß der mit dem deutschen D[...]

am 17. April von Bremen über

direct

beförderten

Nordd. Lloyd.
Bremen.

Nr.	Die zu einer Familie gehörenden Personen sind unter einander zu schreiben und durch eine Klammer als zusammen gehörig zu bezeichnen.		Geschlecht		Alter (in Jahren)			(Bei deutschen Männern von 17 bis 25 Jahren.) Ist die Entlassungsurkunde oder das Zeugniß (§23 des Aussügel) vorgelegt?	Fami[...]
	Zunamen	Vornamen	männlich	weiblich	über 10	1—10	Säuglinge		u.
1.	2.	3.	4.		5.			6.	

I. Cajüte:

1	Frantlecht	Georg	1		35				
2	"	Marie		1	29				
3	Neubauer	Paul	1		40				
4	"	A.		1	35				
5	"	Elly		1	18				
6	"	Gertrud		1	16				
7	Schwohl	A.	1		42				
8	"	A.		1	36				
9	Römcke	Margarethe		1	16				
10	von Voes	Johanne		1	48				
1	Claessens	R.	1		39				
2	Pilz	Ing.	1		41				
13	Prager	Otto	1		42				

II. Cajüte.

1	Mortensen	P. H.	1		41				
2	"	Anna		1	37				
3	"	Vera		1	8				
4	"	Theodor	1		1				
5	Franse	Heinrich	1		62				
6	Siemons	Kath.		1	24				
7	Fiedler	Sigmund	1		42				

*) Anmerkung. Die Bezeichnung des Wohnorts muß eine so genaue sein, daß die Verwechselung mit einem gleich oder ähnlich lautenden Namen ausgeschlossen ist.
**) Anmerkung. Die Angabe des Berufs muß eine ganz genaue sein. Es genügt z. B. nicht: Fabrikarbeiter, sondern es muß heißen: Textil-Arbeiter, Buchbinder-Ge. Geht aus der Bezeichnung des Berufs schon die Stellung darin hervor, so wird über beide Spalten geschrieben, z. B. Kellner, Beamter.

H. M. H. 10000.

128

Die Passagierliste der »Kleist« vom 17. April gehört zu den wenigen erhaltenen Listen des NDL aus dieser Zeit. Pilz, Prager und Claessens sind als Passagiere der »I. Cajüte« vermerkt

iffe „Kleist"

ntwerpen nach dem Hafen von Australien

anderer Reisenden.

eriger Wohnort *)	Staatsangehörigkeit	Staat oder Provinz	Bezeichnung des bisherigen Berufs **)	Stellung im bisherigen Berufe **)	Ziel der Auswanderung (Ort und Staat) Reise
8.	9.	10.	11.	12.	13.
Bremen	Bremen		Arzt.		Genua
Berlin	Preussen	Brandbg.	Arzt.		Neapel
"	"			—	"
"	"			—	"
Essen R.Pr.	"	Rh. Prov.	Zaunmeister		"
Berlin	"	Brandbg		—	Melbourne
"	"			—	Neapel
Frankfurt a.	"	Rh. Prov	I. Offizier		Sydney
"	"			Ingenieur	"
"	"			Obersteiger	"
Sydney	Australien	N.S. Wales	Kaufmann		Sydney
"	"	"		—	"
"	"	"		—	"
"	"	"		—	"
Hamburg	Hamburg			Capitän	"
Emden	Preussen	Ostfriesland.			"
Perth	Australien	West. Aust.	Kaufmann		Fremantle

hner, Landwirth/Besitzer.

Schiffe des NDL im Suez-Kanal, aus dem
Handbuch der Reichspostdampferlinien
des NDL

Backfisch – Fräulein Römcke –, die nach
Melbourne fuhren. Fräulein Smart aus
Sydney, eine schon etwas ältliche, aber
sonst sehr nette junge Dame, die sich
während der Reise sehr mit Herrn Schönian anbiederte, Herr Stierlein, der aber
schon in Fremantle ausstieg, und einige
Zwischenpassagiere, die wenig in Betracht kamen.

Beinahe hätte ich Mr. Lindsay vergessen, ein reizender Mensch, der aber
leider nur bis Colombo mitfuhr. Herr
Reis, ebenfalls ein sehr netter Mensch,
fuhr bis Aden mit, manch vergnügliche
Stunde verdankten wir seinem unver-
wüstlichen Humor, und ferner war er uns
durch seine arabischen Sprachkennt-
nisse in Port Said sehr willkommen.

In Port Said waren wir am 3. Mai, in
Suez am 4. und in Aden am 9.; leider
hatten wir in letzterem Platz nicht genügend Zeit, an Land zu gehen, hätte mir
sonst gerne einmal des Teufels Punschkessel[1] aus der Nähe angesehen. In Colombo trafen wir am 14. Mai gegen
fünf Uhr nachmittags ein und gingen
sofort an Land, um noch möglichst viel
bei Tageslicht zu sehen. Da wir während der Nacht Kohlen nahmen und erst
am nächsten Tage weitergehen sollten,
schlugen wir alle unser Quartier im Gall
Face Hotel auf.

Nach dem Dinner, das ziemlich min-
derwertig war und es uns erst mal so
recht empfinden ließ, wie schön wir es
auf der »Kleist« hatten, machten Herr
Schönian und ich noch eine Rundfahrt
durch die Stadt, kehrten aber bald wieder zum Hotel zurück und saßen noch
ein paar Stunden gemütlich plaudernd
mit einigen anderen Passagieren zusammen auf der Terrasse des Hotels. Da die
Nacht blödsinnig heiß war, wurde aus
unserem Schlaf nicht viel, und früh um
sechs Uhr saßen wir schon wieder in
unseren Rikshas und ließen uns durch
die schönen Straßen Colombos fahren.

Dann kamen Herr und Frau Flemmich,
schwerreiche Queensländer, die sich aber
während der ganzen Reise von allen
Passagieren ziemlich isolierten; Fräulein Greenwell, die in Begleitung der
Familie Cox nach Neu Seeland fuhr, Frau
Deutgen nebst Sohn und einem Berliner

Die Promenadendecks der Postdampfer luden bei
geeignetem Wetter zum Flanieren ein. Die Darstellung
stammt aus der Werbebroschüre »Hochzeitsreisen« des NDL
und zeigt eine Fotomontage: die feinen Deckspaziergänger sind
allerdings in viel zu kleiner Größe ins Bild geraten

Auf der Terrasse des Gall Face Hotels ver-
bringt Claessens »gemütlich plaudernd«
einen Abend in Colombo, Postkarte um 1905

Rechte Seite:
Routen der NDL-Schiffe um Australien
und im Südpazifik, aus: The »Lloyd« guide
to Australasia, London 1906

Um acht Uhr war wieder alles an Bord,
und bald darauf ging auch der »Kleist«
nach Freemantle in See. Das Wetter blieb
anhaltend gut, wirklich heiße Tage hatten wir fast gar nicht, und schon zwei
Tage hinter Colombo wurde es wieder
angenehm kühl. Wir vertrieben uns weiter die Zeit so gut als möglich, und die
Tage flogen nur so dahin. Freitag, den
24. Mai, trafen wir in Freemantle ein,
und kaum eine Stunde nach Ankunft
waren wir an Bord des kleinen Dampfers »Zephyr« unterwegs nach Perth, der
Hauptstadt von Westaustralien.

Die Fahrt den Svan River hinauf war
herrlich, dagegen bot Perth selbst nur
sehr wenig; schön war der Anblick von
Perth vom Wasser aus, dergleichen die
Parkanlagen u.s.w. dicht bei der Landungsstelle. Wir besuchten den Park,
den zoologischen Garten, durchwander-
ten einige Straßen und fuhren dann
wieder ganz befriedigt von unserem
Ausflug nach Freemantle zurück, um

uns an Bord des »Kleist« bei gutem Dinner von den gehabten Anstrengungen
zu erholen.

Um zwölf Uhr nachts ging es wieder in See und der unwirtlichen großen
Australbucht entgegen. Dieses Mal sollten wir aber selbst hier gut wegkommen,
das Wetter blieb anhaltend gut, und
schon am 28. abends waren wir in Adelaide. Leider waren die schon vor Jahren
in Angriff genommenen Hafenbauten
immer noch nicht beendet, so daß wir
noch draußen in der Bai ankern mußten.
Da wir auch am nächsten Tage zeitig
weiterfahren sollten, ging niemand an
Land. Am 29. wurde die Reise nach Melbourne fortgesetzt, das wir am 31. Mai
in aller Frühe erreichten. Da das Schiff
ab Adelaide ziemlich leicht war und unter der Küste eine sehr schwere Dünung
stand, fing das Schiff während der Fahrt
etwas an zu rollen, und am Tage vor
Ankunft in Melbourne hatten wir zum
ersten und einzigen Male die Schlinger-

leisten auf dem Tisch. In Melbourne besuchten wir ein paar Bekannte, machten einige Besorgungen, und abends fanden sich die ganzen Passagiere des »Kleist« in einem Varieté-Theater zusammen. Am nächsten Tage machte ich dann noch einen sehr netten Spaziergang, hatte mittags noch eine Besprechung mit Herrn Adena, dem Chef der dortigen Agentur des Norddeutschen Lloyd, und um ein Uhr etwa gingen wir weiter nach Sydney. Es hieß jetzt, alle Vorbereitungen zum Verlassen des Schiffes treffen, und mit wehmütigen Gefühlen packte manch einer seine Koffer, denn wer weiß, ob man es je im Leben wieder so gut bekommt, wie wir es auf dem braven »Kleist« hatten.

Darin waren sich alle Passagiere einig – und es gab Leute an Bord, die viel und weit in ihrem Leben gereist waren –, daß die Reise auf dem »Kleist« wohl eine der schönsten gewesen sei, die sie je gemacht hätten. Die Koffer standen gepackt, das letzte Dinner war verzehrt, und noch einmal legte man sich in seiner gemütlichen Kammer in die schöne breite Koje. Vorher wurde noch ein klei-

ner Schmerz bereitet – nämlich die Getränke-Rechnung präsentiert –, und da fielen einem denn all seine Sünden ein; aber schadet nichts, zu einem guten Dinner gehört auch eine gute Flasche Wein, und wenn man so oft ein gutes Dinner essen muß, muß man auch oft 'ne gute Flasche Wein trinken. Keine Rose ohne Dornen.

Als ich am Montag, den 3. Juni, aufwachte, da lagen wir schon wohlbehalten an unserem Pier in Sydney an mir gut bekanntem Platze. Wir waren in der Nacht in den Hafen gekommen und bei wundervollem klaren Wetter direkt an den Pier gegangen. Als ich vor etwa einem Jahr Sydney an Bord des »Willehad« verließ, da hätte ich es mir auch nicht träumen lassen, daß ich schon so bald und unter so veränderten Verhältnissen den mir so vertraut gewordenen Platz wiedersehen würde.

Während des Vormittages bummelte ich mit Herrn Pilz bei herrlichstem Wetter etwas durch die Stadt, damit er wenigstens einen kleinen Überblick gewinnen konnte, denn am nächsten Tage schon sollten wir unsere Reise fortset-

Perth

Pferdetaxi in Sydney

zen. Am Nachmittag machte ich dann mit Herrn Pilz und Herrn Prager und noch einigen Bekannten eine sehr nette Partie nach Manly, und abends waren wir wieder in Sydney zu weiteren Unternehmungen. »Muß i denn, muß i denn zum Städtlein hinaus«, spielte am nächsten Morgen die Kapelle des »Kleist«, als die kleine »Manila« des Norddeutschen Lloyd mit uns an Bord Sydney verließ. Viele gute Wünsche begleiteten uns hinaus, eine Anzahl Bekannter hatten sich noch im letzten Moment eingefunden, um uns abzuschen, und wehmütig betrachteten wir uns noch einmal den »Kleist«, als wir stolz mit unserem kleinen Schiffchen an ihm vorbeifuhren. Bald jedoch kamen wir zu der Überzeugung, daß die »Manila« trotz ihrer geringen Größe (1800 tons) ein ganz famoses und vor allen Dingen ein äußerst gemütliches und sauberes Schiff sei.

Bald verziehen wir ihr die geringe Geschwindigkeit von nur neun bis zehn Meilen und fühlten uns trotz des anhaltenden Rollens äußerst wohl an Bord. Außer uns vieren war noch ein Herr Fiedler in der ersten Klasse, ein sehr gemütliches Haus, der ebenfalls nach Simpsonhafen gehen und dort oder in der Nähe Land zur Anlage von Plantagen für eine Berliner Gesellschaft aufkaufen wollte. Da außer einer jungen Frau in der zweiten Klasse, die ebenfalls mit ihrem Mann nach Simpsonhafen wollte, kein weiteres weibliches Wesen an Bord war, konnte man es sich in jeder Richtung bequem machen, ohne immer auf jemand Rücksicht nehmen zu müssen. U. s. w.

Das Wetter blieb anhaltend gut; es war ja zeitweise etwas bewegte See, die die ziemlich tief beladene »Manila« tüchtig hin und her warf, aber dabei blieb

Teil der Gazelle-Halbinsel mit Simpsonhafen,
Herbertshöhe und der Blanche Bay, aus der
Seekarte St. Georgskanal

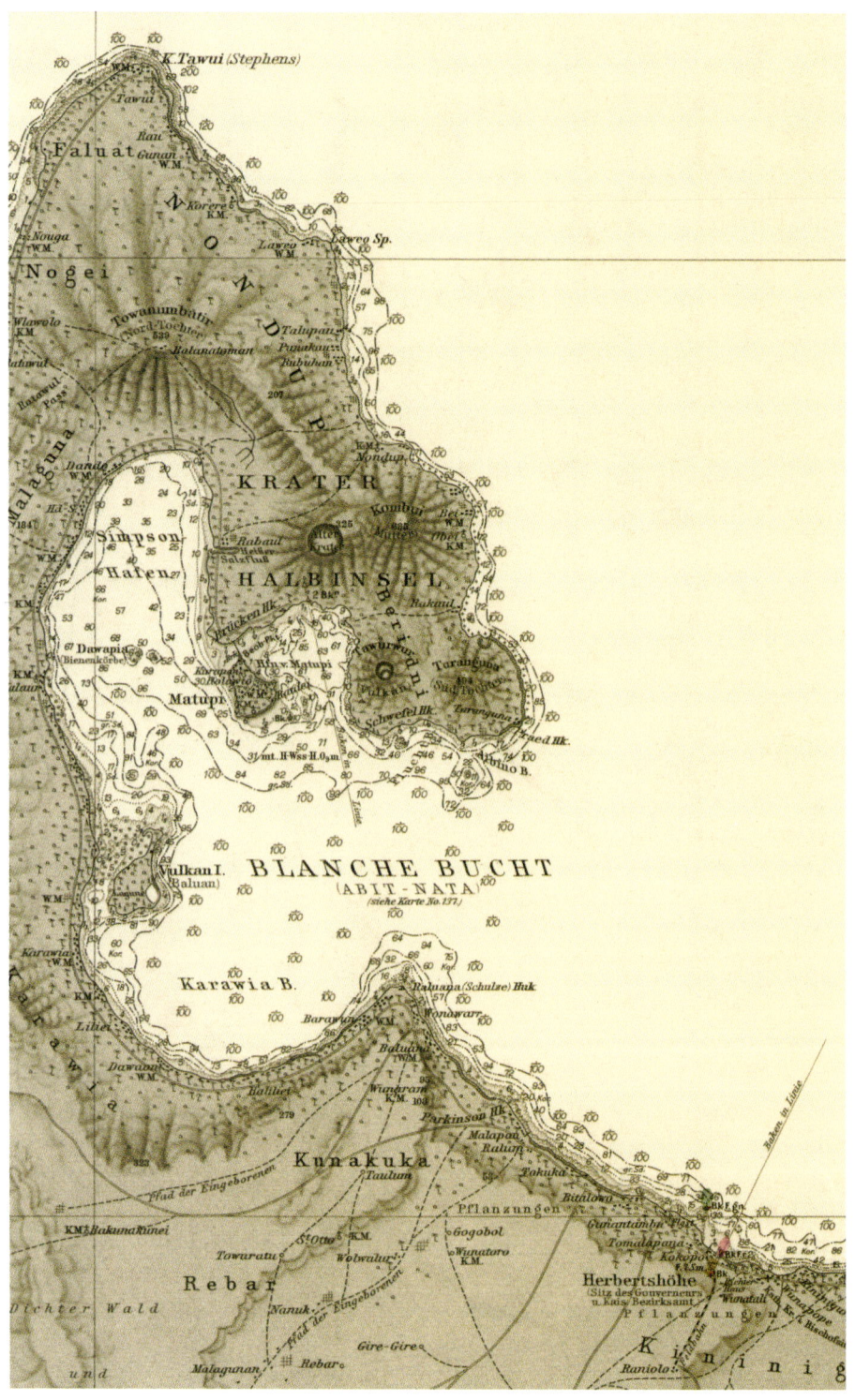

uns mit geringen Ausnahmen schöner
Sonnenschein treu.

Am 10. Juni passierten wir die Adele Insel, den östlichen Ausläufer des
Louisiade Archipels. Am 12. vormittags
liefen wir in den Georg Kanal ein und
passierten Kap Gazelle an demselben
Mittag. Die weite Blanche Bai lag vor

Gazelle-Halbinsel, Matupi. Markt Canoe.

unseren Augen und rechts voraus die in der Sonne glänzenden Häuser von Herbertshöhe, rechts die alten, nun lang erloschenen Vulkane Mutter und Tochter und zur Linken die Anhöhen, weit bekränzt von prächtigen Kokos-Plantagen; ein Bild von wunderbaren landschaftlichen Reizen.

Auf der Rhede von Herbertshöhe wurde gestoppt und die für Herbertshöhe bestimmte Post gelandet, weiter ging es dann vorbei an der kleinen Insel Matupi, auf der sich eine der ältesten Handels-Stationen des Archipels, die von Hernsheim & Co., befindet, und vor uns lag Simpsonhafen, die Zentrale des Norddeutschen Lloyd und der zukünftige Sitz der Regierung. Auf der Rhede

von Herbertshöhe lag der »Seestern«, mit dem wir unsere Reise weiter fortsetzen sollten, und in Simpsonhafen die kleine »Langeoog« des NDL, die den Verkehr mit den zunächst liegenden Inseln vermittelt. »Sumatra«, ein größerer Dampfer, war vor kurzem zwecks Überholung nach Hongkong gegangen. »Manila« legte an dem Pier in Simpsonhafen an, und wir betraten zum ersten Male Südsee-Boden; bald folgte »Seestern«, und wir erfuhren durch den Kapitän desselben, daß er mit uns am 16. Juni nach Jap gehen sollte. Da es zu spät war, um noch nach Herbertshöhe zu fahren, und mit dem Gouverneur Rücksprache zu nehmen war, quartierten wir uns in Simpsonhafen und Matupi ein.

1 Auf seiner 1881/82 durchgeführten Tropenreise besuchte der in Potsdam geborene Mediziner, Zoologe und Philosoph Ernst Haeckel (1834–1919) auf dem Weg nach Ceylon den »Punschkessel des Teufels« und schrieb dazu: »Die öden vulkanischen Felsen der Halbinsel, auf denen die Häuser zerstreut sind, erscheinen stark zerklüftet und theilweise sehr malerisch. [...] Keine Vegetation schmückt die nackten starren Felswände und lindert die Gluth der tropischen Sonnenstrahlen [...].

Der Aufenthalt auf diesem glühenden Felsenneste wird im Hochsommer zur Hölle für die englische Garnison, und nicht umsonst nennen es die Officiere: ›des Teufels Punschkessel‹. Der Anblick der nackten Lavaberge erinnerte mich lebhaft an diejenigen der canarischen Insel Lanzerote.« Ernst Haeckel: Indische Reisebriefe. 1. Aufl. Berlin 1883, erstes Kapitel: Auf der Reise nach Indien, zitiert nach: http://caliban.mpiz-koeln.mpg.de/haeckel/ceylon/kapitel01.html, abgerufen am 23. 9. 2011.

Niederlassung des NDL auf Jap

Die Expedition

Ich wohnte in dem Agentur-Gebäude des Lloyd, Herr Schönian bei dem Agenten des NDL, Herr Haesener und die beiden anderen Herren in Matupi bei der Firma Hernsheim. Das in Simpsonhafen befindliche Hotel – der Lloyd Hof – war voll besetzt, und infolgedessen waren wir auf private Hilfe angewiesen. Am nächsten Vormittag fuhr Herr Schönian nach Herbertshöhe und regelte dort mit dem Gouverneur alles, was unsere Weiterfahrt betraf. »Seestern« ging nach Matupi, um dort Kohlen zu nehmen, und am Nachmittag setzte auch »Manila« ihre Reise weiter fort.

Ich sah mir in Simpsonhafen alle Neuanlagen des Lloyd sowie auch der Regierung an und hatte gleichzeitig Gelegenheit, einen Sack voller Klagen aller möglichen Parteien anzuhören; na, Schwamm drüber, interessant und lehrreich waren mir die Tage, und das war mir schließlich die Hauptsache. Ich machte noch ein paar Ausflüge in die nächste Umgebung, ging auf die Jagd (erlegte aber nur einen fliegenden Hund und eine Eule) und sah mir den späteren Regierungssitz an. Die Regierung hat mit einfachsten Mitteln eine schöne breite Straße bis auf die Kuppel der nächsten Berge gebaut, die Oberkante der für Baugrundstücke in Betracht kommenden Berge planiert und jetzt begonnen, dort oben Häuser zu errichten. Einen schöneren Platz hätte man kaum ausfindig machen können. Man sieht von dort oben im Osten den offenen Ozean, im Westen hat man die Blanche-Bai und direkt unter sich Simpsonhafen. Man geht von Simpsonhafen bequem in 30 Minu-

ten hinauf und hat den Vorzug, dort oben stets eine angenehme Kühle und gesundes Klima zu haben, während man letzteres von Simpsonhafen noch nicht sagen kann. Aber in einiger Zeit wird sich auch hier das Klima bessern, und Fieberfälle werden weniger häufig vorkommen.

Abends hatte ich Gelegenheit, im Hotel »Lloyd Hof« einen richtigen Südsee-Abend mitzumachen; rühre, rühre nicht dran; der gute Herr Ruhstrat hätte dort seine Freude gehabt.[1] Einiges hatte ich schon erlebt, aber so etwas war mir doch neu. Gehört hatte ich schon viel davon, aber stets das Gerede für Übertreibung gehalten, jetzt lernte ich aber die Tatsachen kennen; nun, ich kann mich bei solchen Gelegenheiten riesig beherrschen und habe weder gewonnen noch verloren. Leider konnte ich die anderen Herren nicht für meine Ausflüge begeistern. Pilz und Prager verschliefen meist die schönste Zeit des Tages und waren mir auch zu große Umstandskandidaten. Schönian hatte sich nach Heimkehr von Herbertshöhe ebenfalls in Matupi einquartiert, und so überließ ich die Herren sich selbst und der Führung der dortigen Leute. Sie haben ja dann auch allerlei gesehen und sind ganz befriedigt mit ihrem dortigen Aufenthalt. Ich fuhr Sonnabend, den 15., mit der »Langeoog« nach Herbertshöhe und stellte mich dort dem Gouverneur Dr. Hahl vor, besuchte dann noch einige Bekannte, aß im »Deutschen Hof« zu Mittag, machte einige Besorgungen, und da es anfing zu regnen, begab ich mich am Nachmittag an Bord des

»Simpsonhafen. Arbeiten am Durchstich des Malagunan Passes«, zeitgenössische Postkarte

Simpsonhafen, Agenturgebäude des NDL,
Postkarte

Simpsonhafen. Agenturgebäude des Norddeutschen Lloyd.

Das Hotel »Deutscher Hof«...

... und das »Central Hotel« in Herbertshöhe

inzwischen nach Herbertshöhe gekommenen »Seestern«.

Später kamen auch die anderen Herren mit einem Motorboot von Mantupi herüber, und abends war wieder die Expedition versammelt. Am nächsten Morgen um sieben Uhr kam der Gouverneur an Bord, und gleich darauf gingen wir in See. Auf dem »Seestern« waren wir sehr gut untergebracht. Außer uns waren noch ein Herr Thurnwald und ein Herr Worps an Bord; ersterer machte eine Studienreise, letzterer eine Erholungsfahrt. Der Gouverneur stellte uns in äußerst liebenswürdiger Weise sein ganzes Schifflein zur Verfügung, und man konnte sich in jeder Weise ungeniert an Bord bewegen. Bei schönstem Wetter fuhren wir zunächst um die Ga-

zelle Halbinsel herum und dann weiter nach Südwesten, um ein ziemlich verlassenes Dorf an der Nordwestküste Neu Pommerns aufzusuchen und dort einige schwarze Jungen, die in Herbertshöhe bei der Polizeitruppe gedient hatten, abzusetzen.

Montag, den 17., trafen wir in der Frühe an unserem ersten Bestimmungsorte ein und gingen durch ein der Küste vorgelagertes dichtes Riff hindurch und am Fuße des Talabe Berges vor Anker. Die hier zwischen Kap Kiepert und Gauffre wohnenden Leute gehören zum Stamme der Warioi, ein armseliges Völkchen, das vor einigen Jahren durch die Pocken furchtbar mitgenommen worden ist und sich jetzt allmählich unter der Pflege, die der Gouverneur

Claessens als Gast und Fotograf einer
Tanzveranstaltung in Rabaul

142

»...die interessanteste Reise, die ich je gemacht habe...«

Für den Bauingenieur Wilhelm Schönian (1871–1958) kam das Angebot, eine Expedition zur Auffindung von Phosphaten in der Südsee zu leiten, überraschend:

Das Leben wurde mir aber jäh unterbrochen durch eine plötzliche Wendung, die einen gewaltigen Einfluß auf meine ganze Zukunft haben sollte. Mein einer Chef ging im allgemeinen mittags zur Börse, weniger um etwas zu verkaufen, als vielmehr, um Beziehungen zu allen möglichen Leuten zu unterhalten. Eines Tages traf er dort einen Bankdirektor Strube aus Bremen, der ihm erzählte, daß der damalige Kolonialminister Dernburg einem unter Führung seiner Bank stehenden Syndikat eine Sonderberechtigung zur Untersuchung unserer Südseeschutzgebiete auf nutzbare Mineralien verliehen habe. Er habe gehört, daß einer der Ingenieure von F.H. Schmidt einmal in der Südsee gewesen sei – das war ich – und ob er mich wohl mal sprechen könne, um sich über die in jenen fernen Weltteilen herrschenden Verhältnisse allgemein zu unterrichten. Kein Widerspruch. Es kamen eines Tages der Dr. Strube mit einem Dr. Sondheimer aus Frankfurt in unser Büro und es entwickelte sich zwischen uns eine ziemlich lebhafte Unterhaltung über Südsee usw. worüber ich den Männern auf Grund meines zweimaligen Besuchs ja allerlei Fingerzeige geben konnte. Dann kam aber ganz unerwartet nach zwei Tagen die Anfrage, ob man wohl gewillt sei, mich für die Leitung der auszusendenden Expedition für einige Monate zur Verfügung zu stellen. Das war Ende 1906. Nach einiger Überlegung der sich daraus vielleicht entwickelnden Möglichkeiten und der Vertreterfrage während meiner Abwesenheit stimmte FHS zu, und ich wurde Leiter der Südsee-Expedition des Deutschen Südsee Phosphat Syndikats, bestehend aus der Deutschen Nationalbank, Bremen, dem Norddeutschen Lloyd Bremen, Beer Sondheimer & Co., Frankfurt a. Main und Wm. H. Müller & Co., in Den Haag. Mein Freund Römer sollte mich während meiner Abwesenheit im Geschäft vertreten. Zur Unterstützung gab man mir einen Bergingenieur Pilz und einen Obersteiger Prager für die geologischen Arbeiten und einen Schiffsoffizier des NDL Claessens für die seemännischen Fragen und die Verpflegung mit.

Wie immer fing man nun sofort an zu drängen, wann wir denn nun aufbrechen würden. Das war ganz leicht gesagt, aber die Beschaffung der Ausrüstung für die geologischen und chemischen Untersuchungen, der Werkzeuge und Geräte für Bodenforschungen, der gesamten Verpflegung für acht bis zehn Monate mit all den dazu gehörigen Kleinigkeiten – denn wir gingen ja in eine vollständige Wildnis – und ferner die Ausbildung von Prager und Claessens in den einfachsten Analysenkenntnissen, da wir uns bei Eintreten von Zwischenfällen oder vorübergehender Teilung doch mal gegenseitig mußten vertreten können, erforderten doch eine ganze Anzahl Wochen, so daß wir erst im März 1907 wieder ausreisen konnten.

Der Norddeutsche Lloyd stellte Plätze auf seinem Liniendampfer »Kleist« bis Sydney und anschließend auf der »Manila« bis Rabaul auf Neu Guinea unentgeltlich zur Verfügung, und unsere kleine Gruppe hatte während der sechswöchigen Überfahrt reichlich Gelegenheit, sich von den unruhigen Wochen der Vorbereitung zu erholen. Auf Einzelheiten will ich nicht eingehen. Ich muß noch nachtragen, daß ich vor Antritt der Reise mit Pilz zusammen noch eine Besichtigung der Phosphatvorkommen in Algier vorgenommen habe. Wir fuhren von Marseille aus nach Algier hinüber und von dort mit Bahn nach Constantine und Tebessa und weiter über Tunis, Trapani nach Neapel, wo wir an Bord der »Kleist« die anderen beiden Männer trafen. Die Algierphosphate – und das gilt für ganz Nordafrika – sind submarine Ablagerungen, während die Südseephosphate ihre Entstehung dem Leben zahlloser Seevögel auf Korallenriffen verdanken. Da man kaum mit solchen algierischen Eocenablagerungen in der Südsee rechnen konnte, so hätten wir diesen Abstecher uns sparen können, aber geschadet hat uns die Erweiterung unserer Kenntnisse sicher nicht.

In Rabaul eingetroffen setzten wir uns zunächst mit dem Gouverneur Dr. Hahl in Verbindung, der uns auf seinem Bereisungsdampfer »Seestern« nach Yap bringen wollte, wohin unser Expeditionsdampfer »Natuna« mit unserer Ausrüstung von Singapore aus entgegengeschickt werden sollte. Der Gouverneur nahm uns sehr freundlich auf, und wir merkten bald, daß er große Hoffnungen auf unsere Arbeiten für die Entwicklung der Südseekolonien setzte.

Schon nach wenigen Tagen ging es wieder an Bord, zunächst an der Nordküste von Neu Pommern entlang, dann nach Eitape auf Neu Guinea hinüber, wo überall irgendwelche Regierungsgeschäfte zu erledigen waren, und weiter über die kleinen Inseln Tobi und Sonserol nach Yap. Auf Tobi kam es zu einer köstlichen Scene, indem der Häuptling der Insel hörbar einschnappte und in die größte Verlegenheit geriet, als Hahl die schönste Frau seines Harems dankend ablehnte. Nach Einführung bei dem Bezirksamtmann Senfft auf Yap siedelten wir auf die »Natuna« über, die schon einige Tage auf uns wartete und nun für einige Zeit unser Heim werden sollte. Mit Kapitän Stollberg und dem ersten Offizier Grünberg, dem ersten Maschinisten – Name ist mir entfallen – dem Faktotum Ah Kui und zehn Schantungchinesen, die FHS aus Tsingtau besorgt hatte (Koch, Diener, Handwerker) haben wir dann unsere Entdeckerfahrt angetreten, viel beneidet von allen, die seit Auftauchen des Planes mit uns in Berührung gekommen waren. Als Dolmetscher für die Karolinensprachen begleitete uns ein Yap-Pflanzer Brüggemann, netter Kerl, der uns sehr nützlich gewesen ist. Er lebte fast 25 Jahre in der Südsee, ohne Europa je wiedergesehen zu haben. Für die Landarbeiten und besonders für die Bedienung unseres Landungsboots durch die Brandung warben wir etwa zehn Insulaner an, die unser Boot auch sicher durch alle Brandungen hindurchgebracht haben. Ihre Bezwingung bei höherer Dünung ist eine ganz besondere Kunst. An Bord stand uns ein ziemlich geräumiger Salon mit zwei anschließenden Kabinen zur Verfügung, so daß wir gut Platz hatten, uns auszudehnen. Jeder hatte seinen festen Platz, auf dem er alles stehen und liegen lassen konnte, was er wollte. Unser Schlaf war nach des Tages Arbeit meist ungetrübt, wenn er nicht bei ungünstigem Wind durch Hitze und sonst durch die zahllosen Kakerlaken und einige Ratten, die uns von Zeit zu Zeit besuchten, was aber seltener vorkam, da wir keine eßbaren Sachen bei uns hatten, beeinträchtigt wurde. Im allgemeinen gingen wir stets zusammen an Land und trennten uns unter Umständen erst dort. Da aber Prager und Claessens auch noch botanische und zoologische Sammelinteressen wahrzunehmen hatten, sind wir meist überhaupt zusammen geblieben.

Die nun folgende Entdeckerfahrt ist wohl die interessanteste Reise gewesen, die ich je gemacht habe, jedenfalls war sie die eigenartigste und reizvollste. Ich war vollständig selbständig, genoß das volle Vertrauen meiner Auftraggeber, Geld und Zeit spielten keine Rolle, wir waren glänzend mit allem ausgerüstet, und die vor uns liegende Aufgabe war denkbar vielseitig und

Wilhelm Schönian 1908

anziehend. Wir haben uns unter uns und mit den Schiffsleuten glänzend vertragen – ein Punkt, den zu lösen, wenn wenige Männer monatelang auf Expeditionen ganz allein auf sich angewiesen sind, schon manchmal vorbeigelungen ist. Nur der Contrarius mo-

rosus [= launiger, mürrischer Gegensatz], der uns auch später verließ, machte eine Ausnahme. Was will man mehr?! Unsere Fahrt umfasste die deutschen Inselgebiete der Karolinen, Marianen und Neu Guinea und dauerte bis Ende Januar 1908.

Neu-Pommern Fischerhütte,
zeitgenössische Postkarte

ihm angedeihen läßt, wieder erholt. Wir alle gingen an Land, photographierten, verteilten etwas Tabak unter die paar zum Vorschein kommenden Leutchen und besichtigten einige armselige Stranddörfer. Mittags ging es weiter, vorbei an den Below und Hunstein Bergen, in deren Nähe die so vielversprechende Below-Expedition[2] durch eine Flutwelle vernichtet wurde, und hinüber nach der Küste von Neuguinea. Am 21. Juni morgens erreichten wir Berlinhafen und gingen zwischen den Inseln Alii und Tamara hindurch und in der Nähe der neu gegründeten Regierungs-Station Eitape[3] vor Anker.

Eitape ist vor etwa sieben Monaten zum Schutze der in der Nähe befindlichen Missions-Station und Handels-Station der Neuguinea-Comp. gegründet und der Leitung des Herrn Rodatz unterstellt. Ihm beigegeben sind etwa 50 schwarze Soldaten und zwei europäische Polizeimeister. Es ist bewundernswert, was Herr Rodatz dort in der kurzen Zeit geleistet hat. Die Wohngebäude liegen auf einem kleinen Berg, von dem aus man eine wundervolle

Aussicht sowohl auf die See und die vorgelagerten Inseln als auch auf das Hinterland hat.

Nebenbei hat man dort stets eine schöne frische Seebrise. Die Station ist von der eigentlichen Landungsstelle durch einen Fluß getrennt, über den eine Brücke geschlagen ist, die später weiter ausgebaut werden soll. Ich ließ hier alle an Land laufen, sah mir die Ausschiffung einiger Pferde, die wir für die Station mitgebracht hatten, an und ging dann später meine eigenen Wege. Zunächst machte ich dem Stationschef einen Besuch, sah mir sein Anwesen an und begab mich dann bald mit einem schwarzen Jungen in den Busch, um meinen Jagdgelüsten zu frönen. Ich hatte auch den Dusel, gleich mit dem ersten Schuß einen sehr schönen Adler herunterzuholen, den ich als Jagdtrophäe mit an Bord nahm. Am Nachmittag zog ich dann mit dem 2. Offizier des »Seestern«, Herrn Prösch, und einem schwarzen Jungen los und holte mir gleich zu Anfang einen schönen kleinen Baumbären von seinem luftigen Lager herunter. Wir bestiegen dann ein Kanu und fuhren den Eitape Fluß hinauf in der Hoffnung, einen der dort ziemlich häufig vorkommenden Alligatoren zu Schuß zu bekommen; leider war dieses nicht der Fall; wir sahen zwar einige dieser Viehchen, mußten uns aber mit dem bloßen Anblick begnügen. Ebenso konnten wir keinen der zahlreich vorkommenden Nashornvögel erreichen. Die Fahrt war ganz wundervoll und bedauerte ich lebhaft, daß die anderen Herren nicht dabei waren, denn so etwas bekommt man so leicht nicht wieder zu sehen. Alle anderen hatten sich aufgemacht, um ein etwa zwei Stunden entfernt liegendes Dorf zu besuchen und dort ein paar Bogen und Pfeile einzuhandeln. Sie kehrten dann auch abends nach einem sechsstündigen

Heinrich Schnee (Hg.): Deutsches Kolonial-Lexikon. 3 Bde., Leipzig 1920, Bd. 2, S. 10

Hahl, Albert, Gouverneur

Geb. 10. Sept. 1868 in Gern (Bayern), Dr. jur., 1894 Assessor, 1895 in die Kolonialabteilung des Auswärtigen Amts einberufen, war von Jan. 1896 bis Dez. 1898 als ksl. Richter in Herbertshöhe (Bismarckarchipel) in dem damaligen Schutzgebiet der Neuguinea-Kompagnie (s.d.) tätig, wurde nach kurzer Beschäftigung in der Kolonialabteilung des Auswärtigen Amts 1899 als Vizegouverneur mit dem Sitz in Ponape unter Oberleitung des Gouverneurs von Deutsch-Neuguinea mit der Verwaltung des in 3 Bezirksämter geteilten, bis dahin spanischen Inselgebiets der Karolinen, Marianen und Palauinseln betraut. Nov. 1902 wurde H. zum Gouver- neur von Deutsch-Neuguinea ernannt, welche Stellung er seitdem inne hat. H. hat sich auch in der Erforschung des Schutz-gebiets betätigt und u. a. 1908 in Begleitung zweier Europäer zuerst Bougainville durch-quert. 1912 wurde ihm der Charakter als Rat 1. Kl. verliehen. Veröffentlichungen: Über die Rechtsanschauungen der Einge-borenen eines Teils der Blanchebucht und des Innern der Gazellehalbinsel in den »Nachrichten über Kaiser Wilhelmsland« 1897; Der Bismarckarchipel und die Salo-moninseln, Mitt. a. d. d. Schutzgeb. 1899, sowie verschiedene weitere Aufsätze kolo-nialen Inhalts.

Dr. Albert Hahl

Marsch durch dicksten Sand todmüde an Bord zurück und schworen, nie wieder im Leben eine derartige Tour zu unternehmen.

Wir blieben hier noch bis zum nächsten Morgen liegen und dampften dann nach Tamara[4], um den sich dort befindlichen katholischen Missionaren einen Besuch zu machen und dort 60 Sack Reis zu landen.

Tamara ist eine der ältesten katholischen Missions-Stationen und sehr schön eingebaut. Wir machten mit Ausnahme von den Herren Pilz und Prager, die es vorzogen an Bord zu bleiben, einen schönen Rundgang durch die Insel, nahmen eine kleine Erfrischung im Missionshause zu uns, und gegen elf Uhr setzten wir die Reise weiter fort. Zunächst ging es an der Küste entlang, und nach etwa 25 Meilen trafen wir den einen Polizeimeister von Eitape, der mit 25 Polizeisoldaten auf der Suche nach einigen malayischen Händlern war, die dort in der Umgegend ihr Unwesen trieben, das heißt an die Eingeborenen Waffen und Spirituosen verkauften. Der Polizeimeister hatte zufällig den »Seestern« kommen sehen und kam mit seinem Boot an Bord, um dem Gouverneur Bericht zu erstatten. Die Tradewaren hatte er den Kerls bereits abgenommen, sie selbst waren aber in den Busch entflohen. Zwölf seiner Jungen waren hinter den Kerlen her, und er hoffte, noch an demselben Tage ihrer habhaft zu werden. Nach kurzem Aufenthalt setzten wir unsere Reise fort nach der Toby oder Lord North Insel, um dort im äußersten Südwesten der deutschen Inseln nach dem Rechten zu sehen. Die bisher vollkommen ruhige See wurde jetzt etwas bewegter, und der kleine »Seestern« fing ganz nett an zu schaukeln, sehr zum Entsetzen unseres Gouverneurs, der trotz seiner vielen und zum Teil stürmischen Seefahrten immer wieder von der Seekrankheit heimgesucht wird.

Das deutsche Kolonialgebiet in der Südsee

Mittags, den 23., erreichten wir Toby und gingen alle in Begleitung einiger schwarzer Jungen an Land. Hier lernten wir auch zum ersten Male das Landen über ein Riff kennen. Wir fuhren mit unserem Boot in die Brandung hinein, und dann auf ein Zeichen alle heraus aus dem Boot in das Wasser und das Boot mit der nächsten See weiter auf den Strand gezogen. Es ging ganz gut, und nachdem wir das Boot noch weiter hinaufgezogen hatten, spazierten wir über das Riff an Land, empfangen von Hunderten von tanzenden und sprin-genden Eingeborenen. Die Leute schie-nen sich diebisch über unsere Ankunft zu freuen und begleiteten uns unter fort-während Tanzen, bei dem sich vor allen Dingen die Weiber hervortaten, quer durch die Insel und gut angelegte Taro-Anpflanzungen nach ihrem Dorf.

Wir sahen uns alles an, tauschten einige Kleinigkeiten gegen Tabak ein und unterhielten uns unter Zuhilfenah-me aller möglichen Sprachen mit den sogenannten Königen. Furchtbar auf-dringlich benahmen sich die Weiber, die uns fortwährend umtanzten und

Kolonial-Lexikon, Bd. 1, S. 275 f.

Taro-Anbau

Colocasia oder Taro, in Kamerun Makabo genannt (C. antiquorum), gehört zu den Arongewächsen und ist wegen ihrer stärkemehlreichen Knollen eine heute fast in allen Tropen verbreitete Nutzpflanze. Sie ist eine krautige Pflanze mit großen, schildförmigen Blättern von über einem halben Meter Länge und etwas geringerer Breite, die gewissermaßen wie ein Bukett aus dem Wurzelhalse hervorkommen.

Die Knollen erreichen je nach den örtlichen Verhältnissen ein Gewicht von 500 g bis 5 kg. Sie sind walzenförmig und erscheinen durch die Blattspuren regelmäßig geringelt. Am Wurzelhalse bilden sich Toch-

terknollen, die ebenso wie der obere Teil der Mutterknolle zur Fortpflanzung benutzt werden. Der Taro wird vor allen Dingen in der Südsee, dann aber auch in Kamerun und in geringerem Umfange in Ostafrika kultiviert. [...] Die Knollen werden ausschließlich von den Eingeborenen für ihre Zwecke angebaut. Guter lockerer Boden und reichlich Feuchtigkeit sind für ein kräftiges Gedeihen erforderlich.

Die Knollen besitzen roh einen scharfen Geschmack, der sich beim Kochen verliert. Sie schmecken dann angenehm, kastanienartig. Der Gehalt an Stärkemehl beträgt etwa 20 %.

Habitusbild der Pflanze (links) und isolierter Blütenkolben (rechts)

uns anscheinend auf ihre Schönheit aufmerksam machen wollten.

Die Tobyleute sind ein harmloses, lustiges Völkchen, noch wenig von der sogenannten Kultur berührt. Waffen habe ich bei den Leuten überhaupt nicht gesehen, und nur wenige trugen irgendein europäisches Kleidungsstück, das sie mal auf irgendeine Weise erhalten haben.

Zurück ging es dann wieder in derselben Weise wie hin, zu unserer Landungsstelle und über das Riff hinweg im Boot an Bord. Eine Anzahl Männer begleitete uns noch mit ihren Kanus zum Schiff, und einige junge Leute erklärten sich bereit, mit uns nach Jap zu fahren. Es scheint überhaupt geboten, ab und zu mal einige Bewohner von der Insel wegzuholen, da dieselbe jetzt schon kaum ihre Bewohner ernähren kann. Die Leute sehen das auch ein und bitten selbst darum, nach den Palau oder Jap Inseln gebracht zu werden. Wir fuh-

ren dann weiter nach Sonserol, das wir schon am nächsten Morgen in der Frühe in Sicht hatten. Wir fuhren zwischen die beiden Inseln und begaben uns in ähnlicher Weise wie am Vortage an Land. Hier fanden wir aber ganz andere Verhältnisse vor, ein durch und durch von der Kultur verdorbenes Volk. Erschreckend groß war die Anzahl Kranker, die wir hier vorfanden. Wir hatten eine große Kiste voll Medikamente mitgenommen und verarzteten einige Leute selbst oder zeigten ihnen wenigstens, wie die verschiedenen Sachen anzuwenden seien. Lange konnten wir uns aber nicht aufhalten, um zwölf Uhr waren wir wieder an Bord, und bald darauf ging es weiter nach den Palau Inseln. Früh am nächsten Morgen sichteten wir Angaur und konnten unser zukünftiges Arbeitsfeld aus der Ferne betrachten. Um sieben Uhr erreichten wir die Einfahrt nach Korror-Hafen und fuhren durch die auf beiden Seiten ausgezeichnet

Die »Seestern«, Dienstfahrzeug des Gouve-
neurs Hahl, der das »Schifflein« für die
ersten Fahrten der Expedition »in äußerst
liebenswürdiger Weise [...] zur Verfügung«
gestellt hatte

durch Baken gekennzeichnete Riff-Pas-
sage hindurch in den eigentlichen Hafen und gingen dort vor Anker. Alsbald
kam der Stationsvorsteher an Bord, um
den Gouverneur zu begrüßen und in
seinem Boote an Land zu fahren. Bald
darauf begaben wir uns alle an Land,
reichlich mit Proviant versehen, da wir
über Mittag an Land bleiben wollten,
um möglichst viel von der Umgegend
zu sehen. Ganz so wie ich mir die Sache
gedacht hatte, war es nun doch nicht,
die Häuser waren ganz nett und sauber,
die Leute sahen alle sehr gut aus, nur
waren zu wenig Menschen vorhanden.
Nachdem wir dem sogenannten König,
einem alten Mummelgreis, unsere Aufwartung gemacht hatten und an der
Straße unser Mittag verzehrt hatten, begaben wir uns zur Station, und hier ver-
sammelte sich allmählich alles, was mit
dem »Seestern« nach Jap fahren wollte.
Außer uns Stammgästen Herr und Frau
Professor Krämer und ein katholischer

Pater, die alle mitfahren wollten. Um
drei Uhr waren wir und alles Gepäck an
Bord, und endlich ging es weiter direkt
nach Jap, wo wir am anderen Mittag ein-
zutreffen hofften. Ich wünschte nur, daß
wir das Wetter, das wir bisher gehabt
hatten, noch einige Tage behielten, dann
würde nichts verkehrt gehen. Die Hauptsache schien mir jetzt zu sein, mit unserem ganzen Kram in Angaur an Land
zu kommen, denn da ist sicher etwas.

Mittwoch, den 26. Juni nachmittags
um fünf Uhr, trafen wir in Jap ein und
sahen dort zu unserer großen Freude das
schmucke Expeditions-Schiff, die »Natuna«, liegen. Ich fuhr gleich an Bord,
denn mich interessierte es doch zu erfahren, ob alle unsere Sachen gut angekommen waren. Ich blieb gleich den
Abend über da und schlief auch an Bord.
Aus den mir sofort vorgelegten Listen
ersah ich, daß alles mitgekommen war,
und mir schmeckte daraufhin das Dinner, zu dem mich Herr Kapitän Stollberg,

Führer der »Natuna«, einlud, doppelt gut. Da nur zwei Passagierkabinen vorhanden waren, quartierte ich mich gleich im Zimmer des Kapitäns mit ein und schlief ausgezeichnet in der schönen sauberen Koje. Ein lang entbehrter Genuß, denn auf dem »Seestern« war alles furchtbar unsauber, und ich glaube, die Matratze, auf der ich schlief, war seit Jahr und Tag nicht an der frischen Luft gewesen. Die liebenswürdige Art und Weise des Gouverneurs ließ einen ja über vieles hinwegsehen, aber schade ist es, daß ein solches Schiff so verludert.

Am nächsten Vormittag (Donnerstag) war großer Kriegsrat bei Herrn Senfft, an dem außer dem Gouverneur und einem Protokollführer Herr Schönian und ich teilnahmen. Nach Erwägung aller in Betracht kommenden Fragen wurde beschlossen, von dem ursprünglichen Plane, zuerst nach den Palaus zu gehen, abzusehen und zunächst die West-Karolinen zu untersuchen und bei Faraulip anzufangen. Am Nachmittag brachten wir all unsere Sachen vom »Seestern« nach der »Natuna«, und abends war die ganze Expedition bei Herrn Senfft zum feierlichen Abschiedsdinner.

Die Abfahrt des »Seestern« sowie auch der »Natuna« war auf Freitagnachmittag festgesetzt, und so benutzte ich dann noch rasch den Vormittag, um mich noch etwas in Jap umzusehen; viel ist dort nicht los. Den nettesten Eindruck machen die Gebäude der Telegraphen-Gesellschaft, die ja wohl auch das Hauptkontingent der dort wohnenden Europäer stellt. Der Hafen ist auch nicht besonders, große Schiffe können jedenfalls nur bei gutem Wetter und guter Beleuchtung hinein, und die An-

Die vom NDL für die Expedition gecharterte »Natuna« diente als Fortbewegungsmittel, Versorgungsschiff und Quartier in einem

Bernhard Frommund: Deutsch-Neuguinea, eine Perle der Südsee. Hamburg 1926, S. 52 f.

»...als hätte er sich in Potsdam auf dem Exerzierplatz befunden...«

Bernhard Frommund war von 1905 bis 1908 als Polizei- und Hafenmeister im ehemaligen Friedrich-Wilhelms-Hafen tätig und beschrieb die Polizeitruppe wie folgt:

Die Polizeitruppe war etwa fünfzig Mann stark und bestand vorwiegend aus Eingeborenen des Bismarck-Archipels. Beschäftigt wurden sie hauptsächlich mit Exerzieren und Arbeitsdienst, und zwar morgens von 6 bis 7 Uhr war Infanteriedienst, von 7 bis 8 Uhr Bootsdienst, anschließend bis 11.30 Uhr Arbeitsdienst, der auch noch nachmittags von 1 bis 5.30 Uhr betrieben wurde. Ausgerüstet waren die Polizeisoldaten mit dem Gewehr Modell 88 und dem dazugehörigen Seitengewehr. Die Schußwaffen wurden stets unter Verschluss gehalten und nur zum Dienst ausgegeben. Wöchentlich zweimal gab es Scharfschießen nach den verschiedenen Scheiben, abwechselnd mit dem Gewehr Model 88 und der Jägerbüchse Modell 71, die nur auf Expeditionen benutzt wurde. An der Spitze der Truppe stand der Bezirksamtmann, die Ausbildung lag in meinen Händen. Es hat mir viele Freude gemacht, die Leute nach unserem Muster auszubilden, und ich darf wohl erwähnen, daß dieses zur vollen Zufriedenheit meiner Vorgesetzten erfolgte.

Eine besondere Anerkennung wurde der Truppe und mir im Jahre 1906 zuteil. Ein Hauptmann aus unserem Großen Generalstab, der sich auf einer Inspektionsreise nach Japan befand und bei uns durchkam, hatte es sich nicht nehmen lassen, die Truppe zu besichtigen. Er war des Lobes voll über alles, was er sah. Als ihm am Schluß der Übung ein eingeborener Unteroffizier, mit Namen Kanabis, die Truppe noch einmal vorführte, war er hocherfreut über die Kenntnisse, die dieser Mann bei der Abgabe des Kommandos entwickelte. Als wir dann nachher bei einem Glas Bier zusammensa- ben, kam der Hauptmann nochmals auf die Vorführungen zu sprechen. Es sei ihm vorgekommen, als hätte er sich in Potsdam auf dem Exerzierplatz befunden und nicht 20 000 Seemeilen davon entfernt auf der Insel Neuguinea.

Exerzieren der Polizeisoldaten auf Neuguinea (Kaiser-Wilhelmsland)

Kaiserlicher Bezirksamtmann Arno Senfft

lagen zum Kohlennehmen sind nur äußerst primitiv. Ich war etwas enttäuscht von Jap, hoffte aber, daß sich das wohl noch geben würde, wenn ich es erst näher kennenlernte.

Auf der »Nantuna« standen uns zwei sehr schöne Kammern zur Verfügung sowie ein ziemlich großer Salon. Pilz und Prager wohnten in der einen Kammer, in der zweiten Kammer Herr Schönian, und ich blieb oben beim Kapitän wohnen. Die zweite Koje in Herrn Schönians Kammer blieb so für etwa uns begleitende Regierungsbeamte reserviert. Früher hatte die »Natuna« vier Kammern für Passagiere. Nach einem vor einigen Jahren vorgenommenen Umbau sind zwei Kammern in Wegfall gekommen. Nun, daran ließ sich aber nichts mehr ändern, und man mußte sich so behelfen. Der Salon wurde zum allgemeinen Arbeitsraum eingerichtet, und wir nahmen unsere Mahlzeiten stets an Deck ein. Ein viel größerer Übelstand war, daß wir keinen Raum für unsere 370 Kolli Inventar hatten, sondern dieses im Raum auf den Kohlen liegen lassen mußten. Die ersten Tage war das eine

furchtbare Schweinerei, die ganzen Kolli waren einfach in einem wüsten Durcheinander auf die Kohlen geworfen worden, und da lagen sie nun wie wir ankamen. Wollte man aus einer Kiste etwas herausnehmen, mußte man den ganzen Kram erst um und um stauen, und da mit den Chinesen zuerst natürlich noch nicht viel anzufangen war, hieß es: selbst ist der Mann. Ich habe in meinem Leben noch nicht soviel Schweiß vergossen wie dort unten auf den Kohlen. Richtige Zeit dazu war auch nicht vorhanden, denn Herr Schönian wollte gleich von vornherein mit Hochdruck arbeiten. Herr Pilz und Herr Prager waren dazu nicht zu gebrauchen, und so hieß es dann, die Jacke ausgezogen und mal wieder Stauer gespielt. Einigermaßen Ordnung ist denn ja auch hineingekommen; man weiß nur nicht, wohin mit den Sachen, es gibt ja nur zwei Plätze, entweder unten auf den Kohlen oder an Deck unter einem notdürftig dicht haltenden Sonnensegel, und stets der Gefahr des Bestohlenwerdens ausgesetzt. Es muß aber auch so gehen, denn jetzt ist nichts mehr zu ändern.

Schrebergärtenidylle in der Südsee? Links unten die Wirtschaft »Zur Kokosnuß« auf Jap, zeitgenössische Postkarte

Deutsche Kolonie auf Jap 1907. Von links, hinten: Ebers, Loh, Mey, Mundesloh, Tareda, Fritz, Hummerich, Friedländer, Brüggemann. Mitte: Kaiser, Paulisch, Dinkela, Günther, v. Heynitz, ?, Friedländer. Vorn: Fr. Kaiser, Fr. Paulisch, Fr. Ebers, Fr. Tareda. Foto aus dem Bildarchiv der Deutschen Kolonialgesellschaft, Frankfurt

In Singapore haben die Leute bei Ausrüstung der »Natuna« in mancher Beziehung gesündigt, zum Beispiel war für uns ein Brandungsboot bestellt; nun schicken sie auch ein ganz gutes Boot mit, aber auch nur das reine Boot ohne Riemen, Steuer oder Steuerriemen, ganz abgesehen von Dollen oder sonstigen zu einem Seeboot gehörigen Kleinigkeiten. Wie sich die Leute dort die Fortbewegung des Bootes gedacht haben, ist mir schleierhaft, und damit soll man durch die Brandung gehen und die schwierigsten Sachen darin landen; wir haben uns so geholfen, daß wir aus dem einen Rettungsboot der »Natuna« fünf Riemen entlehnt haben, denn hier draußen irgend etwas anzuschaffen, ist ja vollkommen ausgeschlossen: Pullen kann man ja nun das Boot, schlimm ist nur das Steuern auf See sowohl wie in der Brandung mit den viel zu kurzen Riemen. Wir können nur wünschen, daß wir stets gutes Wetter behalten und nicht durch schwere Brandung zu fahren brauchen. Freitag, den 23. Juni, verließen wir um fünf Uhr nachmittags Jap mit Kurs auf Faraulip. Da wir mit voller Fahrt am Sonntagabend dort gewesen wären und dann doch nichts mehr hätten unternehmen können, so reduzierten wir unsere Fahrt so weit, daß wir Montag früh in Faraulip eintrafen. Von Jap aus begleitete uns ein Herr Brüggemann, der die ganzen Inseln in dieser Gegend kennt und uns von der Regierung sehr empfohlen wurde.

Dieser hat uns dann später sehr gute Dienste geleistet und uns durch Rat und Tat fleißig unterstützt. »Seestern« verließ bald hinter uns Jap, um nach den durch einen Taifun verwüsteten Inseln zu sehen. Die beiden uns verbleibenden Tage benützten wir eifrigst zur Bereitstellung aller notwendigen Sachen und gondelten so bei schönstem Wetter durch den Stillen Ozean.

Montag früh sichteten wir Faraulip und dampften vorsichtig um die kleine Inselgruppe herum, eine Einfahrt durch das Riff suchend. Eines der Schiffsboote fuhr voraus, das Fahrwasser auslotend, und so fanden wir an der Südseite eine für die »Natuna« eben passende

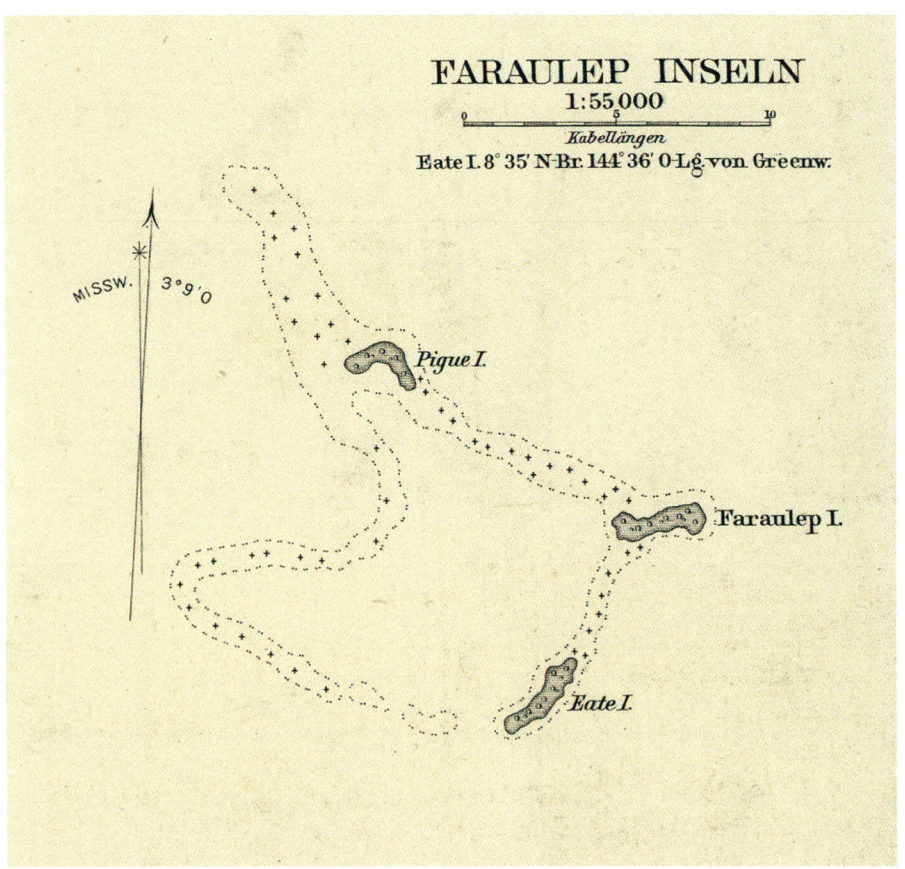

FARAULEP INSELN

1:55.000

Kabellängen

Eate I. 8° 35' N-Br. 144° 36' O-Lg. von Greenw.

MISSW. 3°9'0

Pigue I.

Faraulep I.

Eate I.

Faraulip Inseln, Seekarte West-Karolinen (J)
»Faraulip, Faroilap oder Gardner, kleines
bewohntes Atoll der Karolinen (Deutsch-
Neuguinea) mit 3 Inseln, deren südlichste,
Eat, in 8° 35' n. Br. und 144° 36' ö. L.
liegt. 1912: 80 Einwohner. F. wurde 1828
von Lütke entdeckt.« Kolonial-Lexikon,
Bd. 1, S. 600

Einfahrt. Wir dampften weiter in die Lagune hinein und ankerten schließlich in etwa 20 Meter Wasser an einer geschützten Stelle. Sofort wurde unser großes Boot zu Wasser gebracht, und wir fünf Expeditions-Menschen begaben uns mit acht Chinesen an Land, zuerst nach Pig Insel, auf der wir auch unsere Mittagsrast hielten, und dann nach der Hauptinsel Faraulip, vom dort wohnenden Häuptling freundlichst begrüßt. Auch hier hielten wir uns nicht länger auf, und schon um fünf Uhr waren wir wieder alle an Bord und dampften aus der Lagune heraus, die Reise nach Grimes fortsetzend. Die Faraulip-Gruppe ist ein großes Atoll, das an der Ostseite durch zwei kleine Inseln und an der Westseite durch eine Insel begrenzt wird; verbunden sind die Inseln durch ein bei Niedrigwasser beinahe trockenfallendes

Riff, das an der Südseite ein paar Durchlässe hat, durch deren einen wir die »Natuna« hindurchbrachten. Auf den Inseln wachsen eine ganze Anzahl Kokospalmen, und außerdem haben die Eingeborenen noch einige Bananen-Taro-Süßkartoffel-Anpflanzungen. Es schien den Leuten hier auch ganz gut zu gehen, sie sahen jedenfalls alle ganz wohl und vergnügt aus. Auf den Inseln wohnten außerdem ein Japaner und ein Philippino, die hier für eine japanische Firma Tauschhandel treiben. Von Faraulip nahmen wir, um für alle Fälle eine gute Bootsbesatzung zu haben, acht Schwarze mit, die außerdem das Fahrwasser bei der Insel Grimes gut kannten, da sie dort jedes Jahr zum Schildkrötenfang hingingen. Einer der Leute, eine Art Häuptling, konnte ein paar Brocken Englisch, und so konnten wir uns ganz gut mit den Leuten verständigen. Am nächsten Morgen erreichten wir bei Tagesanbruch Grimes und begaben uns sofort alle in unserem großen Boot an Land.

Da wir auf Grimes längere Zeit zu tun hatten, wurde sofort ein günstiger Lagerplatz ausgesucht, und noch am Vormittag fuhr ein Teil von uns wieder an Bord, um das Laboratorium, Zelte u. s. w. an Land zu schaffen. Da wir auf einem Male nicht alles an Land bekommen konnten, fuhren am Nachmittage Herr Brüggemann und ich noch einmal an Bord und schafften auch noch den Rest unserer Lager- und Proviantausrüstung an Land.

Grimes ist eine kleine etwa 300 Meter lange und 200 Meter breite Insel, die rings von einem 200 Meter breiten Korallenriff umgeben ist. Die Insel ist an der höchsten Stelle vielleicht zehn Meter hoch und in einer Länge von etwa 200 Metern mit dichtem Busch bewachsen, alles übrige ist schönster Korallensand. An der Nordwest-Ecke nisten auf dem Sande Tausende von Seevögeln, die natürlich von unserem Erscheinen wenig erbaut waren und einen tollen Spektakel machten. In der ersten Zeit wurde einem ordentlich unheimlich, wenn man in die Nähe der Brutstätten kam und dann diese Tausende aller möglichen Vogelarten einem mit wütendem Gekreisch um den Kopf schwirrten. Später waren wir ihnen sehr dankbar; haben sie uns doch manch gutes Rührei oder Spiegelei und auch manch guten Braten geliefert. Durch das die Insel umgebende Riff war auf der Südwestseite eine schmale, sehr gewundene Bootspassage, durch die man bei Hochwasser gerade eben mit beladenem Boote hindurchkam. Die »Natuna« konnte bei der Insel nicht ankern, sondern mußte treiben bleiben, da hinter dem Riff sofort Hunderte von Fuß tiefes Wasser war. Erst später fand ich nach genauem Absuchen des Riffs eine kleine Stelle mit weniger tiefem Wasser, auf der allenfalls kleinere Schiffe ankern können. Da es auf Grimes außer Regenwasser keinen Tropfen frisches Wasser gibt, war natürlich unsere Hauptsorge, stets mit einem genügenden Vorrat an Trinkwasser versehen zu sein. Außer für uns fünf Europäer hatten wir auch für acht Chinesen und unsere acht schwarzen Bootsleute zu sorgen, und so zusammen 21 Menschen trinken in der Hitze allerlei, ganz abgesehen von dem Wasser, das zum Reinigen der Laboratoriumsgefäße gebraucht wurde.

Zwei kleine Wasserfässer zu je 50 Liter standen uns zur Verfügung, und da immer schönes Wetter und wenig Brandung war, konnten wir jeden Tag an Bord fahren und dieselben auffüllen. Außerdem regnete es auch ab und zu einmal, so daß wir an Wasser keinen eigentlichen Mangel litten, abgesehen davon, daß man sich nur bei Regenwetter waschen durfte. Sobald alles gelandet

war, bauten wir sofort unsere Zelte auf. Für jeden von uns ein Schlafzelt, zwei größere Arbeitszelte, in deren einem das Laboratorium untergebracht wurde; ein Zelt für die Chinesen, eines für unsere schwarze Begleitung und eines zur Unterbringung des Proviants, das sogenannte Küchenzelt. Meiner Obhut waren Lager, Proviant und alles, was drum und dran hängt, unterstellt und dann alles, was nur irgendwie mit der See etwas zu tun hat. In der Nacht vom Dienstag auf Mittwoch schliefen wir zum ersten Mal in unseren Zelten und ich glaube, alle ganz ausgezeichnet, denn der Tag war ziemlich anstrengend gewesen, handelte es sich doch für uns darum, möglichst alles an Land und unter Dach und Fach zu bekommen, da man ja nicht wissen konnte, ob am nächsten Tag nicht zuviel Brandung stehen würde und ein Passieren des Riffes unmöglich sein würde.

Als wir dann alles an Land aufgebaut hatten, stellte sich heraus, daß unsere beiden Gelehrten, oder vielmehr Herr Prager, dessen besonderer Obhut das Laboratorium unterstellt ist, die Haupt-Chemikalien-Kiste vergessen hatte. Ich fürchtete, das werde wohl noch öfter vorkommen, und hoffte, daß der Schaden jedes Mal so rasch zu beheben sei, denn am nächsten Tage schon konnte ich in aller Frühe an Bord fahren und das Kistel holen. Wasser wurde ebenfalls gleich frisch geholt, und an Land ging nun die Arbeit feste los. Vermessungen wurden gemacht, Schürflöcher angelegt, die ersten Sprengschüsse knallten, durch den Busch wurden Wege gehauen und im Laboratorium die ersten Analysen gemacht. Da unser Koch krank war und der Chinesen-Koch nichts Richtiges für uns machen konnte, kümmerte ich mich etwas um unser Essen, leider nicht immer mit gutem Erfolg. Eines Morgens wollte ich zum Frühstück ein paar ganz gut schmeckende Möwen braten und

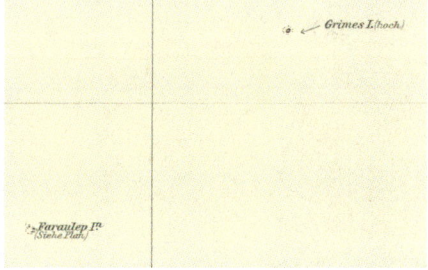

»Grimesinsel oder Gaferut, Faijo, 1841 von Grimes entdecktes, unbewohntes, mangrovebedecktes Sandeiland der Karolinen (Deutsch-Neuguinea) unter 9° 13' n. Br. und 145° 23' ö. L.« Kolonial-Lexikon, Bd. 1, S. 757

Schildkrötenfang

hatte diese denn auch schließlich ganz verbrodeln lassen, da sie mir gar nicht weich werden wollten. Die nächsten wurden aber besser, und im Punkte Essen haben wir keinen Mangel leiden brauchen. Unsere Konserven waren alle ganz ausgezeichnet, und [...] der Herr Bödicker konnte stolz auf seine Lieferung sein. Verpackt waren unsere Sachen überhaupt ausgezeichnet, wir fanden im Laboratorium noch kein zerbrochenes Stück, und das will viel heißen. Die nächsten Tage vergingen uns auf Grimes im Fluge, und am Freitagabend schon waren wir so weit, daß wir die Abfahrt auf Sonnabendnachmittag festsetzen konnten. Beinahe wäre uns dieses jedoch nicht geglückt, denn am Sonnabend früh kam ziemlich schlechtestes Wetter aus Süden auf. Am Sonnabend wehte auf unserer Signalstation, die wir an Land errichtet hatten, um stets mit dem Schiff in Verbindung bleiben zu können, das Signal: Alles zur sofortigen Abfahrt bereitmachen. Ich brachte gleich in der Frühe die erste Ladung Sachen an Bord und hatte noch den Dusel, kurz vor der Abfahrt mit dem Boot von der Insel eine große Schildkröte zu ergattern; diese war anscheinend gerade auf den Sand spaziert, und ich konnte sie noch gerade eben vor Wiederverlassen des Sandes erreichen. Als ich das Tier zu sehen bekam, bin ich aber auch gelaufen wie ein Bürstenbinder, denn sowie sie das Riff erreicht hätte, wäre sie für uns verloren gewesen. Um so ein Tier zu fangen, muß man es sofort auf den Rücken werfen, muß sich hierbei aber höllisch vorsehen, nicht gebissen oder geschlagen zu werden. Glücklicherweise kam Herr Brüggemann gleich hinter mir hergelaufen, denn allein war es mir unmöglich, das sicher mehr als drei Zentner schwere Tier umzuwerfen. Als wir sie auf dem Rücken liegen hatten, sahen wir erst richtig, wie mächtig das Tier war, der Rückenschild allein maß 1,10 m. Trotz des verzweifelten Umsichschlagens wurde sie nun an den Beinen mit Stricken gefesselt und dann im Triumphe zum Boot gebracht, um gleich mit an Bord genommen zu werden. Manches schöne Steak und manche gute Suppe haben wir davon gehabt. Der Rückenschild sollte mich später noch oft an mein erstes Abenteuer mit einer Schildkröte erinnern.

Am Nachmittage wurde das Wetter immer schlechter, und als ich um drei Uhr mit dem schwer beladenen Boote zur »Natuna« hinausfuhr, hätte ich nicht geglaubt, daß wir so gut wegkommen würden. Gerade als wir außerhalb des Riffes waren, ging eine schwere Böe über uns hinweg, gleichzeitig eine See aufwühlend, daß ich jeden Augenblick glaubte,

das Boot würde voll Wasser schlagen. Die Sachen kamen aber alle gut an Bord, und dann ging es zurück zur Insel, die übrigen Herren und die Chinesen zu holen. Auch die kamen glücklich an Bord, das Boot wurde eingesetzt, und wir dampften wieder südlich gen Faraulip, um dort unsere schwarzen Bundesgenossen abzusetzen. Während der Nacht hatten wir ziemlich schlechtes Wetter, und die »Natuna« zeigte uns, was sie im Rollen leisten konnte. Früh am Sonntag sichteten wir wieder Faraulip und setzten die Leute mit Geschenken reich beladen auf ein hinauskommendes Kanu, selbst die Fahrt nach Ulie und Olesi weiter fortsetzend. Fünf Uhr nachmittags erreichten wir Ulie und gingen in der großen, rings von kleinen Inseln umgebenen Lagune vor Anker. Hier erwartete uns ein trostloser Anblick. Die noch kurz zuvor schönste Inselgruppe der ganzen Westkarolinen ist Ende März

Kanus bei der »Natuna«

»Vom 19. bis zum 22. April 1906 brauste ein fürchterlicher Taifun oder Wirbelsturm in einer Breite von 55 Seemeilen über die Ost-Karolinen dahin, wobei 46 Menschenleben verloren gingen. Sämtliche Häuser, Fahrzeuge aller Art und die Baumbestände, Kokos- und Brotfrüchte wurden zerstört. [...] Eine weitere Verheerung richtete dann der Taifun am Karfreitag desselben Jahres auf den Ulussi-Inseln, nordöstlich der Nord-Karolinen an; 230 von 800 Eingeborenen blieben tot, und viele der Überlebenden wurden von unsern Dampfern ›Planet‹ und ›Germania‹ nach den Palaus und Marianen übergesiedelt.« Ottomar Beta: Das Buch von unsern Kolonien. Leipzig 1908, S. 183. Als Claessens' diese Fotos aufnahm, waren die Folgen noch deutlich sichtbar

1907 durch einen schweren Taifun total zerstört worden, und wo noch kürzlich die besten Kokosplantagen wuchsen, war jetzt nichts als Sand und umgeworfene durcheinanderliegende Baumstämme. Nur einzelne wenige Bäume reckten ihre Äste gen Himmel und boten von weitem einen überaus trostlosen Anblick. Auf den Inseln wohnten im ganzen etwa 1000 Leute, die natürlich ihr ganzes Hab und Gut verloren haben, da die Inseln von der Flut vollkommen überschwemmt gewesen sind; die Leute haben ihr Leben dadurch gerettet, daß sie sich in den Kronen der stärksten Bäume festgebunden haben. Von einer kleineren Insel sind die dort wohnenden 220 Menschen glatt weggewaschen worden, man hat nur noch ein paar Leichen gefunden. Während des Taifuns befand sich gerade der Regierungsarzt von Jap auf der Insel, der hierher gekommen war, die Leute zum Schutze gegen durch Japaner eingeschleppte Pocken zu impfen. Dieser hatte sich zusammen mit einem hier wohnenden japanischen Händler auf einem Brotfruchtbaum festgebunden und hatte dort rund zehn Stunden aushalten müssen. Unter Anleitung des Händlers hatten die Leute begonnen, wieder Klarheit in dem wüsten Durcheinander zu schaffen und vor allen Dingen ein paar rasch wachsende Früchte anzubauen, denn mit den Lebensmitteln war es traurig bestellt. Augenblicklich nährten sich die Leute in der Hauptsache von Fischen und einer säuerlich schmeckenden Grasart, die gekocht wurde und dann mit den Fischen zusammen gegessen. Auf die Dauer war das aber nichts

und es dringend notwendig, daß die Leute einmal etwas anderes in den Magen bekamen. Der Spanier fütterte sich in ein paar Tagen, die wir auf Ulie blieben, wieder einmal ordentlich bei uns an Bord voll, und es war eine Freude mit anzusehen, wie ihm mal wieder so ein richtiges Essen schmeckte. Die Regierung tat natürlich alles, was in ihren Kräften stand, um den so schwer heimgesuchten Insulanern zu helfen. Sie konnte aber nur wenig machen, da ihr ja fast gar keine Verkehrsmittel zur Verfügung standen.

Am Montag und Dienstag wurden alle zur Ulie-Gruppe gehörenden Inseln abgesucht, und am Mittwoch, den 10. Juli, dampften wir früh am Morgen aus der Lagune heraus und trafen schon um zehn Uhr vormittags in Ifaulik ein, welches ebenfalls durch denselben Taifun schwer heimgesucht worden ist.

Die Eingeborenenjungs posieren auf einer vom Taifun entwurzelten Palme

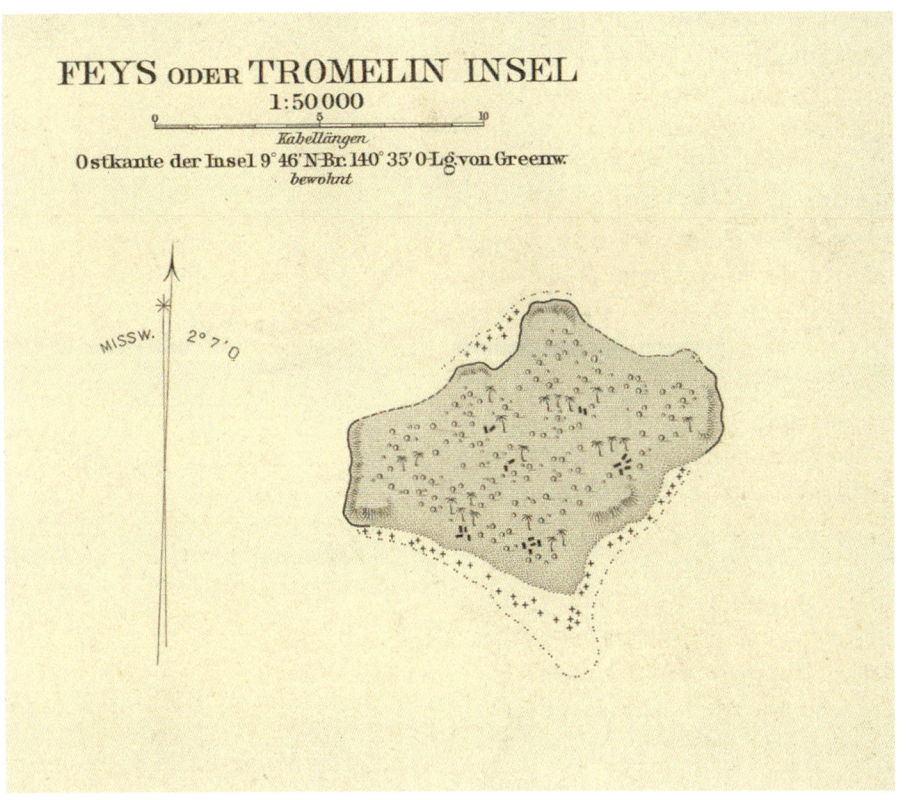

FEYS oder TROMELIN INSEL
1:50000
Kabellängen
Ostkante der Insel 9° 46' N-Br. 140° 35' O-Lg. von Greenw.
bewohnt

MISSW. 2° 7' 0

»Fais, Feis, Astrolabe oder Tromelin, ein ca. 20 m hoch gehobenes fruchtbares und bewohntes kleines Atoll der westlichen Karolinen (Deutsch-Neuguinea) unter 140° 40' ö. L. und 9° 45' n. Br. mit reichen Phosphatlagern, deren Abbau der Deutschen Südseephosphat A.- G. in Bremen im Wege einer Konzession übertragen worden ist. Mit dem Abbau ist noch nicht begonnen, doch ist beabsichtigt, den Betrieb daselbst spätestens in 2 Jahren aufzunehmen. Der Phosphatvorrat wird auf 300 000–600 000 Tonnen geschätzt. Die 400 kräftigen Einwohner sind auf 3 Dörfer verteilt. F. wurde 1828 von Legoarant de Tromelin entdeckt.« Kolonial-Lexikon, Bd. 1, S. 597

Ifaulik ist ein Korallenatoll mit vier Inseln, die früher von etwa 600 Menschen bewohnt gewesen waren. Mehrere Hundert sind schon hinweggeholt worden, da die Inseln die Leute nicht mehr haben ernähren können.

Da wir mit der »Natuna« nicht durch die schmale, durch das Riff führende Passage in die Lagune hineinkonnten, blieben wir draußen treiben und die Bodensachverständigen begaben sich in zwei Booten an Land zu einer Besichtigung der verschiedenen Inseln. Um drei Uhr nachmittags war wieder alles an Bord, und bald darauf setzten wir unsere Reise fort, begleitet von 62 Ifaulikern, die wir auf ihr dringendes Bitten mit nach Jap nehmen wollten, da die Leute hier absolut nichts zu essen hatten.

Am 11. Juli trafen wir bei schönstem Wetter in einem kleinen Atoll namens Aurepik ein und blieben auch hier außerhalb des Riffs treiben; die hier

wohnenden Leutchen (50) waren bald alle mit ihren Kanus bei uns am Schiff, um auch hier wie überall Tabak zu betteln. Herr Pilz und Herr Prager wurden an Land gesetzt – der eine in einem kleinen Schiffsboot und der andere in einem Kanu –, und bereits um zwölf Uhr Mittag waren die kleinen Inseln besichtigt und konnten wir weiterfahren. Freitag erreichten wir bei scheußlichem Wetter die Sorol-Gruppe. Ein großes mehrere Meilen langes Korallen-Atoll, welches aus mehreren gut bewachsenen Inseln besteht. Da es ziemlich wehte und dementsprechend eine ganz anständige Brandung auf dem Riff stand, die »Natuna« aber durch die zu gefährliche Einfahrt nicht in die Lagune hineinkonnte, so gaben wir es auf, diese Gruppe näher auf ihren Gesundheitszustand zu untersuchen, und ersparten uns dieses für spätere Zeiten. Die Insulaner kamen zwar in ihren Kanus ans Schiff, aber den Kerlen ist es ganz einerlei, ob sie in ihrem Kanu sitzen oder im Wasser nebenher schwimmen. Sie riskierten bei diesem Wetter diese Fahrt, nur um eine ganz gewöhnliche Stange Tabak gegen ihre Arbeiten, die manchmal mit vieler Mühe hergestellt waren, einzutauschen. Für eine Stange Tabak im Werte von etwa acht Pfennigen erhält man auf diesen Inseln eine über einen Meter lange und 60 Centimeter breite sehr kunstvoll gewebte Matte. Schon um zwölf Uhr waren wir wieder unterwegs nach Feis, neugierig, was für Wetter wir dort vorfinden würden. Während der Nacht rollte das Schiff schauderhaft, so daß an Schlaf nicht zu denken war. Früh am nächsten Morgen sichteten wir Feis, und schon um sieben Uhr lag die »Natuna« auf einem schönen Platz vor Anker. Es wurde sofort das große Boot ausgesetzt, und wir begaben uns alle unter Führung von ein paar Eingeborenen an Land; glücklicherweise stand nur ein wenig

Brandung, so daß wir einigermaßen trocken an Land kamen. Das Boot wurde hoch auf den Strand geholt, und wir marschierten quer durch die Insel.

Da uns sofort klar war, daß hier unser allerlei Arbeit harrte, hielten wir uns nicht erst lange auf, sondern gingen sofort wieder an Bord und schafften unsere Zelte an Land. Im Laufe des Tages folgte dann das ganze für einen auf mindestens 14 Tage berechneten Aufenthalt notwendige Inventar nebst Laboratorium etc. Schon am Abend standen wieder alle Zelte, alles war regensicher untergebracht, und befriedigt konnte man sich zur Ruhe begeben. Der nächste Tag (Sonntag) wurde dazu benutzt, einigermaßen Ordnung in alles zu bringen, und ich fuhr nochmals nach der »Natuna«, um noch einige Sachen zu holen. Da die »Natuna« unbedingt ihren Frischwasser-Vorrat ergänzen mußte, ging sie am Nachmittag in See nach Jap und erhielt Order, am nächsten Sonnabend wieder in Feis zu sein. Zwei unserer Chinesen mußten wir leider mit der »Natuna« nach Jap senden, da die Kerle krank waren. Unter diesen Unglückswürmern befand sich natürlich auch unser Nr. 1 Koch. Der Chinesen-Koch machte aber seine Sache ausgezeichnet, und schon am nächsten Sonntag hatten wir ein sehr gutes Mittagessen.

Feis ist etwa 3000 Meter lang und halb so breit, dabei im Mittel 20 Meter hoch, und es zeigt eine ganze andere Formation wie Grimes. Feis ist jedenfalls vor vielen vielen Jahren durch irgendein Naturereignis aus dem Meere gehoben worden, und es ist eine bei weitem ältere Insel wie zum Beispiel Grimes oder irgendein anderes der von uns bis-

Zeltunterkunft auf Feis

her besuchten Eilande. Nach allen vier Hauptrichtungen fallen steile Klippen ins Meer ab, und die Mitte der Insel nimmt eine Art Hochplateau ein, das von den Eingeborenen zu Anpflanzungen benutzt wird. Auch hier war alles durch den letzten Taifun zerstört worden, und die Leute hatten kaum soviel zu essen wie auf den anderen von uns besuchten Inseln.

Auf Feis können sich die Leute aber besser behelfen, da sie schon in etwa vier Wochen wieder neue Süßkartoffeln u.s.w. haben; Fische gab es nur sehr wenig, diese allerdings waren ganz ausgezeichnet, und wir gaben den Eingeborenen gerne für jeden Fisch, den sie uns brachten, ein paar Hände voll Reis, hier das begehrte Tauschobjekt. Fast täglich brachte uns auch der eine oder andere eines der wenigen noch vorhandenen Hühner, so daß wir nicht nur auf Konserven-Verpflegung angewiesen waren.

Auf der Insel befinden sich drei Ortschaften, jede von etwa 200 Menschen bewohnt, eine Volkszählung, die wir am ersten Sonntage veranstalteten, ergab rund 700 Bewohner. Die Sache wurde sehr einfach gemacht: Jeder Dorfälteste rief seine Familienväter zusammen und teilte ihnen in wichtiger Rede mit, was wir wollten. Dann machte jeder in eine kleine Schnur so viele Knoten, als seine Familie an Köpfen stark war. Die Schnüre wurden gesammelt, die Knoten gezählt, und in einer halben Stunde war die Volkszählung beendet.

Am Sonntagnachmittag machten wir auch dem obersten Häuptling eine Staatsvisite und überreichten ihm eine Ehrengabe, bestehend aus einem Topf Reis und vier Stangen Tabak. Er durfte aber nur den Reis behalten und mußte den Topf wieder abliefern. Wir sind während unseres Aufenthaltes sehr gut mit den Eingeborenen ausgekommen,

nur Geduld muß man haben, denn die Leute sind absolut keine Arbeit gewohnt und brauchen natürlich zu der kleinsten Verrichtung eine elend lange Zeit.

Am Montag wurde frisch ans Werk gegangen und mit den eigentlichen Arbeiten begonnen. Da wir für all unser Inventar in den Zelten nicht genügend Platz hatten, bauten uns die Eingeborenen im Handumdrehen ein Haus für Proviant und sonstigen Kram, das vollkommen regendicht war und uns gute Dienste geleistet hat. Bei der einen Ortschaft hatten die Eingeborenen ein tiefes Wasserloch ausgeworfen, das wohl genügend Wasser lieferte, aber dieses von einer sehr schlechten Qualität, so daß der Tee, welcher mit diesem Wasser gekocht wurde, kaum genießbar war. Da nun auch noch die ersten Tage sehr heißes Wetter war, nahm unser Vorrat an Bier und Selterswasser rapide ab, und da es durchaus nicht regnen wollte, mußten am Mittwoch jedem pro Tag zwei Flaschen Bier und Selterswasser zugeteilt werden, denn auf frischen Proviant war von der »Natuna« vor Sonnabend nicht zu rechnen. Ich hatte geglaubt, daß wir mit 100 Flaschen Wasser und der gleichen Menge Bier acht Tage auskommen würden.

Es wurden nun weitere Vermessungen vorgenommen, fleißig im Labor gearbeitet, und am Mittwoch fuhr ich mit einem Kanu hinaus, um den bisher nicht bekannten Ankerplatz genau auszuloten. Ein Vergnügen war das auch gerade nicht. Nachdem ich fünf Stunden in der Hucke in dem ziemlich kleinen Fahrzeug gesessen hatte und etwa 50 mal das Lot bis zu Tiefen von 50 Meter weggeworfen und wiederaufgeholt hatte, war ich für den Tag aber auch fix und fertig und für weitere Arbeiten nicht mehr zu gebrauchen. Die Sache wäre ja sonst ziemlich einfach gewesen, aber der heftige, an der Küste entlangziehende

Ohne Hilfskräfte hätte die Expedition nicht
durchgeführt werden können

Strom trieb einen immer wieder ab, und man verlor jegliche Kontrolle über die einzuschlagende Richtung. Chinesen konnte ich dazu nicht gebrauchen und mit den drei Eingeborenen, die ich im Kanu hatte, mich auch nur schlecht verständigen. Es ging aber schließlich besser, als ich gedacht hatte. Von Land aus wurde gleichzeitig bei jeder Lotung durch Herrn Schönian und Herrn Brüggemann die Lage des Bootes bestimmt, so daß wir ein vollkommen zuverlässiges Resultat erhielten. Zu beneiden waren die beiden auch nicht, denn fünf Stunden mußten sie in der Hitze auf dem heißen Strand am Theodoliten und Peilkompaß stehen.

Am Donnerstag hatte ich dann das Vergnügen, ein paar Analysen machen zu dürfen, da die anderen Herren alle beim Durchlegen von Profilen beschäftigt waren. [...] Die Temperatur in dem Arbeitsraum ging kaum unter 40 bis 45 Grad. Am Freitag bekamen wir den so heiß ersehnten Regen und litten von nun an keinen Wassermangel mehr. So lernt man erst einmal ein Glas schönes, klares Wasser zu schätzen. Am Sonnabend, den 20., stellte sich auch wieder die »Natuna« ein, und ich fuhr sofort mit Herrn Brüggemann in unserem Boot an Bord, um Proviant u. s. w. zu holen, da wir voraussichtlich noch drei bis vier Tage zu tun hatten und einzelne Vorräte ziemlich zu Ende gegangen waren. Da schönes Wetter war, nahmen wir den Kapitän mit an Land. Er wollte sich auch einmal unser Zeltlager ansehen. Nachmittags fuhr ich wieder mit Herrn Schönian und dem Kapitän an Bord. Zum Abendessen nahm ich den 1. Offizier mit an Land. Er mußte aber später mit einem Kanu an Bord fahren, da wir unser Boot auf den Strand gezogen hatten und am späten Abend nicht wieder zu Wasser bringen wollten.

Für Sonntag war ein großer Tanz angesagt, der am Nachmittag vor unseren Zelten stattfand. Die Tänze, die ich in Simpsonhafen und in Neu-Guinea gesehen habe, gefielen mir aber besser, hier ging mir die Sache zu zahm vor sich. Photographiert wurde natürlich nach allen Regeln der Kunst. Hoffentlich wird auch etwas Gutes aus den Bildern. Der Kapitän, der zu den Tänzen ebenfalls an Land gekommen war, mußte trotz seiner Wohlbeleibtheit abends in einem Kanu an Bord fahren. Die Leute brachten einen ja sicher an Bord, aber naß wurde man bei der Geschichte.

Der Montag war wieder ein arbeitsreicher Tag. Ich fuhr um sechs Uhr zur »Natuna« in einem Kanu und dann mit der »Natuna« nach der Südwestseite der Insel, da wir dort einen Ankerplatz ver-

muteten. Hier bestieg ich eines der Boote des Schiffs und lotete mit Hilfe einiger Leute der Besatzung den Platz aus. Von Land aus wurde, wie bei der vorigen Lotung, die Lage des Bootes festgelegt. Tatsächlich fand ich auch einen ganz guten Ankerplatz, und schon um zwölf Uhr war ich wieder an Bord und die »Natuna« wieder auf ihrem alten Platz vor Anker. Nachts bekamen wir heftige Regenschauer, und da es der »Natuna« draußen zu bunt wurde, ging sie abends in See, um am nächsten Morgen wieder zurückzukehren. Dienstag wurden dann Vorkehrungen für die Abreise getroffen. Am Vormittag zog ich noch einmal mit Herrn Schönian durch die Insel, um auch einige Aufnahmen zu machen und nochmals alle die Plätze zu besichtigen, die für uns von Wichtigkeit waren. In der Zwischenzeit hatte Herr Brüggemann mit einer Anzahl von

Die Tänze auf Feis gefallen Claessens nicht so gut wie die auf anderen Inseln; »hier ging mir die Sache zu zahm vor sich«. Aber »photographiert wurde natürlich nach allen Regeln der Kunst«

Eingeborenen auf dem Riff an einer hierfür besonders günstigen Stelle ein paar Steine aus dem Wege räumen lassen. Unter Aufsicht von Herrn Pilz wurden auf dem Außenriff Sprengarbeiten vorgenommen, um für unser Boot einen einigermaßen günstigen Liegeplatz zu schaffen. Wir hatten unsere Sachen ja alle an Land bekommen, konnten aber unmöglich das Boot oben auf dem Riff beladen und dann das schwere Boot über das Riff ziehen. Es blieb uns also nur die Möglichkeit, es an der Außenriffkante in die Brandung zu legen und dort zu beladen, oder aber einen kleinen Kanal in das Riff zu sprengen und darin das Boot zu beladen. Sehr weit waren sie mit ihren Sprengarbeiten nicht gekommen, und da immer mehr Brandung aufkam, Herr Schönian aber durchaus am nächsten Tag wegwollte und wir in einem Tage unmöglich alle Sachen an Bord bringen konnten, blieb uns nichts anderes übrig, als es so zu versuchen.

Herr Brüggemann und ich luden also alle irgend entbehrlichen Sachen unter ziemlichen Schwierigkeiten in das Boot und brachten es dann mit Hilfe von etwa 20 Eingeborenen durch die Brandung hindurch. Ich für meine Person war vollkommen darauf vorbereitet, daß das Boot in der Brandung umschlagen würde. Aber schließlich, wenn wir fortwollten, mußte es eben riskiert werden. Das Schlimmste war, daß die Eingeborenen selbst Angst hatten, da sie Tadel von uns befürchteten, falls dem Boot etwas zustoßen sollte. Die Leute schwammen zuerst neben dem Boot her und schoben es so immer weiter hinaus. Sobald sich nun ein schwerer Brecher verlaufen hatte, schwangen sich alle auf ein Zeichen hin auf den Bootsrand und paddelten mit ihren kleinen Paddeln das Boot hinaus. Dieses In-das-Boot-springen und die Paddel ergreifen und sofort anfangen zu paddeln mußte aber ra-

Tänzerinnen

scher gehen, als sich das hier beschreiben läßt, da zwischen den einzelnen Brechern ja nur ein kurzer Zwischenraum ist. Die Kerle machten ihre Sache auch ausgezeichnet. Wir hatten sogar noch eine Anzahl mit, die das Boot nur hinausschieben halfen, aber sie bekamen doch nicht gleich Fahrt ge-

Noch etwas skeptische ...

nug in das Boot. Ehe wir durch die eigentliche Brandung hindurch waren, kam der nächste schwere Brecher heran, und ich sah schon all unsere schönen Sachen und teuren Instrumente im Wasser liegen.

Die Leute erhoben ein wahnsinniges Geschrei, um sich selbst anzuspornen. Das Boot schöpfte ordentlich Wasser, ich bekam eine gehörige Ladung ins Gesicht, so daß ich einen Augenblick nichts sehen konnte, und durch waren wir. An Land stand Herr Schönian und schlug die Hände über dem Kopf zusammen, denn von da aus sah die Geschichte noch viel gefährlicher aus als vom Boot aus. Naß war ja alles, wenigstens von außen, verdorben ist uns aber nichts, da alles gut verpackt war und wir die Sachen gleich an Bord trocknen ließen. Die Schwarzen bekamen jeder zur Belohnung ein Stück Hartbrot und

waren darüber sehr erfreut. Da draußen eine schwere Dünung stand, in der das Schiff mächtig rollte, ging die »Natuna«, gleich nachdem die Sachen alle an Bord waren, in See, und wir fuhren mit unserem Boot zurück an Land. Mit dem leichten Boot kamen wir dieses Mal ganz gut durch die Brandung, waren aber doch froh, daß die Geschichte so gut abgelaufen war.

Früh am nächsten Morgen kehrte die »Natuna« wieder zurück. Wir brachen bis auf das Laboratoriumszelt, in dem noch gearbeitet wurde, alle Zelte ab, und um zehn Uhr war ich mit der ersten Ladung zum Schiff unterwegs. Dieses Mal machten wir es aber schlauer. Ich hatte mir vom Schiff ein langes Tau mitgebracht, dessen eines Ende einer unserer Schwarzen weit außerhalb der Brandung an einem Stein festband, indem er einfach in etwa acht Meter tiefem Was-

ser untertauchte und sich dort unten einen passenden Stein zur Befestigung des Taues suchte. Das Boot wurde dann in der auslaufenden Brandung beladen und mit einem »Hurrah« durch die Brandung gezogen, so bekamen wir alles sicher an Bord. Um 5.30 Uhr nachmittags war die ganze Expedition wieder auf der »Natuna«, wir verabschiedeten uns von unseren braven Gehilfen, und um sechs Uhr war die »Natuna« unterwegs nach Ulussi, wo wir am nächsten Morgen eintreffen wollten.

Die Zeit, die wir auf Feis verlebt haben, wird uns allen unvergessen bleiben, trotz aller Arbeit, die man dort bei zeitweise unverschämter Hitze zu leisten hatte. Es war ein schönes Leben.

Übrigens, eine Episode darf hier nicht übergangen werden: Als wir das erste Mal in Feis an Land kamen, begleitete uns der Schiffshund »Schnaps«, ein net-

ter Köter, der uns gemeinsam mit seinem Kollegen »Schnauzerl« viel Freude machte. Wir marschierten quer durch die Insel und dann ein Stück am Strand entlang, als Schnaps plötzlich auf dem glühend heißen Sand umfiel und Krämpfe bekam. Da kein Tropfen Wasser für das arme Tier in der Nähe war und der Hund anscheinend tollwütig wurde, konnten wir nichts Besseres tun, als das Tier totschießen. Kein Mensch hatte aber eine Waffe bei sich. Plötzlich zieht Herr Pilz einen Browning, mit dem er schon viel renommiert hatte und den er öfter auseinandergenommen vorgeführt hatte, aus der Tasche, legt auf Schnaps an, aber der Schuß ging nicht los, irgend etwas war in Unordnung und wir mußten, Schnaps sich weiter quälen lassen. Wir sahen und hörten nichts weiter von dem Hund, bis Herr Pilz eines Tages wieder in diese Gegend kommt und Schnaps

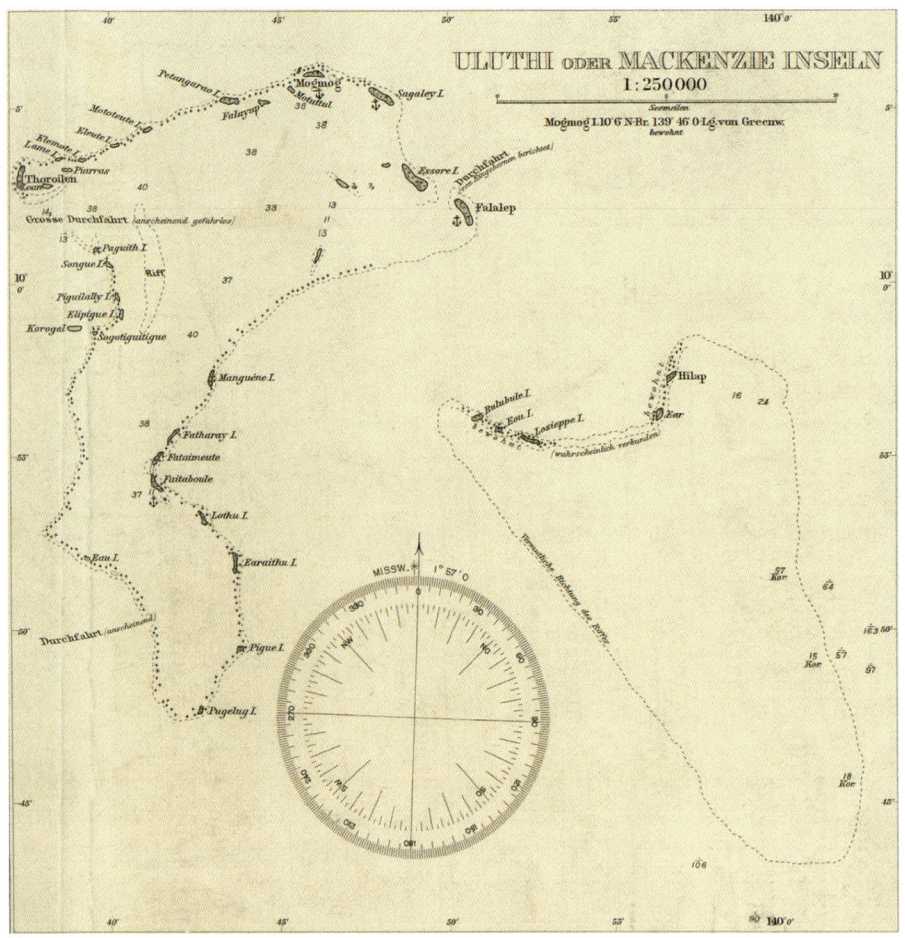

»Ululssi, Ulussi, Ulewi, Ugeu, Mackenzie-Inseln, Los Reyes oder Garbanzos, aus 2 beisammenliegenden Atollen bestehende Inselgruppe der Karolinen (Deutsch-Neuguinea) zwischen 139° 39' – 140° 3' ö. L. und 9° 46' – 10° 5' n. Br. gelegen. Die Inseln des östlichen Atolls sind unbewohnt, die des westlichen zum Teil bewohnt. Der Teifun vom 29. März 1907 hat große Verwüstungen angerichtet. 1912 wurden die auf 9 Inseln wohnenden 495 Einwohner auf 4 Inseln (Mogmog, Falalap, Fassarai und Lossau) konzentriert. U. wurde von Egoi entdeckt und 1823 von Mackenzie wiedergefunden.« Kolonial-Lexikon, Bd. 3, S. 571

freudestrahlend, munter und fidel, auf ihn zuläuft und sich ihm sofort auf seiner weiteren Exkursion anschließt. Seit jenem Tag blieb Schnaps bei unseren Zelten und war wieder genauso munter an Bord wie früher.

Die Vegetation auf Feis war dieselbe wie auf allen anderen bisher von uns besuchten Inseln. Es gab Kokospalmen, Bananen, Paranuß, Süßkartoffeln, Jams, Brotfrucht, Ananas, eine Art Gurke, ferner alle möglichen kleinen mir unbekannten Gewächse. Die Tierwelt war durch ein paar Holztauben vertreten, die ich vergeblich zu schießen versuchte. Ferner gab es einige Bekassinen, die sehr gut schmeckten, aber auch sehr schwer zu erlegen waren. Dann kleine weiße Möwen, die man auf allen Inseln hier

antrifft. Dann eine Art Tauchervogel und ein kleiner, einem Star nicht unähnlicher Vogel; diese beiden letzten sind auch überall zu finden. Dann gibt es ein paar Schweine und Hühner, Überbleibsel vom Taifun. Ratten, Heuschrecken, Eidechsen, Moskitos und Fliegen in großer Zahl, eine Unmenge Raupen, unter denen die Pflanzungen der Eingeborenen sehr zu leiden hatten. Des Weiteren Marienkäfer, die auf irgendeine Art und Weise hierher verschlagen worden sein müssen. Auf Jap und verschiedenen anderen Inseln hatte man sie eingeführt, da sie die ärgsten Feinde der Blattläuse sind, die auf Jap den größten Teil der sich dort befindlichen Kokosplantagen zerstört haben und so auf Jahre hinaus die Kopra-Ernte vernichtet haben. Sowie alles mögliche andere Ungeziefer. Soviel als möglich habe ich davon gesammelt, bin aber einmal neugierig, wieviel davon ich glücklich mit nach Bremen bekommen werde, da meine Sammlungen für das Bremer Museum[5] bestimmt sind. Das Riff war sehr arm, und nur wenige der sonst die Riffe belebenden Viecher wurden hier gefunden. Trepang und sonstige bessere Sachen gab es gar nicht, desgleichen auch nur sehr wenige Muscheln. Ebenso lieferte die Fischerei der Eingeborenen nur sehr wenige, dafür aber wohlschmeckende Fische.

Reichtümer im Sinne der Eingeborenen können sich die Leute hier kaum erwerben, da sie ziemlich hohen Tribut an bestimmte Oberhäuptlinge in Jap zu entrichten haben. Der eigentliche Oberhäuptling von Feis war zu unserer Zeit auch gerade in Jap, und sein Sohn besorgte die Regierungsgeschäfte. Die Leute fahren in ihren großen Segelkanus von einer Insel zur anderen und legen so oft Hunderte von Meilen zurück und sind zeitweise wochenlang unterwegs. Gefahren scheinen sie nicht zu kennen

Holothurien (Trepang)

Holothurien, Seewalzen, Seegurken, Klasse der Stachelhäuter, Tiere mit walzen- oder schlauchförmigem Körper, ohne festes Skelett (s. Tafel 191/92 Abb. 6). Sie bewegen sich kriechend. Einige Arten, insbesondere Holothuria eduhs Less., werden in China und Japan, nachdem sie gekocht, getrocknet, auch leicht geräuchert sind, unter dem Namen Trepang als Leckerbissen, auch als Aphrodisiakum hoch geschätzt. An der Küste von Deutsch-Ostafrika, insbesondere in der Nähe der Inseln Mafia und Ssongo-Ssongo kommen H. vor, die sich zur Anfertigung von Trepang eignen. Der Fang der H.

und die Bereitung von Trepang ist hier auch von 1898–1907 von einer in Johannesburg ansässigen Gesellschaft, der »Trepang Limited« in großem Maßstabe betrieben, seither aber eingestellt. Im Bismarckarchipel

und in den Westkarolinen werden gleichfalls H. gefangen. Die Ausfuhr an Trepang aus dem Gesamtschutzgebiet Deutsch-Neuguinea betrug 1911/12 ca. 68 000 kg im Wert von 32 000 M.

und navigieren nach den einzelnen Gestirnen so genau, wie der beste Nautiker mit den kompliziertesten Instrumenten.

Am Donnerstag, den 25. Juli, erreichten wir die Ulussi-Gruppe und dampften um neun Uhr durch die große westliche Durchfahrt in die Lagune hinein. Um zehn Uhr ankerten wir bei der Hauptinsel Mogomog, und gleich darauf waren wir unterwegs nach den einzelnen Inseln, um diese zu untersuchen. Da Herr Schönian durchaus schon am Sonnabend früh in Jap sein wollte, blieb uns zur Untersuchung dieser großen Inselgruppe nicht viel Zeit, und es wurde eine tolle Hetze daraus. Ich fuhr gleich nach dem Ankern in einem Kanu nach einer der Inseln, die ein paar Meilen entfernt lag. Herr Prager begleitete mich, während Herr Pilz die Hauptinsel vornahm. Schon um zwei Uhr mußten wir alle wieder an Bord sein, und dann ging es sofort Anker auf, und wir dampften nach einer weiter im Süden gelegenen

Insel, ankerten dort wieder und untersuchten ein paar in der Nähe gelegene Inseln. Hier blieben wir die Nacht über liegen. Am nächsten Morgen mit Tagesanbruch dampften wir dann weiter nach einer anderen Insel, ankerten dort wieder, und Pilz, Prager und ich bestiegen je ein Kanu und fuhren los, um jeder ein paar Inseln zu untersuchen. Während Herr Schönian mit der »Natuna« weiterdampfte, um weiterhin eine kleine Insel zu inspizieren. Mittags mußten wir alle wieder an Bord sein – die »Natuna« dampfte umher und sammelte uns alle wieder auf –, und weiter ging es, um noch im Laufe des Nachmittags den Rest vorzunehmen. Wir dampften nach der westlichen Hälfte und ankerten bei Songue. Die Insel wurde kurz besucht, und fort mußten wir, da es sonst zu dunkel geworden wäre. Kurz vor sechs Uhr passierten wir denn auch die West-Einfahrt, und weiter ging es nach Jap. Schon um sechs Uhr früh des nächsten Tages er-

Telegraphenamt der Deutsch- Niederländischen Telegraphengesellschaft.
Insel Jap. Deutsche West-Karolinen.

Telegraphenamt Jap, zeitgenössische
Postkarte

reichten wir Jap und gingen sofort an der Kleinen Werft von O'Keef in Tarang längsseits, um unseren Frischwasser-Vorrat zu ergänzen. Es handelte sich nun für uns darum, sich zu entscheiden, ob es ratsamer sei zuerst die Palaus oder aber die Marianen zu besuchen.

Ich war sehr für ersteres. Da aber alle Leute, von denen man annehmen konnte, daß sie über die Wetterverhältnisse Bescheid wissen mußten, rieten, jetzt nach den Marianen zu gehen, da später das Wetter zu schlecht würde, so ent-schlossen wir uns, die Palaus vorläufig zu lassen und zuerst die Marianen zu besuchen. [...] Vor allen Dingen mußten wir nun soviel Wasser als irgendwie in Jap erhältlich an Bord nehmen, und da dieses immerhin mehrere Tage dauern würde, so benutzten wir die Zeit, um uns Jap etwas näher anzusehen. Am Sonntag machte ich bei allen Leuten in Jap einen Besuch, und ich regnete am Nachmittag zusammen mit Herrn Hummerich, dem Vorsteher der Kabelstation, bei einem Kapuzinerpater ein.

Kolonial-Lexikon, Bd. 2, S. 124 ff.

Jap

Jap, Yap, Eap, Arrecifes oder Carolina, Inselgruppe der westlichen Karolinen (s. d.) (Deutsch-Neuguinea) zwischen 9° 25'-35' n. Br. und 138° 5'-15' ö. L., wahrscheinlich 1686 von Lazeano entdeckt. Die Hauptinsel J. und ihre größeren Nebeninseln Rumung und Map bestehen in der Hauptsache aus Strahlsteinschiefern, Amphiboliten und Talkschiefern und ragen bis ca. 800 m Höhe auf; sie bilden die höchsten Erhebungen eines aus tiefem Meer aufragenden Rückens und nehmen 207 qkm Fläche ein. Die Erhebungen sind meist sanft abgeböscht. Korallenkalk bildet einen Saum am Inselrand; ein Riff mit 3 Einfahrten und einigen Inselchen umgibt die Inselgruppe. Gelegentlich auftretende Erdbeben zeigen, daß die geologischen Kräfte noch nicht zur Ruhe gekommen sind, und die sehr starke horizontale Gliederung macht es wahrscheinlich, daß die Insel vor verhältnismäßig kurzer Zeit eine Senkung erfahren hatte. Sie hat es sogar ermöglicht, durch einen künstlichen Kanal (1901) den nordöstlichen Teil (Tomil-Gagil) abzutrennen. An dem Haupthafen Tomil liegt die Regierungsstation mit dem Bezirksamt und der Kabelstation. [...]

J. wird in zehn Landschaften – Rul, Gagil, Tomil, Ueloi, Fanif, Delipebinau, Kanifai, Giliman, Rumung und Map – eingeteilt, an deren Spitze je ein Hauptdorf mit einem Oberhäuptling steht. [...] Die Häuptlingswürde ist nach polynesischer Art gedoppelt in Dorf- und Kriegshäuptling, die völlig getrennt voneinander handeln. Obwohl der niedere, entscheidet der letztere über Krieg und Frieden. Das Dorf ist in Quartiere eingeteilt, denen Älteste vorstehen. Sie haben die Anordnungen der Häuptlinge weiterzugeben. – J. hat ungefähr 100 Dörfer, die in 9 Klassen eingeteilt sind. Die obersten drei sind die Klassen der pilun (Häuptlinge),

die drei untersten die der milinai (Unfreie). Nach außen hin unterscheiden sich die Angehörigen der Rangklassen an der Kammtracht, dessen Größe maßgebend ist, an der Art der Sitzunterlage aus der Arekablattscheide usw. Die Unfreien sind keine Sklaven; allerdings haben sie keinen eigenen Grundbesitz, sondern leisten für die Nutzung des Bodens gewisse Arbeiten und Abgaben. Sie besitzen Freizügigkeit und die gleichen Totems und Altersklassen wie die Freien. Zum großen Teile rekrutieren sie sich aus den im Kriege Unterlegenen. Andererseits können sie wiederum im Kriege in höhere Klassen befördert werden. [...] In J. sind rund 25 Familien vorhanden, von denen jede ihr eigenes Totem (s. Totemismus) hat, das kognatisch vererbt wird und exogame Heiraten bedingt. Von zwei Familien kennt man deren Herkunft aus Ponape und aus Etal (Mortlockinseln).

Die Ehe ist eine Kaufehe. Sie wird vielfach aus Zuneigung geschlossen. Einehe ist üblich, obschon Vielweiberei nicht verboten ist; doch können nur Vornehme sich den Luxus mehrerer Frauen gestatten. – Die Einrichtung der Männer- und Frauenklubs, der Männerhäuser (febai), des Hetärenwesens ist ähnlich wie auf den Palauinseln (s. d.) – Sobald das Mädchen zum ersten Male menstruiert, zieht es in ein besonderes, vom Vater errichtetes Häuschen, in dem es einen Monat verbleibt. Gleichzeitig werden die Ohrläppchen durchbohrt. Nach Ablauf des Monats zieht es in ein anderes Haus, in dem es fortan ungehindert Freundinnen und Männer zum freien Verkehr empfangen darf, bis es in ein Klubhaus eintritt oder heiratet. Zur Zeit der Menstruation ziehen Frauen und Mädchen in besondere Bluthäuser, die für die Männer streng tabu sind. [...] Die Eingeborenen betreiben regelrechten Landbau mit Düngung. Taro

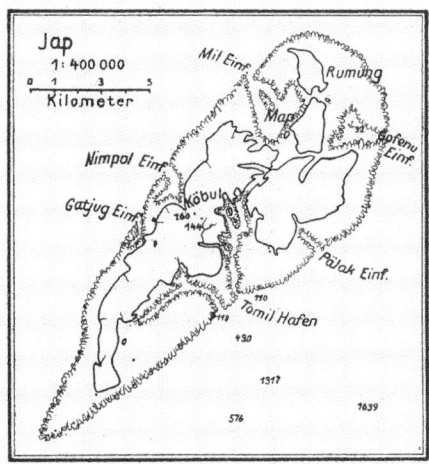

Karte Jap

und wilder Ingwer (reng) wird in Gruben, Yams und Süßkartoffeln auf Feldern angebaut, Kokospalmen und Bananen werden beliebig gepflanzt. Daneben besteht Sammelwirtschaft (Einsammeln mehlhaltiger Früchte). Ferner hält man Schweine, Hunde und Hühner und jagt gelegentlich die Varaneidechse, den Galuf. Im übrigen betreibt man eine wohlausgebildete Fischerei mit Angeln, Netzen, Reusen, Buhnen und Wehren. Als Genußmittel dienen Betel und Tabak, die von den Eingeborenen angebaut werden.

Im Verkehr mit den Europäern bedienen sich die Eingeborenen des deutschen Geldes; unter sich benutzen sie alteinheimische Münzen. Am interessantesten sind darunter die Geldsteine (fä). Sie bestehen aus Arragonit, sind kreisrund bis oval, in der Mitte durchbohrt und haben einen Durchmesser von wenigen Zentimetern bis zu 3 Metern. Sie wurden früher von den Palauinseln (Airai und Pililiu) auf Flößen herbeigeschafft. Heute benutzt man europäische Fahrzeuge. Daneben gibt es noch Matten-, Perlmutter-, Spondylus- und Tridacnamuschelgeld. Jedes hat eine ihm allein eigentümliche Form, Währung und Geltung.

In den religiösen Anschauungen überwiegt der Kult der Vegetationsdämonen. Die Welt wird (s. Truk usw.) in vier Abteilungen eingeteilt: 1. den obersten Sitz des höchsten Gottes niyenyen; 2. den Himmel; 3. die Erde; 4. die Unterwelt. Diese Abteilungen sind mit Göttern bevölkert, die den gleichen Namen wie in den Zentralkarolinen führen, jedoch nicht verehrt werden. Das geschieht mit den Vegetationsdämonen, die in den einzelnen Landschaften verschiedenen Rang und demgemäß Ansehen haben. Alle Dämonen haben besondere Priester, polui, welche die höchste Klasse bilden und noch über den höchsten Häuptlingen stehen. Jede Landschaft hat außerdem einen Schutzgott, der besonders verehrt wird. Am angesehensten ist unter ihnen Gutheri von Rul, am bedeutungsvollsten Yongelap von Gatschapa geworden. – Der Yongelapkult ist für die Karolinen, Marshall- und Guilbertinseln unendlich wichtig gewesen. Er hielt den Verkehr der einzelnen Inseln (s. Schifffahrt der Eingeborenen) untereinander aufrecht. Obschon Yongelap

in J. selbst nicht das höchste Ansehen genießt, ist sein Kultplatz Numerui in Gatschapa zu einer Art Vatikan der Karolinen geworden. Sein Oberpriester nimmt ungefähr die Stellung eines Papstes ein. Auf den Koralleninseln wurde er zum Schutzgott der Seefahrer. Tarawa (Guilbertinseln) war einst sein östlichster Kultplatz, heute befindet er sich in Truk. Die Bewohner der Landschaft Gagil in J. (Gatschapa, Oneang, Rikan) betrachten daher den Grund und Boden der Zentralkarolinen als ihr Eigentum. Die Zentralkaroliner, die pim'adau, sind darum in J. miliuai und dürfen hier keinen Kamm tragen. Bei den Einwohnern der genannten Dörfer kann man heute noch den Namen ihrer Grundstücke auf den Koralleninseln erfahren. Die pim'adau zahlen ihren Herren Tribut, der jährlich in Form von gewebten Matten, Reng (Gelbwurz), Schmucksachen usw. nach J. gebracht wird.

Die Kleidung ist einfach. Die Männer tragen einen Maro aus zusammengefalteten Matten oder Baumwollstoff und darüber einen meist rotfarbenen, schweifähnlichen, lockeren Hibiskusgürtel; die Frauen bekleiden sich mit reifrockähnlichen

Gras- und Bastschürzen, von denen 3 – 7 übereinander getragen werden. Schmucksachen sind spärlich und werden sämtlich von den Zentralkarolinen und Ngulu her eingeführt. Männer stecken das Haar mit einem Stäbchenkamm auf, Frauen tragen es in einen Knoten geschlungen. Der charakteristische Schmuck der Frauen besteht in einem Haarhalsband, das mit Klunkern in den Nacken und auf die Brust herabhängt. Beide Geschlechter tragen am Körper eine große Anzahl Amulette mit sich. Ein steter Begleiter ist der Betelkorb, in dem das übliche Betelgerät, Tabak, Messer und andere Kleinigkeiten mitgenommen werden. Männer tragen meist auf der Schulter einen Dächsel mit sich herum.

Die J.leute wohnen in Gehöften, die zierlich mit lebenden Hecken eingefaßt sind. Mehrere Höfe bilden ein Dorf; die Dörfer sind durch vorzügliche, zum Teil gepflasterte Wege miteinander verbunden. Die freien Dörfer liegen meistens an der Wasserseite, die unfreien im Innern der Insel. Die Häuser sind auf sechsseitigen niedrigen Steinwerften errichtet und bestehen aus kräftigem Rahmenwerk, das mit sauber gebundenen Bambusstabwänden ausgefüllt wird. Auch der Boden wird mit solchem Material belegt; an den Giebelseiten lehnen sich Vorbauten an das eigentliche Haus an. Die Häuser sind mit hohen, an den Giebelseiten weit vorstehenden Satteldächern aus Palmblättern gedeckt, die an indonesische Vorbilder erinnern. Familienwohn- und Klubhäuser sehen gleich aus und unterscheiden sich nur in der Größe und der inneren Einrichtung. Das Rahmenwerk wird verdübelt, im übrigen wird alles gebunden. Besonders kunstvoll sind namentlich die Bindungen in den für verheiratete Frauen verbotenen Klubhäusern (febai), deren Dach von schweren, in einer Doppelreihe angeordneten, säulenähnlichen Stämmen getragen wird. Die Rahmenbalken sind vielfach mit schwarzweiß ausgemalten Reliefornamenten versehen. –

Blick über Jap, zeitgenössische Postkarte

Außerdem gibt es Vorrats-, Koch-, Menstruations- und Bootshäuser.

Als Verkehrsmittel verwendet man Floß und Kanu. Das erste besteht aus zusammengebundenen Bambusstäben. Das Kanu ist ein einfaches Auslegerboot mit einem Schwimmer. Es gibt drei Arten, die sich in ihrem Steven unterscheiden: das Gabelschwanzkanu, das Mondsichel- und das Trogkanu mit plattem Steven. Die ersten beiden sind Paddel- und Segelboote, die auf Reisen, beim Fischfang und auf Kriegszügen benutzt werden, das dritte ist ein Lastenfahrzeug und wird gepaddelt oder mit Stangen vorwärts bewegt. Die Boote sind bemalt und besitzen Zierate, die als Kult- und Kriegssymbole Geltung haben.

Musikinstrumente fehlen; Tänze werden zu Kultzwecken abgehalten. Sie sind sehr farbenprächtig und werden mit Gesängen begleitet. Der Tanzstab ist das wichtigste Tanzgerät; die Tanzmaske ist zum Kinderspielzeug geworden. – Waffen sind heute nicht mehr im Gebrauch. Früher benutzte man schwarz bemalte Zackenspeere aus Holz, Rochenstachelspeere und Schleudern. Auch soll die Speerschleuder verwendet worden sein. – Als Handwerksgeräte benutzt man heute europäisches Eisenwerkzeug. Auch das Kochgerät wird allmählich durch europäisches oder ostasiatisches ersetzt. – Seilerei, Töpferei und Weberei werden als Industriezweige gepflegt. Nur die miliuai üben die letzten beiden aus, und zwar wird die Töpferei in besonderen Hütten von nackten Frauen betrieben. Die Töpfe (flache Schüsseln) werden in Klopftechnik ausgeführt und hernach im offenen Feuer gebrannt. – Die Männer sind in der Steinbildhauerei erfahren und haben darin manche Kunstleistung aufzuweisen.

Bevölkerungsstatistik. Die Eingeborenenbevölkerung der Insel wird auf 8–9000 Personen geschätzt. An Weißen leben daselbst außer den Beamten des Gouvernements und den Angehörigen der Mission die

Jap Missionsschule, zeitgenössische Postkarte

Angestellten der Deutsch-Niederländischen Telegraphengesellschaft, der Großstation für drahtlose Telegraphie, der West-Karolinen-Gesellschaft m. b. H. und einige weiße sowie japanische Händler. Die Gesamtzahl der weißen Bewohner auf J. dürfte 40 nicht überschreiten.

Europäische Unternehmungen und Verwaltung. Eigentliche europäische Unternehmungen, namentlich Plantagen, bestehen auf J. nicht, denn das verheerende Auftreten der Schildlaus hat zur Anlegung von Kokosnußpflanzungen nicht ermutigt. Die einzige größere Gesellschaft, die auf J. tätig ist, ist die West-Karolinen-Gesellschaft m. b. H. (s. d.), die daselbst Handel treibt und auf einzelnen Inseln der Westkarolinen sich auch mit Plantagenbau befassen will. Bemerkenswert sind die Anlagen der Deutsch-Niederländischen Telegraphengesellschaft, die hier eine große Kabelstation geschaffen hat, sowie der Großstation für Drahtlose Telegraphie, die von der deutschen Betriebsgesellschaft für drahtlose Telegraphie errichtet wurde. Die Insel J. ist auch Poststation und für den Auslandsverkehr geöffnet. Es laufen hier sowohl die Schiffe der Austral-Japan-Linie

vierwöchentlich vor, wie auch sechsmal im Jahr der Reichspostdampfer »Germania« der Jaluit-Gesellschaft. (s. Deutsch-Neuguinea 16. Verkehrswesen). Der Handel auf der Insel ist, da die Kopraproduktion der Eingeborenen infolge der Schildlauskrankheit sehr nachgelassen hat, verhältnismäßig unbedeutend. Außer Kopra kommen noch in geringem Umfang Muscheln, Trepang und Schildpatt in Frage. Die Insel J. gehört zum Bezirk der Westkarolinen und ist Sitz des Bezirksamtmanns dieses Verwaltungsbezirks. Auch das Bezirksgericht für die Westkarolinen befindet sich in J., desgleichen das Standesamt, Strandungsamt sowie Seemannsamt. Alle diese Ämter werden vom Bezirksamtmann im Nebenamt wahrgenommen. Für die Ausübung des Gesundheitsdienstes ist ein Regierungsarzt und ein Heilgehilfe auf J. stationiert. Sowohl für die Europäer wie auch für die Eingeborenen ist je ein Krankenhaus auf der Insel eingerichtet worden.

Regierungsschulen bestehen auf der Insel nicht, dagegen unterhält die katholische Mission, die in J. ihren Hauptsitz für die Westkarolinen hat, die erforderlichen Eingeborenenschulen.

Die Inselgruppe der Marianen am Westrand des Marianengrabens wurde 1899 mit Ausnahme des amerikanischen Guam durch das Deutsche Reich von Spanien erworben. Sie gehörte danach zum Schutzgebiet Deutsch-Neuguinea. Zur Gruppe gehörten von Süd nach Nord die Inseln Guam, Rota, Agiguan, Tinian, Saipan, Farallon de Medinilla, Anatahan, Sarigan, Guguan, Alamagan, Pagan, Agrigan, Assongson, Maug und Urakas. Kolonial-Lexikon, Bd. 2, S. 503 ff.

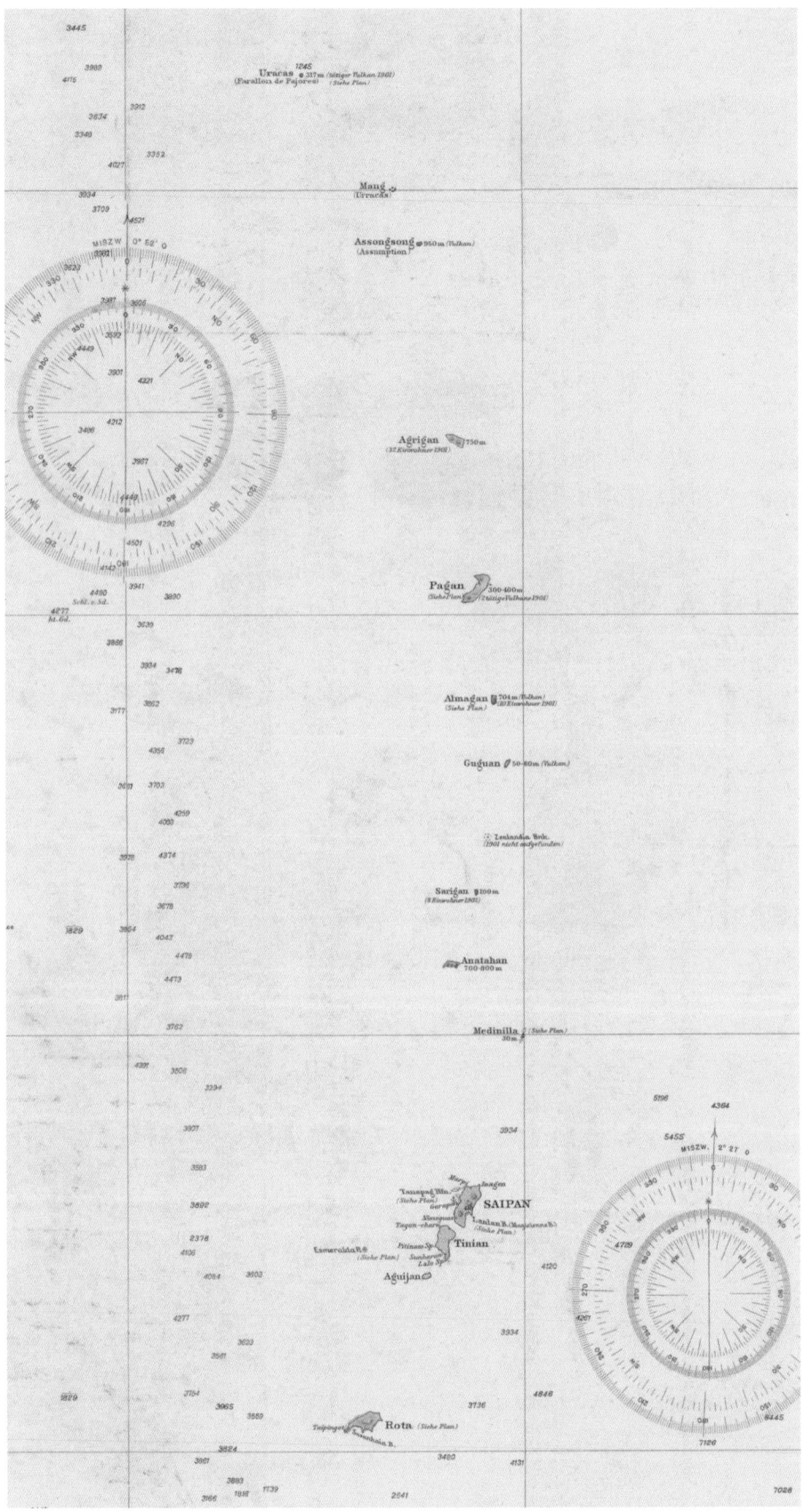

Wir befanden uns dort aber äußerst wohl und leerten manche Flasche guten Weines. Den Abend verbrachte ich dann mit Herrn Hummerich in seinem ganz famosen Hause.

Am Montagvormittag ging es dann bei schönem Wetter hinüber nach Tomill und von dort unter Führung von Herrn Brüggemann zu Fuß weiter durchs Land. Es marschierte sich auf den schön angelegten Fußwegen ganz herrlich. Von der Ortschaft Tomill ging es weiter nach Ma'Madelay, Maqui, Moru und von dort über eine breite Brücke nach der Insel Map durch die Ortschaften Malon und Omin. Hier wurde es ungemütlich. Mittlerweile war es nämlich angefangen in Strömen zu regnen, und außerdem mußten wir uns seitwärts durch die Büsche schlagen, da es keinen direkten Weg gab.

Wir trafen aber schließlich doch in Bichiel, einer Ortschaft auf der äußersten Westspitze von Map, ein und sahen auf der nächsten kleinen Insel (Rumong) die Station des Herrn Brüggemann und unser Endziel liegen. Ja, sehen konnten wir es wohl, nur nicht hinkommen! Ein Teil der Verbindungsbrücke war eingestürzt, und Kanus waren beim besten Willen nicht aufzutreiben, da alles was nur irgend laufen konnte, um diese Zeit gerade an einen anderen Teil der Insel nach den dort stattfindenden Tänzen gezogen war. Wir halfen uns, indem wir ein paar dünne Stämme über das Loch in der Brücke schoben und darüber mit viel List und Tücke hinwegbalancierten. In Brüggemanns Haus konnten wir uns so einigermaßen trocknen und blieben gleich dort, da es weiter regnete und mittlerweile auch schon vier Uhr geworden war. Eßwaren etc. hatten wir uns mitgenommen, da die Station seit einem Jahr nicht mehr bewohnt war. Ein großes Grammophon, das einsam oben im Hause stand, mußte uns abends die Zeit

Inselbrücke

vertreiben, und früh packte sich jeder todmüde in irgendeine Ecke hin.

Am nächsten Morgen war schönes Wetter, und nachdem wir uns etwas in der Umgebung umgesehen hatten, bestiegen wir ein bereitliegendes Segelboot und fuhren durch den von Herrn Senfft angelegten Kanal, der den Weg ganz erheblich vom Norden zum Süden abkürzt, zurück nach Jap, wo wir schon um zwölf Uhr wieder eintrafen. Die uns noch in Jap verbleibende Zeit benutzte ich dazu, unser Boot in einen gebrauchsfertigen Zustand zu bringen. Am Dienstagabend war ein Ostpreußischer Abend bei Herrn Mai, der bei der Firma O'Keef angestellt war. Am 1. August verließen wir dann Jap, begleitet von Herrn und Frau Senfft, die mit uns nach Saipan fahren wollten. Herr Schönian stellte dem Ehepaar seine Kammer zur Verfügung, während er selbst diese paar Tage auf dem Sofa in seinem Salon schlief. Frau Senfft störte uns nicht mehr in unserer Gemütlichkeit, da sie den ganzen Tag über mit der Seekrankheit kämpfend oben auf der Brücke im langen Stuhl lag. Das Wetter ließ viel zu wünschen übrig, viel Regen und auch

»Saipan (s. die Karte), Seipan oder San José, die größte der deutschen Marianen (Deutsch-Neuguinea), 185 qkm Fläche umfassend, zwischen 145° 44' – 51' ö.L. und 15° 5' – 16' n.Br., bis 466 m hoch, aus höhlenreichem Korallenkalk bestehend, der einen jung-eruptiven Kern umschließen dürfte. Haupt-produktion Kopra; der Hauptort Gárapan (Sitz der Behörden) und der Hafenplatz Tanápag liegen an der Westküste. [...] Außer der Kokospalme werden Kaffee, Kakao, Orangen, Mango, Mais, Rizinus und Tabak angepflanzt. Auch die Kasuarina, welche von der Regierung auf allen Inseln verbreitet wird, zeigt gutes Gedeihen.« Kolonial-Lexikon, Bd. 3, S. 199 f.

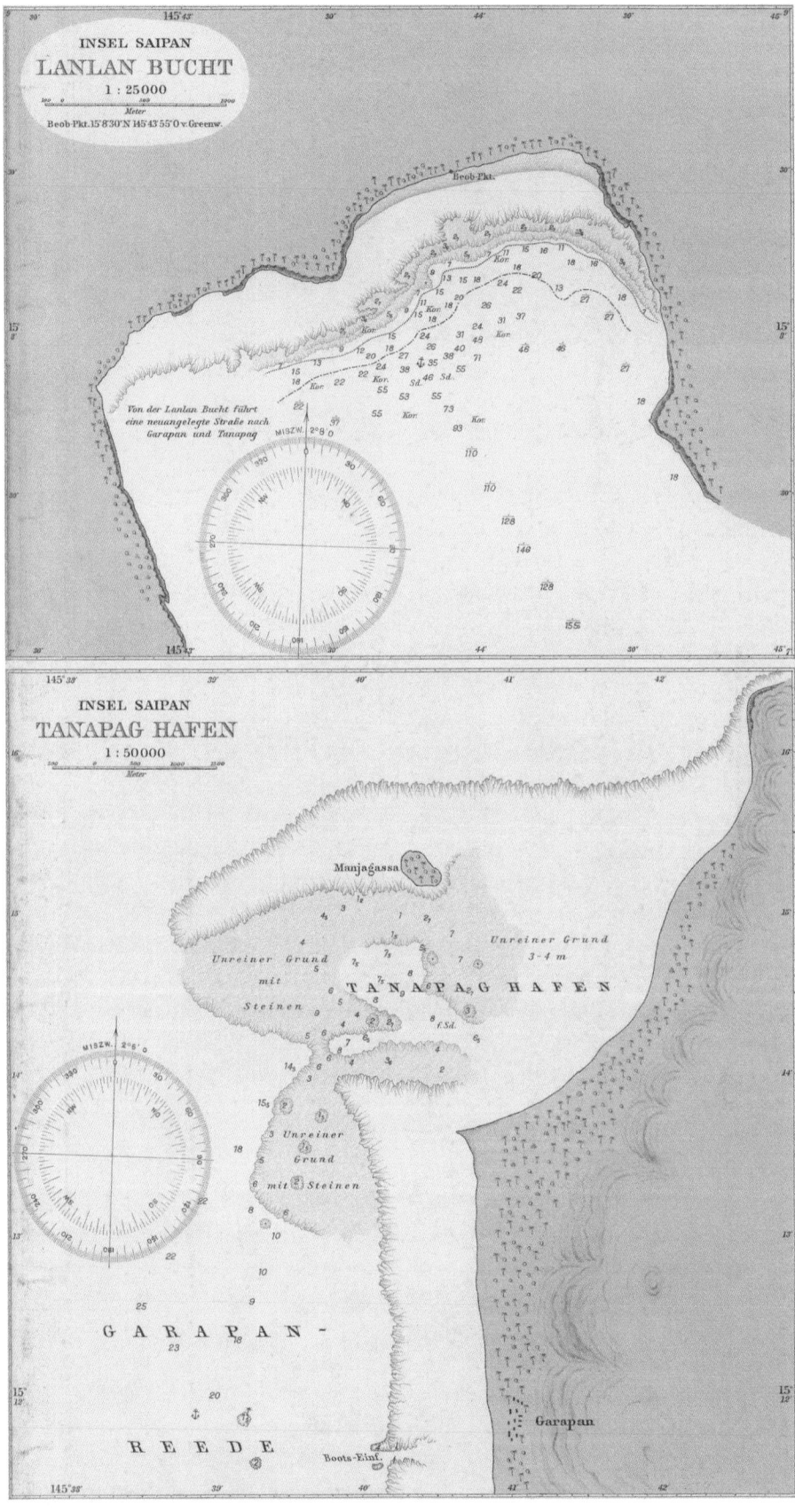

Wind machten die Fahrt nicht sehr angenehm. Am Sonntag, den 4. August um drei Uhr nachmittags, erreichten wir Saipan und gingen bei der Hauptsiedlung Garapan vor Anker.

Der Platz macht von See aus einen hübschen Eindruck, ist aber nur bei gutem Wetter oder östlichen Winden erreichbar. Sonst steht dort eine zu hohe Brandung, die ein Landen unmöglich macht. Um fünf Uhr verließen uns Herr und Frau Senfft, die sich im Regierungs-Boot an Land begaben, und wir verbrachten den Rest des Sonntags in beschaulicher Ruhe. Am Montag früh um sechs Uhr begaben sich Herr Schönian und Herr Pilz zu einem Ausritt auf den beiden einzigen in Saipan aufzutreibenden Pferden an Land, und ich folgte später mit Herrn Prager nach, um unsere ziemlich umfangreiche Post zu erledigen und eine Bootsmannschaft anzuwerben. Ich erstand dann auch acht tüchtige Kerle und einen besseren sogenannten Nr. 1 zum Preise von 16 Mark pro Mann monatlich, bei freier Verpflegung. Lauter stramme Kerle, die uns bei unseren diversen Landungen auf den verschiedenen Inseln ganz ausgezeichnete Dienste geleistet haben und ohne deren Hilfe wir kaum so gut, vor allen Dingen so rasch fertig geworden wären. Tabak und sonstige kleine Handartikel ziehen hier nicht mehr. Hier kennen die Leute schon Geld und Geldes Wert.

Die Ortschaft Garapan sieht sehr sauber und nett aus, leider ist auch hier viel durch den letzten Taifun vernichtet worden, namentlich die alten, zum Teil noch aus spanischer Zeit stammenden Gebäude sind arg mitgenommen worden oder ganz und gar verschwunden. Um vier Uhr nachmittags hatten wir alles in Saipan erledigt und gingen nach Norden in See. Wir hatten im weiteren Verlauf der Reise ganz ausgezeichnetes Wetter und trafen schon am Mittwoch,

vormittags um zehn Uhr, bei Uracas oder Farallon de Pajores ein. Aus weiter Ferne schon sah man dicke Rauchwolken aus dem etwa 350 Meter hohen Vulkan aufsteigen, und bald bot sich unseren Augen ein eigenartiger Anblick. Aus tiefem Wasser erhebt sich ein einzelner steil ansteigender Berg, dessen Kuppe von einem anhaltend Rauchwolken ausstoßenden Krater gekrönt ist. An allen Seiten ist die Lava heruntergelaufen und hat jegliches Grün, überhaupt jede Vegetation zerstört. An der Südseite ragen am Strand zwei etwa 50 Meter hohe Basaltsäulen in die Luft, die bisher der andringenden Lava Widerstand geleistet haben. Strand oder etwas Ähnliches gibt es hier nicht. An allen Seiten fallen die Felsen steil ins Meer ab.

Wir alle begaben uns in unseren Booten unter Führung unserer schwarzen Bootscrew an Land und bewerkstelligten unsere Landung auch mit deren geschickter Hilfe ohne große Schwierigkeiten über die Felsen hinweg. Die Lava war zum größten Teil bereits verwittert oder wenigstens in der Verwitterung begriffen, und sie war an der Oberfläche so scharf, daß selbst unsere Eingeborenen nicht darüber hinwegwollten. Herr Schönian und die beiden anderen Herren hatten sich in den Kopf gesetzt, den Berg zu besteigen und so weit wie möglich an den Kraterrand vorzudringen. Richtig stiefelten sie auch um halb zwölf Uhr in der tollsten Mittagshitze los, ohne jegliche Begleitung und nur mit einer Flasche Tee bewaffnet. Mir hätte einer sonstwas bieten können, ich wäre nicht mitgegangen, und ich hätte auch nicht geglaubt, daß sie es schaffen würden. Ich hatte mir, nachdem ich mir die unteren Partien angesehen und ein Paar Schuhe dem scharfen Geröll geopfert hatte, einen einigermaßen vernünftigen Lagerplatz ausgesucht und beobachtete von dort die hinaufkraxelnden

»Urakas oder Farallon de Pajaros, Guy oder Fanny, nördlichste Insel der Marianen (Deutsch-Neuguinea) unter 144° 54' ö.L. und 20° 33' n.Br., 317 m hoch, ein junger, noch vegetationsloser Vulkan aus Augitan-desit, inmitten eines älteren Inselrests; unbewohnt. Der Vulkan scheint seit seiner Entdeckung im 17. Jahrhundert tätig zu sein.« Kolonial-Lexikon, Bd. 3, S. 581

»Chamorro, eigentlich die Ureinwohner der Marianen; doch ist der Name auch auf die spätere Mischbevölkerung übergegangen. Diese späteren Ch. sind heute alle katholische, meist spanisch sprechende Christen und haben in ihrem Aussehen, ihren Sitten und Gebräuchen große Ähnlichkeit mit den Tagalen der Philippinen, so dass vielfach fälschlich auch für Ch. der Ausdruck Tagale und umgekehrt gebraucht wird. Ihrer Sprache nach sind sie mit den Malaien verwandt. Ihre Zahl betrug nach der amtlichen Zählung im Jahre 1911: 1920, während sie bei Ankunft der Spanier im Jahre 1669 auf 100 000 bis 150 000 Seelen geschätzt wurden. Nach der Statistik von 1912 wohnen auf der Insel Saipan 1234, auf der Insel Rota 465, und auf der zu den Westkarolinen gehörigen Insel Jap 140 Chamorro. Die übrigen Ch. verteilen sich auf die sonstigen Inseln des Schutzgebietes Deutsch-Neuguinea. In der Hauptsache beschäftigen sich die Ch. mit Ackerbau und Viehzucht, einzelne von ihnen sind jedoch auch als Händler, Lageraufseher, Schreibgehilfen und dergleichen tätig.« Kolonial-Lexikon, Bd. 1, S. 268 f.

Leutchen. Tatsächlich kamen sie alle drei bis oben hinauf und konnten direkt in den Krater hineinsehen, wie sie später erzählten. Dann aber kam der Abstieg, und der war so gemein, daß sie alle drei schworen, in ihrem Leben eine derartige Tour nicht wieder zu machen. Wundern tut es mich noch heute, daß keiner einen Hitzschlag bekommen hat. Ich fuhr dann noch mit dem Boot um die Insel herum und besuchte eine japanische Station, die ich aber verlassen vorfand. Die Japaner haben hier eine Zeitlang Vögel gefangen, abgebalgt und nach Japan geschickt. Ihr Kontrakt ging aber nur bis zum 1. Juli, und die Regierung hatte uns gebeten, doch einmal nachzusehen, ob sie auch von dieser Insel, sowie auch von ein paar anderen, verschwunden sind. Um sieben Uhr abends waren wir wieder alle an Bord und dampften langsam gen Süden. Mit Farallon de Pajores haben wir wohl den nördlichsten Punkt unserer Expedition erreicht.

In der Frühe des 8. August erreichten wir Urracas oder Maug und dampften erst einmal um die aus mehreren Inseln gebildete Gruppe herum, einen Ankerplatz suchend. Die Inseln sind Überreste des Kraterrandes eines ehemals mächtigen Vulkans, der bei irgendeinem Ausbruch in sich zusammengestürzt sein muß. Aus dem ehemaligen Krater war ein viele Hundert Meter tiefes Seebecken geworden, das durch drei ziemlich breite Passagen mit dem offenen Meer in Verbindung steht. Die eine dieser Passagen ist für die größten Schiffe passierbar, und wir fuhren durch sie in den Kratersee hinein. Ich ging mit Herrn Pilz und Herrn Prager auf der Hauptinsel an Land und bestieg mit letzterem den höchsten Gipfel, von dort ein wunderbares Bild genießend. Wir gingen dann auf ziemlich abschüssigem und steilem Pfad nach der anderen Seite der Insel und fanden dort die schönsten Kokosplantagen und alle möglichen anderen schönen Sachen, nur nicht das, was wir eigentlich suchten. Zurück ging es dann über einen sehr steilen Bergpfad, den ich schwindligen Leuten nicht empfehlen möchte. In der Zwischenzeit hatten unsere Chinesen schon in einem verlassenen japanischen Haus das Mittagessen zurechtgemacht, und bald stellte sich auch Herr Pilz ein, der mittlerweile die unteren Teile der Insel besichtigt hatte. Um zwei Uhr waren wir wieder an Bord, und weiter ging es nach Asuncion. Um fünf Uhr nachmittags des gleichen Tages waren wir schon wieder mit dem Boote unterwegs, während Herr Schönian mit der »Natuna« um die Insel herumdampfte.

Asuncion ist ein einzelner Vulkan, ähnlich Arucas, nur etwa doppelt so hoch und zum Teil mit Kokospalmen und allen möglichen anderen Pflanzen bewachsen. Die Landung war hier bedeutend schwieriger als auf den anderen

Inseln. Wir mußten etwa 20 Meter an einer senkrecht aufsteigenden Basaltwand in die Höhe klettern, um auf Land zu kommen. Eine kurze Besichtigung zeigte uns dann, daß hier für uns nichts zu holen sei, und schon bald sah man einen nach dem anderen wieder an den Steinen herumklettern und sich in das Boot begeben. »Natuna« hatte ihre Rundfahrt auch beendet, und um sieben Uhr waren wir wieder an Bord.

Freitag, den 9., erreichten wir Agrigan und ankerten an der Südwestseite der Insel, querab von einer kleinen Ansiedlung. Alsbald kam der hier ansässige Händler, Felix Sablan, ein Chamorro, in einem Boot an Bord, und wir fuhren dann unter seiner Führung in einem großen Boot an Land. Im Hause des Sablan wurden unsere Sachen deponiert und dann Streifzüge in die Umgegend unternommen.

Auf Agrigan wohnten etwa 35 Leute, die hier für eine spanische Firma in Saipan Kopra machen und etwa zwei Jahre hier bleiben. Dann sollen sie wieder nach Saipan zurückgehen. Die Leute erhalten 16 Mark monatlich und der Händler für jede 45 Tonnen Kopra 290 Mark. Im Jahr lieferte die Insel 150 Tonnen, jetzt allerdings weniger, da die Pflanzungen durch den letzten Taifun sehr gelitten haben und nun wieder einige Zeit zu ihrer Erholung brauchen. Ein japanischer Schoner erscheint dann hier alle Jahre ein paar Mal und bringt die Kopra nach Yokohama.[6]

Außer Kokospalmen wachsen hier Bananen, sehr viel Brotfrucht, Zitronen, Orangen, Papayas und ein gar nicht schlechter Tabak, aus dem die Eingeborenen Zigarren, ähnlich den Manila-Zigarren, machen. Ferner gedeiht hier eine Art Baumwolle, die übrigens auch auf Saipan vorkommt. Ich habe ein ganzes Stück hiervon als Geschenk erhalten, vielleicht kann man sie noch einmal

Agrigan in 360°(N) 3 Sm.

zu irgend etwas gebrauchen. Außerdem gibt es hier Schweine in Hülle und Fülle, so daß die Leute keinen Mangel leiden. Bei schweren südwestlichen Winden ist eine Landung auf der Insel, wenigstens an dieser Seite, ausgeschlossen. Der Händler bot mir gleich als Gastgeschenk ein schönes Schwein an. Ich verzichtete aber darauf und bat ihn, es unseren Chinesen zu verehren, da wir seit etwa 14 Tagen täglich frisches Schweinefleisch auf der »Natuna« bekommen hatten. Das Schwein wurde dann auch sofort geschlachtet, und unsere Chinesen und die Bootscrew aßen davon schon zu Mittag an Land, und der Rest wurde mit an Bord genommen. Desgleichen noch zwei lebende Schweine, die Herr Schönian das Stück zu drei Mark kaufte und dann ebenfalls den Leuten schenkte. Zum Mittagessen waren wir

Pagan in 90°(O) 5 Sm.

alle im Dorfe versammelt und um ein Uhr schon wieder unterwegs zum Schiff, da wir an dem gleichen Tage noch nach Pagan wollten. Wasser war übrigens nicht mehr reichlich auf Agrigan, und die Leute waren dort ganz auf Regenwasser angewiesen.

»Agrígan oder Agiguan, Aguigan, Agujan, Granger, Grigan, Francisco Xavier, St. Angel, bewohnte, 750 m hohe Insel der Marianen (Deutsch-Neuguinea) in 145° 40' ö. L. und 18° 50' n. Br. mit 32 qkm Fläche und ansehnlichen Kokospalmpflanzungen. Den Hauptteil der Insel nimmt ein ruhender Vulkan ein.« Kolonial-Lexikon, Bd. 1, S. 25

»Pagan, langgestreckte, 100 qkm große Insel der Marianen (s. d.), zu Deutsch-Neuguinea gehörig, zwischen 18° 3 1/2 ' – 18° 12' n. Br. und 145° 42'-50' ö. L. gelegen, mit 2 solfatarisch tätigen Vulkanen von 300 m Höhe am Nord- und Südende und etlichen älteren Kegeln. Am Südfuß des Nordvulkans liegt eine Kokospalmenpflanzung.« Kolonial-Lexikon, Bd. 3, S. 2

Kokospalme und Kopra

Botanisches. Die K., Cocos nucifera L., ist eine in den Tropen der ganzen Welt verbreitete Palme, deren eigentliche Heimat nicht mehr mit Sicherheit festzustellen ist. Bis 25 m hoher Baum; Stamm bis etwa 40 cm dick, unverzweigt, namentlich in der Jugend am Grund etwas verdickt. Der Stamm reicht bis 50 cm tief in die Erde, ist auch dort verdickt und über und über mit (bis 8000) Wurzeln von 5-7, seltener bis 11 m Länge besetzt. Die Mehrzahl der Wurzeln verläuft in den oberflächlichen Bodenschichten, die übrigen dringen nach allen Richtungen in den Boden ein. An erwachsenen Bäumen dicht über der Erde zahlreiche Adventivwurzeln. Die Krone der erwachsenen Palme trägt 20 bis 35 Fiederblätter von 3,5-5 m Länge und 1 m Breite; Fiedern etwa 50 cm lang. Blüten eingeschlechtig und einhäusig; an denselben Blütenstandsästen sitzen, über den oberen und mittleren Teil verbreitet, zahlreich die gelben männlichen, am Grunde vereinzelt die größeren, grüngefärbten weiblichen Blüten. Frucht, die »Kokosnuß«, eine einsamige Steinfrucht nahezu eiförmig, stumpfdreikantig, Größe je nach Spielart wechselnd; Fruchtschale aus drei ganz verschieden ausgebildeten Schichten bestehend: einer äußeren glatten, häutigen Hülle, einer starken, faserigen Mittelschicht und der etwa 5 mm dicken Steinschale, welche den Samen eng umschließt. Same von einer dünnen, in der Reife braungefärbten Haut umgeben, die dem weißen Fleisch fest anhaftet. Beides zusammen bildet getrocknet die »Kopra« des Handels. Der jugendliche Same ist mit einer farblosen, schwach süßlichen, kohlensäurehaltigen und daher etwas prickelnden, angenehm und erfrischend schmeckenden Flüssigkeit, der sog. »Kokosmilch«, erfüllt. Mit dem Reifeprozeß verschwindet allmählich die Hauptmenge

Kokospalme (Cocos nucifera). A fruchttragender Stamm. B Frucht, längs durchschnitten, in der Mitte die Nuß. C Blütenstand mit männlichen und weiblichen Blüten.

der Flüssigkeit, unter gleichzeitiger Bildung des Fleisches. Am Grunde der Steinschale sind drei vertiefte Stellen, die »Keimlöcher« sichtbar; in nächster Nähe des einen Keimlochs, in das Fleisch des Samens eingebettet, liegt der Keimling. Die zahlreichen Rassen und Spielarten der K. unterscheiden sich namentlich durch Größe und Farbe der Früchte, Beschaffenheit und Mächtigkeit der Kopra.

Die Kultur der K. ist an die Tropenzone gebunden. Eine gleichmäßige, ziemlich hohe Temperatur (im Mittel 22-25°) und die Nähe des Meeres sagen ihr besonders zu; doch ist die früher herrschende Ansicht, daß die Kultur nur an den Küsten möglich sei, überwunden. Im allgemeinen steigt die Anbauzone unter dem Äquator nicht über eine Höhengrenze von 750 m Mh. hinaus. Besondere Ansprüche stellt die K. an die Bodenfeuchtigkeit; wo diese von Natur aus nicht in genügendem Maße vorhanden ist, kann künstliche Bewässerung den Mangel ersetzen. Letzteres gilt auch für unzureichende Niederschläge. Unter normalen Verhältnissen und bei günstiger Verteilung genügt eine jährliche Regenmenge von 1600 mm. Die K. tritt am Meeresstrande bis unmittelbar an die Flutgrenze heran; gelegentliche Überflutungen durch Meerwasser schaden ihr nicht. Sie gedeiht auf Böden verschiedenster geologischer Herkunft und petrographischer Eigenart, fordert aber lockere und durchlässige Beschaffenheit und, um gute Erträge zu liefern, ein erhebliches Maß von Nährstoffen. [...] Die K. ist eine ausgesprochen lichtbedürftige Pflanze. Daher bedarf es im Pflanzungsbestande genügend weiter Zwischenräume. Die Grenzen der Pflanzweiten liegen zwischen 7,5 – auf schlechtem – und 12 m – auf bestem Boden. In Neuguinea gelten 10 m (im Quadrat- oder Dreiecksverband) als die beste Pflanzweite, die nur unmittelbar an der See auf 9 m eingeengt wird. [...] Im 6. Jahre, nach Entwicklung von 24 Blättern, setzt die K. ihre ersten Früchte an; die volle Ertragfähigkeit tritt nicht vor dem 15. Jahre ein. Durchschnittlich liefert dann die K. 50-60 Früchte im Jahr, d.h. bei zweckmäßiger Pflanzweite, guter Pflege

Kopraernte

und Düngung. In gewissen Gebieten sind höhere Erträge häufig. Ohne künstliche Nährstoffzufuhr lassen die Erträge nach dem 25. Jahre nach. – Erntebereitung. Das wichtigste Produkt der K. für den Welthandel ist die Kopra (s. o.). Sie wird durch Zerschlagen der reifen Nüsse und Herauslösen des Fruchtfleisches gewonnen. Letzteres wird alsbald in Stücke zerschnitten und entweder in der Sonne oder in Trockenapparaten (»Kopradarren«) mit künstlicher Wärme getrocknet. Die Art der Trocknung ist von großem Einfluß auf den Handelswert der Kopra.

Die Kopra enthält, je nach Trockenverfahren, 55–70 % Öl, das Kokosöl, das entweder in den Ursprungsländern oder aber in Europa und Nordamerika hergestellt wird. Es dient zur Seifenfabrikation oder, in gereinigtem Zustande, als »Kokosnußbutter« zu Speisezwecken. In Deutschland unter den Namen »Palmin« und »Kunerol« bekannt; ein Präparat von der Konsistenz der Kuhbutter geht unter dem Namen »Palmona«. Die Kokosnußbutter gehört zu den festen Speisefetten; ihr Erstarrungspunkt liegt zwischen 14 und 20,5° C, der Schmelzpunkt der Fettsäuren bei 24,65° C. »Raspelkopra«, d. h. das von der braunen Samenhaut befreite, geraspelte und schnell

getrocknete Fruchtfleisch wird in steigendem Maße zur Herstellung von Konditorwaren verwendet. [...]

Die Kultur der Kokospalme bildet das Rückgrat der Wirtschaft in den Schutzgebieten der Südsee, in Deutsch-Ostafrika spielt sie eine größere, in Togo eine bescheidenere, in Kamerun keine Rolle; für Deutsch-Südwestafrika kommt sie aus klimatischen Gründen nicht in Betracht. Im Jahre 1913 befanden sich unter den Europäerplantagen in Deutsch-Neuguinea (nebst Inselgebiet) rund 29 200, in Samoa 4900, in Deutsch-Ostafrika 8200, in Togo 660 ha mit Kokospalmen bebaut. In den drei erstgenannten Schutzgebieten ruht diese Kultur aber auch in nennenswertem Umfange in Händen von Eingeborenen und Farbigen überhaupt. Die Gesamtproduktion der deutschen Kolonien an Kopra im Jahre 1912 betrug rund 33 000 t im Wert von 11,7 Mill. M. Davon entfielen auf Deutsch-Neuguinea (mit Inselgebiet) rund 17 300, auf Samoa 11 200, auf Deutsch-Ostafrika 4200 und auf Togo 163 t.

Weitgehende Schädigungen, namentlich auf den Karolinen, vorübergehend früher auch in Togo, rufen Schildläuse, die bei starkem Befall zum Absterben der Blätter führen können, hervor.

Dem braven Sablan machte ich an Bord eine ganz besondere Freude durch Überreichung eines großen Wasserfasses, das meine Bootsleute aus dem verlassenen Japaner-Haus auf Uracas besorgt hatten. Am gleichen Abend erreichten wir noch in letzter Stunde, das heißt kurz vor dem Dunkelwerden, Pagan und gingen ganz in der Nähe einer kleinen Ortschaft an der Westseite vor Anker. Der hier ansässige Chamorro-Händler Vincenti Sablan stattete uns noch des Abends seinen Besuch ab und brachte uns ein paar schöne Körbe mit Ananas. Am nächsten Morgen waren wir schon um sieben Uhr alle an Land, machten erst eine kleinere Tour. Dann wurde gefrühstückt, und später ging es quer durch die kleine Insel zu einem wunderschönen, rings von hohen, dicht bewaldeten Bergen umgebenen See. Stundenlang hätte man dort im hohen Gras liegen können, und wir alle bedauerten sehr, hier nicht für längere Zeit unser Lager aufschlagen zu können. Ich versuchte, noch weiter nach dem Nordende der Insel zu einem verlassenen Dorfe vorzudringen, mußte aber halbwegs umkehren, da das Wetter gar zu drohend wurde. Wir waren gerade im Dorfe angelangt, als es auch schon regnete, was nur vom Himmel herunterwollte. Mit unserem Essen mußten wir in eines der Häuser retirieren, das uns auch bereitwilligst zur Verfügung gestellt wurde. Pagan ist richtig das »gelobte Land«. Es wuchsen dort außer zahlreichen Kokospalmen Ananas, und zwar in solchen Mengen, wie ich es zuvor noch nicht gesehen hatte. Ferner gab es Bananen, Melonen, Zitronen, Brotfrucht, Süßkartoffel und eine ganze Menge andere eßbare Sachen. Schweine waren reichlich vorhanden wie auch Hühner, Tauben und eine ganze Anzahl anderer genießbarer Vögel. Tabak gibt es hier komischerweise nicht; ob das nun am Boden liegt oder an etwas anderem,

ich konnte es nicht ausfindig machen. Die schöne Insel war nur von 45 Menschen bewohnt. Das wäre so ein Platz gewesen, um da ein paar Hundert Leute von durch den Taifun zerstörten Inseln herzubringen. Der letzte Taifun hatte zwar auch hier gehaust, aber außer Zerstörung der Häuser keinen großen Schaden anrichten können.

Der Chamorro klagte sehr, daß er nicht genug Leute zur Bearbeitung der Plantagen hätte und infolgedessen auch nur wenig Kopra herstellen könnte. Übrigens arbeitete er für die gleiche Firma wie sein Namensvetter auf Agrigan. Trotz des strömenden Regens machten am Nachmittage Herr Schönian, Herr Prager und ich noch einen Marsch nach der Ostseite der Insel. Anfangs ging es auf gutem Wege durch Kokosplantagen, Ananaspflanzungen etc., dann durch dichtes Buschwerk, aber immer auf ganz gut gangbaren Pfaden, bis wir schließlich nach flottem einstündigen Marsch die Ostküste erreichten. Zurück ging es auf demselben Wege, und dann ging es ohne viel Aufenthalt an Bord, da uns die Sache anfing, ungemütlich zu werden. Den Sonntag über wollten wir liegen bleiben, um uns einmal von den in der Woche gehabten Strapazen ausruhen zu können.

Sonntag früh hörte es auf zu regnen, und ich beschloß, mit unserem großen Boot nach der Südküste zu fahren, um möglichst viel von der Insel zu sehen. Wenn möglich, wollten wir segeln, da wir ja in Jap für unser Boot eine Takelage zurechtgebaut hatten. Um zehn Uhr fuhr ich los und mußte leider meine Bootscrew den ganzen Weg pullen lassen, da der Wind mittlerweile nach Süden herumgegangen war. Die Kerle hielten aber ganz famos aus, und ohne auch nur einmal aufzuhören, pullten sie zwei Stunden glatt durch. Um zwölf Uhr landete ich an der Südseite der Insel und machte, begleitet von zweien der Leute, einen tüchtigen zweistündigen Marsch in die Berge hinein. Die andere Gesellschaft blieb am Strand zurück und briet sich dort ein paar Vögel, die ich ihnen vom Boot aus geschossen hatte. Es ging dann wieder im Boot zurück, und dieses Mal konnten wir ein ganzes Stück segeln.

Auf solchen Touren kommen einem Calorit-Konserven sehr zustatten. Während der Bootsfahrt machte ich mir ein ganz nettes warmes Mittag zurecht, das nach der Fußtour ausgezeichnet schmeckte. Meine Kocherei ohne Feuer erregte natürlich sehr viel Staunen und Verwunderung bei meinen Schwarzen. Obgleich sie von Saipan sind, hatten sie so etwas noch nicht gesehen. Auf Bitten meiner Leute fuhr ich vom Schiff gleich noch einmal an Land. Sie wollten gerne ihren Freunden und Bekannten Lebewohl sagen und für den einen oder anderen noch kleine Aufträge mit nach Saipan nehmen. Die auf Pagan wohnenden Leute stammen alle aus Saipan mit Ausnahme einer Familie, die von Pingelap, also aus den Ost-Karolinen, hierher verschlagen wurde. Auf dem Nord- sowohl wie auf dem Südende von Pagan ist ein großer tätiger Vulkan, beide »Herren« rauchten ganz munter. Um ein Uhr früh in der Nacht vom Sonntag zu Montag verließen wir Pagan bei sehr steifem südlichen Wind und dampften weiter nach Alamagan.

Schon um halb acht Uhr morgens erreichten wir Alamagan. Wir konnten aber der schweren Brandung wegen nicht landen. Wir hielten uns deshalb nicht weiter auf, sondern setzten sofort unsere Reise weiter nach dem Süden fort, in der Hoffnung, auf einer der anderen Inseln einen Landungsplatz zu finden. Auf Guguan landeten wir vormittags um elf Uhr, und wir fanden noch eine ganz geschützte Stelle, an der wir

8. Band.
15. September 1904.]

2. Kalorit-Konserven[1]).

In sinnreicher Weise wird bei den neuerdings käuflichen Kalorit-Konserven das Erhitzen der Speise nicht durch Verbrennen von Heizstoffen, sondern durch Nutzbarmachung der Wärme, welche beim Löschen von Ätzkalk entsteht, ausgeführt. Wie Fig. 3 erkennen läßt, hat die eigentliche Büchse mit der Konserve die übliche Form, umschlossen ist dieselbe jedoch von einem Mantel, der zwei durch eine Wand getrennte Abteilungen aufweist. Im oberen Raume an den Seitenwandungen befinden sich haselnußgroße Ätzkalkstücke und unten am Boden ein Behälter mit einer abgemessenen Menge Wasser, dem 1,6 % Essigsäure zugesetzt ist. Zur Inbetriebsetzung stellt man die Konservenbüchse auf den Kopf, durchbohrt mittels eines beigegebenen Stiftes in der Richtung der beiden eingezeichneten Pfeile an mehreren Stellen den Behälter für das Wasser derartig, daß die letztere auf den Ätzkalk fließt und denselben zum Löschen bringt. Nach 15 Minuten langem Stehenlassen, Drehen, Schütteln und Rollen ist die Speise genügend durchgewärmt. Der Deckel der Dose wird sodann durch Losreißen eines Blechstreifens geöffnet.

Eine Büchse Rindfleisch mit Bouillon und Kartoffeln, an der Hand der beigegebenen Gebrauchsanweisung zubereitet, zeigte eine Temperatur von 62°.

Das Verhältnis der Gewichte bei den beiden beschriebenen Aufmachungen gestaltete sich folgendermaßen:

No.	Art der Konserven	Gesamtgewicht	Gewicht der Speise	Blechbüchse einschl. Heizmaterial	Heizmaterial	Blechbüchse (leer)
		a	b	a — b	c	a — [b + c]
1	Konserven mit Hartspiritus	485 g	254 g	231 g	30 g	201 g
2	Kalorit-Konserven	981 „	422 „	559 „	319 „	240 „

oder in % des Gesamtgewichtes

No.	Art der Konserven					
1	Konserven mit Hartspiritus	—	52,4 %	47,6 %	6,2 %	41,4 %
2	Kalorit-Konserven	—	43,0 „	57,0 „	32,5 „	24,5 „

Der allgemeinen Verwendung obiger Konserven stehen in erster Linie die erhöhten Kosten, dann aber auch die Vermehrung des Gewichtes und Volumens, welche durch die Heizvorrichtung bedingt werden, im Wege. Dort, wo diese Punkte keine Rolle spielen bezw. gegenüber den gewöhnlichen Konserven durch die gebotenen Vorteile aufgewogen werden, wird man von den Konserven mit Heizvorrichtungen nicht ungern Gebrauch machen.

[1]) Diese Konserven werden hergestellt von „Kalorit", G. m. b. H. Berlin N. 4. D.R.P. angemeldet.

Für eine warme Mahlzeit unterwegs: Kalorit-Konserven

gut landen konnten. Allerdings muß man sich unter solch einer Landungsstelle nicht etwa einen schönen Strand oder dergleichen vorstellen, sondern wir legten an einem einige Meter hohen, steil in das Wasser abfallenden Felsen an. Mit viel List und Tücke kletterte alles in die Höhe. Proviant wurde ebenfalls hinaufbefördert, das Boot in der

Nähe durch einen Eingeborenen verankert, der dann über Bord sprang und ebenfalls an Land kam. In einer wildromantischen Felsschlucht schlugen wir unser Lager auf, das heißt, der Koch machte aus dem mitgenommenen Holz ein Feuer an und traf alle Vorbereitungen zur Herstellung des Mittagsmahles. Unsere Boys hatten mittlerweile einen kleinen Klapptisch und vier Stühle aufgestellt, und als wir von einer kleinen Inspektionstour aus der nächsten Umgebung zurückkehrten, war der Tisch gedeckt und das Mittagessen fertig. Am Nachmittage ging es dann weiter in die Insel hinein. Man mußte zunächst einen steilen Berg in die Höhe und stand dann am Ende einer 50 Meter tief senk-

Alamagan in 270° (W) 7 Sm

recht abfallenden Felsrinne, deren Boden mit noch rauchender Lava bedeckt war. Jenseits der 100 Meter breiten Rinne erhob sich ein kleiner Vulkan, dem man es ansah, daß erst vor kurzem der letzte Ausbruch stattgefunden hatte. Begleitet von einem Eingeborenen, ging ich am Rande der Rinne entlang nach dem nördlichen Teil der Insel und fand dort ein sehr schönes weites Tal mit sehr guten Kokosbeständen. Leider erlaubte es die geringe zur Verfügung stehende Zeit mir nicht, eine genauere Besichtigung dieser Inselhälfte vorzunehmen. Schon nach kurzem Marsch hieß es: zurück. Die übrigen Herren hatten einen Weg in die Kraterrinne gefunden, und Herr Schönian, der eine besondere Vorliebe für Vulkane zu haben schien, kletterte richtig wieder hinauf. Pilz und

Prager besahen sich diese Sache dieses Mal von unten. Um fünf Uhr waren wir wieder vollzählig an Bord, und zurück ging es mit langsamer Fahrt nach Alamagan. Das Wetter war besser geworden, und die See hatte sich etwas beruhigt, so daß wir hoffen konnten, an einer Stelle dieser Insel landen zu können. Abends wurden ein paar Platten und Filme entwickelt, und ich riskierte auch eine meiner Filmrollen, die mir naß geworden waren, aber trotzdem noch ganz gut wurde. Sonst bin ich nicht sehr für das Entwickeln hier draußen, so gut wie zu Hause werden die Sachen doch nie, denn dafür ist es doch zu warm.

»Natuna« rollte des Nachts so langsam nach Alamagan, und früh am Dienstag ankerten wir in der Nähe eines kleinen Dorfes. Übrigens wohnen auf Guguan keine Leute. Es stehen dort ein paar japanische Häuser, die früher von Vogelfängern bewohnt waren. In Alamagan kam gleich ein kleines Boot ab und brachte uns die Nachricht, daß wir hier nicht landen könnten, da zu viel Brandung sei. Wohl aber sei weiterhin an der Küste eine ganz brauchbare Landungsstelle vorhanden. Wir gingen sofort Anker auf und dampften langsam mit dem Boot im Schlepp nach dem zweiten Landungsplatz, fanden hier wieder Ankergrund für die »Natuna« und fuhren in dem Boot der Leute mit Ausnahme von Herrn Schönian an Land. Hier begann eine scheußliche Tour. Bergauf, bergab ging es in möglichst eiligem Tempo auf einem elenden Eingebornenpfad durch die Insel, bis wir schließlich in dem Dorf landeten. Alamagan ist eine Pachtinsel der sogenannten Pagan-Gesellschaft, ebenso wie Agrigan und Pagan. Sie hat hier einen Chamorro nebst Familie als Aufseher, und 27 Männer, die von Pingala (Ost-Karolinen) hierher gebracht sind, sitzen hier zur Kopra-Bereitung. Die ganze Bevölkerung der Insel ist 65 Köpfe stark. Die Kokosbestände haben sehr unter einem Taifun gelitten. Da hier nun nicht viel zu holen ist, scheint die Gesellschaft sich auch nicht allzuviel um die Leute zu kümmern. Lebensmittel waren jedenfalls sehr knapp und ging es ihnen hier kaum besser wie ihren Landsleuten auf den West-Karolinen. Bananen oder Ananas oder andere eßbare Früchte gab es ebenfalls nicht. Zurück ging es auf dem gleichen schauderhaften Wege, und es ist mir noch keine Tour hier draußen so sauer geworden wie die auf Alamagan. Um fünf Uhr waren wir wieder an Bord, und, nachdem wir die Leute reich mit Lebensmitteln beschenkt hatten, fuhren wir weiter in südlicher Richtung.

Am Mittwoch, den 14. August, um sieben Uhr morgens, erreichten wir Sarigan, die nächste Insel der Marianen, dampften um die Insel herum und fanden schließlich im Osten einen guten Ankerplatz. Da hier wegen der überall steil abfallenden Küste nichts zu holen war und wir auch durchaus weitersollten, fuhr Herr Pilz allein in einem Boot an Land, kam allerdings nicht weiter als bis auf die ersten am Wasser liegenden Steine. Um zehn Uhr waren wir wieder unterwegs nach Anatahan, das wir um vier Uhr nachmittags erreichten. Es wurde wieder um die Insel herumgefahren und im Süden auch eine Landungsstelle gefunden. Pilz und Prager fuhren hier zu einer einstündigen Visite an Land. Ich schenkte mir das Vergnügen, da meine Füße von der Alamagan-Sache etwas defekt waren. Dann dampften wir nach Saipan, da wir hofften, dort die »Germania«, den regelmäßig dort verkehrenden Postdampfer, zu treffen, um Post abzugeben und auch unsere für Jap bestimmte Post herausbekommen zu können.

Am 15. August war »Germania« in Saipan fällig, also paßte das ganz famos.

Medinilla in 180° (S) 2 Sm

Wir kamen denn auch am 15. morgens in Saipan an, aber der Dampfer war bereits am Tage vorher weitergefahren. Er hatte schönes Wetter während der ganzen Reise von Sydney herauf gehabt und war, statt wie gewöhnlich später, dieses Mal zwei Tage früher eingetroffen. Betrübten Gemütes zogen wir am Abend wieder von dannen und waren am Freitag früh vor Medinilla. Man denke sich Helgoland in vielfach vergrößertem Maßstab ohne Unterland, dann hat man ungefähr Medinilla. Eine etwa 50 Meter hohe Insel, die nach allen Seiten hin steil, meist senkrecht ins Wasser abfällt. Beim Anblick dieses Gebildes entstand ein allgemeines Schütteln des Kopfes, denn wie da hinaufkommen, war uns doch nicht ganz klar, vor allen Dingen, wie die Sachen dort hinaufzuschaffen. Um neun Uhr fanden unsere Eingeborenen an der Nordwest-Seite eine einigermaßen ruhige Stelle, und eine halbe Stunde später lagen wir mit unserem großen Boot an einem etwas vorspringenden Felsen. Da hinauf kamen wir nun, aber nicht weiter. Einer kletterte schließlich an einzelnen kleinen Vorsprüngen in der steilen Korallenwand in die Höhe, befestigte dann in etwa 15 Metern Höhe ein Seil, und mit dessen Hilfe arbeiteten wir uns alle da hinauf; von dort ging es dann über äußerst unangenehm spitze Korallen weiter hinauf. In der Nähe stand an einem Abhang ein altes japanisches Haus, das der Marianen-Handels-Gesellschaft gehörte, die einige Zeit zuvor dort Vögel hatte fangen lassen.

»Medinilla (Farallon de Medinilla) oder Bird Island, unbewohnte, terrassenförmig aufsteigende, aus Korallenkalk bestehende, 30 m hohe, schwer zugängliche Marianeninsel unter 145° ö. L. und 16° n. Br. Sie ist mit Buschwald und Savannen bestanden. Geringe Mengen von Guano sind nachgewiesen.« Kolonial-Lexikon, Bd. 2, S. 533

Oben machte die Insel einen ganz manierlichen Eindruck. Zwar überall dichter Busch, aber man konnte doch vorankommen. Unsere Chinesen richteten sich gleich in dem Haus ein, und wir wanderten so weit wie möglich durch die Insel. Da Herr Schönian hier einige Zeit bleiben wollte, fuhren wir übrigens dreimal am Nachmittage wieder an Bord, um alles notwendige Inventar und vor allen Dingen Proviant und Wasser – beides gab es auf der Insel nicht – vom Schiff zu holen.

Das Wetter wollte mir gar nicht recht gefallen, und da das Barometer in der kurzen Zeit, die wir an Bord waren, bedeutend fiel, versuchte ich Herrn Schönian bei Rückkehr an Land zu überreden, hier nur soviel Bodenproben wie möglich zu machen, um nach Saipan oder, falls da eine Landung nicht möglich sein sollte, nach Rota zu gehen und dort die notwendigen Analysen zu machen. Sollten diese ein günstiges Resultat ergeben, konnten wir ja immer leicht wieder nach Medinilla zurückkehren. Ich befürchtete einen Taifun. Das Laboratorium auf Medinilla zu landen, war kaum möglich. Schönian gab aber nichts auf meine Wetterprophezeiungen, und so richteten wir uns einigermaßen in dem Hause, das heißt in den vier dünnen Bretterwänden ein. Am Sonnabendvormittag fuhr Herr Pilz nochmals an Bord und am Nachmittage Herr Schönian und Herr Pilz in einem Boote vom Schiff (unser Boot hatten wir mit Leuten der »Natuna« wieder zum Schiff geschickt und einsetzen lassen, da ich es des Nachts nicht bei der Insel liegen lassen konnte), um einige Sachen zu holen, die wir vergessen hatten. Ich hatte inzwischen mit den neun Bootsleuten begonnen, Profile durch die Insel zu legen, das heißt in bestimmten Richtungen etwa zwei Meter breite Wege durch den Busch zu hauen, um eine bessere Untersuchung und Vermessung der Insel zu ermöglichen. Prager folgte mit einigen Chinesen und ließ sofort Schürflöcher machen. Um vier Uhr nachmittags setzten schwere Regenböen ein, und damit begann ein geradezu abscheuliches Wetter. An eine Landung war nun natürlich nicht mehr zu denken. Schönian und Pilz saßen auf der »Natuna«. Prager und ich mit acht Chinesen und neun Eingeborenen auf der Insel.

Weiterarbeiten war unmöglich, und so begaben wir beide uns denn betrübten Sinnes mit unseren Leuten nach unserer dürftigen Behausung. Die folgenden 24 Stunden vergesse ich mein Leben nicht. Das Dach hielt nicht dicht. Durch die Wände pfiff der Regen hindurch. Alles verwandelte sich sofort in einen furchtbaren Schmutz, und gefroren haben wir alle wie die Schneider. Des Nachts konnte man an dem Hause auch weiter nichts machen, und so blieb einem nichts anderes übrig, als den Tag zu erwarten. Ich hatte mir lange Stiefel, die ich zufälligerweise mit an Land genommen hatte, und meinen langen, ziemlich schweren Regenmantel angezogen und fror trotzdem wie nichts Gutes. Man wird hier eben ganz enorm empfindlich gegen die geringsten Temperaturunterschiede. Des Nachts dachte ich manches Mal: Ach wären hier doch einige der Herren, die so gerne die Expedition mitmachen wollten. Sobald es wieder Tag wurde, ging dann alles trotz strömenden Regens daran, das Haus einigermaßen mit alten Säcken, einigen herumliegenden Brettern und Buschwerk abzudichten, und über den Platz, auf dem Prager und ich hausten, wurde eine Zeltbahn, die ich als Schlafstelle für die Eingeborenen mitgenommen hatte, aufgespannt, und so hatten wir wenigstens etwas Schutz. In einem kleinen Verschlage bekam es der Koch trotz strömenden Regens fertig, ein warmes

Paradiesvögel

Paradiesvögel (s. farbige Tafel), Paradisei-dae, mit den Raben verwandte Vögel, von diesen durch die samtartige Befiederung der Zügel (Gegend vor den Augen), freilie-gende Nasenlöcher und besonders durch eigentümliche, an verschiedenen Körper-teilen sitzende Schmuckfedern zu unter-scheiden. Bald sind einige Schwanzfedern band- oder drahtförmig oder leierartig ge-bogen, bald borstenartige Federn am Kopfe vorhanden oder die Hals- oder Brustfedern zu Kragen oder Schilden verbreitert. Beson-ders aber fallen die prächtigen schleierar-tigen Schmuckfedern der eigentlichen P. auf, die büschelförmig an den Brustseiten sitzen. Die P. bewohnen in der Mehrzahl Neuguinea, aber auch die Aruinseln, Mo-lukken und Australien. Etwas abweichende Formen, die Lappenvögel, Glaucopinae, be-wohnen Neuseeland. Sie ähneln in ihrer Lebensweise den Raben, nähren sich von Früchten und Insekten und bauen freiste-hende Nester im Baumgezweig. Die Eier sind ebenso bunt und mannigfach gezeich-net wie die Vögel selbst; bald eintönig, bald gefleckt, bald mit flimmerartigen Kritzeln gezeichnet.

Von den in Kaiser-Wilhelmsland vor-kommenden P. sind als häufigere oder be-sonders auffallende Formen zu erwähnen: Paradisea guilielmi secundi mit weißem Schweif, P. augustae-victoriae mit orange-rotem und P. minor mit gelbem Schweife. – Der Kragenparadiesvogel, Diphykodes chry-soptera, dessen Nackenfedern einen Kragen bilden, während die Halsfedern ein grün-glänzendes Schild darstellen; die schmalen mittelsten Schwanzfedern sind über Kreuz gebogen und gekräuselt. – Der Königs-paradiesvogel, Cicinnurus regius, ist rot, und die beiden mittelsten Schwanzfedern haben stark verlängerte nackte Schäfte, die am Ende eine spiralförmig aufgedrehte

metallgrüne Fahne tragen. – Zu den P. ge-hören auch die Laubenvögel, Chlamydodera und Aeluroedus, die keine Schmuckfedern haben. Sie fallen in ihrer Lebensweise da-durch auf, daß sie die Gewohnheit haben, Lauben zu bauen, in denen sie sich zur Paarungszeit belustigen. Die Lauben wer-den im Walde unter Gebüsch auf dem Erd-boden aus Reisern gebaut und mit allerlei Dingen, Federn, Muschelschalen, Steinen, Knochen und Blüten umgeben. Einige Arten legen einen förmlichen Garten an.

Eingeborener auf der Paradiesvogeljagd,
Illustration aus Ottmar Betas Kolonialbuch

dem heftigen, gerade von der Seite her wehenden Wind auf das Haus zugetrieben wurde. Am Nachmittage machte ich, um die steifen Knochen mal wieder etwas gangbar zu bekommen, einen tüchtigen Marsch durch die Insel und ließ mir Wind und Regen mal ordentlich um die Ohren wehen, um auf andere Gedanken zu kommen. Zum Mittagessen saßen wir beiden Unglückswürmer wieder zusammen und waren freudig überrascht über die Fülle der Gaben, die der Koch über unserem Tisch ausschüttete. Der Mann hatte es doch fertigbekommen, uns sogar zu dem Sonntagsmahl einen Schokoladenpudding zu machen, der ganz ausgezeichnet schmeckte. Wie der Mann das fertigbekommen hat, ist mir schleierhaft. Vor allen Dingen wurde nun mal Ordnung in das Hauswesen gebracht. Proviant hatten wir reichlich für acht Tage, soviel hatte ich gleich vom Schiff mitgenommen, und länger als acht Tage, rechnete ich, wird die Brandung nicht dauern, die sich mittlerweile aufgemacht hatte. Das Wetter war auch weiter nichts als ein schwerer Südwest-Sturm, der um diese Jahreszeit hier kaum länger als zwei bis drei Tage anzuhalten pflegt. Außerdem gab es ja eine Menge Vögel und Kokoskrabben auf der Insel. Kokoskrabben sind auf Medinilla in ungezählten Mengen vorhanden. Dabei wächst nicht eine Kokospalme auf der Insel und auch keine andere genießbare Frucht, nur dichtes Buschwerk und einzelne größere Bäume. Verhungern würden wir also vorläufig nicht. Für die Eingeborenen und unsere Chinesen waren etwa 200 Pfund Reis vorhanden, mit denen die Leute auch acht Tage, im Notfall auch länger auskommen konnten. Schlimm war nur die Wasserfrage. In den vorhandenen Gefäßen konnten wir für drei bis vier Tage Wasser aufbewahren. Dann waren wir auf frische Regenschauer angewiesen. Nun, vorläufig

Frühstück herzustellen, und nun sah man die Geschichte auch schon mit ganz anderen Augen an. Abscheulich war der Geruch einer Anzahl Vogelkadaver, die von den Vogelfängern, die hier früher gehaust hatten, nicht weit vom Hause hingeworfen waren und die nun unerträglichen Dunst ausströmten, der von

regnete es, was nur vom Himmel herunterwollte. Um vier Uhr nachmittags erschien plötzlich »Natuna« in der Nähe der Insel und fragte, ob wir noch wohl wären. Zur Bejahung winkten wir mit einer Flagge, und dann verschwand »Natuna« wieder im nächsten Regenschauer. Ich bummelte noch bis zum Abend mit der Flinte durch die Insel, und als ich auf der anderen Seite der Insel einen Augenblick auf einem steil ins Meer abfallenden Vorsprung rastete, fiel mir unwillkürlich die »Loreley« in »Pitschen Englisch« ein, wie ich sie vor langer Zeit einmal in Hongkong oder Schanghai gehört habe. Damit sie nicht in Vergessenheit gerät, soll sie hier verewigt werden. Also man höre:

»Oh mai bilong tu motschi zsolli
End denn mai no savi wat keind;
Heb got won olo Pisce stolie
No wuntschi go autzseit mai meind.

Die neit teim bilong dark end colo
Die Lhein meki floh ohl-leiht,
Topseiti plenti stars welli olo
Luksi daun in die ivining leiht.

Won neiszi piszi girli is sitting
Tu motschi kulio topseit;
Her här ala-sehm gohlo schi is fitting
Her juels bilong welli bleiht.
Won golo comb schi is jusing,
Schi meki sotssch e plittie Sing Song
Dat saund so schwiet end emjusing
End to motschi neuszi; ala sehmi gong.

Fidschipidjen-men smahl piszi sampan
Bilong welli solli inseiti
Hi ohnli luk-si tu die Sing Song
Hi no luk-si water seiti.

Maskie; dat amalo piszi sampan
Go daunseit water tschopp tschopp:
Becohs Loleley to motschi Sing Song
End olo teim no ken stop.«

Schön, was? Mit dem Dunkelwerden kehrte ich wieder in unsere Behausung zurück, und abends entpuppte sich Herr Prager als angehender Flötenspieler. Draußen tobte ein anständiger Sturm mit schwerem Gewitter und Regen.

Am Montag um acht Uhr früh erschien »Natuna« wieder, machte aber, als sie die schwere bis nach oben hinaufjagende Brandung sah, schleunigst kehrt und dampfte gen Norden. Wie wir später hörten, fand sie an der Nordwestseite von Anatahan einen gut geschützten Ankerplatz und wartete dort besseres Wetter ab. Ich glaubte, daß Herr Schönian nach Rota ginge, da dort ein guter Liegeplatz für das Schiff war, die Insel mit Herrn Pilz untersuchen würde und am Sonntag wieder vor Medinilla erscheinen würde. Bis dahin hätten Herr Prager und ich alles für eine genaue Vermessung fertig gehabt. Später haben wir es nicht bedauert, daß sie es nicht getan haben, denn auf Rota sollte es noch gar zu nett werden.

Am Montag ließ dann endlich der heftige Regen nach, und ich konnte die Leute wieder weiterarbeiten lassen. Prager und ich setzten die begonnene Arbeit weiter fort, und schon am Abend war ein schöner breiter Weg in der Längsrichtung der Insel (etwa 1400 Meter) fertiggestellt. Die Kerle arbeiteten sehr flott, wenn man bedenkt, daß der größte Teil durch dichtes, sehr hartes Buschwerk hindurchgeschlagen werden mußte. Abends waren allerdings auch nur noch fünf unserer Buschmesser brauchbar, die übrigen waren glatt abgebrochen. Die Chinesen, die wir nicht bei den Schürfarbeiten gebrauchten, mußten das Haus weiter abdichten, Holz für die Küche besorgen, und dann ließ ich für die Eingeborenen eine Art Zelt aufbauen, da der Raum in dem kleinen Raum doch etwas beengt war. Während ich die Leute bei der Arbeit beaufsichtigte, hatte

»Die Lore-Ley«
Heinrich Heine (1824):

Ich weiß nicht was soll es bedeuten,
Dass ich so traurig bin;
Ein Märchen aus alten Zeiten,
Das kommt mir nicht aus dem Sinn.

Die Luft ist kühl und es dunkelt,
Und ruhig fließt der Rhein;
Der Gipfel des Berges funkelt
Im Abendsonnenschein.

Die schönste Jungfrau sitzet
Dort oben wunderbar;
Ihr goldnes Geschmeide blitzet,
Sie kämmt ihr goldenes Haar.

Sie kämmt es mit goldenem Kamme
Und singt ein Lied dabei;
Das hat eine wundersame,
Gewaltige Melodei.

Den Schiffer im kleinen Schiffe
Ergreift es mit wildem Weh;
Er schaut nicht die Felsenriffe,
Er schaut nur hinauf in die Höh.

Ich glaube, die Wellen verschlingen
Am Ende Schiffer und Kahn;
Und das hat mit ihrem Singen
Die Lore-Ley getan.

ich stets meine Flinte bei mir, da alle Augenblicke eine Art Rebhuhn im Busche hochging. Leider waren die Tiere aber sehr schwer zu schießen, und ich war schon froh, wenn ich eins oder zwei des Abends mit nach Hause brachte.

Am Dienstag war ich gerade dabei, ein neues Querprofil schlagen zu lassen, als einer der Chinesen angelaufen kam mit der Nachricht, daß Heini – einer der Chinesen-Boys – ein großes Loch im Schädel habe. Ich ging sofort zurück zum Haus und erfuhr unterwegs, daß sich die Lümmel aus lauter Langeweile geprügelt hatten. Heini war dabei ausgeglitten und hatte sich auf den überall herausstehenden scharfen Korallen den Schädel aufgeschlagen. Also denn zur Abwechslung mal wieder Arzt gespielt. Mittags hatten wir wieder einen tüchtigen Regenschauer, der unsere Wassergefäße gut auffüllte. Gleichzeitig ging der Wind etwas weiter nach Westen herum. Die Brandung nahm aber mehr und mehr zu.

Mittwoch war ganz schönes Wetter, und die Arbeiten schritten rasch voran. Am Donnerstag war ich gerade auf dem äußersten Ostende beschäftigt, als plötzlich die »Natuna« gegen zehn Uhr vormittags wieder in Sicht kam. Auf unserer alten Landungsstelle war eine Landung vollkommen unmöglich – die Seen jagten immer noch bis oben auf die Insel hinauf –, und so dampfte das Schiff langsam um die Insel herum. Auf der Ostseite hatten wir inzwischen einen Platz ausfindig gemacht, bei dem allenfalls die Landung möglich war. Allerdings mußte man, um auf die eigentliche Insel zu kommen, an einer ziemlich steilen und hohen Wand in die Höhe klettern. Dusel hatten wir insofern, als an der Stelle gerade wenig Brandung stand. Von der Insel aus dirigierten wir das Schiff nach der Stelle hin, und die Eingeborenen kletterten so weit wie

möglich auf den Felsen hinauf, so die Stelle bezeichnend, an der ein Boot allenfalls anlegen konnte. Schönian und Pilz bestiegen ein kleines Schiffsboot und kamen mit ein paar Chinesen nach der Stelle hingerudert. Die Eingeborenen sprangen ins Wasser und brachten das Boot glücklich längsseits der Steine und die beiden Herren auch oben auf die Insel herauf. Drei Eingeborene blieben im Boot und brachten es nach dem Schiff zurück. Es wurde sofort beschlossen, Medinilla sobald als nur irgend angängig zu verlassen, und hierfür der nächste Tag in Aussicht genommen. Da bei unserer ersten Landungsstelle immer noch zu viel Brandung stand, blieb uns nichts anderes übrig, als alle Sachen nach der zweiten Landungsstelle hinzubringen und dort eine Einschiffung zu versuchen. Mit vorher vereinbarten Signalen rief ich ein Boot der »Natuna« zur Insel, das die drei am Tage vorher an Bord gefahrenden Eingeborenen bedienten, und fuhr dann selbst mit noch drei Leuten zur »Natuna«, um das große Boot zu holen. Ein großer Übelstand war, daß wir nicht mit dem großen Boot direkt an die Insel kommen konnten. Es wurde also das große Boot möglichst nahe der Insel verankert und dann mit Hilfe des kleinen Bootes eine Art Fähre zwischen großem Boot und Land hergestellt. Um sieben Uhr morgens hatten wir begonnen, und um sechs Uhr abends, eben vor Dunkelwerden, waren wir glücklich mit den paar Sachen an Bord der »Natuna«. Es war eine ganz gemeine Arbeit und doch alles gut abgelaufen. Kein Stück ist auf der Insel zurückgeblieben. Das Wetter hatte sich auch wieder verschlechtert.

Als wir am nächsten Morgen in aller Herrgottsfrühe vor Saipan eintrafen, konnte kein Boot abkommen. Wir hatten nämlich mit dem Stationsleiter von Saipan, Herrn Kirn, verabredet, daß wir ihn mit nach Rota nehmen würden, da dieses für ihn die einzige Möglichkeit war, dorthin zu kommen und da einmal nach dem Rechten zu sehen. Wir hielten uns also nicht länger auf, sondern dampften weiter nach Rota, das wir auch noch um fünf Uhr erreichten. Wir gingen in der Sasanhaja-Bucht vor Anker und lagen dort ganz ausgezeichnet und waren froh, mal endlich wieder die Schlingerei loszusein. Der Alcalde (Ortsschulze) und ein paar Leutchen kamen noch trotz strömenden Regens an Bord, um uns ihre Aufwartung zu machen.

Am nächsten Tage, Sonntag, den 25. August, hatten wir trübes, regnerisches Wetter, so daß man nichts Rechtes anfangen konnte. Ich fuhr um zehn Uhr zu einer zweistündigen Visite an Land und entdeckte dabei, daß Rota ein ganz famoser Platz sei. In dem von etwa 500 Chamorros bewohnten Dorfe sah es sehr sauber aus. Eine schöne breite Straße, an beiden Seiten gut aussehende, zum größten Teil aus Stein errichtete Häuser und ebenso die Bewohner sauber und freundlich. Bis vor etwa neun Monaten wohnte auf Rota ein Stationsleiter, ein Herr Reichel. Seit dieser Zeit ist die Station aber wohl aus Mangel an Beamten unbesetzt geblieben. Herr Reichel ist augenblicklich in Jap. Ich besah mir noch das Stationsgebäude etc. und begab mich zum Mittagessen wieder an Bord. Den ganzen Nachmittag regnete es, was nur vom Himmel herunterwollte. Aus diesem Grunde konnte man nichts Besseres tun, als sich zu einem gemütlichen Skat an einem trockenen Plätzchen niederzulassen.

Montag, den 26., wurde alles Inventar an Land gebracht. Dann richteten wir uns in dem Stationsgebäude häuslich ein. Am nächsten Morgen zogen Herr Schönian und Herr Pilz zu einer Besichtigung des nördlichen Teiles der Insel mit zwei Chinesen und zwei unserer Bootsleute los, ohne jedoch Proviant oder einen Führer mitzunehmen, da sie schon zu Mittag wieder zurück sein wollten. Mittags stellten sie sich nicht ein, und ich nahm an, daß sie in dem Rancho eines Chamorros etwas zu essen und zu trinken erhalten hätten und ihre Tour gleich weiter ausgedehnt hätten. Ich machte im Laufe des Tages kürzere Ausflüge nach verschiedenen Richtungen, während Herr Prager im Laboratorium arbeitete. Als die Herren aber abends auch noch nicht wieder heimgekehrt waren, hielt ich es doch für besser, ihnen ein paar Leute mit Laternen entgegenzuschicken. Am nächsten Morgen kehrten die Leute mit den Laternen zurück, ohne jedoch etwas von den Ausflüglern gesehen zu haben. Die Leute erzählten mir, daß sie bis zum letzten Rancho gegangen wären und dort gehört hätten, daß am Mittag die Gesellschaft vorbeigekommen wäre und die Absicht geäußert hätte, über die Berge einen Heimweg zu suchen. Nan dann Prosit Mahlzeit: Ohne einen ortskundigen Führer und ohne jeglichen Proviant schien mir das denn doch ein gewagtes Unternehmen. Rota ist keine kleine Koralleninsel, sondern ein anständiger Brocken, auf dem man sich tüchtig verlaufen und verklettern kann. Ein Übelstand war ferner, daß weder Herr Schönian noch Herr Pilz sich richtig mit den Leuten auf Rota verständigen konnte. Ich hatte mir aus meinen Kenntnissen der spanischen Sprache und einigen Chamorro-Worten ein Kauderwelsch zusammengesetzt, mit dessen Hilfe ich mich ganz gut mit den Leuten verständigen konnte. Die jüngeren Generationen sprachen außerdem durchweg etwas Deutsch, nur hatte man diese Leute nicht immer zur Hand. Ich organisierte also sofort eine Hilfsexpedition. Der Alcalde stellte mir seinen Ochsenwagen zur Verfügung, dann mietete ich einen Chamorro als Führer, der der beste

Kenner der Insel sein sollte. Die noch übrigen sieben Bootsleute wurden mit Proviant u. s. w. bepackt, und fort ging es im eiligsten Tempo hinter den Ausreißern her. Gegen Mittag erreichten wir den letzten Rancho und mußten den Wagen zurücklassen, da der fahrbare Weg zu Ende war. Da die Eingeborenen ohne mich rascher vorankamen, schickte ich die ganze Gesellschaft mit dem Führer weiter in die Berge, während ich selbst mit dem Alcalden bei dem Rancho zurückblieb. Jeder Chamorro, der eine Pflanzung besitzt, hat bei dieser eine Art Sommerwohnung, in der er mit Kind und Kegel während eines Teiles des Jahres wohnt. Ich traf in diesem Rancho einen sehr anständigen Mann, der mir sofort auch seinen Ochsenwagen zur Verfügung stellte, um darauf die Herren, falls gefunden, bequemer heimbefördern zu können. Sein übrigens gar nicht häßliches Töchterlein briet mir ein schönes Huhn, und nachdem ich mich so gestärkt hatte, stieg ich mit dem Alcalden in die zunächst liegenden Berge in der Hoffnung, da etwas zu finden. Um sechs Uhr kehrte ein Teil der ausgesandten Leute zurück mit der Nachricht, daß sie nichts gefunden hätten und daß der Rest der Leute mit dem Führer weitersuchen würde. Ich fuhr sofort mit dem Alcalden zurück, unterwegs alles für eine große Hilfsexpedition, die am nächsten Morgen mit Aufgang des Mondes, also um vier Uhr, in sechs verschiedenen Richtungen losgehen sollte, besprechend. Gegen neun Uhr langten wir wieder im Dorfe an, und da erzählte mir Herr Prager, der gerade vom Dampfer zurückkam, daß um halb sieben Uhr einer der beiden Bootsleute, der zu den Verlorenen gehörte, eingetroffen sei mit der Nachricht, daß die ganze Gesellschaft an der Nordseite der Insel am Strande säße und nicht weiterkönnte. Wir möchten mit der »Natuna« nach dieser Seite hinüberkommen und sie dort abholen. Herr Prager war sofort an Bord gefahren, um dem Kapitän Bescheid zu sagen, und es wurde beschlossen, so früh wie möglich am nächsten Morgen nach der anderen Seite zu dampfen. Des Nachts war dieses nicht ausführbar.

Am nächsten Morgen um fünf Uhr war ich an Bord, und es ging sofort los um die Leutchen zu holen. Der Mann, der uns die Nachricht überbrachte, hatte, in völliger Unkenntnis der Insel, einen tollen Marsch hinter sich, den ein Europäer wohl nie fertigbekommen hätte. Um sieben Uhr morgens entdeckten wir denn auch glücklich die so lange Vermißten und holten sie in unserem großen Boote zum Schiff. Glücklicherweise hatte keinem das Kampieren im Freien und die zweitägige Hungerkur etwas geschadet, und um neun Uhr waren wir schon alle wieder in Rota an Land vereint. Da schlechtes Wetter aufkam, so daß die »Natuna« doch wohl aus dem Hafen hinausgemußt hätte oder doch wenigstens immer unter Dampf hätte liegen müssen, wurde beschlossen, die »Natuna« nach Saipan zu senden, um den dortigen Stationsleiter zur Erledigung dringender Geschäfte nach Rota zu holen. Sonnabend früh kehrte »Natuna« wieder nach Rota zurück und brachte Herrn Kirn und den Alcalden von Garapan als Dolmetscher mit. Die Insel wurde weiter untersucht, alle rückständigen Analysen wurden fertiggemacht. Kirn regierte, und so war großer Betrieb in der Station Rota. Für uns war die Anwesenheit des Herrn Kirn insofern sehr angenehm, als wir durch seine Vermittlung stets mit frischem Fleisch etc. versehen wurden. Außerdem gibt es Schweine in Hülle und Fülle und den sogenannten Marianen-Hirsch, der eine Art Axis-Hirsch ist, aber nicht geschossen werden darf. Seit Mitte, Ende Juni

Kirche von Rota mit Pater Mariano Alegre.
Bei dem von Claessens geschilderten abendlichen Ball hätte der spanische Pater gerne
mitgetanzt, »er genierte sich aber etwas
vor all den Europäern«.
Das Foto stammt aus dem Album von Fritz
Möller, Bildbestand der Deutschen Kolonialgesellschaft in der Universitätsbibliothek
Frankfurt

hatten wir kein frisches Rindfleisch mehr gegessen. Jetzt konnten wir ordentlich in dem lang entbehrten Genuß schwelgen. Am Sonntagabend war großer Ball beim Ortsschulzen. Daß ich auf dieser Expedition in der Südsee so flott tanzen würde, hätte ich nicht geglaubt. Also um sieben Uhr erschienen wir Europäer in dem festlich geschmückten und durch zwei Petroleumlampen verschwenderisch erleuchteten Tanzlokal. Rings an den Wänden saßen die Töchter der Honoratioren von Rota in ganz netten Kleidern, einige sogar mit Schuhen angetan, andere in Pantoffeln. Der Alcalde spielte einen Walzer auf einer Handharmonika, und los ging der Tanz. Herrgott, was haben wir getanzt und gelacht. Sogar der in Rota ansässige spanische Pater war zu dem Vergnügen erschienen und

hätte gar zu gerne mitgetanzt, wie er mir versicherte. Er genierte sich aber etwas vor all den Europäern. Na, dieser Ball wird mir ewig im Gedächtnis bleiben. Am nächsten Tag besah ich mir das Lokal einmal bei Tageslicht, und da habe ich mich nur gewundert, daß sich keiner von uns ein Bein gebrochen oder den Fuß verstaucht hat. Aber was bekommt man nicht alles fertig, wenn man drei Monate in der Südsee umhergeschwommen ist.

Am Montag wurden die Arbeiten auf Rota beendet. Aber an eine Einschiffung der Sachen konnte nicht gedacht werden, da es wie verrückt regnete. Erst am Mittwoch, den 4. September, konnten wir Rota verlassen und weiter nach Tinian gehen. Am nächsten Morgen landeten wir die notwendigsten Sachen auf

Tinian und quartierten uns in der alten, dem Verfall preisgegebenen Kirche ein. Auf Tinian gibt es Tausende wilder Rinder und Schweine, und seit einer gewissen Zeit hat die sogenannte Tinian-Fleisch-Verwertungs-Gesellschaft die Insel von der Regierung gepachtet und beutet diese Rinder- und Schweineherden aus.

Da Tinian selbst unbewohnt ist, sind hier einige Leute von der Gesellschaft stationiert, die Rinder und Schweine zu fangen. Das Fleisch wird zweimal wöchentlich in einem Boot nach dem nur wenige Meilen entfernten Garapan (Saipan) gebracht und dort verkauft. Der

Auf Tinian wurde man glatt von Fliegen und sonstigem Getier aufgefressen. Es war dort ganz abscheulich. Um wenigstens einigermaßen ruhig essen zu können, nahmen wir unser Mittagsmahl unter einem Moskitonetz zu uns, und des Abends aßen wir im Halbdunkel.

Am Freitag fuhren Herr Prager und ich um fünf Uhr früh nach der »Natuna« und dann mit dieser nach dem acht Seemeilen entfernten Agijuan. Die Insel ähnelt Medinilla, ist nur größer und höher, und das Landen ist mit noch größeren Schwierigkeiten verbunden. Auf der Insel waren vier Saipan-Leute die hier für die Marianen-Handelsgesellschaft

Südseestrand. Farbtafel zum Artikel »Kokospalme« im zweiten Band des Kolonial-Lexikons

Rest des Rindfleisches wird getrocknet. Ein Pfund frisches Rindfleisch kostet in Garapan 40 Pfennige, getrocknetes 50 und frisches Schweinefleisch 25 Pfennige. Teilhaber der Gesellschaft waren zwei Europäer und der Alcalde von Garapan. Der eine von den beiden ersten ist gestorben, der andere nach Deutschland gegangen, und so betreibt jetzt der Alcalde das Geschäft alleine.

Vögel fingen. Wir waren gebeten worden, diese mitzubringen, da die Gesellschaft so ziemlich verkracht war. Sonst gibt es dort keine Bewohner. An der Stelle, an der diese Leute gelandet waren, konnten wir der hohen Brandung wegen nicht landen So hieß es einen anderen Platz zu suchen. Ich entdeckte dann auch schließlich eine Stelle, an der man allenfalls hinaufkommen konnte,

Ausrüstungsgegenstände werden
per Kanu gelandet

ließ das große Boot aussetzen und fuhr
mit Herrn Prager und meinen Bootsleuten los. Die »Natuna« schickte ich sofort
nach Saipan. Sie sollte dort Herrn Kirn
absetzen und uns dann um vier Uhr
nachmittags wieder abholen. Da sie
sonst doch umhergetrieben wäre, machte ihr die kurze Tour nach Saipan nichts
aus. Meine Eingeborenen wollten beinahe streiken. Sie meinten, es wäre unmöglich hier zu landen. Aber einen besseren Platz gab es nicht, und so mußte
es eben versucht werden. In der Nähe eines flachen Vorsprungs wurde das Boot
verankert, und dann ließ man es so dicht
wie möglich an den Vorsprung heran-
scheren. Diesen Moment mußte man
wahrnehmen und hinaufspringen. Das
Boot mußte an dem Ankertau sofort wieder zurückgeholt werden, da es sonst

ohne Gnade an dem Fels in Stücke gegangen wäre. Nach vielen vergeblichen
Versuchen waren wir beide und drei von
meinen Leuten glücklich an Land. Der
Rest mußte im Boot bleiben. Wir kletterten an den steilen Felsen in die Höhe.
Nach äußerst mühseliger Kletterei erreichten wir auch glücklich die Höhe
und freuten uns schon, verhältnismäßig
ganz gut dort oben hinaufgekommen zu
sein. Diese Freude war nur von kurzer
Dauer. Nach etwa 90 Schritten durch
dichten Busch standen wir an einer
15 Meter breiten und mindestens ebenso tiefen Felsspalte, deren Wände senkrecht abfielen und die das Stück, auf
dem wir uns befanden, vollständig von
der übrigen Insel abtrennte. Na, denn
also wieder hinunter und an der anderen Seite in die Höhe. Nachdem ich etwa

Kleidungstausch

fünf Meter hinuntergestiegen war, konn-te ich nicht mehr weiter. Sofort kletterte einer dieser Leute, die wie die Fliegen an einer senkrechten Wand klebten, neben mir herunter. Ich stellte mich auf seine Schultern lehnte mich mit den Händen gegen die Felswand, und so transpor-tierte er mich hinunter. Für einen Euro-päer war es unmöglich, an der anderen Seite ohne Hilfsmittel in die Höhe zu klettern. Selbst von unseren Leuten kam nur einer oben hinauf. Diesem wurde ein Tau, das ich aus dem Boote holen ließ, zugeworfen. Der befestigte dieses oben an einem Strauch, und dann kletterte einer nach dem anderen an dem Tau in die Höhe. Endlich waren wir auf der ei-gentlichen Insel und traten sofort den Besichtigungsmarsch an. Oben war es

sehr nett, wenig Busch, meist eine Art Hochwald, in dem es sich ganz herrlich marschierte, dann sehr schöne Felspar-tien, Höhlen u. s. w. Lange konnten wir uns aber nicht aufhalten. Um vier Uhr spätestens mußten wieder alle im Boot sein. Die vier auf der Insel wohnenden Leute packten ihre Siebensachen und schleppten sie nach unserer Landungs-stelle. Um halb vier Uhr sah man einen nach dem anderen an dem Tau herunter-klettern. Dieses Mal brauchten wir aber nicht auf der anderen Seite wieder in die Höhe, sondern benutzten einen, wenn auch sehr schwierigen, so doch etwas bequemeren Ausgang aus dem Felsspalt, den wir in der Zwischenzeit entdeckt hatten. Nach vielen vergeblichen Ver-suchen waren endlich alle im Boot. Aber von der »Natuna« war nichts zu sehen. Endlich bekamen wir diese, nachdem wir schon ein schönes Stück Wegs zwischen Agijuan und Tinian zurückgelegt hatten, in Sicht. Um halb sieben Uhr nahm sie uns an Bord. Der gute Kapitän hatte sich, statt wie ich ihm gesagt hatte, höchstens eineinhalb Stunden in Saipan zu bleiben, dort längere Zeit aufgehalten und uns ruhig in unserem Boot schwimmen lassen. Ein Glück, daß ich seine Ankunft nicht auf der Insel abgewartet habe. Abends wären wir dort nicht mehr abgekommen und hätten die Nacht auf der Insel zubringen müssen. Um acht Uhr waren wir schon wieder in Tinian an Land und ließen uns das Abendbrot gut schmecken.

Am Sonnabend, den 7. September, waren wir um 12.30 Uhr mit Sack und Pack an Bord, und sofort ging es weiter nach Saipan. Um fünf Uhr abends waren wir in Saipan an Land, mit allen Sachen mit Ausnahme des Laboratoriums, und aßen schon in unserem neuen Heim zu Abend. Jetzt klappte die Sache schon

einigermaßen. Wir hatten uns in Saipan folgendermaßen einquartiert: Schönian und Prager wohnten in dem Amtsgebäude resp. in dem früheren Wohnhaus des Bezirksamtmannes (diese Stelle war nicht mehr besetzt und der letzte Amtmann Reg.Rat Fritz in Deutschland auf Urlaub). Das Amtsgebäude sowie Wohnhaus waren ganz in japanischem Stil errichtet. Gekocht wurde hier ebenfalls, und hier war auch unsere Messe. Pilz und ich wohnten in einem Hause im Dorf, da dort weniger Moskitos waren als bei den Amtsgebäuden, in denen es des Abends nicht auszuhalten war. Am Sonntag richtete sich jeder so gut wie möglich ein. Zum Mittagessen hatten wir den Stationsleiter nebst Frau bei uns zu Tisch. Am Nachmittag waren große Hahnenkämpfe, dann Ausfahrt in den beiden verfügbaren Wagen und am Abend großer Ball bei dem angesehensten und reichsten Chamorro, Pedro Adda.

Hahnenkämpfe sah ich hier auch zum ersten Male. Diese spielen sich fol-

Die reifrockähnlichen Gras- und Bastschürzen werden in drei bis sieben Lagen übereinander getragen

gendermaßen ab: Zwei Chamorros, die ihre Hähne miteinander kämpfen lassen wollen, treten in einen umzäunten Platz. Den Hähnen wird an das linke Bein ein haarscharfes etwa vier Centimeter langes Messer gebunden, das vorläufig mit einer Lederscheide geschützt ist. Ringsherum stehen die Zuschauer und an einem besonderen Platz die Richter, Starter u. s. w. Der Alcalde ist der Oberleiter der Kämpfe und nimmt auch die Wetten entgegen. Mit dem eigentlichen Kampf wird nicht eher begonnen, bis auf beide Tiere die gleiche Summe gewettet ist (100 bis 200 Mark und mehr). Alsdann hält der eine Chamorro seinen Hahn dem anderen hin und läßt sie sich etwas am Ohrläppchen zupfen, damit sie in die richtige Kampfesstimmung kommen. Ist alles in Ordnung, dann gibt der Alcalde ein Zeichen. Die Lederscheiden werden abgenommen. Die Chamorros treten zurück, und der eigentliche Kampf beginnt. Die Sache ist bald entschieden. Meistens fällt nach dem ersten Gang schon einer der Hähne, von dem Sporn des anderen getroffen, tot um. Oft sind auch beide schwer verwundet. Dann werden die Verletzungen untersucht und Sachverständige oder der Alcalde entscheiden, wer verloren hat. Es kommt aber auch vor, daß ein Hahn auskneift. Sofort bricht ein furchtbares Gejohle und Pfeifen los. Nach dem armen Tier wird mit Steinen geworfen, bis es eine mitleidige Seele tötet. Selbst der Besitzer des Hahnes wird gehänselt. Der verlierende Hahn gehört dem Gewinner. Hat man auf den gewinnenden Hahn gesetzt, so erhält man das doppelte des Betrages ausgezahlt. Ein guter Kampfhahn wird oft mit 50 und mehr Mark bezahlt. Schön sind diese Kämpfe ja nicht. Die Regierung hat auch versucht, dem Unwesen entgegenzusteuern, aber ganz abschaffen hat sie dieses noch nicht können. Darüber werden wohl noch viele

Jahre vergehen. Auf dem Ball hat es mir jedenfalls mehr Spaß gemacht. Hier ging es übrigens im Gegensatz zu Rota hochfein zu. Der Ortsmaurermeister, der Hauptkünstler des Ortes, lieferte die Tanzmusik auf einem nur wenig verstimmten Klavier; die Damen hatten durchweg Schuhe an, und man sah den Toiletten den großstädtischeren Schneider an. Getanzt wurde Walzer, Mazurka, Rheinländer und ein sogenannter Galopp, ein Tourentanz – ähnlich einer Française – scheint der Lieblingstanz der Chamorros zu sein, und das alles bei 28 Grad im Schatten.

Am Montag wurde flott mit der Arbeit begonnen. Das Laboratorium wurde an Land geschafft, Proben wurden zusammengeholt, Touren zu Fuß und hoch zu Roß gemacht u. s. w. Leider ließ uns hier das Wetter etwas sehr im Stich. Regen, und zwar in ausgiebigster Weise, war an der Tagesordnung. Trotzdem ging alles glatt voran. Am Dienstag machte ich mit Herrn Prager eine ganz gemeine Tour nach der Ostküste quer über die Berge weg, um auch diesen Teil der Insel kennenzulernen. Bei strömendem Regen ging es unter Führung eines Chamorros bergauf, bergab und fast immer durch fußtiefen, durch den Regen der letzten Tage aufgeweichten Lehm, in dem fortwährend die Stiefel steckenblieben.

Für Mittwoch war dann eine große Tour nach As Teo angesetzt. Um sechs Uhr morgens standen drei Ochsenwagen bereit, die uns und unser Gepäck so weit wie möglich fahren sollten, ferner sechs Träger, die vom Endpunkte des Weges aus unseren Proviant etc. in die Berge hinein befördern sollten. Der Oberaufseher, Fackel, übernahm die Leitung der Leute. Punkt sechs Uhr setzte sich die Kolonne in Marsch, je zwei von uns auf einem Wagen (Prager machte nicht mit), dann ein Wagen mit Proviant, Wasser,

Strickleitern, langen Seilen und allem, was zu einer Berg- und Höhlentour gehört. Nach zweieinhalbstündiger Fahrt wurden die Wagen verlassen, die Ochsen zum Grasen im Busch angebunden, und wir begannen unsere Kletterpartie. Da plötzlich riesiges Hallo der uns begleitenden Hunde, die einem Schweinejäger, der unser Führer war, gehörten. Alles eilte so rasch wir nur irgend möglich zu der Stelle hin. Und schon hatten die Hunde das erste Wildschwein beim Wickel. Ein schöner Keiler, der sich tüchtig wehrte, aber das nützte ihm nichts. Zehn Minuten später hing er fein säuberlich zerlegt am nächsten Baum. Einen schönen Braten nahmen sich unsere Leute gleich mit. Weiter ging es. Eine prächtige wilde Rindviehfamilie, bestehend aus Vater, Mutter und Kalb, wurde noch gestellt. Diese ließen wir aber in Frieden ziehen. Dann haben wir das Endziel unserer heutigen Tour, die große Höhle erreicht. Im Eingang der Höhle stärkten wir uns erst einmal ordentlich, und dann wurden alle Vorbereitungen zum Abstieg getroffen. Unter einer riesigen kuppelartigen Wölbung senkt sich die Grotte etwa 15 Meter tief, dann kommt plötzlich ein 30 Meter tiefer und 15 Meter im Durchmesser haltender Schacht mit vollkommen senkrecht abfallenden Wandungen, etwa einem großen Brunnen vergleichbar. Da hinein wollten wir. Vor uns ist bisher nur Herr Fritz, der frühere Amtmann von Saipan, in der Höhle gewesen. Entdeckt wurde diese durch den uns führenden Schweinejäger. Die Chamorros wagten sich aber nicht hinunter, wohl aus abergläubischer Scheu. Ob die Grotte zur Zeit der spanischen Verfolgungen den Chamorros als Zufluchtsort gedient hat oder ob sie früher in Verbindung mit dem Meer gestanden hat, das läßt sich heute nicht mehr bestimmen. Bis zu dem Brunnenrande konnte man ohne weitere Hilfe gelangen. Dann wurde eine Strickleiter heruntergelassen, und zuerst kletterte einer der uns begleitenden Karoliner mit einer Laterne versehen hinunter. Sobald er unten angelangt war, wagte ich den Abstieg. Nun, wer jemals 30 Meter an einer schmalen freihängenden Strickleiter heruntergeklettert ist, der wird mir recht geben, wenn ich das als eine der unangenehmsten Klettereien hinstelle, die ich kenne. Einer nach dem anderen kam gut unten an, und sofort ging es an eine nähere Besichtigung. Zunächst war man in einem großen Vorraum, von dem mehrere schmale Seitengänge abgingen. Ich folgte dem anscheinend bedeutendsten derselben, und hinter mir hergekrochen kamen Schönian und Fackel. Anfangs ging es ganz gut voran. Dann aber hieß es, auf allen vieren oder gar platt auf dem Bauche weiterkriechen, bis auch dieses Vergnügen ein Ende hatte. Der weitere Weg war schon zu sehr durch Tropfsteinbildungen zugewachsen. Also ging es in der gleichen Weise zurück. Aussehen taten wir zum Erbarmen. Ich machte meinem früheren Spitznamen (Ferkelchen) alle Ehre. Meinen photographischen Apparat und mein Blitzlicht hatte ich mit hinuntergenommen und machte noch ein paar Aufnahmen in der Hauptgrotte und in dem Seitengange. Ich war neugierig, ob daraus etwas werden würde. Jedenfalls hatte ich den Ruhm, bis jetzt der einzige gewesen zu sein, der das versuchte, und werde auch wohl der einzige bleiben.

Das Hinaufklettern war noch weit schlimmer als das Absteigen, da nun durch das Kriechen in den niedrigen Gängen unser aller Beine nicht mehr so recht wollten. Wir kamen aber alle gut nach oben und stärkten uns erst einmal an einem schönen Mittagessen, das aus Frankfurter Wurst mit Sauerkraut, frischem – man höre und staune – westfälischen Schinken, Hamburger Rauchfleisch und frischem Schwarzbrot bestand. Hierzu gab es Bier und Sodawasser mit Rotwein und hinterher noch eingemachte Früchte. Das Zeugnis haben mir bisher wenigstens noch alle ausgestellt, daß, wenn ich eine Tour mitmache, die daran Beteiligten in puncto

Essen und Trinken keinen Mangel zu leiden brauchen. Das ist meiner Ansicht nach aber auch die Hauptsache. Wofür haben wir denn all die schönen Sachen mitgenommen? Man selbst braucht sie ja schließlich nicht zu tragen. Mittlerweile war es spät geworden, und wir traten frisch gestärkt den Heimweg an.

»Der Alcalde der Ortschaft Garapan gibt sich die Ehre, die Herren der Expedition zu einem großen Keikei (Essen) auf Donnerstagabend, sieben Uhr, einzuladen«, so lautete eine Einladung, die wir bei unserer Heimkehr vorfanden. Na, denn man wieder rin ins Vergnügen! Im festlich geschmückten Hause des Alcalden fanden sich am nächsten Abend die Honoratioren von Saipan ein – selbstredend mit ihren Damen –, und an guter, ganz nach europäischem Muster gedeckter Tafel ging der große Schmaus vor sich. Es gab Spanferkel am Spieß gebraten, wie ich sie delikater nicht gegessen hatte, dann gebratenes Rindfleisch mit allen möglichen Salaten, ein Ragout von Schweinshirn und gebackenen Fisch, hierzu gutes deutsches Bier, das auch die Damen nicht verschmähten. Eine eigenartige Sitte ist es hier, daß die Gastgeber und nächsten Angehörigen davon nicht an der Tafel teilnehmen, sondern die Bedienung besorgen und nach dem Hauptessen in einem besonderen Raum ihre Mahlzeit einnehmen. Eine andere schöne Sitte ist folgende: ich lade Hinz und Kunz u. s. w. zu einem großen Essen ein. Folgen dieselben meiner Einladung, so sind sie verpflichtet, mir je nach Größe ihres Vermögens ein Geschenk in barem Gelde mitzubringen. Der eine bringt zehn Mark, der andere fünf Mark und so fort. Der Gastgeber muß über diese Geschenke genau Buch führen und ist wieder verpflichtet, wenn er von Kunz eingeladen wird, diesem ein Geschenk in entsprechender Höhe zu machen. Die

Chamorros sind ein sehr vergnügungs-süchtiges Volk, und so sind Festlich-keiten an der Tagesordnung. Nach dem Essen wurde dann wieder getanzt. Hier-zu lieferte der Maurermeister auch wie-der die Musik, dieses Mal aber auf einem Harmonium. [...]

Am Freitag waren alle Arbeiten be-endet. Ein Bierabend bei einem hier an-sässigen Spanier beschloß die Reihe der Festlichkeiten. Am Sonnabend früh be-gannen wir mit der Einschiffung unse-rer Sachen. Es wurde aber auch hohe Zeit. Das Wetter hatte sich mittlerweile so verschlechtert, daß es sich nur noch um Stunden handeln konnte, um eine Ausfahrt aus dem Riff bei Garapan un-möglich zu machen. Es wurde dann auch mit Hochdruck gearbeitet, und gerade noch vor Toresschluß kamen wir an Bord. Das Boot, in dem wir an Bord fuh-ren, kam noch gerade eben durch die Brandung hindurch. Da die »Natuna« sich auch nicht länger auf der unge-schützten Rhede halten konnte, gingen wir sofort nach Jap in See und sagten somit den Marianen Lebewohl.

Am Sonnabendnachmittag um drei Uhr (den 14. September) verließen wir Saipan. Am Montag, den 16., waren wir mittags glücklich etwa 30 Meilen auf dem Wege nach Jap vorangekommen. Ich meine, das sagt genug. Das Wetter war einfach miserabel. Der schwere Süd-weststurm warf uns eine Dünung und See entgegen, wie ich sie schlimmer kaum im Nordatlantik erlebt habe. Und das nennt die Welt den Stillen Ozean! Die »Natuna«, jetzt beinahe leer, stellte sich an, als ob sie uns sagen wollte: So wie ich früher gerollt habe, das war gar nichts. Jetzt will ich euch erst mal zei-gen, was ich darin leisten kann. Alles ging drunter und drüber. Zu arbeiten war vollkommen ausgeschlossen. Man konnte nichts Besseres tun, als einen Stuhl auf der Brücke festbinden und sich da hineinlegen. Das habe ich dann auch getan und das Schiff sich erst mal ruhig ausrollen lassen. Am Dienstag wurde das Wetter besser. Wir kamen wenigs-tens wieder etwas voran und hatten am Mittwoch spiegelglatte See. Die »Natu-na« lief, was sie nur laufen konnte [...].

Wir [erreichten Jap am Donnerstag, den 20. September, und] gingen sofort wieder an die kleine Werft in Tarang, um dort unseren ganz auf die Neige ge-gangenen Frischwasservorrat zu erneu-ern. Dort fanden wir auch unsere Briefe vor. Diese waren ja schon etwas alters-grau, uns brachten sie aber immer noch Neuigkeiten. Mein jüngster Brief war vom 25. Juni. Abends wurde feste Herrn Schönians Geburtstag gefeiert. Schönian hat übrigens den schönen Beinamen »Karawanenführer« erhalten. Ob wir an-deren die Kamele sind, die doch schließ-lich zu jeder ordentlichen Karawane gehören, lasse ich dahingestellt.

Am Sonnabend arbeitete ich tüch-tig in unserem Inventar, um mal genau festzustellen, was bisher verbraucht war. Abends war große Gesellschaft bei Senfft. Am Nachmittag schickte Herr Senfft eine Botschaft zu Herrn Schö-nian mit der Nachricht, daß, wenn ihm etwas daran gelegen wäre, er selbst und die übrigen Gäste am Abend etwas zu trinken und zu rauchen hätten, er doch so gut sein möchte und einiges Bier und Wein mitzubringen, desgleichen Zigar-ren nicht zu vergessen. In ganz Jap war keine Zigarre und keine Flasche Bier mehr aufzutreiben. Eine ganze Menge anderer Sachen waren ebenfalls alle ge-worden, und so wartete alles sehn-süchtig auf die »Germania« [den für den 22. September angekündigten Post-dampfer] und auf frische Sendungen. Wir versorgten Familie Senfft mit dem nötigen Stoff, und so wurde der Abend äußerst fidel. Selbstverständlich erhiel-ten wir alles mit Zinsen zurück.

Reichspostdampfer *(Stichwort: Schiffahrtsverträge)*

Infolge des stets wachsenden Interesses Deutschlands am Handel mit Ostasien und Australien hat sich bereits in den 80er Jahren das Bedürfnis ergeben, nach diesen Ländern besondere, unter deutscher Flagge fahrende Postdampferlinien einzurichten. Da die Aufrechterhaltung eines allen Anforderungen gerecht werdenden Verkehrs nach diesen Ländern ohne namhafte Unterstützung seitens des Reichs nicht möglich gewesen wäre, so entschloß sich die Reichsverwaltung im Jahre 1885 [...], die Einrichtung und Unterhaltung von regelmäßigen Postdampfschiffsverbindungen zwischen Deutschland einerseits und Ostasien sowie Australien andererseits gegen Gewährung einer staatlichen Beihilfe an geeignete deutsche Unternehmer zu übertragen. Nachdem dieser Entwurf unter dem 6. April 1885 Gesetz geworden war (RGBl. S. 85), schloß die Reichsverwaltung mit dem Norddeutschen Lloyd unter dem 3./4. Juli 1885 einen Vertrag (RGBl. 1885, 276 ff.), wonach derselbe u. a. eine Linie für den Verkehr mit Ostasien und eine solche für den Verkehr nach Australien einzurichten hatte. Hierbei wurde auch gleichzeitig den Interessen der deutschen Unternehmungen in der Südsee Rechnung getragen, indem der Norddeutsche Lloyd weiter verpflichtet wurde, im Anschluß an die Fahrten nach Australien eine Linie von Sydney über die Tongainseln nach Apia und zurück nach Sydney einzurichten. Es war dies somit der erste Vertrag den die Reichsverwaltung mit einer Schiffahrtsgesellschaft über den

Die Briefmarken von den Karolinen zeigen den Postdampfer »Germania«, der Jaluit-Gesellschaft. Die »Germania« war am 18. August 1907 mit Post aus der Heimat in Jap eingetroffen

Betrieb einer Linie nach einem zur deutschen Interessensphäre gehörenden überseeischen Lande abschloß. [...]

Postdampfer »Prinz Sigismund«

Für die Unterhaltung regelmäßiger deutscher Postdampferverbindungen mit dem Schutzgebiet Deutsch-Neuguinea [...] ist der Norddeutsche Lloyd verpflichtet, für die Zeit bis 30. Sept. 1914 zu unterhalten: A. eine in vierwöchentlichen Zeitabständen zu betreibende Postdampfschiffslinie zwischen Simpsonhafen im Schutzgebiete Deutsch-Neuguinea einerseits und Hongkong sowie Sydney anderseits mit jedesmaligem Anlaufen von Kaiser-Wilhelmsland (Friedrich-Wilhelmshafen) und der Insel Jap auf der Fahrt nach und von Hongkong; B. eine in achtwöchentlichen Zeitabständen zu betreibende Postdampfschiffslinie zwischen Neuguinea und Singapore, und zwar von Simpsonhafen über Finschhafen, Erimahafen-Stephansort, Friedrich-Wilhelmshafen, Berlinhafen (Eitape-Tumleo), Makassar nach Singapore und zurück über Batavia (nach Bedarf Samarang und Soerabaja), ferner Makassar, Amboina, Banda, Berlinhafen (Eitape-Tumleo), Potsdamhafen, Friedrich-Wilhelmshafen, Erimahafen-Stephansort, Finschhafen nach Simpsonhafen; C. einen regelmäßigen dreimonatlichen Inseldienst zwischen Simpsonhafen und allen wichtigeren Plätzen des Bismarckarchipels.

Als Entgelt erhält der Norddeutsche Lloyd aus der Reichskasse jährlich eine Vergütung von 770 000 M, zahlbar in monatlichen Teilbeträgen, die gleichfalls insoweit gekürzt werden kann, als vertragsmäßig bedungene Fahrten nicht zur Ausführung gekommen sind. Für die Zeit vom Okt. 1914 ab ist die subventionierte Schiffahrt nach der Südsee durch Vertrag mit dem Norddeutschen Lloyd neugeregelt worden, und zwar hat sich der Norddeutsche Lloyd verpflichtet, die Fahrten nach Neuguinea wie bisher auszuführen. Für die Aufrechterhaltung eines regelmäßigen Post- und Passagierverkehrs mit dem Inselgebiet der Karolinen, Marianen, Palau- und Marshallinseln ist Vorsorge getroffen durch einen Vertrag

Claessens stößt während seiner Reise auf mehrere Varianten ...

... von Postämtern

der Reichspostverwaltung mit der Jaluitgesellschaft in Hamburg, wonach diese gegen eine Vergütung von 120 000 M jährlich eine jährlich dreimalige Postdampfschiffsverbindung von Sydney über Jaluit, Kusaie, Ponape, Ruk, Jap nach Hongkong und zurück über Jap, Herbertshöhe, Matupi (nach Bedarf), Ruk, Ponape, Kusaiei Jaluit nach Sydney unterhält. Die erwähnten Plätze haben somit sechsmal jährlich, nämlich dreimal in jeder der beiden Richtungen, Verkehr mit der Außenwelt.

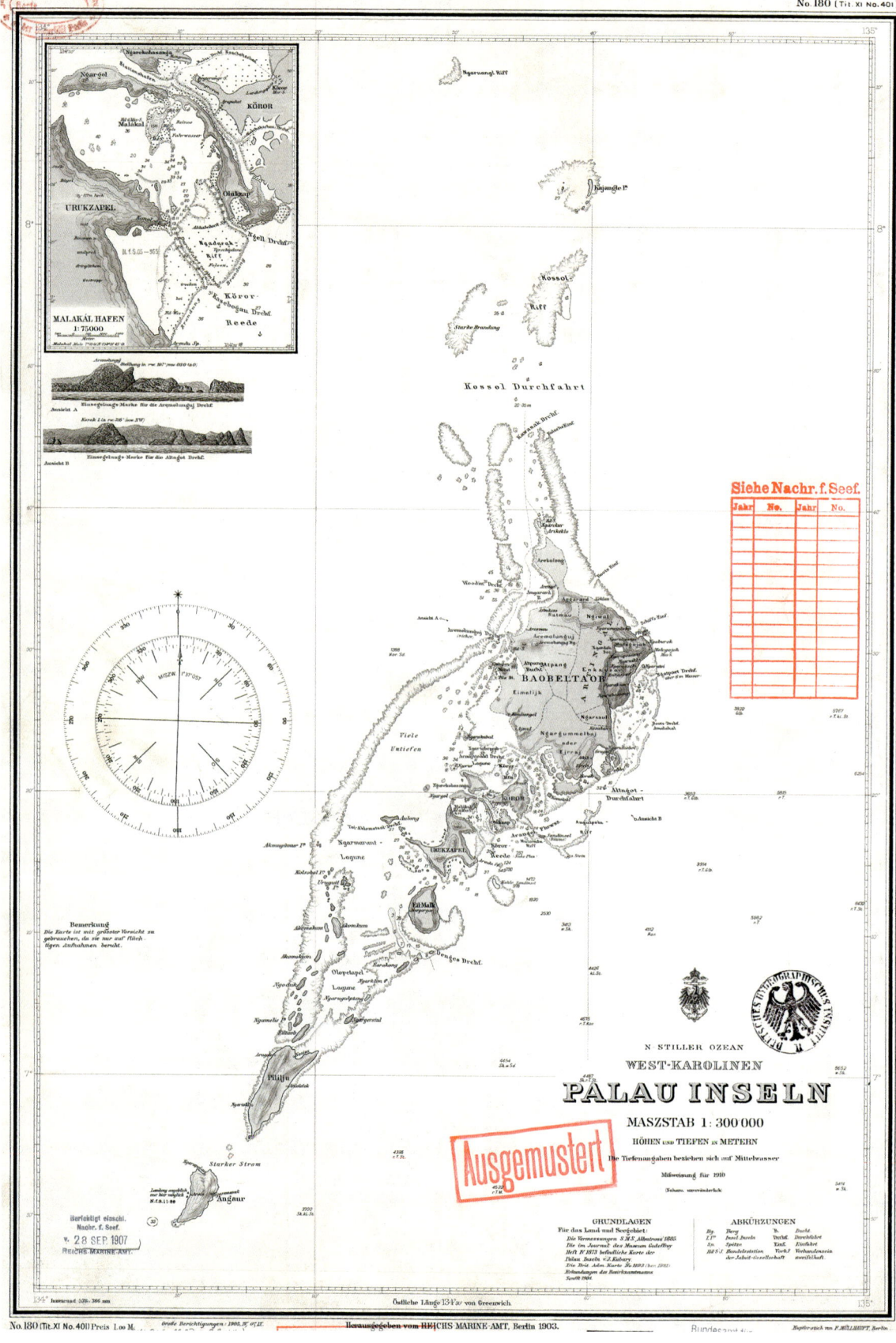

Am Sonntag wartete alles auf die »Germania«. Ich war bei den verschiedenen Leuten an Land und schwelgte schon im voraus in dem Genuß eines Glases auf Eis gekühlten Bieres und neuer Nachrichten. Leider wurde an dem Tage nichts daraus; denn der Dampfer kam erst am Montag drei Uhr nachmittags an. Sobald die Post an Land ging, begab ich mich ebenfalls an Land und half dem die hiesige Postagentur leitenden Herrn die Post sortieren. Das ist eine wenig angenehme und zeitraubende Beschäftigung. So bekamen wir aber doch noch an demselben Abend unsere Briefe, während wir andernfalls bis zum nächsten Morgen hätten warten müssen. Die Post ging, da sie von Hongkong kam, bis zum 13. August ab Berlin, brachte uns also die neuesten Nachrichten.

Dienstag, den 24. September um fünf Uhr nachmittags, verließen wir dann Jap, um uns auf dem kleinen Umweg über die Matelotas nach den Palau Inseln zu begeben. Wieder begleitete uns Herr Reg.Rat Senfft nebst Frau. Das anfangs schöne Wetter ließ uns bald im Stich. Am Mittwoch hatten wir schwere Böen aus West, die eine immer mehr zunehmende See aufwühlten, in der die »Natuna« natürlich wie toll rollte. Die arme Frau Senfft tat mir am meisten leid bei der Geschichte. Sie war mehr tot als lebendig. Endlich erreichten wir um 10.30 Uhr die Matelotas. Wir gingen durch die sogenannte Südosteinfahrt und ankerten nördlich der südlichsten Insel. Schönian, Pilz und Prager gingen sofort in einem Schiffsboot an Land, kamen aber schon nach einer Stunde wieder an Bord, da hier für uns nichts zu holen war. Mittlerweile war Brüggemann, der hier Trepang fischte, an Bord gekommen, um ein paar Sachen, die wir ihm von Jap mitgebracht hatten, abzuholen. Er erzählte uns, daß er in der letzten Zeit stets schlechtes Wetter gehabt

Diese Postkarte erreicht Claessens erst nach Umwegen

hätte und so kaum habe fischen können. Der arme Teufel tat mir leid. Er versuchte alles, um bei den damaligen schlechten Kopra-Zeiten ein paar Groschen zu verdienen. Um zwei Uhr nachmittags waren wir mit allem fertig und setzten bei dem denkbar schlechtesten Wetter unsere Reise nach den Palaus weiter fort.

Mit kaum vier Meilen Fahrt erreichten wir dann auch glücklich am übernächsten Nachmittage Korror und ankerten am 27. um 2.45 Uhr im sogenannten Malakar-Hafen. Der Stationsleiter der Palaus, Herr Winkler, kam sofort an Bord und nahm um vier Uhr Senfft und seine Frau mit an Land. Da wir bei dem schlechten Wetter auf Angaur nichts hätten anfangen können, beschloß ich, mit Herrn Pilz sofort nach der Hauptinsel Baobeltaob zu fahren und dort einige Kohlenvorkommen zu besichtigen, während Herr Schönian und Herr Prager die nächstliegenden kleinen Inseln besichtigen wollten.

Ein auf Malakar ansässiger Händler, Anderson, wollte nach Eirei, einem der Hauptplätze auf Baobeltaob, segeln, und so beschlossen wir beide, uns ihm anzuschließen. Des Wasserstandes wegen segelten wir in der Nacht von Freitag auf Sonnabend um halb zwei Uhr los und trafen um acht Uhr früh in Eirei ein. Nachdem wir uns etwas gestärkt und unser Quartier in einem der großen Klubhäuser aufgeschlagen hatten, begaben wir uns auf die Wanderschaft und spazierten, begleitet von einer großen Anzahl Leute, durch das Land. Unsere Untersuchungen nahmen den ganzen Tag in Anspruch, und so beschlossen wir, da wir nicht auf Hochwasser warten wollten, um mit dem Boot zurückzusegeln, am Sonntag früh die Heimfahrt auf einem Kanu anzutreten. An diese Kanufahrt werden wir beide auch noch lange denken. Anderson, der übrigens ein großer Schwätzer war, hatte uns vorgeredet, die Fahrt dauere nur etwa zwei Stunden, da wir mit dem Kanu überall über das Riff fahren könnten und so ein gutes Stück Weges abkürzen. Nach zweistündiger Fahrt waren wir glücklich halbwegs. Um zehn Uhr waren wir fortgefahren. Um zwölf Uhr konnten wir mit unserem kleinen Kanu nicht mehr weiter, da wir eine Strecke offenes Wasser passieren mußten und bei dem heftigen Wind und der dort stehenden See das Fahrzeug immer voll Wasser schlug. Glücklicherweise kam ein Mann mit einem kleinen Kanu angefahren, der ein Schwein geladen hatte und dieses nach Korror bringen wollte. Ich kletterte zu ihm hinüber, und so ging es dann weiter. Wir landeten nun

Vorderteil eines typischen Hauses auf Angaur, Fotoalbum Möller

aber so rasch wie möglich auf der Insel Korror, durchquerten diese zu Fuß und ließen uns von der anderen Seite die nur noch kurze Strecke zum Schiff von einem anderen Kanu fahren. Um zwei Uhr nachmittags trafen wir dann endlich wieder auf der »Natuna« ein und beschlossen sofort, da das Wetter sich etwas gebessert hatte, am nächsten Tage die Landung auf Angaur zu versuchen.

Herr Schönian fuhr sofort an Land, um Herrn Senfft und Herrn Winkler, die beide mitfahren wollten, zu benachrichtigen, und um zwölf Uhr nachts kamen sie auch richtig an Bord an. Sobald es genügend hell war, gingen wir Anker auf und dampften gen Angaur. Wie sind wir vor Angaur gewarnt worden, die Landungsverhältnisse wären schauderhaft, die Leute taugten nichts, lauter Diebe und Mörder u. s. w., und wie nett haben wir alles auf Angaur vorgefunden. Nach Südsee-Begriffen ausgezeichnete Landungsverhältnisse, ausgezeichnete Leute, tüchtige Arbeiter, Menschen, die uns in jeder nur denkbar möglichen Weise unterstützt haben.

Montag, den 30. September, erreichten wir um elf Uhr vormittags Angaur, dampften zunächst um die Insel herum, einen günstigen Landungsplatz suchend, und fuhren um zwölf Uhr an der Westseite in unserem großen Boot an Land. Wir landeten in einem richtigen Bootshafen und machten erst einmal einen Gang durch die Insel unter Herrn Winklers kundiger Führung. Ein schöner breiter Weg führte beinahe durch die ganze Insel, die Leute hatten diesen unter Anleitung ehemaliger eingeborener Polizeisoldaten angelegt. Ich fuhr bald wieder an Bord und brachte eine Bootsladung nach der anderen an Land, da wir uns hier für einen längeren Aufenthalt einrichten mußten. Um fünf Uhr früh fuhr ich mit der letzten Bootsladung an Land, während die »Natuna« für die

Frauen auf Angaur

Nacht einen Ankerplatz an der Südostseite der Insel aufsuchte. Als ich um halb sechs Uhr an Land kam, glaubte ich natürlich, es hätte einer dafür gesorgt, daß die notwendigsten Sachen nach einem der Häuser, in denen wir unser Quartier aufschlagen wollten, hinaufgeschafft worden wären. Ja, Kuchen, die Betten waren aufgestellt, das war aber auch alles. Ehe ich herausgefunden hatte, in welchem Haus wir wohnen wollten, verging natürlich auch einige Zeit. Mittlerweile wurde es dunkel, und die Leute, die uns bisher so wacker geholfen hatten, verschwanden ebenfalls von der Bildfläche. Nebenbei bemerkt lagen die Häuser, in denen wir wohnen sollten, so ziemlich in der Mitte der Insel und gute 20 Minuten von der Landungsstelle entfernt. Zur Vorsicht steckte ich mir eine Flasche Sodawasser in die Tasche. So hatte ich wenigstens etwas, um meinen Durst zu löschen. Um acht Uhr abends saßen wir alle auf den Bordsteinen des Weges (Herr Senfft an der Spitze) und überlegten, wie schön es doch wäre, wenn wir jetzt nach des Tages Last und Mühen etwas zu essen und vor allen Dingen zu trinken hätten. Eine Flasche Wasser, die Herr Winkler zur Vorsicht von Korror mitgenommen hatte, machte die Runde. Der Inhalt wollte aber doch nicht so ganz munden. Ich lachte mir ins Fäustchen und ließ alle mal ordentlich zappeln.

Ein paar unserer Soldaten, die wir von Korror mitgebracht hatten und die vorher das Boot bedient hatten, schleppten mittlerweile noch einige Kisten herauf. Ungefähr gegen neun Uhr hatte jeder seinen Hunger und Durst gestillt. Übrigens hatte uns von Korror aus noch einer der dort ansässigen Pater begleitet, der mit Herrn Winkler wieder zurückfahren wollte.

Am Dienstag, den 1. Oktober, erschien morgens die »Natuna« wieder in der Nähe der Landungsstelle. Ich fuhr sofort an Bord, um noch einige Sachen zu holen und um unsere Badegäste zum Schiff zurückzubringen, Die »Natuna« ging dann sofort nach Korror in See, um dort Ballast und Wasser zu nehmen und gleichzeitig die Kessel zu reinigen. Mit Ablauf der nächsten Woche sollte sie wieder nach Angaur kommen, da Herr Schönian glaubte, dann fertig zu sein. Schade, hier wäre es eine schöne Gelegenheit gewesen, auf billige Art Kohlen u. s. w. zu erhalten. Wir hätten die »Natuna« sofort von Angaur nach Hongkong schicken sollen. Zur Hin- und Rückfahrt hätte das Schiff im Höchstfalle 250 Tonnen Kohle verbraucht. Rechnet man die Tonne zu 25 Mark, ergibt das 6250 Mark. In Hongkong hätten wir ebenfalls 500 Tonnen, auch zu 25 Mark gerechnet, an Bord genommen. Das macht 12.500 Mark. Zusammen wären das 18.750 Mark. Außerdem hätte das Schiff gleich docken können und hätte – wie dann geschehen – statt nur noch acht Meilen (im günstigsten Falle) wieder neun gelaufen, für Fahrt, docken u. s. w. im Höchstfalle 28 Tage gerechnet. Wir waren mit unseren Kohlen am Ende und hätten etwa 300 Tons in Jap zum Preise von 60 Mark pro Tonne nehmen müssen. Das sind 18.000 Mark. Damit kämen wir aber nicht nach Singapore, sondern wir würden in Simpsonhafen noch mindestens 150 Tonnen dazunehmen müssen zum Mindestpreis von 36 Mark pro Tonne, das macht 5400 Mark. Zusammen wären das also 23.400 Mark. Außerdem lief das Schiff bedeutend schlechter. Ja, wenn man das alles vorher wissen könnte! Nachträglich ist man immer mächtig schlau. Aber da das Schiff schon so schnell wieder in Angaur sein sollte, war natürlich eine Sendung nach Hongkong ausgeschlossen.

Wir hatten uns nun folgendermaßen auf Angaur eingerichtet: Wir schliefen alle zusammen in einem der großen Klubhäuser, die Chinesen bewohnten ein zweites. In einem kleinen, vollständig neuen, noch unbewohnten Haus hatten wir unsere Messe eingerichtet und in einem kleinen Anbau die Küche untergebracht. Ich hatte mir außerdem noch ein Zelt mit an Land genommen und schlief fast jede Nacht darin, da es dort kühler war. Das Laboratorium war ebenfalls in einem Klubhaus untergebracht, dessen Dach aber etwas defekt war, und so spielte ich den ersten Tag zur Ab-

»Dorf auf den Palauinseln«. Darstellungen romantischer Südseestimmungen wie diese aus Ottomar Betas Kolonialbuch von 1908 passten genau in die Zeit als die Begeisterung für alles Exotische und für die Welt der Kolonien in Deutschland weit verbreitet war

wechslung einmal Dachdecker. Einige Eingeborene halfen mir dabei, um unser Hauptraritäten-Kabinett regensicher unterzubringen. Es sei noch erwähnt, daß die Eingeborenen uns vom ersten Tage an in jeder Weise halfen. Sie arbeiteten fleißig und brachten uns fortwährend frischen Proviant, bestehend aus Hühnern, Schweinen, Eiern und vor allen Dingen Taro, der uns vollkommen die fehlenden Kartoffeln ersetzte. Wir haben sogar Taropuffer mit Preiselbeeren gegessen, die genauso gut schmeckten wie Kartoffelpuffer. Meistens aßen wir Taro in Form von Bratkartoffeln; einfach gekocht schmeckte er nicht so gut. Entbehren taten wir nichts sonst weiter, nur das Wasser hätte etwas besser sein können. Einige von uns angelegte Wasserlöcher ergaben ja ein brauchbares Wasser, aber meistens schmeckte es doch etwas brackig.

Ich arbeitete die nächsten Tage im Laboratorium, da alle anderen draußen zu tun hatten und ich doch auch einmal wieder ein paar Analysen machen mußte, um nicht ganz aus der Übung zu kommen. Seit Feis hatte ich nicht mehr im Labor gearbeitet und dort doch auch nur ein paar Analysen angefertigt. Nun, ich arbeitete im Schweiße meines Angesichts los, bis mir die Sache nach dreitägiger Arbeit denn doch etwas komisch vorkam. Die Resultate fielen so verschieden aus. Da von den anderen Herren auch keiner herausfinden konnte, wo der Hase im Pfeffer lag, mußte ich erst mal abwarten, bis einer von ihnen einige Analysen angefertigt hatte, um diese dann mit den meinigen zu vergleichen. Na, richtig ergab dann auch die nächste Woche, daß ich Kohl gemacht hatte. An einem schönen Sonntag arbeitete ich deshalb auch fleißig im Labor,

Arbeit im Tarofeld

um meinen Fehler wenigstens einigermaßen wiedergutzumachen. [...]

Den ersten Sonntag auf Angaur benutzte ich dazu, mir einige Lokalkenntnisse zu erwerben. Ich streifte den ganzen Tag mit der Flinte auf dem Rücken umher und sah mir dabei gründlich die Insel an. Gleichzeitig erlegte ich einige der wohlschmeckenden Tauben für unseren Tisch. Angaur ist sehr schwer zu begehen. Viele steile, vollständig unwegsame Korallenberge und dichter Busch, durch den sich nur wenige einigermaßen gangbare Pfade schlängeln, das ist dort die Landschaft. Auf Angaur gibt es viele Kokosnüsse, guten Taro, Bananen, Papayas, Ananas und eine ganze Menge anderer, sehr gut schme-

ckender Früchte. An eßbaren Tieren gab es außer Schweinen und Hühnern nur noch Tauben. Fische konnten wir auch nur sehr selten erhalten.

Am Montag, den 7. Oktober, nahm Herr Prager die Arbeiten im Labor auf. Ich ließ weiter Profile schlagen und Schürflöcher anlegen. Das Wetter blieb wieder gut. Ein paar Regenschauer gingen ja ab und zu einmal nieder. Sie störten uns aber nicht bei unseren Arbeiten.

Am Dienstag früh fuhr ich mit den Korror-Leuten und zwei Mann von Angaur in unserem großen Boot hinaus, um auf der Westseite der Insel für die »Natuna« einen Ankerplatz zu suchen. Leider war das Resultat ein negatives. Wir hätten gern das Schiff in der Nähe der Landungsstelle verankert. Allmählich entdeckten wir übrigens eine sehr üble Eigenschaft an der sonst so netten Insel. Es gab hier eine Art kleiner Mücken oder Moskitos, die einen ganz abscheulich peinigen können. Am liebsten schienen sich die Tiere an den Beinen festzusetzen. Da nützten weder Gamaschen noch lange Stiefel etwas. Anfangs merkte man kaum etwas. Erst am Abend stellte sich ein unerträgliches Jucken ein. Nach dem Sprichwort »Wen es juckt, der kratze sich«, kratzten wir uns abends und nachts alle nach Noten. Auf die Dauer hält aber selbst das dickste Fell diesem ewigen Kratzen nicht stand. So gab es dann auch bald sehr unangenehme Beinwunden. Am schlimmsten war Herr Schönian dran, der noch Wochen und Wochen an seinen Beinen zu laborieren hatte. Ich wandte häufige Waschungen mit einer Creolinlösung an, die mir auch ausgezeichnet halfen. Aber das Zeug ist nicht jedermanns Sache und duftet ja auch nicht ganz angenehm. Ich möchte es aber jedem für die Zukunft empfehlen; denn meiner Ansicht nach ziehen gerade die wohlriechenden Salben dieses Ungeziefer an. Sehr schlimm stand es auch bald mit unseren Chinesen, wenigstens mit den Leuten, die den ganzen Tag im Busch arbeiten mußten. Da hieß es dann abends immer wieder Arzt gespielt. Die üblen Wunden wurden dauernd frisch verbunden. Meine ärztliche Praxis nahm einen immer größer werdenden Umfang an. Alle Augenblicke kam einer der Eingeborenen mit irgendeinem Leiden zu mir und bat mich um etwas Medizin. Meistens gab ich ihnen eine recht scharfe Abführpille zu schlucken, und komischerweise half diese auch immer. Entweder kamen sie zu mir und erzählten mir, es ginge ihnen schon besser, sie möchten aber doch noch eine, damit es ganz gut würde, oder aber sie ließen sich

nicht mehr sehen oder gingen doch meiner Apotheke in weitem Bogen aus dem Wege. Alles andere freute sich dann diebisch, so daß ich annahm, daß die Pille Wunder gewirkt hatte.

Wirklich Kranke sah man auf Angaur sehr wenig. Das Völkchen (die damalige Bevölkerung war ungefähr 160 Köpfe stark) schien sich wieder zu erholen und zu vermehren. Bis in die letzten Jahre hinein mußte es hier traurig ausgesehen haben. Von allen übrigen Inseln kamen früher die Leute hierher und holten sich von hier die Frauen, soviel sie nur haben wollten. Die früher so stark bevölkerte Insel wurde dadurch natürlich allmählich entvölkert, und selbst die erbittertsten Kämpfe, von denen heute noch alte Befestigungen zeugen, nützten dem armen Volke nichts. Unter dem deutschen Regiment war das natürlich anders geworden. Waffen fand man beispielsweise gar nicht mehr bei den Leuten.

Am Mittwoch, den 9., hatte ich ein Erlebnis, das mir in meiner Praxis auch noch nicht vorgekommen war. Mir war von Herrn Schönian, der das sonst selber machte, aufgetragen worden, etwas mit die Verpflegung der Chinesen zu kontrollieren. Nun hatten die Leute es in puncto Verpflegung bei uns viel zu gut. Sie bekamen es in ihrem ganzen Leben nicht wieder so gut, und wenn sie steinalt werden würden. Zu arbeiten brauchten sie auch verhältnismäßig wenig, so daß die Leute sich wahrhaftig nicht beklagen konnten. Einer der Kerle steckte sich nun hinter Herrn Pilz und beklagte sich bei dem, er bekäme nicht genügend zu essen. Herr Pilz erzählte mir das. Ich ließ mir darauf mal die ganzen Brüder kommen, um ihnen mal ordentlich den Standpunkt klarzumachen. Der Chinesenkoch beklagte sich ebenfalls bei mir, daß derselbe Mann schon häufiger über das Essen geschimpft hätte und er ihm nichts recht

Angaur (Palau-Inseln).

Haus auf Angaur, Palauinseln, zeitgenössische Postkarte aus dem Fotoalbum Möller

machen könnte. Da alle Leute zugaben, stets reichlich und gut zu essen bekommen zu haben, machte ich kurzen Prozeß, hielt ihm das Ungehörige seines Benehmens vor und verabfolgte ihm eine gelinde Ohrfeige. Gleichzeitig mußte ich den Koch zur Raison bringen, da dieser sich nun veranlaßt fühlte, ebenfalls, und zwar mit einem Besen, auf den Attentäter loszugehen. Na, der Friede war wiederhergestellt, und ich kehrte zu meiner unterbrochenen Abendmahlzeit in unsere Messe zurück. Da fuhren alle drei, am heftigsten der gute Pilz, auf mich los, wie ich mich unterstehen könnte, einen Chinesen zu schlagen. Pilz erklärte mir, ich hätte ihn vor den Chinesen kompromittiert. Beinahe wäre mir eine Forderung an den Schädel geflogen. Ich saß da wie Lots Weib und wußte nicht, was

ich eigentlich dazu sagen sollte. Da es aber allen ernst schien, ärgerte ich mich doch niederträchtig über diese Geschichte. So was war mir doch noch nicht passiert. Bis jetzt war ich noch stets mit meinen Leuten, nicht nur hier auf der Expedition, sondern auch früher an Bord, sehr gut ausgekommen. Es ist mir sogar oft genug der Vorwurf gemacht worden, ich behandelte die Leute zu gut. Nun sollte ich mit einem Mal ein so roher und verkommener Mensch sein, weil ich einem Chinesen, der wahrhaftig von Hause aus in puncto Prügel nicht verwöhnt worden ist, eine kleine Ohrfeige gegeben habe – andere Strafmittel standen uns auch gar nicht zur Verfügung, und ein Gehaltsabzug oder etwas Derartiges hätte den armen Teufel doch viel härter getroffen – das wollte mir nicht in meinen dummen Schädel. In puncto Chinesenbehandlung haben mir, glaube ich, so im Stillen schon alle recht gegeben. Ohne strammes, aber gerechtes Regiment geht das bei einer solchen Sache nicht, und die Leute sind schlau genug, allmählich immer mehr Vorteile aus der Gutmütigkeit ihrer Vorgesetzten zu ziehen. Na, wettererschütternd war die Affäre nicht. Alles ist seinen geregelten Gang weitergegangen.

Während meiner Tätigkeit im Busch hatte ich gut Gelegenheit, allerlei Getier – vor allen Dingen Schlangen – zu sammeln. Einen besonderen Wunsch des Museums, nämlich Frösche von hier nach Hause zu bringen, werde ich leider nicht erfüllen können. In der Gefangenschaft sterben diese Tiere rasch weg. Außerdem sind sie gar nicht leicht zu fangen. Ich selbst fand nur ab und zu mal einen in einem der Schürflöcher, in das er hineingefallen war und aus dem er so leicht nicht mehr herauskonnte. Ich beauftragte einige unserer Leute, mir gelegentlich einige zu fangen. Eines Abends hörte ich dann ein furchtbares Hallo. Ich ging hin und hörte zu meinem Staunen, daß sie Frösche für mich fingen. Zunächst schüttelte ich mich vor Lachen. Man denke sich ein Dutzend Leute mit brennenden Fackeln aus Kokosblättern, die zunächst verdunkelt gehalten werden, im dichten Busch auf der Lauer liegen. Plötzlich erheben ein paar Frösche in der Nähe ihre Stimmen zum abendlichen Gesang. Sofort stürzte sich die ganze Gesellschaft mit nun hell leuchtenden Fackeln auf die Stelle zu, und da die Tiere sehr flink sind, geht die wilde Jagd hinter ihnen her. Da die Frösche äußerst fixe Kletterer sind, suchen sie meist ihr Heil in der Flucht auf einen Kokosbaum. Diesen Moment passen die Leute ab, um sie zu ergreifen. Aber, wie gesagt, nur selten gelinget dieses. Schlangen gibt es hier in Un-

mengen. Sie sind aber nicht giftig und werden etwa ein bis zwei Meter lang. Die Eingeborenen haben höllischen Respekt vor den Viechern.

Die Arbeiten schritten munter fort. Schon bald wurde uns klar, daß an ein baldiges Verlassen von Angaur nicht zu denken war. Wie verabredet, traf am Sonnabend, den 12. Oktober, die »Natuna« wieder bei Angaur ein. Ich fuhr sofort in unserem Boot hinaus und ging an Bord. Herr Senfft und Herr Winkler waren wieder mitgekommen. Zu meiner Freude hörte ich, daß die »Natuna« in Korror tüchtig Ballast genommen, Kessel gereinigt und alles gut überholt hatte. Die Leutchen hatten fleißig gearbeitet und die Regierung sie darin tüchtig unterstützt. Vor allen Dingen den Ballast hatten wir zu einem verhältnismäßig sehr billigen Preis und sehr rasch ins Schiff hinein erhalten. Das verdankten wir aber wohl zum größten Teil der Anwesenheit des Herrn Senfft. Sonst wäre es nicht so flott gegangen.

Die beiden Herren fuhren mit mir an Land. Ich nahm gleichzeitig noch einige Sachen mit. Um drei Uhr brachte ich die Herren wieder an Bord. Die »Natuna« sollte wieder nach Korror zurück und am nächsten Freitag wieder in Angaur sein. Von der Insel Malakar, auf der sich mehrere sehr gute Quellen befinden und die mit mehreren anderen Inseln zusammen den sogenannten Malakar-Hafen bei Korror bildet, konnte die »Natuna« außerdem täglich etwa acht Tonnen Frischwasser mit den beiden Rettungsbooten nehmen. So war das Schiff auch damit reichlich versorgt.

Am Sonntag arbeitete ich wieder fleißig im Labor [...]. Am Abend schoß ich noch ein paar Tauben für unsere Tafel. An den nächsten Tagen wurde mächtig gearbeitet. Trotz häufiger Regenschauer schritten die Arbeiten feste voran. Ich hatte eine Kolonne von 22 bis

25 Mann, ließ Profile schlagen, Schürflöcher machen und bereitete so allmählich ein neues Feld für Herrn Pilz vor, der dann mit seiner Kolonne die Bestimmungen des Quantums Phosphat vornahm. Schade, daß uns da bei den Arbeiten im Busch niemand gesehen hat. Man sah meist aus wie ein richtiger Vagabund. Die Schuhe hingen nur noch in einzelnen Fetzen an den Füßen. Die Jacke verschwand meist in den ersten Vormittagsstunden von der Bildfläche. Na, und die Sauberkeit ließ nach einstündiger Arbeit schon viel zu wünschen übrig. Aber am meisten Kummer machten uns die Schuhe. Auf den scharfen Korallen hielt nichts stand. Selbst die schwersten Lederstiefel nützten da nichts. Nach einer Stunde schon waren Zeug oder Leder glatt durchgeschnitten. Am besten bewährt haben sich immer noch Segeltuchschuhe. Man lief darauf, solange die Sohlen vorhielten, wenn auch das Zeug an den Seiten zerfetzt war. Wenn sie zu kaputt waren, warf man sie fort. Natürlich mußte man eine Anzahl Schuhe mitnehmen, denn länger als 14 Tage im besten Falle hielten sie nicht vor. Meist waren sie schon nach einem tüchtigen Marsch über die Korallen erledigt.

Da wir immer noch nicht mit unseren Arbeiten fertig waren, wurde beschlossen, Herrn Pilz und Herrn Prager auf Angaur mit dem nötigsten Proviant versehen zurückzulassen, während Herr Schönian und ich nach Pililju, einer etwa sieben Meilen nördlich von Angaur liegenden Insel, gehen wollten, um dort die Arbeiten aufzunehmen.

Am Donnerstag, den 17., ließ ich unsere Sachen und alles entbehrliche Inventar zur Landungsstelle hinschaffen. Am Freitag um ein Uhr erschien auch wie verabredet die »Natuna« – Herr Senfft und Herr Winkler waren wieder an Bord. Ich brachte sofort eine Ladung

Sachen zum Schiff. Dann nahm ich Winkler mit an Land, und um fünf Uhr waren Herr Schönian, Herr Winkler und ich nebst einem Teil der Chinesen eingeschifft. Die »Natuna« dampfte zu dem im Nordosten der Insel liegenden Ankerplatz, um dort die Nacht über liegen zu bleiben.

An Bord sah es traurig aus. Seit ein paar Tagen lag der arme Obermaschinist, ein sehr netter älterer Herr namens Gutzeit, den wir alle gern mochten, schwerkrank darnieder. Was ihm eigentlich fehlte, konnte keiner von uns herausfinden, anscheinend war es ein Darmleiden oder so etwas. Nahrung konnte er schon seit zwei Tagen nicht mehr zu sich nehmen. Außerdem litt er an den fürchterlichsten Schmerzen und konnte sich kaum rühren. Mit unseren Obermaschinisten hatten wir anscheinend Pech. Der eigentliche Obermaschinist der »Natuna«, ein bis dahin bärengesunder Mensch, wurde auf der Fahrt des Schiffes von Singapore nach Jap schwer krank und mußte im dortigen Hospital zurückgelassen werden. Vom »Seestern« erhielten wir dann Herrn Gutzeit, der stets fidel und munter war und wohl von den ganzen Schiffsangestellten den regesten Anteil an der Expedition nahm. Er fuhr, wie er mir mal erzählte, hier draußen, um ein paar Groschen mehr zu verdienen und so seine Familie besser unterstützen zu können. Jedenfalls hatten alle Hochachtung vor dem alten Herrn. Nun, wir beschlossen sofort, ihn möglichst bald nach Jap zu befördern, da er ja nur dort ärztliche Hilfe erhalten konnte. Es war zu traurig, den alten Mann so leiden zu sehen.

Am Sonnabend in aller Frühe dampften wir nördlich, und an der ersten besten Stelle gingen Herr Senfft, Schönian, Winkler und ich auf Pililju an Land, um uns flüchtig die Insel anzusehen. Da wir vorläufig nichts für uns Brauchbares

finden konnten, faßten wir folgenden Beschluß: Ich bleibe mit drei Chinesen auf Pililju und untersuche die Insel genauer, während Schönian, Senfft und Winkler zunächst nach Korror fahren, dort Winkler absetzen, Frau Senfft an Bord nehmen und sofort die Reise nach Jap fortsetzen, um den Obermaschinisten dem dortigen Arzt zu übergeben. Schönian wollte nach Jap mitfahren, um dort telegraphieren zu können. Ich also sofort wieder an Bord, einige Sachen zusammengepackt und sobald es der Wasserstand erlaubte, mit dem ganzen Kram und den drei Chinesen wieder an Land.

Da ich meine Sachen gleich bei der Hauptortschaft Nasias landen wollte, mußte ich auf das Steigen des Wassers warten, da sich dort nur bei Hochwasser eine Landung mit unserem Boot ermöglichen ließ. Bei dem schönen Wetter ließen wir die »Natuna« ruhig vor der Einfahrt treiben, packten alle Sachen in das Boot und harrten des kommenden Wassers. Dann sah ich plötzlich über Bord und entdeckte, daß allerlei Wasser in dem bisher vollkommen dichten Boot war und daß das Wasser ziemlich rasch stieg. Auspacken wollte ich das Boot nicht noch einmal. Ich sprang also rasch mit allen Leuten in das Boot hinein und was das Zeug hielt auf das Riff losgefahren und dort das Boot auflaufen lassen. Es konnte nur der Pfropfen aus dem Boot herausgegangen sein. Die Leute hatten vorher das in dem Boot befindliche Wasser ausgeschöpft. Dabei hatten sie jedenfalls an den Pfropfen gestoßen, so daß sich dieser gelöst hatte.

Sobald wir die schweren Sachen in das Boot eingeladen hatten, war der Stöpsel durch den Druck ganz herausgeflogen. Einer meiner schwarzen Bootsleute mußte tauchen und von außen in das Loch einen Bierflaschenpfropfen hineinstecken. In ein paar Kanus, die ich kommen ließ, packte ich einen Teil der Sachen hinein. So konnten wir das Wasser auch wieder aus dem Boot herausschöpfen. Da das schwere Boot immer noch nicht über ein paar flache Stellen hinwegkonnte, hieß es, auf mehr Wasser zu warten. Schließlich ließ ich das Boot mit meinen Leuten zurück und fuhr mit einem Kanu nach Nargeloluk, einer anderen Ortschaft im Norden von Pililju, und ging von dort zu Fuß nach Nasias auf einer breiten von der Regierung angelegten Renommierstraße.

Herr Senfft, Herr Winkler und Herr Schönian waren mittlerweile auch mit einem Kanu zum Schiff hinausgefahren und mit der »Natuna« in See gegangen. Abends um acht Uhr hatte ich, glücklich unterstützt von der ganzen Bewohnerschaft, meine Sachen unter Dach und Fach. Ich quartierte mich in einem großen, schönen Klubhaus ein. Die Chinesen wohnten in einem in der Nähe stehenden großen Hause. Im Südosten war früher eine bedeutende Ortschaft, damals war sie unbewohnt. Quer durch das Land ging es dann wieder nach der Westseite, zunächst nach Ngargeokul. Von dort folgte ich einer Einladung des Herrn Gattegrul, Oberhäuptling von Ngargeokul, zum Mittagessen. Ich erhielt gebratenen Fisch, Taro und dazu Kokos-Syrup, sogenannte Eilaut, mit Wasser verdünnt als Getränk. Serviert wurde die Sache auf einer Kiste auf sauberen japanischen Tellern. Sogar eine Gabel war vorhanden. Ich zog es aber vor, mein Taschenbesteck, das ich stets auf solchen Touren bei mir führte, zu benutzen. Geschmeckt hat es mir nach dem

fünfstündigen Marsch ausgezeichnet. Nur das Zeug, den Eilaut, konnte ich nicht recht genießen, eine frische Kokosnuß trank ich lieber. Nachdem ich mich mit einem Stück Tabak revanchiert hatte, ging es am Strande weiter nördlich nach Ngorgol. Vorher hatte ich noch einen Abstecher ins Innere gemacht. Man konnte nun überhaupt nur noch am Strande, und zwar bei Niedrigwasser, vorankommen, da von der Küste aus sich im Nordwesten hohe, vollkommen unzugängliche Korallenfelsen ins Innere hineinzogen. Von Ngorgol aus ging ich dann quer über die Berge auf einem ganz abscheulichen Weg, der aber die einzige Verbindung zwischen dieser Ortschaft und Nasias herstellte, zurück nach Nasias, wo ich um drei Uhr nachmittags todmüde eintraf. Meine Leute hatten in der Zwischenzeit fleißig weitergearbeitet. Ich beschloß, am nächsten Tage eine Fahrt im Kanu um die ganze Insel herum zu machen, um mir so einige Kenntnisse der Lage und eigentlichen Form der Insel zu erwerben. Nach unserer Karte von den Palaus konnte man sich absolut nicht richten. Es gab kaum etwas Falscheres an Kartenmaterial wie diese Karte. Auf dieser Karte lag kaum ein Punkt richtig.

Um acht Uhr früh am nächsten Tage fuhr ich von Nardeloluk mit auflaufendem Wasser fort und über Ost – Süd – West um die Insel herum. Um drei Uhr nachmittags traf ich wieder mit auslaufendem Wasser und ohne mich irgendwo aufgehalten zu haben am Abfahrtsort ein. Ich habe dann erst einmal eine halbe Stunde Freiübungen gemacht, um die krummgesessenen Glieder wieder gerade zu bekommen. In der Nähe des Hauptarbeitsfeldes hatte ich mir auf einem hohen Berge einen Ausguckposten errichtet, von dem ich weithin die umliegenden Inseln, das Meer u. s. w. übersehen konnte. Am Freitag und Sonnabend hatte ich dort einen Jungen postiert, der mir sofort das Nahen der »Natuna« melden sollte.

Am Sonnabend saß ich gerade beim Mittagessen, als mir die »Natuna« in Sicht gemeldet wurde. Sofort wurden alle verfügbaren Leute zum Boot geschickt, um dieses durch das sehr niedrige Wasser und durch den Mangrovenschlamm zu der alten Einfahrt zu schleppen, da Herr Schönian mich davor erwarten wollte. Ich selbst ging nach Nargeloluk und fuhr von dort mit einem Kanu voraus. Mit viel Mühe und Not schleppten die Leute auch richtig das Boot ins tiefe Wasser. Ich stieg ein. Um ein Uhr war ich an Bord. Da wir noch an demselben Tage nach Angaur an Land wollten, um dort die beiden anderen Herren und das schwere Bohrgerät abzuholen, mußten wir uns sehr beeilen, da wir dort auch nur mit Hochwasser die Sachen wegbringen konnten. Das Boot wurde also sofort eingesetzt. Um vier Uhr schon fuhren Herr Schönian und ich in Angaur an Land. Hier erfuhren wir, daß die Arbeiten noch nicht beendet waren und wir noch nichts wegholen konnten. Also ging es sofort wieder an Bord. Das Schiff wurde noch eben vor Dunkelwerden in der Nähe von Angaur vor Anker gebracht.

Sonntag, den 27., gingen wir um neun Uhr vormittags Anker auf und fuhren nach der Westseite von Pililju. Ich hatte bei der Ortschaft Ngargeokul einen guten Landungsplatz, allerdings auch über ein langes Riff hinweg, ausfindig gemacht. IIcrr Schönian und ich wollten dort an Land gehen. Bald nach zehn Uhr landeten wir daselbst, während die »Natuna« nach dem alten Ankerplatz zurückfuhr mit dem Befehl, am nächsten Vormittag wieder bei Ngargeokul zu sein. Wir begingen noch gleich die Arbeitsfelder und verbrachten sodann einen urgemütlichen Sonntagnachmittag.

Montag früh fuhr ich, sobald der Wasserstand es erlaubte, zur »Natuna« und dann mit dieser nach Angaur, um dort den übrigen Teil der Expedition abzuholen. Um zwölf Uhr war alles an Bord. Den Nachmittag benutzte ich dazu, um bei Angaur noch einige Stellen genauer auszuloten. Abends gingen wir wieder auf dem alten Platz vor Anker. Am Dienstag, den 29. Oktober, wurden dann alles Inventar und alle Expeditionsmitglieder bei Ngargeokul gelandet. Um ein Uhr war alles an Land. Ich fuhr mit dem Boot wieder zum Schiff zurück. Das Boot wurde eingesetzt.

Die »Natuna« dampfte dann nach der sogenannten Dengels-Passage im Norden von Pililju los, die ich mir unbedingt ansehen wollte. Weit kamen wir aber nicht. Da die Passage Ost–West verläuft und wir erst um vier Uhr die Einfahrt erreichten, schien es nicht geraten, direkt gegen die blendende Sonne anzufahren, da die Geschichte uns da doch allen etwas unbekannt war. Wir ankerten deshalb vor der Einfahrt, um am nächsten Morgen bei guter Beleuchtung die Fahrt weiter fortzusetzen. Am Mittwoch früh gingen wir dann also wieder weiter in das große innere Palau-Becken hinein. Bald erklärte mir der Kapitän jedoch, daß er es nicht für geraten hielt, mit dem Schiff weiter hineinzugehen. Es wurde also wieder geankert, unser großes Boot ausgesetzt, und um neun Uhr segelte ich mit diesem los gen Pililju. Ich fand einen schönen tiefen Wasserarm bis weit nach Süden und landete schließlich um zwei Uhr nachmittags wieder in Nargeloluk. Da unser Boot dringend einer gründlichen Überholung bedurfte, ließ ich es sofort auf Land aufholen, und einer meiner Bootsleute brachte das Boot in den nächsten Tagen wieder in einen tadellosen Zustand.

Am Donnerstag erschien plötzlich um vier Uhr nachmittags Herr Winkler in Nasias, um uns zu besuchen. Er hatte von der »Natuna«, die mittlerweile nach Korror zurückgefahren war, gehört, daß wir alle hier gelandet waren, und so wollte er sich mal nach unserem Wohlbefinden erkundigen. Er war mit seinem Boote morgens abgefahren und hatte so eine verhältnismäßig gute Fahrt gehabt. Die notwendigen Arbeiten schritten rüstig voran.

Am Freitag nachmittag fuhr ich mit einem Kanu durch einen Mangroven-Kanal nach der Südost-Seite der Insel, um einen bisher von uns nicht besuchten Teil der Insel kennenzulernen und gleichzeitig einen der hier vorkommenden ziemlich großen Leguane zu erlegen. Leider war es damit nichts. Die Tiere sind äußerst scheu und nur sehr schwer zu Gesicht zu bekommen.

Am Sonnabend versuchte ich dann mit mehreren Leuten von Norden aus eine direkte Verbindung über Land mit Nasias herzustellen. Bisher konnte man nach der Nordwestspitze nur auf dem abscheulichen Wege über Norgol oder per Kanu kommen, und da für uns eine direkte Verbindung nach dem Nordwesten evtl. in Frage gekommen wäre, wollte ich versuchen, von Norden her durchzukommen, während Schönian und Winkler ein Gleiches vom Süden aus versuchen wollten. Ich endete um ein Uhr in dichtem Mangroven-Gestrüpp und mußte den Versuch aufgeben. Die andere Partie endete um dieselbe Zeit vor einer hohen, unübersteigbaren Korallenwand. Spät am Nachmittag kamen wir alle todmüde heim. Man muß die Sache schon anders anfangen und einen schnurgeraden Weg durch die Mangroven hauen lassen und dort eine Art Steindamm aufschütten.

Sonntag, den 3. November, war allgemeiner Ruhetag. Am Montag früh wollte Herr Winkler wieder nach Korror zurück, und ich sollte eine Besichtigung der nördlich von Pililju liegenden Inseln vornehmen. In der Frühe des 4. gingen Winkler und ich nach Nardeloluk. Von dort brachte ich Winkler mit seinen Sachen und Leuten in meinem Boot zu seinem weiter draußen liegenden Boot. Wir segelten dann zunächst nach Nadebusch. Um neun Uhr landete ich da, besuchte einen dort wohnenden englischen Händler namens Siems und machte dann einen Rundgang durch die ganze Insel. Mittlerweile war Niedrigwasser geworden. Ich konnte mit meinem Boot vorläufig nicht weiterfahren. Um nun nicht zuviel Zeit zu verlieren, ging ich mit einem Teil meiner Leute über das trockengefallene oder mit knietiefem Wasser bedeckte Riff weiter nördlich zu der Ngorgo-Gruppe, während der Rest der Leute später mit auflaufendem Wasser das Boot nachsegeln sollte. Um zwölf Uhr marschierte ich los und traf um zwei Uhr auf einer der Ngorgo Inseln ein. Die Inseln wurden besichtigt und dann in einem alten baufälligen Hause das Nachtlager aufgeschlagen. Die ganzen Inseln in dieser Gegend waren unbewohnt. Nur ab und zu kamen ein paar Leute hierher, um hier Kopra zu machen. Fast alle Inseln trugen gute Kokosbestände, und es ließe sich dort noch viel anpflanzen. Die Nacht, die ich auf Ngargo zugebracht habe, werde ich auch so leicht nicht vergessen. Meine Leute machten unter dem auf hohen Pfosten stehenden Haus kleine Feuer aus Kokosschalen an, um das Ungeziefer zu vertreiben. Ich legte mich auch nieder in der Hoffnung, ein paar Stunden schlafen zu können. Aber o weh! Nach kaum zehn Minuten war jede Stelle meines Körpers mit winzig kleinen Tieren bedeckt, die einen ganz abscheulich quälten. Schließlich konnte ich es trotz allen Räucherns nicht mehr aushalten und kletterte in das Boot in der Hoffnung, dort etwas Ruhe zu finden. Hier schlief ich dann auch eine Stunde, bis mich ein tüchtiger Regenschauer wieder in das Haus zurücktrieb. Meine Leute hatten draußen ein mächtiges Feuer angemacht und hielten sich so das Ungeziefer etwas vom Leibe. Nun, auch die Nacht ging vorüber, und früh am nächsten Morgen segelten wir mit frischem nordöstlichen Wind weiter nach Nordwesten nach der Ngamelis-Gruppe.

Um 9 Uhr landete ich auf der westlichsten Insel, besichtigte diese und segelte dann von einer Insel zur anderen, jede einer kurzen Besichtigung unterziehend. Da ziemlich frischer nordöstlicher Wind wehte, gab ich es auf, noch nach der im Nordosten gelegenen Insel Eil Malk zu segeln, da das Aufkreuzen gegen den Wind und Strom mit meinem Boot zuviel Zeit in Anspruch genommen hätte. Bald nach drei Uhr segelte ich von der letzten der Ngamelis Inseln direkt nach Nasias und landete dort nach schöner, rascher Fahrt um halb sieben Uhr abends. Bei den Palau Inseln kam uns die Bootstakelage ganz ausgezeichnet zustatten, ohne diese hätten wir die verschiedenen Aufgaben nicht halb so rasch und so billig erledigen können.

Mittwoch, den 6., schickten wir ein Kanu nach Korror zur »Natuna« mit der Order, am Sonnabend früh bei Nargeokul zu sein. Auf Pililju wurden die Arbeiten beendet und allmählich alles Inventar zur Einschiffungsstelle nach Nargeokul geschafft, und am Donnerstag ließ ich das Boot von Nasias ebenfalls nach Nargeokul bringen.

Am Sonnabend, den 9. November, erschien auch richtig um sieben Uhr früh der Dampfer, und bald darauf war die erste Ladung Sachen an Bord. Um elf Uhr war die ganze Expedition eingeschifft, und wir dampften sofort nach der Dengels-Durchfahrt, da wir in der Nähe derselben noch eine Insel untersuchen wollten. Herr Prager fuhr hier zu einer kurzen Visite an Land, und weiter ging es in das innere Palaubecken hinein. Westlich von Eil Malk wurde um vier Uhr geankert, und am Sonntagmorgen ging es bei guter Beleuchtung weiter in nordöstlicher Richtung in die Einfahrt zwischen Eil Malk und Urukdschapel. In der Nähe der Insel Neianges wurde geankert, und ich fuhr mit Prager in einem kleinen Boote an Land. Nach kurzer Besichtigung ging es wieder zurück zum Schiff, und weiter dampften wir nach Korror.

Um ein Uhr wurde auf altem bekannten Platz in Malakar-Hafen geankert, und wenig später kam auch schon Winkler zu unserer Begrüßung an Bord. Um Kohlen zu sparen, hatten wir beschlossen, alle weiteren Exkursionen in den Palau-Inseln mit Booten zu machen, und da unser Boot nicht alle unsere Sachen, die wir zu den Kohlen-Untersuchungen benötigten, auf einmal nehmen konnte, wir aber die Sache möglichst beschleunigen wollten, fuhr ich mit Winklers Kanu sofort los, um von den auf Malakar ansässigen Händlern ein oder zwei Boote zu mieten. Ich erhielt denn auch das Boot von Anderson und ein Boot von einem Japaner. Mit den Leuten hatte ich abgemacht, daß die Boote am Montag mit Tagesanbruch längsseits der »Natuna« sein müßten, dort beladen würden und dann mit den Sachen und unseren Chinesen nach Eirei segeln, und daß dort alle Sachen an Land geschafft werden müßten. Dafür sollte jedes Boot 25 Mark erhalten. Am Montag früh waren die Boote auch richtig beim Schiff, das Inventar wurde eingeladen, die Chinesen obenauf gesetzt und um halb neun Uhr segelte das letzte Boot los. Wir Europäer folgten gleich darauf in unserem großen Boot. Wir überholten bald die anderen Boote und besuchten noch eine in der Nähe von Eirei liegende Insel, und zwar

Nardueis. Um fünf Uhr abends waren alle Sachen in Eirei an Land, die Leute hatten ihre Sache sehr gut gemacht. Wir quartierten uns hier wieder in einem schönen großen Klubhaus ein, und hier hatte man Ruhe vor Moskitos und sonstigem Ungeziefer. Die Bohrarbeiten wurden sofort in Angriff genommen und nebenbei die wunderschöne Gegend von Eirei besichtigt.

Am Dienstag erschien Herr Winkler wieder zu kurzem Besuch, und am Nachmittag machten wir einen gemeinsamen Ausflug nach der dicht bei Eirei liegenden Insel Nargedelukle, auf der das berühmte Jap-Steingeld gemacht wird. Es hausen hier einige Leute aus Jap, die aus dem Gestein der Insel (Kalkspat) kreisrunde Stücke heraushauen, die nach Jap gebracht werden und dort als Zahlungsmittel gelten.

Die Stücke haben ganz verschiedene Größe: 20 Centimeter Durchmesser bis zu zwei Meter. In der Mitte des Geld-stückes ist ein kreisrundes Loch, und die Stücke sind etwa zehn bis 20 Centimeter stark. Die Herstellung eines Stückes mittlerer Größe dauert Monate und ist mehrere Hundert Mark wert. Früher brachten die Leute dieses Geld mit ihren Kanus nach dem 250 Meilen entfernten Jap. Heute [1907] machen sie sich die Sache bequemer und verschiffen es mit dem Postdampfer »Germania«. Eine große Anzahl Kanus ist jedenfalls in früheren Jahren beim Transport dieser Stücke verlorengegangen, und eine Unmenge Menschen haben dabei ihr Leben eingebüßt. Eine alte Sage behauptet, daß vor vielen vielen Jahren der angesehenste Häuptling von Jap eine Entdeckungsfahrt nach dem Süden gemacht habe. Er sei auf langer Fahrt auf den jetzigen Palaus gelandet und habe da diesen Stein, der ihm gut gefiel, gefunden. In der ersten Nacht, die er auf der kleinen Insel (Nargedelukle) zubrachte, träumte ihm, er würde ein schwerreicher

Mann werden, wenn er einige dieser Steine mit nach Jap nähme. Sofort ließ er durch seine Leute Steine brechen, und da gerade Vollmond war, diesen die kreisrunde Gestalt geben. Ferner ließ er, um die Steine besser transportieren zu können, in die Mitte ein Loch hineinhauen. Seit jener Zeit ist das Steingeld das wertvollste Zahlungsobjekt der Japleute. Und ich glaube, sie ließen sich lieber alle totschlagen, ehe sie ihr Geld aufgäben. Genau wie hier auf den Palau Inseln der sogenannte Kluck. Ein Kluck ist eine kleine Glasscherbe oder etwas Ähnliches und hat im Durchschnitt einen Wert von 60 Mark. Woher diese Stücke stammen, ist ein bisher unaufgeklärtes Rätsel. Händler haben versucht, ähnliche Stücke einzuführen. Damit haben sie aber kein Glück gehabt. Die Leute müssen ganz bestimmte Zeichen haben, an denen sie ihre Klucke erkennen. Der Besitz eines oder mehrerer Klucke ist der höchste Reichtum, den sich ein Palau-Insulaner leistet.

Am 14. unternahmen Herr Schönian, Herr Pilz und ich einen Ausflug nach Malageok, um die dortige Gegend kennenzulernen. Malageok liegt nördlich von Eirei auf Baobeltaob. In der Nähe ist der wegen seiner Schönheit berühmte See Ngardok. Wir fuhren um zwölf Uhr mittags mit auflaufendem Wasser fort. Zunächst ging die Fahrt bei frischer Brise quer über eine breite Bucht, dann durch einen langen, in vielfachen Windungen angelegten Mangrovenkanal und zum Schluß wieder eine weite Strecke offenes Wasser, vorbei an verschiedenen kleinen Ortschaften und einer japanischen Handelsstation. Einige Regenschauer beeinträchtigten wenig das Schöne der Fahrt. Um halb fünf Uhr landeten wir in Malegeok, quartierten uns dort in einem Klubhause ein. Ich unternahm dann noch trotz strömenden Regens einen kleinen Spaziergang durch das sehr schön eingebaute Dorf. Als ich gegen sechs Uhr nach unserem Hause heimkehrte und gerade an die Bereitung eines Abendessens gehen wollte, kam ein Junge angelaufen mit der Nachricht, daß in der Missionsstation an dem anderen Ende des Dorfes der Pater Rai-

»Der wegen seiner Schönheit berühmte See Ngardok« auf Babeltaob. Aufnahme von Wilhelm Schönian, abgedruckt im Kolonial-Lexikon, Tafel 158

mund aus Korror mit unserem Kapitän und dem ersten Offizier der »Natuna« eingetroffen sei. Diese ließen uns zum Essen auf der Missionsstation bitten. Wir machten uns sofort auf den Weg und fanden dann auch richtig die ganze Gesellschaft vor. Früher hat hier ein spanischer Pater gesessen. Seit einem Jahr etwa war die Station unbesetzt, sollte aber wieder durch Pater Raimund neu ins Leben gerufen werden. Die Herren waren mittags von Korror fortgefahren und wollten eine Tour um ganz Baobeltaob machen. Wir verlebten einen sehr gemütlichen Abend zusammen und begaben uns später wieder nach unserer Behausung zurück.

Am nächsten Morgen ging es bei einigermaßen trockenem Wetter los, und nach flottem einstündigen Marsch durch landschaftlich schöne Gegenden erreichten wir den wundervoll in einem gro-

ßen Talkessel gelegenen See Ngardok. Das wäre ein Platz zur Anlage einer Erholungsstation oder etwas Ähnlichem, schöne Luft, ausgezeichnetes Wasser, viel bebauungsfähiges Land und was sonst noch alles dazugehört. Es wächst hier alles Mögliche: Bananen, Ananas, Taro u. s. w. In früheren Zeiten müssen hier überall blühende Ortschaften gewesen sein. Spuren davon fand man davon fortwährend. Heute ist das ganze Innere von Baobeltaob tot. Vieh müßte hier ebenfalls fortkommen. Auf der Nordwestküste besitzen die Eingeborenen eine kleine Herde Rindvieh. Ziegen und Schweine gab es massenhaft.

Wir photographierten hier fleißig, und nach zweistündigem Aufenthalt wurde der Rückweg angetreten. Nach kurzer Mittagspause in Malegeok hieß es dann wieder ins Boot gestiegen und die Rückfahrt angetreten. Leider ließ uns

Ein weiteres Dorf am Strand wird besucht...

...und dabei auch das Zählen der
Bewohner durchgeführt

auf dieser der Wind ganz im Stich, und
so mußten unsere Leute das Boot fast
den ganzen Tag paddeln oder über das
Riff wegstaken. Wir kamen dann auch
erst um 6.30 Uhr nach mehr als fünfstündiger Fahrt in Eirei an.

Am Sonnabend, den 16., wurden die
Arbeiten bei Eirei beendet. Herr Schönian und ich machten nochmals einen
kurzen Ausflug nach der Steingeld-
Insel. Um fünf Uhr abends erschien der
große Stationskutter des Herrn Winkler,
um soviel Inventar wie möglich an Bord
zu bringen. Das Boot wurde sofort beladen. Schon um sechs Uhr war es wieder unterwegs. Zeit war aber auch nicht
zu verlieren. Eine halbe Stunde später
hätte es nicht mehr herausgekonnt. Am
Sonntag wurde dann in aller Frühe der
Rest unserer Sachen in unser großes
Boot geladen. Ich segelte um sieben Uhr
ebenfalls mit dem Bestimmungsort Eimelik los. Alle anderen Herren und die

Chinesen gingen zu Fuß quer durch die
Insel nach Eimelik. Die Fahrt war sehr
schön. Schon um drei Uhr nachmittags
konnte ich meine Sachen in Eimelik landen. Wenig später traf auch der Kutter
ein. Er hatte, da er sehr tief ging, auf
höheren Wasserstand warten und außerdem große Umwege machen müssen.
Die Fußgänger waren um zwei Uhr
nach etwa vierstündigem Marsch eingetroffen.

Eimelik ist eine kleine, weit verstreut
liegende Ortschaft. Die Wohnungsverhältnisse waren nicht besonders. Aber
da wir nur einige Tage dort bleiben
wollten, so mußte man sich schon behelfen. Das schöne Wetter ließ uns hier
im Stich. Ein Regenschauer löste den
anderen ab. Am Montag früh ging ich
mit einem guten Führer los, zunächst
nach der etwa eine Stunde von Eimelik
entfernt liegenden Kohlenfundstelle.
Hinter mir her kamen Herr Pilz und

Haartracht auf Jap

in die Nähe der Stelle kommen konnte. So trat ich ganz befriedigt ob meiner Exkursion den Heimweg an. Napang hatte den großen Vorzug, jederzeit, trotzdem es ziemlich weit von der Küste entfernt liegt, durch einen selbst bei Niedrigwasser noch ein bis zwei Meter Wasser führenden Kanal erreichbar zu sein. Die Napang-Bucht ist außerdem ein wundervoller Hafen für nicht allzu tiefgehende Fahrzeuge. Um fünf Uhr abends war ich wieder zu Hause. Auf meine Mitteilungen hin faßte Herr Schönian sofort den Entschluß, am nächsten Morgen mit Herrn Prager und reichlich Bohrgerät nach der Kohlenstelle zu fahren und dort die Untersuchungen aufzunehmen, während Herr Pilz und ich in Eimelik bleiben sollten. Herr Schönian und Herr Prager wollten die Nacht in Napang bleiben. Von dort konnte man bequem in einer halben Stunde mit einem Kanu zur Kohlenlagerstätte fahren. Die Fahrt von Eimelik nach Napang nahm mit unserem Boot etwa drei Stunden in Anspruch. Am Dienstag, den 19., fuhren Herr Schönian und Herr Prager nach Napang und nahmen dort die Arbeiten auf. Das Wetter war wenig angenehm. Häufige heftige Regenschauer verleideten einem den Aufenthalt im Freien gründlich. Der nächste Tag brachte darin wenig Änderung.

Am Donnerstag wurden Abreisevorbereitungen getroffen. Gegen Mittag kam der Kutter von Herrn Winkler wieder nach Eimelik. Abends kehrten auch die Herren von Napang zurück. Am Nachmittag machte ich noch eine sehr schöne Tour nach dem Süden bis zu einer Ortschaft Ngergai und sah mir dort das größte in den Palau Inseln vorhandene Stück Schildpatt an, eine Schale von einem Fuß Länge und gut eine Spanne breit. Die Besitzerin dieser Schale, eine alte Frau, erklärte mir, dieses nur gegen ein Stück Palaugeld, und zwar

Herr Prager mit einer Kolonne Arbeiter, Bohrgerät u. s. w., um die Arbeiten dort sofort in Angriff zu nehmen. Ich ging dann wieder weiter auf ganz gemeinem Weg nach Napang, einer weiter im Norden an der großen und tiefen Napang-Bucht liegenden Ortschaft, und traf dort um elf Uhr ein. Nachdem ich mich an einer am Spieß gebratenen Taube und etwas Taro gestärkt hatte, ging es durch dichte Mangroven auf einem Bambusfloß weiter zu der Napang Kohlenstelle. Eine kurze Besichtigung zeigte mir, daß man jederzeit mit unserem Boot bis ganz

einem Kalbucku (Wert etwa 120 Mark), verkaufen zu wollen.

Am Freitag begannen wir in aller Frühe mit dem Beladen des Kutters und unseres Bootes. Um neun Uhr verließen beide Boote mit allem Inventar und allen Leuten Eimelik. Damit war unsere Mission hier beendet. Nach sehr flotter Fahrt erreichten wir noch vor zwölf Uhr die »Natuna« und richteten uns auf dieser wieder häuslich ein. Am Sonnabend früh fuhr ich noch einmal nach Korror und machte mit Herrn Winkler zusammen eine längere Tour durch die ganze Insel. Am Sonntag, den 24. November, wurde dann zum Abschied geblasen. Die Pater und Herr Winkler kamen trotz des ganz abscheulichen Regenwetters zum Schiff und blieben bis zur letzten Minute an Bord. Um fünf Uhr abends ging es dann aus dem Malaken-Hafen und nordwärts nach Kayangel, der nördlichsten der Palau Inseln, die wir noch auf dem Weg nach Jap besichtigen wollten.

Am Montag früh waren wir in Sicht der kleinen Inseln. Um etwa acht Uhr fuhren Herr Pilz und ich in einem Boot, das von Land abgekommen war und den wenigen hier ansässigen Eingeborenen gehörte, an Land zu einer Besichtigung. Auf Kayangel wohnten damals nur noch etwa 60 Leutchen, denen es an einem gewissen Wohlstand nicht zu fehlen schien. Sonst war da nichts los. Bewohnt war nur eine der drei kleinen die Kayangel-Gruppe bildenden Inseln. Um zwölf Uhr waren wir wieder an Bord. Weiter ging es, was die »Natuna« nur laufen konnte, nach Jap. Dieses Mal hatten wir Glück mit dem Wetter, fast gar kein Wind, nur eine leichte östliche Dünung, in der die »Natuna« langsam von einer Seite auf die andere rollte.

Beliebter Treffpunkt der Europäer: die Wirtschaft »Zur Kokosnuß« auf Jap. Mit Claessens »ging es in diesen Tagen lustig her und oft wurde es recht spät oder vielmehr früh, ehe man in die Falle kriechen konnte«

Das hat sie trotz der langen Liegezeit in Korror nicht verlernt.

Der Aufenthalt auf den Palau Inseln wird wohl der schönste Teil unserer ganzen Expedition gewesen sein. Da reichen selbst die Marianen nicht heran. Vom Wetter sind wir ganz hervorragend begünstigt worden. Alles ist rasch und glatt vonstatten gegangen. Die Hauptsache war: Wir sind alle gesund geblieben. Was will man noch mehr. Leider erreichten wir am Dienstagabend nicht mehr Jap. Die »Natuna« lief nichts mehr. Sechs bis sieben Meilen, das ist alles, was herauszubekommen war.

Am Mittwoch, den 27. in der Frühe, trafen wir in Jap ein und gingen gleich wieder an die Werft in Tarang, um dort unseren ziemlich erschöpften Kohlenvorrat zu erneuern. Da wir hier noch allerlei an Land zu tun hatten, quartierten wir uns gleich alle an Land ein und vermieden so das fortwährende Hin- und Herfahren zum Schiff, das bei den großen Entfernungen immer viel Zeit in Anspruch nahm.

Leider erhielten wir hier die traurige Nachricht vom Ableben unseres guten Herrn Gutzeit. Nur noch wenige Tage hatte er hier an Land gelitten. Wie der Arzt sagt, ist er an den Folgen einer innerlichen Quetschung, die er sich bei Überholung des Kessels in Korror zugezogen hatte, gestorben. Das Begräbnis soll sehr feierlich gewesen sein. Die ganze Kolonie war daran beteiligt. Er war der erste Deutsche, der hier gestorben und beerdigt ist. Bestattet wurde Gutzeit auf dem sogenannten Regierungsfriedhof, der leider vorläufig noch sehr im argen liegt. Sein Grab kennzeichnet bis jetzt nur ein kleiner Erdhügel. In der Nähe ist im Jahre 1885 ein spanischer Arzt bestattet worden. Man hatte diesem ein einfaches, aber sehr schönes Grabmal errichtet, in ähnlicher Weise müßte das Grab des Herrn Gutzeit ver-

schönert werden. Unser guter Kapitän ist darin leider etwas schwerfällig, und ich kann mich offiziell nicht hineinmischen, da ja der Kapitän die erste Person am Schiff und so gewissermaßen auch Vertreter des Lloyd ist.

An Bord hat Herr Schönian wieder eine Anzahl Bilder entwickelt und die besten dieser Aufnahmen in einem schönen Album zusammengestellt. Es wird ein schönes Andenken an unsere Reise sein.

Die Zeit, die wir in Jap verlebt haben, war riesig nett. Alle Leute wetteiferten darin, uns den Aufenthalt so gemütlich als nur irgend möglich zu gestalten. In der Wirtschaft »Zur Kokosnuß« ging es in diesen Tagen lustig her, und oft wurde es recht spät oder vielmehr früh, ehe man in die Falle kriechen konnte. Sonntag, den 1. Dezember, kam dann noch ein deutsches Kriegsschiff, der »Condor«, nach Jap, um hier acht Tage liegen zu bleiben, und so war Betrieb genug in der Kolonie.

Pilz, Prager und ich arbeiteten abwechselnd im Laboratorium, um alle noch rückständigen Analysen fertigzustellen. Und dazwischen wurden Touren durch die Insel nach Norden und Süden gemacht. Am Dienstag, den 3., gab dann die Expedition in den Klubräumen der Deutsch-Niederländischen-Telegraphen-Gesellschaft einen großen Bierabend, zu dem die ganze Kolonie eingeladen war. Es war dieses die einfachste Art und Weise, um uns für alle uns erwiesenen Liebenswürdigkeiten zu revanchieren. Das Fest gelang dann auch ausgezeichnet. Ich hatte mit dem Messe-Vorstand der D.N.T.G. die innere Regie übernommen, und wir beiden konnten sehr zufrieden mit dem Erfolg sein. Die Kapelle des »Condor« in Stärke von zehn Mann lieferte die zu einem richtigen Bierabend nötige Musik, und so gestaltete sich das Fest wohl zu dem schönsten, das je in Jap gefeiert worden ist. An dem Abend waren 27 Herren, lauter Deutsche, in den Klubräumen versammelt; das größte Kontingent stellte die D.N.T.G. Während unseres Aufenthaltes in Jap wurde viel hin und her telegraphiert, da unsere weitere Expedition möglichst beeilt werden sollte. Nach dem Hinscheiden des alten Herrn Gutzeit hatten wir nur noch einen Maschinisten an Bord, und zwar hatte der auch nur ein Patent zweiter Klasse. In Jap konnten wir keinen Ersatz bekommen. So blieb uns nichts anderes übrig, als direkt nach Simpsonhafen zu fahren, von Hongkong mit dem gerade fälligen Postdampfer einen Obermaschinisten dorthin kommen zu lassen und ihn dort an Bord zu nehmen. Die Untersuchung der Ostkarolinen mußten wir dann statt von Westen von Osten beginnen.

Am Sonntag, den 8. Dezember, erhielten wir dann endlich in der Frühe das letzte Telegramm. Sofort wurde die Abfahrt auf den Mittag des gleichen Tages festgesetzt. Zu unserer Verabschiedung fand sich alles, was in der Kolonie irgend abkömmlich war, an Bord ein. Als wir aus dem Hafen dampften, begleiteten uns noch mehrere Boote eine Strecke weit. Jap wird kaum eine so fidele Zeit wiedersehen.

1 Es ist unklar, wen und was Claessens hier meint. Ein Beamter im Kaiserlich Chinesischen Seezolldienst namens Ernst Ruhstrat (1856–1913) veröffentlichte 1899 das Buch »Aus dem Lande der Mitte. Schilderungen der Sitten und Gebräuche der Chinesen« und 1905 den Titel »Sittenbilder aus China«. Darin wird auch ausführlich auf die Vorliebe für Glücksspiel eingegangen. Der Ausspruch »O rühret, rühret nicht daran!« ist eine Zeile aus dem Gedicht »Wo still ein Herz von Liebe glüht« von Emanuel Geibel (1815-1884), die zum geflügelten Wort wurde. Georg Büchmann: Geflügelte Worte. Der Citatenschatz des deutschen Volkes, Berlin 19. Aufl. 1898, S. 260.
2 »Belowberg, 730 m hoher vulkanischer Kegel in West-Neupommern, Bismarckarchipel (Deutsch-Neuguinea), mit noch rauchendem Krater in 2/3 Höhe der Ostabdachung, benannt zu Ehren von C. W. v. Below: dieser wurde am 13. März 1888 mit C. Hunstein an der Westküste Neupommerns durch eine Flutwelle getötet, welche durch einen Ausbruch der Ritterinsel (s.d.) erzeugt worden war.« Kolonial-Lexikon, Bd. 1, S. 161.
3 »Regierungsstation am Berlinhafen (Kaiser-Wilhelmsland, Neu-Guinea). Die Regierungsstation wurde 1906 errichtet und unterstand dem Kaiserlichen Gouverneur in Rabaul«. Kolonial-Lexikon, Bd. 1, S. 553.
4 Tamara (Tumleo, Dudemaineinsel): Insel vor der Küste des Kaiser-Wilhelmslandes (Deutsch-Neuguinea) in der Nähe von Berlinhafen. Katholische Missionsstation der Gesellschaft des Göttlichen Wortes. Kolonial-Lexikon, Bd. 3, S. 557.
5 Gemeint ist das 1896 in Bremen eröffnete »Städtische Museum für Natur-, Völker- und Handelskunde«, seit 1951 Übersee-Museum.
6 Bei der Übertragung seiner Tagebuchaufzeichnungen in das Typusskript hat Robert Claessens in diesem und im folgenden Absatz wie auch bei einigen weiter unten stehenden Passagen darauf verzichtet oder übersehen, die Gegenwartsstellen in die Vergangenheit zu setzen.

Wilhelm Schönian kehrt heim, und der Phosphatabbau in der Südsee beginnt

Wir verließen die Natuna in Singapore, wo der Rest unserer Ausrüstung verkauft wurde, eigentlich muß man sagen: verschleudert wurde, denn für manche Sachen fand sich überhaupt kein Interesse und man mußte sie zu irgendwelchen Preisen weggeben, denn der Transport nach Hause lohnte nicht. Die Angestellten der Firma Behn, Meyer & Co. (die die Interessen des Syndikats wahrnahm) haben sich bemüht, uns die ein oder zwei Wochen, in denen wir versuchten, uns wieder an den Verkehr mit anderen Menschen zu gewöhnen, möglichst nett zu gestalten, und wir haben machen vergnügten Abend mit ihnen im deutschen Klub oder in den Messen der einzelnen Herren zugebracht.

Phosphatabbau auf Angaur, vier Bilder aus dem Nachlass Wilhelm Schönians

Die Heimreise wurde dann Mitte Februar auf Dampfer »Kleist«, Kapitän Prösch, angetreten. Sie verlief besonders fröhlich, weil alles auf dem Heimwege, d.h. in die Ferien war, was für alle in den Tropen lebenden Leute die Sehnsucht darstellt. Der Zufall wollte, daß wir bald mit einigen anderen Zeitgenossen einen kleinen geschlossenen Kreis um den Kapitän bildeten, der seine Tagungen aus dem allgemeinen Rauchzimmer in das Wohnzimmer des Kapitäns verlegte. [...] Zu Hause angekommen, wartete unser natürlich außer der Erzählerpflicht für Neugierige eine Riesenaufgabe, denn es handelte sich um die Frage, was ist aus den Ergebnissen der Expedition zu machen. Das löste sich aber im Hauptpunkte bald: das Syndikat gründete die Deutsche Südseephosphat A.G. und brachte gegen den Aktienbesitz in Höhe von 4.500.000 Mark die Sonderberechtigung ein, die es sich vom Reichskolonialamt für die Ausbeutung der auf Angaur liegenden Phosphate hatte geben lassen. Die Gründung fand Mitte 1908 in Bremen statt. Die Leitung der neuen Gesellschaft wurde mir angeboten unter der Überschrift: Sie haben A gesagt, nun müssen Sie auch B sagen. Mit meinem Herzen war ich schon seit längerer Zeit nicht mehr bei FHS [F.H. Schmidt], und ich habe mich auch keineswegs besonnen, das Angebot anzunehmen, besonders, da ich mein Einkommen garantiert etwa verdoppeln konnte und außerdem die Aussicht hatte, bei guter Entwicklung des Grubenbetriebes eine zusätzliche Tantieme zu beziehen. Die DSA

kaufte mich mit sofortiger Wirkung für 60.000 Mark aus meinem Vertrage bei FHS heraus.

Das Phosphat-Syndikat

Die Expedition hatte auf verschiedenen Inseln Phosphatvorkommen festgestellt, abbauwürdige Lager jedoch nur auf den Inseln Angaur und Feis. Das Syndikat hatte sich von der Reichskolonialverwaltung die Abbaurechte für diese beiden Inseln erteilen lassen und übertrug sodann die Sonderberechtigung für Angaur auf die 1908 von folgenden Firmen gegründete Deutsche Südseephophat AG:
- Norddeutscher Lloyd, Bremen
- Deutsche Nationalbank, K. a. A., Bremen (Hausbank der Gesellschaft)
- Tellus, AG für Bergbau und Hüttenindustrie, Frankfurt a. M. (Beer, Sondheimer & Co.)
- Beer, Sondheimer & Co., Frankfurt a. M.
- Wm. H. Müller & Co., Rotterdam (zukünftige Alleinvertretung der Produkte)

Von dem auf 4.500.000 Mark festgesetzten Grundkapital der neuen Gesellschaft erhielt die Deutsche Nationalbank »als Führerin eines Konsortiums« der Gründer franco valuta 500.000 Mark Aktien der Serie A, die als voll eingezahlt galten, für die Einbringung der Konzession. Außerdem übernahmen die Gründer alle übrigen Aktien der Deutschen Südseephosphat AG. Mit der Ausbeutung der Angaur-Phosphate wurde sofort begonnen, indem bereits im Gründungsjahr der Deutschen Südseephosphat

AG auf Angaur die Anlagen für Abbau, Trocknung und Verschiffung der Phosphate und Unterbringungsmöglichkeiten für die Beschäftigten, hauptsächlich Einheimische und Chinesen, geschaffen wurden. Eine Station für Drahtlose Telegraphie stellte die Verbindung mit der Kabelstation in Jap her.[1]

1 Anneliese Scharpenberg, eingeleitet und überarbeitet von Hartmut Müller: Die Deutsche Südseephosphat-Aktiengesellschaft Bremen. In: Bremisches Jahrbuch, Bd. 55 (1977), S. 127–241, S. 133 f., und Kolonial-Lexikon, Bd. 1, S. 313 f.

Stadtplan Sydney mit rot eingezeichneter Niederlassung des NDL

Für den NDL nach Australien

Nach einer sehr schönen Überfahrt, bei der die »Natuna« noch einen Durchschnitt von sieben Knoten erzielte, erreichten wir Simpsonhafen am Sonntag, den 15. Dezember, und legten an dem Pier des NDL in Rabaul an. Mit uns am gleichen Pier lag der etwa 90 tons große Lloyddampfer »Roland«, der den Verkehr mit den in der Nähe liegenden Stationen aufrechterhielt. Im Matupi-Hafen lagen der »Seestern«, die Gouverneursyacht und das Vermessungsschiff »Planet« der Kriegsmarine. Ich begab mich gleich an Land, um alle alten Bekannten zu besuchen. Herr Schönian fuhr, einer Einladung des Herrn Thiel, Chef der Firma Hernsheim & Co., folgend, nach Matupi. Am Montag fuhr ich zu einer Besprechung mit Herrn Schönian nach Matupi und erhielt dort die traurige Nachricht, daß der »Roland«, der in der Nähe in See gegangen war, querab von Herbertshöhe auf einem dort befindlichen Riff gestrandet war. Das Schiff hatte sich gleich nach der Strandung auf die Seite gelegt und lag teils unter Wasser. Ich fuhr sofort mit der »Natuna« zur Unfallstelle zu einer Besichtigung und dann nach Rabaul und stellte mich der dortigen Lloydvertretung zur Bergung des »Roland« zur Verfügung. Der Dampfer »Sumatra« war mittlerweile auch nach Rabaul eingelaufen. Er war aber flügellahm, da er an der Schraube Beschädigungen hatte. Es war Eile geboten, da bei aufkommendem schlechten Wetter an eine Bergung des »Roland« mit den zur Verfügung stehenden Mitteln nicht zu denken war. Die einzige Möglichkeit war meiner Ansicht nach, den »Roland« mit Hilfe der in Rabaul befindlichen Leichter vom Riff bei Hochwasser abzuheben, ihn nach Rabaul an den Pier zu schleppen und dort mit Hilfe einer Dampframme etc. wieder aufzurichten. Dieses gelang uns

Mit der Fahrt der »Prinz Waldemar«, hier am Pier in Rabaul, von Rabaul nach Sydney endet die Expedition für Claessens
Unten: NDL-Flussdampfer »Roland«

auch nach mühseliger Arbeit. Schwere Trossen und Ankerketten wurden unter dem Schiff hindurchgezogen und bei Niedrigwasser an den zu beiden Seiten liegenden Leichtern befestigt. Es gelang, bei Hochwasser den »Roland« vom Riff abzuheben und dann mit ganz langsamer Fahrt nach Rabaul zu schleppen. Dort wurde er in flachem und ruhigem Wasser aufgerichtet, repariert und hat dann noch mehrere Jahre gute Dienste geleistet. In Rabaul verabschiedete ich mich von der Expedition.

Die »Natuna« dampfte mit den übrigen Mitgliedern nach den Karolinen. Ich hatte mich von der Expedition getrennt, da unsere Hauptaufgabe erfüllt war und die »Natuna« von Ponape nach Singapore gehen sollte, während ich nach Sydney wollte und mußte.

Mit dem gerade fälligen Postdampfer[1] fuhr ich nach Sydney und traf dort am 28. Dezember 1907 ein.

Ich meldete dem NDL in Bremen telegraphisch meine Ankunft und erhielt prompt die Antwort, in Sydney als Ladungsinspektor zu bleiben. In Bremen war mittlerweile die Südsee-Phosphat-Gesellschaft gegründet worden.

Da ich von meinen früheren Reisen nach Australien die Verhältnisse in Sydney so einigermaßen kannte, fand ich mich leicht in meine neue Stellung, die ich außerdem vollkommen neu aufbauen mußte, da es einen solchen Posten bisher in Sydney nicht gab. Als »Wharfinger«[2], d. h. Beaufsichtiger der Beladung der Schiffe, war ein Herr Gehrken tätig, der all die späteren Jahre mein treuer Mitarbeiter geblieben ist. In Sydney war die Vertretung des NDL in Händen der Firma Lohmann & Co.[3] in der Bridge Street, die gleichzeitig selbst große Verschiffer von Wolle etc. waren.

Ich begab mich zunächst auf Reisen, besuchte die Vertreter des NDL in Mel-

Blick auf die Sydney Cove aus Robert Claessens' Büro. Links im Bild die Pieranlagen des Norddeutschen Lloyd

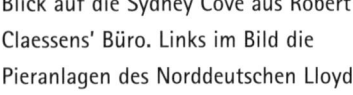

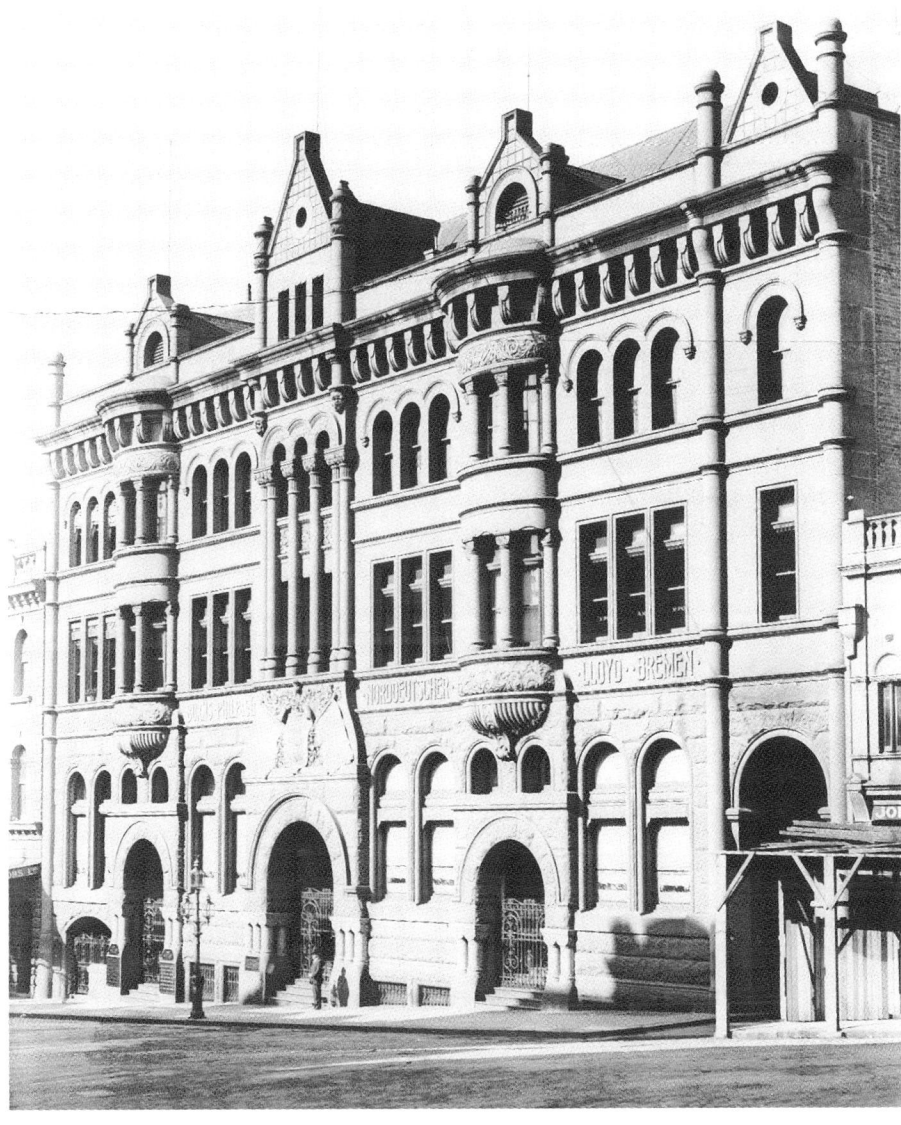

bourne, Adelaide und Fremantle, und dann von Sydney aus nach Brisbane. Ich machte die Fahrten teils per Schiff, entweder mit einem unserer Reichspostdampfer oder einem Dampfer der PuO-Linie, oder aber per Bahn und lernte auf diese Art viel Neues kennen. Von Adelaide nach Fremantel war damals noch keine Bahnverbindung. Interessant war die Fahrt von Sydney nach Melbourne oder umgekehrt. Da New South Wales und Victoria verschiedene Spurweiten hatten, mußte man an der Grenze in Albury umsteigen. Sydney verließen die Schnellzüge stets des Abends gegen acht Uhr, um sieben Uhr früh war man in Albury, und dort erwartete einen im Bahnhofsrestaurant ein sehr gutes Frühstück, bestehend aus Porridge, Spiegeleiern mit Speck oder Schinken, Brot, Butter, Marmelade und Kaffee oder Tee. Dann ging es weiter in einem sehr bequemen Zug der Victorian Railways, der in den letzten Jahren vor dem Weltkrieg auch einen Speisewagen hatte, allerdings ohne jeden Alkohol. Gegen ein Uhr mittags war man dann in Melbourne. Um fünf Uhr nachmittags ging es dann

Blick auf den Pier des NDL vor Abfahrt
eines Passagierdampfers

weiter nach Adelaide, wo man ohne um-
zusteigen um neun Uhr früh eintraf. Alle
Züge hatten sehr bequeme Schlafwagen.
Umgekehrt fuhr man nachmittags von
Adelaide ab, traf in den Vormittagsstunden in Melbourne ein und fuhr dort wieder gegen vier Uhr ab. Abendessen in
Albury oder später im Speisewagen, Abfahrt von Albury etwa zehn Uhr abends,
und um zehn Uhr vormittags war man
wieder in Sydney. Später gab es noch einen Limited Express, der etwas schneller war. In Victoria fuhr ich stets in der
»Observation Car«, es war dieses der
letzte Wagen im Zug, mit sehr bequemen Sesseln ausgestattet und am Ende
des Wagens ein Balkon, auf dem man

nach dem Abendessen, im bequemen
Sessel sitzend, seine Zigarre rauchen
konnte und die Gegend beobachten.
Nach Brisbane mußte man ebenfalls den
Zug an der Grenze von Queensland
wechseln. Um sieben Uhr abends Abfahrt, um zehn Uhr Zugwechsel, und in
den Morgenstunden war man in Brisbane. Umgekehrt fuhr man vormittags
von Brisbane fort, bestellte sich einen
Dinner Basket, der auf einer Zwischenstation in das Abteil gebracht wurde,
verzehrte die schönen Sachen, die der
Korb enthielt, während der Fahrt und
gab ihn auf einer weiteren Station wieder ab. Am Spätnachmittag wurde der
Zug gewechselt, und abends traf man

Sydney, Blick auf den Pier des NDL
und der Fa. Lohmann & Co. und die
Beladung der »Franken«

Für den NDL nach Australien

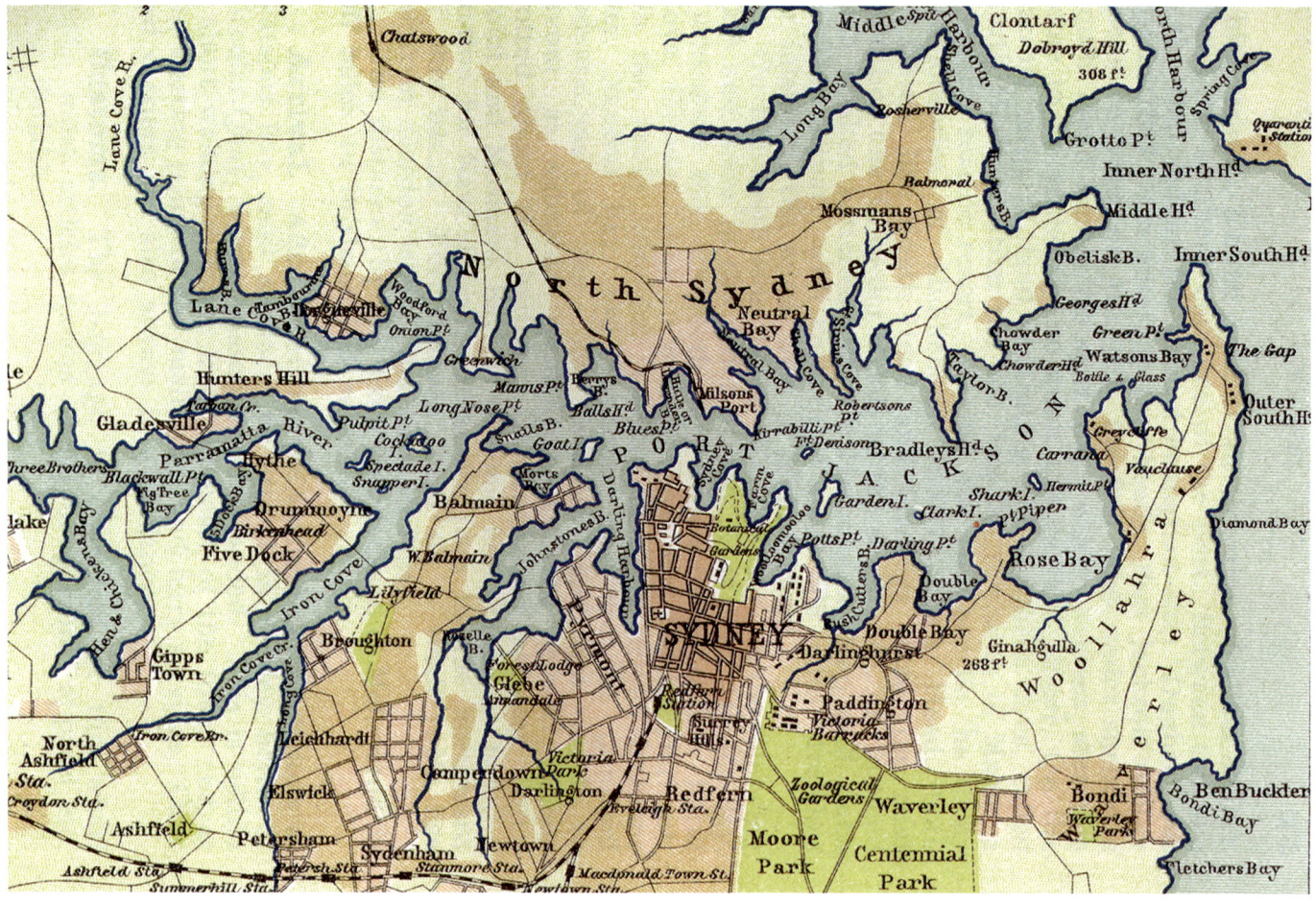

Sydney und nähere Umgebung

in Sydney ein. Auf einer Zwischenstation konnte man ganz frische aus der Schale genommene Austern, die Flasche für einen Schilling, kaufen, die dann zu Hause, als Ragout zubereitet, ausgezeichnet schmeckten. So war in jeder Beziehung auch für das leibliche Wohl der Reisenden gesorgt. Auf allen Zwischenstationen wurden an den Zügen heiße Fleischpasteten und Unmengen von Süßigkeiten angeboten.

Die Dampfer des NDL legten in Sydney an der Westseite des Circular Quai, also mitten in der Stadt an. Hier hatte ich auch mein Büro. Da ich nicht gern in ein Boardinghaus ziehen wollte, mietete ich mir in der Stadt ein Zimmer, das ich im Laufe der Zeit mehrmals wechselte, bis ich schließlich in der Edge-

cliffe Road bei einer Familie Macguire zwei sehr nette Zimmer fand.

Zunächst war verhältismäßig wenig Arbeit, da nur alle vier Wochen ein Reichspostdampfer, von Bremen kommend, Sydney anlief und zwischendurch alle sechs Wochen ein Frachtdampfer, und ein Dampfer der Sydney-Japan-Linie. Das änderte sich aber bald. Die Frachtdampfer kamen häufiger, die Dampfer wurden größer und zeitweise lagen sechs NDL-Dampfer gleichzeitig in Sydney. Am Circular Quay war nur Raum für zwei Dampfer, und so mußten bald neue und modernere Liegeplätze geschaffen werden.

Es wurde die New South Wales Stevedoring Company gegründet, deren Manager ich war, zwei Dampfleichter,

Wechsel in der Führungsspitze des Norddeutschen Lloyd

Nachdem Generaldirektor Heinrich Wiegand, geboren am 17. August 1855 in Bremen, am 29. März 1909 im Alter von nur 53 Jahren an den Folgen eines Nierenleidens verstorben war, erhielt Herr Direktor Philipp Heineken, die Leitung der Geschäfte [...]. Direktor Heineken entstammt einer alten Bremer Familie. Er ist am 1. März 1860 als Sohn des früheren Rechtsanwalts und Konsulenten des Norddeutschen Lloyds Dr. Johannes Heineken in Bremen geboren. Seine kaufmännische Ausbildung erhielt er bei der Bremer Firma Friedrich Sparkuhle. Nach beendigter dreijähriger Lehrzeit und nachdem er seiner Militärpflicht genügt hatte, ging er nach England, wo er sechs Jahre lang im Geschäfte der Baumwollfirma de Jersey & Co. in Liverpool tätig war. Die Bestrebungen der deutschen Baumwollspinnereien, einen eigenen großen Baumwollmarkt in Bremen zu schaffen,

Philipp Heineken, Direktor des NDL

veranlassten Herrn Heineken, Ende 1886 nach Bremen zurückzukehren und dort gemeinschaftlich mit Herrn Johannes Vogelsang aus Dülken unter der Firma Heineken & Vogelsang ein Baumwollimport- und Versandgeschäft zu gründen, das bald an Ausdehnung gewann und zu den größten und angesehensten am Platze gehörte. Häufige Reisen nach Amerika führten zur Etablierung von Zweigniederlassungen im Süden der Vereinigten Staaten, wie auch in New York, Liverpool, Hamburg und Havre, von denen die meisten ebenso wie die Bremer Firma unter dem gleichen Namen heute noch bestehen. Als Mitglied der Bremer Baumwollbörse wurde Herr Heineken bald deren II. und später I. Vizepräsident. Dies Amt hat er lange Jahre bis zu seinem Eintritt in den Vorstand des Norddeutschen Lloyd verwaltet. Im Jahre 1898 wurde er zum Mitglied der Bremer Handelskammer, im folgenden Jahre in die bremische Bürgerschaft gewählt. 1905 hatte er das Präsidium der Handelskammer inne, 1902 wurde er in den Aufsichtsrat des Norddeutschen Lloyd gewählt. Im Jahre 1905, nach dem Ableben seines Associés Vogelsang, entschloss Heineken sich, ein ihm vom Norddeutschen Lloyd gemachtes Anerbieten anzunehmen, aus seiner Firma auszutreten und Mitglied des Vorstandes des Norddeutschen Lloyd zu werden. Am 1. März 1906 trat er als Direktor in den Norddeutschen Lloyd ein, wo ihm die Leitung der sämtlichen Frachtabteilungen und bald auch die Vertretung des Generaldirektors übertragen wurde.

Aus dem Betriebe des Norddeutschen Lloyd, S. 50 f.

Um die wirtschaftlichen und politischen Verhältnisse Australiens und im fernen Osten kennen zu lernen, hatte Heineken, der Generaldirektor des Norddeutschen

Lloyd, im Mai 1910 eine sich über etwa drei Vierteljahre erstreckende Informationsreise nach den genannten Ländern [angetreten], nach denen sowohl durch die Reichspost- und Frachtdampfer, aber auch durch die indo-chinesischen Küstenlinien die Interessen des Norddeutschen Lloyd in besonderem Maße gravitierten. Namentlich die für 1914 zu erwartenden Verhandlungen über die Erneuerung des Reichspostdampfer-Vertrages ließen es geboten erscheinen, durch eingehende Information an Ort und Stelle ein persönliches Urteil über die wirtschaftlichen Verhältnisse dieser Länder zu gewinnen, um so mehr, weil seit der Reise Dr. Wiegands im Jahre 1898 keiner der leitenden Herren des Norddeutschen Lloyd wieder in Ostasien gewesen war.

Siebzig Jahre Norddeutscher Lloyd Bremen 1857 – 1927, o.Verf., Berlin 1927, S. 98

Aus Bremen um die ganze Welt: Sitz der New Yorker Lloyd-Agentur

Auf der Rückseite dieser unscharfen Foto-
grafie vermerkte Claessens: »Links oben
meine bisherige Wohnung. May 08 bis
1. Januar 1910«

Sydney, Beach Road, Ruscutters Bay

»Bunyip« und »Marion«, und verschiedene andere Leichter beschafft und im
Darling Harbour ein größeres Terrain
erworben, auf dem eine hochmoderne
zweistöckige Wollpreß- und Verlade-
einrichtung geschaffen wurde nebst den
dazugehörigen großen Pieranlagen. Es
war dieses wohl die modernste Anlage
ihrer Art in Australien. Die Wollballen
wurden mit einer Drahtseilbahn direkt
von der Presse zum Schiff befördert. Da
ich mit der Aufsicht über die Beladung
der Dampfer in Australien beauftragt
war, fuhr ich häufig nach Melbourne,
Adelaide und Brisbane, einmal auch
nach Townsville und Rockhampton und
Hobart in Tasmanien, wo frische Früchte für Europa geladen wurden. Im August 1910 kam Direktor Heineken nach
Australien zu einer Inspektionsreise.

Ich fuhr ihm bis Adelaide entgegen.
Von dort fuhren wir nach Besichtigung
der umliegenden Weindörfer unter Führung der Herren Muecke, Agenten des
NDL in Adelaide, nach Melbourne, wo
uns die Herren Adena und Pfaff von der
Melbourner Agentur in Empfang nahmen. Ich fuhr gleich weiter nach Sydney.
Einige Tage später kam Herr Heineken
ebenfalls nach Sydney, und von hier

begleitete ich ihn dann weiter an Bord
des »Prinz Sigismund« bis nach Japan.

Die Reise ging zunächst nach Brisbane und von dort nach Rabaul, das ich
nun nach vier Jahren wiedersehen sollte. Rabaul hatte sich sehr zu seinem Vor-
teil verändert. Viele Häuser waren dort
gebaut und sehr zweckmäßige Anlagen
geschaffen worden. In Rabaul machte
ich meine ersten Filmaufnahmen mit einem für diesen Zweck von Sydney mitgenommenen Filmgerät.

Weiter ging es dann nach Friedrich
Wilhelmshafen und von dort mit einem
kleinen der Mission gehörigen Dampfer
nach Alexishafen, wo deutsche, katholische Missionare in jeder Beziehung mus-
tergültige Anlagen geschaffen haben.

Von Friedrich Wilhelmshafen ging es
nach Maronn auf den Hermits Inseln,
dem Hauptsitz der Firma Wahlen, einer
der größten Handelfirmen im Gebiet.[4]
Hier wurden wir in der »Wahlenburg«
fürstlich bewirtet. Bei Tisch bedienten
uns Leute, denen nachgesagt wurde, daß
sie vor gar nicht langer Zeit noch Men-
schenfresser gewesen seien. Von Maronn
fuhren wir nach Jap. Hier verließ ich den
»Prinz Sigismund«, um mit dem nächsten von Japan nach Sydney fahrenden

Dampfer »Prinz Waldemar« wieder nach Australien heimzukehren. In Jap mußte ich einige Tage warten und quartierte mich bei dem dortigen Agenten des NDL, einem Herrn Gewers, ein. Mit Gewers war ich seinerzeit als Offizier auf der »Gera« zusammen gewesen, fand in ihm aber einen durch die Südsee vollkommen verdorbenen Menschen wieder. Seine Behausung war mehr als einfach, und er führte schon damals ein richtiges Kanakerleben. Er ist dann auch bald total verkommen. Ich war froh als ich wieder an Bord des »Prinz Waldemar« heimwärts fahren konnte.

In Sydney verkehrte ich sehr viel im Hause des Major Waine und mochte auch die Tochter sehr gern. Wir gingen viel zusammen aus etc., aber heiraten wollte sie mich nicht. Durch sie lernte ich eine Familie Sands kennen, und schließlich verlobte ich mich mit Marjorie Sands. In der Beach Road, Ruscutters Bay, mietete ich ein sehr nettes Haus, das ich mir ganz nach meinem Geschmack einrichten ließ.

Zeitweise wohnte ich mit einem Wollkäufer der Firma Fuhrmann-Trost, Herrn Krech, dort zusammen. Wir haben manch schöne Stunde da verlebt. Sehr

Gewers, Agent des NDL auf Jap, schickt mit Datum des 18. September 1910 eine Postkarte mit ihm selbst als Motiv auf der Vorderseite an Claessens. Haben die freizügigen Fotografien an der Wand zu Claessens' Urteil eines »durch die Südsee vollkommen verdorbenen Menschen« beigetragen?

viel verkehrte ich im Deutschen Klub, Phillipp Street, dessen Sekretär ich auch mehrere Jahre gewesen bin. Viele nette Gesellschaften und Herrenabende wurden da veranstaltet. Im Juli 1910 löste Miss Sands unsere Verlobung auf, und während der Fahrt mit Herrn Heineken durch die Südsee hatte ich reichlich Zeit, über alles nachzudenken.

1 Die beiden NDL-Dampfer »Prinz Waldemar« und »Prinz Sigismund« wurden im Sydney – Neuguinea – Singapur – Dienst eingesetzt. »Prinz Sigismund« war 1903 bei der A.G. »Weser«, Bremen, gebaut worden (103,63 m Länge ü. a., 12,86 m Breite), die im selben Jahr gebaute »Prinz Waldemar« bei der G. Seebeck AG, Geestemünde (103,70 m Länge ü. a., 12,76 m Breite). Die Fahrt mit der »Prinz Waldemar« war bei Indienststellung die luxuriöseste Verbindung zwischen Australien und Ostasien. Kludas, S. 122 f.

2 Kaimeister, Thieme-Preusser: A new and complete critical dictionary of the English and German languages, Hamburg 1883.

3 Weber, Lohmann & Co Ltd., 1892 von dem Bremer Kaufmann Alfred Lohmann zusammen mit Arthur Weber in Sydney gegründet, 1994 umfirmiert zu Standard Wool Deutschland GmbH, 2006 Geschäftsaufgabe.

4 Zur Handelsfirma von Heinrich Rud. Wahlen siehe Kolonial-Lexikon, Bd. 2, S. 27.

Beim Dinner im Speisesaal 1. Klasse, aus NDL: Hochzeitsreisen

Von der Hochzeit bis zum Ersten Weltkrieg

Im November 1910 verlobte ich mich dann per Kabel mit meiner trotz allem nicht vergessenen Jugendliebe Fräulein von Printz[1] und bereitete nunmehr alles für eine baldige Heirat vor. Im März 1911 nahm ich meinen ersten Urlaub und fuhr mit dem Dampfer »Großer Kurfürst«[2] nach Europa. Die Reise verlief sehr nett. Das Schiff war voll besetzt und unter den Passagieren viele gute Bekannte und Freunde.

Unsere Hochzeit war, wie ich in Port Said erfuhr, auf den 9. Mai festgesetzt und sollte in Königsberg in Preußen in der Königshalle stattfinden. Mein Vater war am 19. August 1910 gestorben.[3] Meine Mutter wohnte in Königsberg in der Kaiserstraße. In Neapel verließ ich

den Dampfer, um auf dem schnellsten Wege nach Haus zu gelangen. Nach mancherlei Unannehmlichkeiten, schon in Rom war mein Gepäck zurückgeblieben, verlief meine Fahrt planmäßig, und in Elbing begrüßte mich im Zuge meine Erica, um die Weiterfahrt nach Königsberg gemeinsam mit mir zu machen.

Von Berlin aus hatte ich telegraphisch mein Gepäck nachbeordert, hatte dort meinen Onkel Eugen und Bruder Alfons wiedergesehen, und in Königsberg konnte ich nach vierjähriger Abwesenheit meine Mutter gesund begrüßen. In den acht Tagen, die mir bis zur Hochzeit verblieben, mußten viele Besuche gemacht werden, eine Marine-Gala-Uniform wurde gebraucht, da ich

Äquatortaufe für Kinder auf dem Dampfer »Großer Kurfürst«

Der Lloyd- und Riviera-Express

Zusammen mit dem Norddeutschen Loyd betrieb die Internationale Schlafwagengesellschaft unter dem Namen Lloyd- und Riviera-Express Luxuszüge, die günstige Verbindungen u. a. von Berlin nach Italien boten. Es war *damit dem Publikum die Möglichkeit gegeben, ohne umsteigen zu müssen, vom Norden nach dem Süden und zurück mit erstklassigen Beförderungsmitteln zu reisen. Die Durchschnittsgeschwindigkeit der Züge betrug 70 bis 80 km/h, und die Fahrtzeiten waren so eingerichtet, dass die Abfahrt von den Hauptstädten Nord- und Mitteldeutschlands zu guter Tageszeit erfolgt und dass ebenso das Passieren der [...] herrlichen Szenerien der Alpen und des St. Gotthard-Tunnel auf die Tagesstunden verlegt ist. Damit gestaltet sich dieser Teil der Reise sehr unterhaltend*

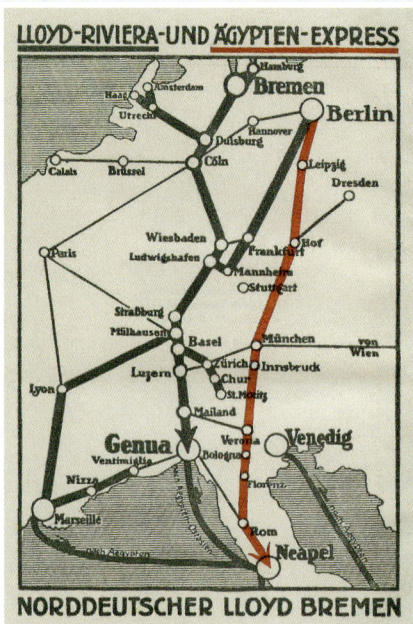

Fahrtrouten Lloyd- und Riviera-Express

Salonwagen im Lloyd-Express

Der Lloyd-Express

und entrollt, wenn auch nur im Fluge, das Alpenpanorama in seiner ganzen erhebenden Größe. Durch vorzügliche Schlafwageneinrichtungen ist für die Bequemlichkeit der Passagiere während der Nachtstunden gesorgt [...] Außer den durchlaufenden Wagen werden noch tagsüber auf allen Strecken Salon-Speisewagen mitgeführt.

Besondere Vergünstigungen bestanden für Passagiere, die von Genua aus mit Dampfern des Norddeutschen Lloyd weiterfuhren, indem *jegliche Zollrevision fortfällt, und zwar nicht nur, wenn sie am Tage vor Abfahrt des Dampfers, sondern auch in dem Fall, daß sie schon mehrere Tage früher eintreffen. Hierbei ist es notwendig, die den Zug begleitenden Beamten der Internationalen Schlafwagengesellschaft rechtzeitig darauf aufmerksam zu machen, daß die Reise auf einem Norddeutschen Lloyddampfer fortgesetzt wird.*

244

Erica Magda Minette Vera Intima Claessens, geb. Freiin von Printz mit ihrem Gatten in Königsberg

Die Bahnhofstraße in Bremen, hier lag auch das »Hotel du Nord«, in dem das junge Paar bei seinem Aufenthalt wohnte. Das rege Leben und Treiben beschreibt ein zeitgenössischer Reiseführer: »Ein gewaltiger Verkehr empfängt den auf dem Zentralbahnhof anlangenden Fremden. Die gerade in der Mittelfront des Bahnhofsgebäudes mündende Bahnhofstraße ist fast ausschließlich Hotelstraße. Zur Rechten und Linken fällt das Auge auf eine Unmenge von Schildern in allen Sprachen der Welt. Sie belehren uns, daß hier die Absteigequartiere für Hunderttausende von Auswanderern aller Nationalitäten sind, welche jährlich über Bremen fremden Erdteilen zustreben; und die zahlreichen Gruppen der Auswanderer selbst, der Slowaken, Russen, Walachen, der Angehörigen aller deutschen Staaten und Provinzen, verleihen der Straße ein ganz eigentümliches, nirgend wiederkehrendes Gepräge. Sie belehren darüber, daß wir uns im Sitz einer der größten Schifffahrtsgesellschaften der Welt, des Norddeutschen Lloyd, befinden.«[4]

mich in Uniform trauen lassen wollte, und anderes mehr. Schließlich kam dann der Polterabend. Am 11. Mai war die Trauung in der katholischen Kirche, das Hochzeitsessen fand in der Königshalle statt. Alles verlief denkbar schön und harmonisch. Wir fuhren dann nach Berlin, wollten uns dort einige Tage aufhalten und mit dem nächsten Dampfer von Genua aus nach Australien fahren.

Aber es kam anders. In Berlin erhielt ich vom NDL Nachricht, nach Bremen zu kommen, um dort einige Zeit zu bleiben, um den Bau neuer, für die Australienfahrt bestimmter Frachtdampfer mit zu beraten. Wir fuhren also nach Bremen und nahmen im Hotel du Nord[5] Wohnung, in dem wir drei Wochen hängen blieben. Wir waren viel mit Hinckes zusammen und auf deren Landgut Lehmkuhlenbusch bei Delmenhorst. Aber schließlich wurde es Zeit, wieder an die Abreise zu denken.

Am 7. Juni fuhren wir mit dem Reichspostdampfer »Goeben«[6] unter Mitnahme vieler Kisten, gefüllt mit allen möglichen Haushaltsgegenständen, gen Australien. Das erste Abendessen wurde noch auf der Weser eingenommen und verlief sehr nett. In der Nordsee ging es dann aber los. Es herrschte dichter Nebel, andauernd tutete die Dampfpfeife. Etwas Bewegung kam auch in das Schiff. Das war zu viel für meine arme Frau. Als ersten Hafen liefen wir Antwerpen an. Von Antwerpen aus machten wir einen schönen Ausflug nach Brüssel und die nächste Umgebung.

Dann ging es weiter nach Algier, das mir auch neu war. Von Algier nach Genua, Ausflug im Auto nach der italienischen Riviera. Dann ging es weiter nach Neapel. Der dortige Inspektor des NDL beschaffte uns ein Auto, und wir machten zusammen mit dem Schiffsarzt eine wundervolle Fahrt nach Pozzuoli, be-

sichtigten die dortigen alten Schwefelbäder und kamen abends begeistert,
trotz mehrfacher Autopannen, an Bord
zurück.

Leider wurde die Weiterreise durch
die in Italien ausgebrochene Cholera-
Epidemie sehr beeinträchtigt. So durften
wir in Port Said und Suez nicht an Land,
ebenso nicht in Aden.

Es waren außer uns nur wenige
1. Klasse fahrende Passagiere an Bord,
und so konnten wir uns in jeder Beziehung frei an Bord bewegen. Leider litt
meine Frau sehr unter der Seekrankheit.
Sobald das Schiff aber in einem Hafen
lag, war alles vergessen. In Colombo

konnten wir endlich wieder an Land
gehen, und es wurde dann auch trotz des
kurzen Aufenthaltes eingehend besichtigt. Weiter ging es dann nach Freemantle, dem ersten australischen Hafen,
dann nach Adelaide und Melbourne.
Hier begrüßte als erster Deutscher Herr
Adolf Pfaff von unserer Agentur meine
Frau mit einem schönen Blumenstrauß.
Schließlich trafen wir dann Ende Juli
in Sydney ein und hatten damit unsere
vorläufige Heimat erreicht. Am Spätnachmittag betraten wir mein altes Haus
in der Beach Road, gen. Kaling, das heißt
Sonnenschein, das für mehrere Jahre
unser Heim bleiben sollte.

Reiserouten der Dampfer-Linien des NDL
bis zum Suez-Kanal

Von Antwerpen nach Colombo

Antwerpen und Umgebung

Im Vordergrund links voraus Antwerpen mit seinen hochgiebeligen Häusern und schlanken Kirchtürmen, aus denen der zierliche, durchbrochene Turm der Kathedrale herausragt, rechts nur das Fort »Tête de

Flandre«. Schon gegen 8 Uhr hat unser Dampfer am Quai von Dyck festgemacht. Sofort wird mit dem Einnehmen der Ladung begonnen: große Kohlenvorräte, dazu Wasser, Proviant und vor allem eine Masse Güter, die aus Belgien, aus West- und Süddeutschland hierher zusammengekommen

sind. Der Dampfer wird drei volle Tag in Antwerpen liegen, so daß die meisten Reisenden die Gelegenheit benutzen, nicht bloß Antwerpen, die erste Handelsstadt Belgiens, sondern auch noch mindestens die Haupt- und Residenzstadt des Landes selbst, Brüssel, kennen zu lernen. [...] Da der Dampfer direkt am Quai festgemacht hat, kann man direkt von Bord an Land gehen. Eine Droschken-Haltestelle sowie eine Haltestelle der Tramway sind in unmittelbarer Nähe. Eine elektrische Straßenbahnverbindung besteht zwischen dem Liegeplatz der Dampfer und dem Zentral-Bahnhof (Gare Centrale), der zu Fuß in etwa 15 Minuten zu erreichen ist. Der interessanteste Teil der Stadt liegt nahe bei unserem Quai. Wir besuchen die wichtigsten Gebäude, das Stadthaus (Renaissancebau aus der Mitte des 16. Jahrhunderts) am Grooten Markt, die daran sich anschließenden ehemaligen Zunfthäuser, die Kathedrale (gotischer Bau, 1352 begonnen), welche drei Meisterwerke von Rubens, »Kreuzaufrichtung«, »Kreuzabnahme« und »Himmelfahrt Mariä« besitzt, und vergessen nicht, auch das nahegelegene Museum Plantin-Moretus zu besuchen, das uns ein einzigartiges Bild eines flämischen Patrizierhauses und einer mittelalterlichen Druckerei bietet. [...] Viel Interessantes bietet auch der Hafen, der ein gewaltiges Handels- und Verkehrsleben zeigt. Der Schiffsverkehr kommt sogar dem des Hamburger Hafens nahe. Die Haupteinfuhrgegenstände sind Weizen, Kaffee, Hopfen, Tabak, Wolle, Felle, Petroleum und Holz. Auch besitzt Antwerpen große Industrien, namentlich Diamantschleifereien, Zigarrenfabriken, Spitzenklöppeleien, Zuckerraffinerien, Bierbrauereien und Branntweinbrennereien.

Shuffle Board – ein beliebter Zeitvertreib an Bord. Aus NDL: Hochzeitsreisen

Von Antwerpen nach Algier

Am anderen Morgen verläßt unser Schiff die Stadt, deren zierliche Giebel und Kirchtürme zu uns herübergrüßen. Ein Schleppdampfer begleitet uns, bis die weiten Hafenanlagen passiert sind, und wirft dann los. Mit eigener Kraft folgt nun unser Schiff dem gewundenen, manchmal in scharfem Knie gebogenen Lauf der Weserschelde. Eine Landschaft mit typisch niederländischem Charakter breitet sich vor unseren Blicken aus. Ihr Reiz wird durch die darüber hängenden Wolken noch erhöht. Weite grüne Marschwiesen mit weidenden Rindern, einsame Windmühlen, schmucke Dörfer und stattliche Bauernhöfe! Zuerst erscheint links die Ortschaft Doel mit einer Quarantäne-Station, später ein größerer Ort Terneuzen, an einem in die Schelde einmündenden breiten Kanal gelegen. Zuletzt, an der Südküste der Insel Walcheren, die alte holländische Hafenstadt Vlissingen, die früher als Befestigung diente und jetzt als Seebad und Ausgangspunkt der englischen Route Vlissingen – Queensborough bekannt ist. Gegen Mittag haben wir das Wandelaar-Feuerschiff, das die Einfahrt aus der Nordsee in die Westerschelde zeigt, erreicht. [...] Ringsum, wohin das Auge blickt, sieht es Segler mit geschwellten Segeln und Dampfer in allen Formen und Größen. Wir sind auf einer der am meisten befahrenen Meeresstraßen.

Im Laufe des Nachmittags taucht als Vorbote der englischen Küste das East-Goodwin-Feuerschiff auf. Bald ist die Südostecke Englands, South-Foreland, erreicht; jetzt schimmern die Kreidefelsen, welche Dover nordseits umgeben, aus dem leichten Dunst hervor. Schon kann man die Befestigungen, die den Bergkranz krönen, mit bloßem Auge erkennen. Bald liegt das schmucke Hafenstädtchen querab. Aber unaufhaltsam weiter eilt unser Dampfer die englische Küste entlang. Wenn Cowes an der Nordostecke der Insel Wight in Sicht kommt, schwenkt er [der Dampfer] nach Westen ab, in den Solent-Kanal hinein, der an der Nordostküste der Insel Wight entlang führt. Gegen Ende des Kanals erscheinen rechts auf dem Festlande das Städtchen Lymington, links Varmouth, weiter die Festungsanlagen von Hurst Castle und zuletzt an der vorspringenden Westspitze der Insel die pittoresken Felsenklippen der Needles mit ihrem auf einsamen Felsen erbauten Leuchtturme. Sobald der Dampfer

Algier, Postkarte des NDL um 1910

den Kanal verlassen hat, eilt er hinaus in den offenen Ozean. Von der Insel Ouessant, an der Nordwestspitze Frankreichs, sendet uns der Leuchtturm sein helles Blinkfeuer als letzten Abschiedsgruß vom Lande nach, das nun zurückbleibt. Anfangs begleiten noch einige Möwen unser Schiff, sich von Zeit zu Zeit mit heiserm Geschrei auf Beute stürzend, aber je weiter der Dampfer auf das offene Meer hinauseilt, desto mehr bleiben auch sie zurück; es ist eine Seltenheit, wenn ein müder Vogel sich auf dem Schiffe niederläßt. Soweit das Auge reicht, nur Himmel und Meer! Das weite

unermessliche Meer! [...] Wie aus durchscheinend hellgrünem, weiß geädertem Marmor scheint die lange Bahn, die unser Schiff in ruhiger Fahrt hingleitet. Und des Abends erfreuen wir uns am Meeresleuchten, verursacht durch Millionen von mikroskopisch kleinen Lebewesen. [...] Und das Meer ist immer schön – im rosigen Morgenschein, in der glitzernden Mittagssonne, im Purpurschein der Abendsonne, im Silberglanz des Mondes – jede wechselnde Beleuchtung verleiht ihm einen besonderen Reiz. [...] Etwa 21 Stunden, nachdem wir die französische Küste verlassen, erscheint das Leuchtfeuer von Kap Vilano an der Nordwestküste Spaniens. Wir haben von Kap Ouessant bis hierher eine Strecke von 368 Seemeilen zurückgelegt. Bald ist der Dampfer dem Kap gegenüber, und deutlich ist das hochaufsteigende, zerklüftete, felsige Küstenland der spanischen Provinz Galicien, an dem der Dampfer nunmehr entlang fährt, zu erkennen.

Dann ziehen wie Wandelbilder die wechselnden Küstenlandschaften vorbei,

[...] die pittoresken Felsküsten von Spanien und Portugal, die Klippen von St. Vincent, das historische Trafalgar, der mächtige Fels von Gibraltar. Der Felskoloß [...] hat unverkennbare Ähnlichkeit mit der Gestalt eines Löwen, der zum Sprunge geduckt auf Beute lauert. Ein grimmer Wächter, liegt der Löwe von Gibraltar auf der Schwelle zweier Erdteile und bewacht die Einfahrt in das Mittelmeer. Wohl mag er uns als ein furchtbares Ungeheuer erscheinen, denn in seinem Innern verwahrt er ungeheure

die Brandungswelle weit hinein in das Innere des Felsens gerissen hat. Lange noch bleibt die spanische Küste in Sicht, die jetzt herrliche Gebirgsformen zeigt. Zwei, drei Gebirgsketten hintereinander, stets höher und höher ansteigend, können wir deutlich unterscheiden. Lange noch grüßen die schneebedeckten Höhen der Sierra Nevada herüber, bis die Nacht sich auf Meer und Gebirge herabsenkt. [...]

Mollig warm scheint schon am frühen Morgen die heiße afrikanische Sonne in

sprung umschifft ist, tut sich die herrliche Bucht von Algier vor uns auf. [...] Schon ehe das Schiff Anker geworfen hat, sind wir von Dutzenden kleiner arabischer Boote umschwärmt, deren Insassen uns ausbooten wollen, oder auch die Landung auf unserem Schiff versuchen, um dort ihre Waren abzusetzen. [...] Endlich hat sich unser Tender durch diesen Wirrwarr hindurchgearbeitet; nun wird die Fallreeptreppe heruntergelassen, unter den Klängen der Marseillaise verlassen wir das Schiff; wieder bahnt sich unser Tender vorsichtig den Weg durch hunderte von arabischen Booten, und nun liegen wir am Quai an im Angesicht der herrlichen Moschee Dschama el-Dschedid. Schon stehen hier in langer Reihe die Wagen bereit, um uns durch die Boulevards und Straßen und nach der nächsten Umgebung zu führen.

Dann ging es weiter nach Algier, das mir auch neu war. Von Algier nach Genua, Ausflug im Auto nach der italienischen Riviera. Dann ging es weiter nach Neapel. Der dortige Inspektor des NDL beschaffte uns ein Auto, und wir machten zusammen mit dem Schiffsarzt eine wundervolle Fahrt nach Pozzuoli, besichtigten die dortigen alten Schwefelbäder und kamen abends begeistert, trotz mehrfacher Autopannen, an Bord zurück.

Algier, Postkarte, um 1910

Pulvervorräte, und wie sich unser Schiff langsam der Küste nähert, werden in den Felsöffnungen die Kanonen sichtbar, deren Mündungen drohend auf uns gerichtet sind. Eine Festung von unermesslichem Werte ist Gibraltar. In ihr besitzen die Engländer den Schlüssel zum Mittelmeer, und zugleich ist sie ein Hauptstützpunkt für die weltbeherrschende Seemacht Englands. [...] Bei der Weiterfahrt zeigt sich uns der Fels von Gibraltar in seiner ganzen Ausdehnung von Osten. Wir erkennen deutlich die tiefen Schluchten und Grotten, welche

unsere Kabinen. Im hellen Sonnenschein liegt nun die afrikanische Küste vor uns. [...] Damen und Herren, in weißen Kleidern und Tropenanzügen, manche sogar mit Korkhelmen bewaffnet, geben sich einem wohltuenden Dolcefarniente hin. Behaglich in den Deckstühlen liegend, genießt man die Küstenbilder, die einem so bequem präsentiert werden, und erfrischt sich von Zeit zu Zeit mit kühler Zitronenlimonade. Aber bald weicht dieses Stilleben der freudigsten Aufregung: Cap Caxine kommt in Sicht, und sobald dieser weite Gebirgsvor-

Algier

Dem Verfasser erscheinen die Straßen als der Hauptreiz Algiers. Sie sind voller Leben und Lärm, besonders in dem labyrinthartigen Viertel in der Nähe der früheren Präfektur, wo sich das ausländische Element der Stadt, namentlich Spanier und Italiener, angesiedelt hat. [...] Es liegt eine leichte Sinnlichkeit in der Luft, sagt M. Margueritte: sie flutet einer wie der unsichtbare Samen in den Gärten, wenn die Blumen sich lieben.

In den Cafés drängt sich die vornehme Welt: Amerikanerinnen und Engländerinnen

gleiten in großen, von Arabern geführten und von arabischen Pferden gezogenen Equipagen an uns vorüber; in der Menge fallen uns die hohen Gestalten der Söhne des Nordens, der Russen, Engländer, Deutschen und Schweden auf. Sie alle lockt dies paradoxe Klima, das dem Frühling sein ewiges Grün und dem Herbst die sonnige Feuchtigkeit der Luft entleiht. Das Leben in Algier ist heiter und sorglos, wie man es in Winterkurorten zu leben gewohnt ist. [...]

Wir schlendern die Rue Bab-Azoun hinab und bemerken, daß nur die rechte Seite dieser Straße als vornehm gilt. Hier befinden sich die großen Verkaufshäuser, und hier promenieren die schönen Araberinnen und Französinnen und die Leute, die etwas auf sich halten. Die Pfeiler der Arkaden sind mit bunten Anschlagzetteln beklebt, auf denen die Vergnügungsetablissements und die Schiffahrtslinien ihre

Algier Straßenszenen, die Dame in Weiß: die schwangere Erica Claessens

Ankündigungen machen. [...] Denn Algier ist nicht nur eine Stadt der Träume und des süßen Nichtstuns, sondern es ist vor allem eine Stadt des Vergnügens, der Freude und der Liebe. Auf der Place du Gouvernement ist ein lebhafter Verkehr. Dicht gefüllte Straßenbahnen kommen heran, denen hauptsächlich weißgekleidete, bis an die Augen verschleierte Frauen entsteigen. [...]

Weiter folgen wir M. Margueritte, hinauf durch winkelige, vielstufige Gassen

»Nach Algier«, Reiseführer des NDL, um 1910

nach der Kasbah, wie der die Kasbah oder Zitadelle umgebende älteste Stadtteil schlichtweg genannt wird. Die Kasbah! Ein magischer, geheimnisvoller Name! Auf den ersten Blick, bei Tage, enttäuscht sie allerdings ein wenig, meint M. Margueritte. Diese offenen Verkaufsläden haben so gar nicht Geheimnisvolles an sich: Handwerker und Händler jeder Art, Gewürzkrämer, maurische Cafés und Bäder, in welche letzteren man durch eine halb geöffnete Tür weiße Burnusse und dicke Schwaden von seifigem Dampf bemerkt. [...]

Immer höher geht es im Zickzack die vielstufigen Gassen hinan. Die Fassaden der Häuser berühren sich fast und lassen vom Himmel nur einen schmalen blauen Streifen sichtbar werden. Die grün oder schwarz gestrichenen Türen sind geschlossen, hie und da bietet sich ein Blick in ein buntgestrichenes Treppenhaus oder in einen mit Fliesen belegten Hof. Da und dort rauscht eine Fontäne. Die tiefbläulichen Schatten, welche die Sonne auf die Mauern wirft, lassen dieselben wie Theaterdekorationen bei Tageslicht erscheinen. Die Stille hat etwas Eigentümliches: Man hört das Leben sich hinter diesen geschlossenen Häusern, diesen engen Gittern regen. Geräusche dringen auf die Straße heraus – klagende Lieder, von Frauenstimmen gesungen, und Wortwechsel. Und wir steigen aufwärts, von Treppe zu Treppe, kreuz und quer. Weißgekleidete Frauen begegnen uns und betrachten uns mit ihren seltsamen, halb verlangenden, halb ironischen Blicken.

Ein ganz anderes Bild bietet die Kasbah bei Nacht. [...] Übermütige Matrosen trommeln mit den Fäusten gegen die Mauern der verschlossenen Häuser. In der Ferne verhallt der heisere Gesang Betrunkener. Je weiter man emporsteigt, desto unbekannter wird die Kasbah. Alle diese Gassen, deren Namen im Tageslicht zu lesen waren, erscheinen jetzt unheimlich und fremd. Man verirrt sich in diesem Labyrinth. Von den Straßenlaternen fällt gelbes Licht, das die tiefe Dunkelheit außerhalb ihres Bereiches nur noch undurchdringlicher erscheinen läßt. Mehr und mehr leeren sich die Straßen, wo endlich nur noch das Dunkel und die Kälte der Nacht herrschen.

Von Algier nach Genua

Nie ist es an Bord lebhafter zugegangen, als an diesem Abend. Alle Ausflügler, die der Tender in ganzen Gruppen aufs Schiff zurückbrachte oder die vereinzelt in kleinen

arabischen Booten ankamen, alle hatten sie ihre besonderen Erlebnisse. Unerschöpflich war der Unterhaltungsstoff. Die interessantesten Dinge erzählen einige von ihren Extraexkursionen in die obskursten Gäßchen der Kasbah; andere haben Automobilfahrten in die Umgebung Algiers, in das Kabylengebiet, nach Bliedah, Biskra usw., unternommen. Wieder andere kramen alle die Kostbarkeiten aus, die sie in den Basars erstanden haben: fürchterliche Mordinstrumente von afrikanischen Waffen, große buntfarbige Ansichten von Algier, ausgestopfte Eidechsen, seidene Schärpen [...]. Bei der Abfahrt um Mitternacht zeigt sich uns Algier, »die Weiße«, noch einmal in der herrlichsten Beleuchtung. Es ist nicht mehr das helle, grelle Weiß, das uns in der hellen Morgensonne entgegenschimmerte. Wie das matte Weiß der Lotosblume aus dem dunkelgrünen Blätterkelch hervorbricht, so hebt sich das weiße Algier, nun vom silbernen Mondlicht umflossen, vom dunkelgrünen Hintergrunde ab. Nun werden die Anker rasselnd eingezogen, die Schiffskapelle schmettert ihren Abschiedsgruß, langsam tritt die Küste zurück. Das letzte, was wir von Algier sehen, ist das helle Licht seines großen, achteckigen Leuchtturms, das uns noch meilenweit begleitet, der letzte Gruß von Algier, dem Lande der Sonne. Um uns rauscht nun wieder das weite offene Meer. [...]

Noch umhüllt ein feiner Morgenduft die Höhen der Seealpen. An den entzückenden Ortschaften der Riviera vorbei fährt der Dampfer. Nun wird der große Leuchtturm, das Wahrzeichen von Genua, sichtbar. Und dann öffnet sich der Golf von Genua – je mehr wir uns dem Hafen nähern, desto großartiger entfaltet sich vor uns das Panorama der Stadt, die in weitem Halbkreis den Golf umschließt und, einem riesigen Amphitheater gleich, an den Abhängen des Apennin emporsteigt. Es ist ein feierlicher Moment, wenn das Schiff, langsam zwi-

Dampfer »Goeben« vor Genua, zeitgenössische Postkarte

»Nach Italien«, Reiseführer des NDL, um 1910

»Ausflug im Auto nach der italienischen Riviera«

schen großen und kleinen Schiffen sich den Weg bahnend, in den weiten Hafen einfährt, und die Schiffskapelle so freudig und begeistert die alte Dogenstadt »Genova, la Superba« begrüßt, die in ihrer sonnenbeschienenen Pracht vor uns liegt. Im Vordergrund hebt sich aus dem Häusergewirr der Palazzo Doria ab, der Zeuge von Genuas großer Zeit. Das Schiff legt direkt am Quai Frederico Guglielmo an, so daß wir ohne lästiges Ausschiffen gleich an Land können. Der ein- bis zweitägige Aufenthalt dort gewährt genügend Zeit, um die Stadt mit ihren prächtigen Palaststraßen und ihrem weltberühmten Campo santo kennen zu lernen und auch Ausflüge in beide Rivieren hinein nach Nervi, Pegli usw. zu unternehmen: Der schmale Küstensaum westlich und östlich von Genua, Riviera di Ponente und Riviera di Levante genannt, mit seinen jähen Felsabstürzen, bewaldeten Hügeln, fruchtbaren Tälern und prachtvollen Blicken auf das Meer, gehört landschaftlich zu den herrlichsten Gegenden Italiens.[7]

Erica Claessens an der Riviera

Am Golf von Neapel, im Hintergrund der Vesuv (Fotos R. Claessens)

An der italienischen Westküste entlang nach Neapel

Eine der schönsten Strecken der Reise ist die Fahrt an der italienischen Küste entlang. In der Ferne begleiten die Höhenzüge des Apennins, die schroffen Bergzacken von Korsika, die roten Felsen von Elba noch lange den Dampfer. Dann tut sich der herrliche Golf von Neapel auf.[8] Wer einmal an der Küste Italiens vorbeifahrend die herrlichste aller Küsten, vom hellen Morgensonnenschein beschienen, vor sich hat aufsteigen sehen, dem prägt sich dieses Bild unvergeßlich ein [...]. Ernst schaut auf die lebensfrohe Stadt, in die heitere südliche Pracht der zweigipfelige Vesuv, der von Zeit zu Zeit leichte Rauchwolken ausstößt [...]. Aus dem Häusermeer von Neapel werden jetzt auch die Einzelheiten deutlich erkennbar. Die Reichspostdampfer pflegen von etwa Mittagszeit an bis nachts 12 Uhr in Neapel zu bleiben, so daß die meisten Passagiere

sich damit begnügen, Neapel oberflächlich zu besichtigen. Doch läßt sich, wenn der Dampfer vor Mittagszeit angekommen ist, auch ein Ausflug in die Umgebung ausführen.[9]

Pozzuoli

In Pozzuoli einem westlich von Neapel in den sog. phlegräischen Feldern gelegenen und 1910 etwa 20.000 Einwohner zählen-

Phlegräische Felder: Solfatara

den Ort. Zu den Sehenswürdigkeiten gehört das »Serapeum«, eine Markthalle, in der Antike bestehend aus einem von 48 großen Marmor- und Granitsäulen umgebenen viereckigen Hof, an den sich 36 kleine Kammern schlossen. Die Vorhalle ruhte auf sechs, zur Hälfte noch stehenden korinthischen Säulen, die einst einen reichen Fries trugen [...] Der mittlere Teil der Säulenschäfte ist von Seemuscheln (Steindattel, Lithodomus lithophagus) angebohrt. Darauf gründet sich die Ansicht, daß die Gegend Jahrhunderte lang im Meer versunken gewesen sei.[10]

Von Pozzuoli bequem zu Fuß zu erreichen ist auch eine weitere Sehenswürdigkeit der phlegräischen Felder: Die Solfatara, ein halb erloschener Vulkan, von dem ein einziger, aber zweifelhafter Ausbruch im J. 1198 berichtet wird, bildet eine länglich runde Fläche, von Tuffhügeln umschlossen, wo aus zahlreichen Ritzen (»Fumaróli«) Dämpfe und Schwefelgase aufsteigen. Der Boden klingt hohl. Vom Eingang bis zur »Bocca grande« 8 Minuten.[11]

Port Said

in Port Said. Dort, am Anfang des Suezkanals, erhält der Reisende den ersten tiefen Eindruck von dem malerischen, interessanten Volksleben des Orients. Dann folgt die Fahrt durch den Suezkanal und das Rote Meer, mit eigenartigen fesselnden Bildern, und weiter durch den Indischen Ozean, voll wunderbarer südlicher Schönheit und Poesie, bis die Wunderinsel Ceylon erreicht ist.[13]

Von Neapel durch den Suezkanal nach Colombo

Auf der Weiterfahrt zieht der Dampfer wie über einen breiten Fluß durch die Straße von Messina, zwischen den herrlichen Küsten von Sizilien und Kalabrien. Dann tritt das Land allmählich zurück, und an Bord tritt das abwechslungsreiche gesellschaftliche Leben in den Vordergrund, wodurch die Dampfer des Norddeutschen Lloyd berühmt sind. Vergnügte Tanzabende, Gesellschaftsspiele und Konzerte wechseln ab, und mancher bedauert, wenn in der Ferne auf weit vorspringender Mole die Lessepsstatue sichtbar wird [...].[12] Schon in drei bis vier Tagen ist der Lloyddampfer von Neapel

Colombo, zeitgenössische Postkarte

»Betriebsausflug der New South Wales
Stevedoring Company in Sydney 1913«
mit dem Dampfleichter »Marion«. Die
Stevedoring Company war eine Tochter
des NDL, am Mast die Reedereiflagge mit
Bremer Schlüssel und Anker

»... oft waren wir auch mit meinem
Motorboot unterwegs«. Claessens'
»Prinz Sigismund« muss warten, bis
der Eigner sein Foto gemacht hat

Sydney Circular Quay

Sydney, Abfahrt eines NDL-Dampfers

»...und so schien uns eine schöne Zukunft gewiß« – Picknick im Bekannten- und Freundeskreis, 1911

Ich nahm gleich wieder meinen Dienst auf und fand alles zur vollsten Zufriedenheit vor. Für meine Frau war es nicht leicht, sich in die vollkommen fremden Verhältnisse einzuleben, besonders auch, da die Hausgehilfen-Frage in Australien nicht leicht zu lösen war. Aber es ging alles gut. Nachbarn und deutsche Freunde halfen. Unser Heim war urgemütlich, und als am 25. Februar 1912 unser erster Junge[14] erschien, war die Freude ganz groß. Ich hatte reichlich zu tun. Der Verkehr mit deutschen Dampfern nahm immer mehr zu, und unsere Pieranlage in Darling Harbour war stets mit mehreren Frachtdampfern besetzt. Am 10. Mai 1913 wurde unser zweiter Junge[15] geboren, und so schien uns eine schöne Zukunft gewiß. Wir machten einige sehr schöne Autofahrten in die nähere Umgebung Sydneys, hatten einen netten Bekannten- und Freundeskreis, und oft waren wir auch mit meinem Motorboot unterwegs. Die Reichspostdampfer versorgten uns mit deutschen Kuchen und Brötchen, und oft waren wir als Gast eines Kapitäns auf einem der vielen Dampfer.

Dann kam das Jahr 1914, und mit ihm ging die ganze Herrlichkeit flöten. Eines Abends im Juni, Kapitän Jurany vom Dampfer »Prinz Waldemar« war gerade zum Essen bei uns, erhielt ich die Meldung, daß auf unserem neuen Pier in Darling Harbour Feuer ausgebrochen sei. Glücklicherweise lag gerade kein Dampfer an dem Pier. Zu retten war nichts mehr. Der Pier und die sonstigen Anlagen brannten vollkommen runter. Einige Leichter gingen auch verloren. Dann spitzte sich die Lage am politischen Himmel zu. Ende Juli brach der Krieg aus.

Erica und Robert Claessens

1 Erica Magda Minette Vera Intima Freiin von Printz, geb. am 1.12.1883 in Schwolmen, Bezirk Preußisch-Eylau, Ostpreußen, Tochter des Rittergutsbesitzers Erich Günther Marquard Alexander Freiherr von Printz und seiner Frau Vera Intima Rosa Margaretha Freifrau von Printz, geb. Henke.

2 NDL-Dampfer »Großer Kurfürst«: Erbaut bei F. Schichau, Danzig. Stapellauf Ende 1899, Ablieferung 1900. 177,05 m Länge ü.a., 18,99 m Breite. Im New York- und Australien-Dienst eingesetzt. Kludas, S. 62.

3 Laut Sterbeurkunde des Standesamtes Königsberg vom 20. August 1910 ist der »Rentier Johann Maria Florentin Otto Alphons Claessens, wohnhaft in Königsberg, Kaiserstr. 21, am 19. August 1910 im Alter von 72 8/12 Jahren verstorben«.

4 Leo Woerl (Hg.): Illustrierter Führer durch Bremen mit Bremerhaven und Umgebung. 8. Aufl., Leipzig 1903, S. 5.

5 Grand Hôtel du Nord, Bahnhofstraße 13/14.

6 NDL-Dampfer »Goeben«: Erbaut bei der AG Weser, Bremen, Stapellauf Ende 1906, Auslieferung 1907. 146,77 m Länge ü. a., 17,55 m Breite. Kludas, S. 132.

7 Norddeutscher Lloyd (Hg.), Hochzeitsreisen. Bremen, o. Verf., o. J. (um 1910), nach Seite 120 und 160.

8 Norddeutscher Lloyd, Bremen (Hg.). Nach Ägypten, Schauberg und Köln, o. J. (um 1906), S. 52.

9 Norddeutscher Lloyd (Hg.), Nach Italien. Bremen, o. J. (um 1910), S. 95-100.

10 K. Baedeker: Baedeker's Italien von den Alpen bis Neapel. Leipzig 1903, S. 350.

11 Ebd., S. 349.

12 Norddeutscher Lloyd (Hg.), Bremen, Köln, Nach Ägypten, Du Mont, Schauberg, o. J. (um 1910), S. 53.

13 Norddeutscher Lloyd (Hg.), Hochzeitsreisen, S. 163.

14 Robert Erich Alfons, Passregister, Staatsarchiv Bremen, 4,14/3-107.

15 Ottheinrich Georg, Passregister, Staatsarchiv Bremen, 4,14/3-107.

Am 28. Juni 1952 wird die Bürgermeister-Smidt-Brücke
feierlich eingeweiht. Robert Claessens fährt den ersten Zug der
neuen »Linie 6« in die Neustadt und zugleich in den Ruhestand.
Im Hintergrund die Turmruine des Lloydgebäudes an der Papenstraße

Erster Weltkrieg und Abschied vom Lloyd

Wir bekamen noch vor dem 4. August, dem Tage der englischen Kriegserklärung, alle unsere Dampfer von Brisbane, Newcastle und Sydney fort. Nur in Melbourne wurde ein Frachtdampfer geschnappt. Ich mußte meiner Kriegsbestimmung gemäß in Sydney bleiben, hatte aber alles für eine sofortige Internierung vorbereitet. Am 4. August früh um sechs Uhr wurde dann noch unser erstes Mädel[1] geboren, also Aufregung genug. Ich wurde nicht interniert und konnte mich in Sydney ziemlich frei bewegen und alle Geschäfte abwickeln. Zunächst wechselten wir aber unsere Wohnung, da wir direkt am Wasser wohnten und vor unserem Haus australische Kriegsschiffe ankerten und in der Nähe eine Marine-Schule war. Mr. Collins, mein Hauswirt, der als alter Irländer kein Freund der Engländer war, half

mir in jeder Beziehung. So zogen wir dann in eine Cottage nach Mosman neben der dortigen Polizeistation. Mit den dort stationierten Polizisten, und vor allem mit der Familie des dort wohnenden Polizeimeisters – Mr. Patterson – entwickelte sich bald ein richtiger freundschaftlicher Verkehr. In den Zaun wurde eine Türe geschnitten, damit unsere und seine Kinder ungehindert zusammen spielen konnten. Mr. Patterson nahm schließlich auch einen großen Stahlkoffer, der unser ganzes Silber enthielt, in seine Obhut. Er hatte ihn während des ganzen Krieges unter seinem Bett stehen und lieferte ihn uns später, am Tage unserer Abreise, unbeschädigt wieder ab.

Ich mußte mich persönlich und meine Frau jede Woche einmal beim Provost Marshal auf der Polizeistation melden.

Der claessensche Nachwuchs in Bathurst, 1917: Robert Erich Alfons, Ottheinrich Georg und Erica Maria Margarita

Das Haus in Bathurst

Schließlich hörte die Arbeit und auch die Gehaltszahlung auf, ich erhielt wöchentlich nur noch fünf Pfund ausbezahlt, und so hieß es, da unsere Barmittel nicht allzu groß waren, überall sparen. Wir wechselten noch zweimal in Mosman unsere Wohnung.

Am 23. März 1916 wurde im Glengary Hospital Mosman unser viertes Kind, der dritte Junge, geboren und auf den Namen Hans-Heino Eugen getauft.

Im Mai 1917 mußte ich dann auf Anordnung des Provost Marshals von Sydney verschwinden und mich 120 englische Meilen ins Land begeben. Erica und die Kinder konnten in Sydney bleiben und sich auch weiterhin frei bewegen. Ich fuhr also eines Sonntagabends, von vielen Bekannten am Zuge verabschiedet, ins Land hinein und wollte bei der Mutter von Mrs. Collins, die ein sehr schönes Besitztum an der Strecke nach Mudgee hatte, wohnen. Hier

konnte ich aber nicht bleiben, und so begab ich mich weiter ins Land nach Cobbora, da dort einer meiner Leute Arbeit gefunden hatte und einige deutsche Familien dort wohnten. Seit Oktober hatte es in der dortigen Gegend nicht geregnet, und so sah es dort trostlos aus. Aber man gewöhnt sich an alles. Von Dubbo kam ein weiterer meiner Angestellten rüber. Wir richteten uns in einem alten Schuppen ganz behaglich ein und lebten in der Hauptsache von Kaninchen und Gemüse, das wir uns von Sydney kommen ließen. Nach einiger Zeit erhielt ich Erlaubnis, nach Bathurst zu gehen.

Dort waren Captain Tasdsen von der Deutsch-Austral-Linie und Dr. Baur aus Newcastle untergekommen. Ich fuhr also nach Bathurst. Es glückte mir auch, sofort eine sehr gute Cottage zu mieten, die etwas außerhalb der eigentlichen Stadt lag. Schon am nächsten Tag kam

Erica mit den Kindern nach Bathurst, ließ die drei Ältesten bei mir und fuhr dann wieder nach Sydney zurück, um dort unseren Haushalt aufzulösen. In Bathurst haben wir sehr gute Zeiten verlebt, frisch, frei und ungebunden. Während des Winters, der in Bathurst ziemlich streng war, fuhr Erica mit der kleinen Erica und Heino nach Sydney, lebte dort in einem Boardinghaus. Ich blieb mit den beiden anderen Jungen in Bathurst. Dort erhielten sie auch durch einen deutschen Missionar, Pater Vormann, der in dem katholischen Kloster im Exil lebte, den ersten Unterricht.

Endlich – im August 1919 – schlug auch unsere Abschiedsstunde, und wir schifften uns in Sydney mit rund tausend deutschen Männern, Frauen und Kindern auf dem ehemals deutschen Dampfer »Ypiranga«[2] ein. Die Frauen und Kinder wurden in den unteren Kabinen, die Männer in Hängematten untergebracht. Die Deckkabinen standen zum Teil leer. Es glückte mir sofort, eine der Deckkabinen (Einzelkabinen) für mich zu ergattern. Nur wenige Stunden am Tage durften wir auf dem Panoramadeck mit unseren Familien zusammenkommen. Gemeinsam gegessen wurde in einem unter Deck liegenden Speiseraum. Die besten Räume waren für die militärische Begleitmannschaft reserviert. Da die Verpflegung nicht gerade besonders gut war, stellte ich bald die nötigen Verbindungen mit dem Personal her und bereitete in meiner Kabine immer sehr schöne Eßsachen, die ich dann meiner Frau und meinen Kindern zukommen ließ.

Karte von New South Wales

Die »Ypiranga« auf der Elbe vor Altona. Auf dem Hapag-Dampfer fuhren die während des Ersten Weltkriegs in Australien festgehaltenen Deutschen im Sommer 1919 zurück in ihre Heimat

Die Fahrt ging direkt nach Durban und verlief ganz zufriedenstellend. Wir Deutschen hielten auf Ordnung und gaben der Besatzung keinen Grund zum Einschreiten. Unter den Passagieren waren allein schon 500 Kapitäne, Offiziere, Ingenieure etc. von früheren deutschen Schiffen, die alle in Australien interniert waren. In Durban wurden Kohlen genommen, und dann ging es weiter nach Kapstadt. Auf dieser Reise hatten wir einen sehr schweren Sturm zu überstehen. Von Kapstadt ging es nach einem kurzen Aufenthalt weiter nach Plymouth. Beim Passieren des Äquators war große Linientaufe, auf der es sehr lustig zuging, und alle, auch die Besatzung, mitmachten. Von Plymouth weiter nach Rotterdam, und hier erfuhren wir erst wie es in Deutschland aussah. Von Rotterdam wurden wir am nächsten Morgen weiter nach Wesel befördert. Auf jeder Station reichten die Holländer für die Kinder frische Milch und Weißbrot in die Abteile. Wir glaubten, daß das in Deutschland auch der Fall sein würde. Abends in Wesel angekommen, nahmen uns meine Schwiegermutter und Herr Capt. Heins vom NDL in Empfang und brachten uns zu unserem Hotel. Hier kam die erste Enttäuschung. Nachdem ich mich etwas bereinigt hatte, ging ich in das Hotel-Restaurant und bestellte für uns beim Kellner alles mögliche Gute zum Abendessen. Der Kellner sah mich ganz entgeistert an und glaubte wohl, ich käme vom Mond, bis mich dann Herr Heins über die Lebenslage im Deutschen Vaterlande aufklärte.

Der Aufenthalt in Wesel war mit allen möglichen Behördengängen ausgefüllt. Meine Schwiegermutter fiel im Hotel über einen Teppich, brach sich ein Bein und mußte in ein Krankenhaus transportiert werden, und so waren wir froh, als es endlich hieß morgen früh geht es weiter nach Bremen. Die Fahrt nach Bremen verlief sehr schlecht. Die einzige Verpflegung war ein Stückchen Brot, das meine Frau vom Frühstück gerettet hatte. Aber schließlich um drei Uhr nachmittags hielt der Zug in Kirchweyhe. Dort gab es eine sehr gute Nudelsuppe mit etwas Fleisch darin, die aber so heiß war, daß vor allem die Kinder bei der Kürze des Aufenthaltes nicht alles essen konnten. Dann kamen wir endlich in Bremen an, empfangen von einer Musikkapelle. Aber wo nun mit den vier Kindern bleiben? Dankenswerterweise nahmen uns vorläufig Hinckes in ihrem Hause am Osterdeich auf. Aber dort konnten wir nicht bleiben. Da ich einen größeren Posten Geldes gerettet hatte, versuchte ich sofort, ein Haus oder eine Wohnung zu mieten oder zu kaufen. Aber niemand wollte einer Familie mit vier Kindern etwas vermieten, und etwas zu kaufen war auch nicht möglich. Die Inflation hatte ja auch schon begonnen, aber ich ahnte damals nicht, welches Ausmaß sie annehmen würde. Schließlich fuhren wir nach Hannover, da Ericas Schwager Schulze uns in seinem Haus aufnehmen wollte.

Der Winter 1919/20 ist mit der schlimmste Winter gewesen, den Erica mit den Kindern durchgemacht hat. Mir persönlich ging es besser, da ich gleich, nachdem der NDL mich verabschiedet hatte, eine neue Stellung fand. Ich war zunächst zur Ausbildung einige Wochen in Emmerich und richtete dann in Bremen eine sogenannte Postüberwachungsstelle in der Bahnhofstraße ein. Vergeblich versuchte ich, ein Haus zu kaufen, um meine Familie nach Bremen holen zu können. Die Inflation schritt mittlerweile mit Riesenschritten voran. Meine mühsam geretteten englischen Pfunde hatte mir die Bank abspenstig gemacht und den Erlös in später wertlosen Papieren angelegt. Der NDL hatte mich mit deutschem Geld abgefunden, und ich merkte mit Schrecken, daß mein Geld, damals eine sehr hohe Summe, immer weniger wert wurde.

Ein Angebot, in den Vorstand der Bremer Straßenbahn einzutreten, hatte ich dummerweise vorläufig abgelehnt, da ich der Sache nicht recht traute. Schließlich glückte es mir, eine Wohnung in Sebaldsbrück zu erhalten. Nun konnte ich meine Familie nach Bremen holen. Unsere kleine Erica hatte mittlerweile Scharlach gehabt und unser zweiter Junge, Babsy, eine schwere Kopfoperation, die gar nicht notwendig gewesen wäre, durchgemacht.

Als mir dann noch einmal der Posten bei der Straßenbahn angeboten wurde, nahm ich an und trat am 1. Juli 1920 in den Vorstand der Gesellschaft ein.

Nur der dreijährige Karlfried fehlt: Robert und Erica Claessens' Kinder vor dem Haus in der Mathildenstraße, 1925

Am 26. Juli wurde dann unser fünftes Kind, ein kleines Mädel, das auf den Namen Ingrid-Marion getauft wurde, geboren.

Dann glückte es mir, ein Haus in der Mathildenstraße zu kaufen. Endlich waren wir im eigenen Heim gelandet und ich wieder in gesicherter Lebensstellung. Leider war das Haus in der Mathilden-

Am 10. Oktober 1927 wurde das neue Haus
in der Wachmannstraße bezogen

Ehepaar Claessens auf Madeira, 1929

straße wie all die alten Bremer Häuser für die Hausfrau sehr schwierig zu bearbeiten, wenn nicht genügend Personal zur Verfügung stand, und das war in der Zeit der Inflation nicht zu haben. Die Küche lag im Keller und in jeder der drei Etagen drei Zimmer, also stets ging es treppauf-treppab. Zur leichteren Bewirtschaftung ließ ich Zentralheizung einbauen, und ein altes Faktotum von der Straßenbahn, genannt Joseph, leistete große Hilfe und ist uns auch bis zu seinem im Zweiten Weltkrieg erfolgten Tode, er kam bei einem schweren Bombenangriff ums Leben, treu geblieben. Am 8. April 1922 wurde dann unser vierter Junge geboren und wie vorher schon Ingrid evangelisch getauft. Ich war aus der katholischen Kirche ausgetreten, da die ungeheuerlichsten gegen das Deutschtum gerichteten Reden und Predigten des Erzbischofs von Sydney

es mir unmöglich gemacht hatten, weiter der katholischen Kirche treu zu bleiben, außerdem war ja meine Frau Protestantin. Alle sechs Kinder sind im Bremer Dom konfirmiert worden und dort haben auch Erica und Ingrid geheiratet. Meine Frau hatte sehr unter einem Gallenleiden zu leiden und hinzu kam ihr altes Beinleiden, das sie sich in Sydney zugezogen hatte. Mehrere Operationen in Bremen und Berlin bei Professor Klapp schafften etwas Abhilfe, aber hinzu kommende Arthritis ließen es doch geboten erscheinen ein bequemer zu bewirtschaftendes Haus zu suchen. Im August 1926 kaufte ich in der verlängerten Wachmannstraße, die damals noch nicht ausgebaut war, ein 2400 Quadratmeter großes Grundstück. Zunächst wurde dort ein sehr nettes Blockhaus gebaut, in dem die Kinder viele schöne Zeiten verlebt haben und an dem

Claessens war Mitglied in mehreren
Automobilvereinen und langjähriger
Vorsitzender des Bremer Klubs

auch wir Alten viel Freude hatten. Im März 1927 wurde dann mit dem Bau eines Hauses auf dem Grundstück begonnen. Ursprünglich wollten wir ein kleineres Haus bauen, ließen uns aber durch unseren Architekten überreden es größer zu bauen, da es, wie er behauptete, eine Sparkasse sei und sich später mit großem Gewinn würde verkaufen lassen. In damaligen Zeiten war seine Ansicht vielleicht richtig und niemand konnte ja voraussehen, daß ein zweiter Weltkrieg mit all seinen traurigen Folgen kommen würde. Das Haus in der Mathildenstraße konnte ich sehr gut verkaufen, und am 10. Oktober 1927 zogen wir in unser neues Haus ein.

Schöne Jahre mit den heranwachsenden Kindern mit einem großen Freundeskreis folgten. Am 11. Mai 1936 haben wir im Beisein aller Kinder und vieler Freunde und Verwandten unsere Silberhochzeit gefeiert. Unsere Tochter Erica heiratete am 9. Oktober 1936 nach Kolumbien.

Dann brach der Krieg aus und brachte viel Kummer und Sorge. Unser Ältester mußte vor der Gestapo flüchten und wurde als geborener Australier Engländer. Unser zweiter war in Rumänien und später interniert in Palästina, unser dritter Junge, der Medizin studiert hatte und der ganze Stolz seiner Mutter war, meldete sich freiwillig zu einer Fahrt auf einem U-Boot als Assistenzarzt und ist seit dem 21. September 1943 verschollen. Unser jüngster Sohn Karlfried war im Afrika-Korps Soldat und geriet in kanadische Gefangenschaft. Trotz der schweren Angriffe auf Bremen durch Bomben blieb unser Haus vorläufig unbeschädigt bis am 25. September 1944 eine Bombe unser Haus traf und es zum Teil zerstörte. Der Rest des Hauses wurde notdürftig repariert, und wir blieben weiter drin wohnen und konnten sogar noch vollständig ausgebombte Familien bei uns aufnehmen.

Schwerer Bombenschaden am Haus in der Wachmannstraße

Sterbeurkunde von Dr. Hans-Heino Eugen Claessens, der 1943 als Besatzungsmitglied eines U-Boots bei dessen Untergang ums Leben kam

Robert Claessens' über die Wiederaufnahme des Betriebs der Bremer Straßenbahn nach Ende des Zweiten Weltkriegs 1945

»Unter schwierigsten Umständen wurden Wagen wieder betriebsfähig gemacht«

[Auch] das schöne, 1916 erbaute Verwaltungsgebäude [der Bremer Straßenbahn AG] war durch Bomben und Brand vollkommen zerstört. In dem tief unter dem Gebäude liegenden Bunker arbeitete noch die Telefonzentrale. Fast alle Bahnhöfe (Depots) waren durch Bomben zerstört; nur der Bahnhof Horn und teilweise der Bahnhof Gröpelingen waren erhalten geblieben. Ein großer Teil des Wagenparks unter Einschluß der aus Rotterdam, Den Haag und Amsterdam herbeigeschafften Wagen war in den Wagenhallen oder auf der Strecke ein Opfer von Bomben und Feuer geworden.

Umformerwerke im Osten und Westen waren wiederholt beschädigt oder ganz zerstört worden, und ständig mußten Bautrupps der Oberleitung die zerfetzten Fahrleitungen in Ordnung bringen. Trotz der in den letzten Monaten sich häufenden Tag- und Nachtangriffe und des in den letzten Wochen einsetzenden Artilleriebeschusses arbeiteten unsere Gleis- und Oberleitungsbautrupps oft unter Einsatz ihres Lebens an der Aufrechterhaltung des Betriebes. Noch im Monat März [1945] hatten wir eine Betriebseinnahme von Mark 572.000,–.

Dann, am 20. April um 17.33 Uhr, erfolgte ein heftiger Bombenangriff auf das bisher einigermaßen verschont gebliebene Hastedt, und das dort befindliche Kraftwerk wurde zerstört. Die Stromversorgung fiel aus und der Straßenbahnbetrieb mußte ruhen. Bis zu diesem Tage betrugen die Betriebseinnahmen noch 261.000,– Mark. Am 25. April wurde Bremen von den Engländern und Amerikanern besetzt, und im letzten Moment wurden von deutscher Seite die zwei noch intakten Brücken, die Große Weserbrücke und die alte Kaiserbrücke, gesprengt. Damit war jede Verbin-

Die Nordstraße nach dem 122. Luftangriff vom 20. Dezember 1943. Vorn links die Überreste eines Straßenbahnwagens

dung zur Neustadt abgeschnitten. Schon früher war die Eisenbahnbrücke zerstört worden, und man hatte versucht, ein Notgleis über die sogenannte Adolf-Hitler-Brücke zu legen, um die Bahnverbindung zwischen Bremen und Oldenburg aufrecht zu erhalten. Aber an dem Tage, an dem die Belastungsprobe erfolgen sollte, wurde die Brücke gleichfalls durch Bomben zerstört. Damals wurde die Straßenbahn eingesetzt, um Munition und Truppen von der Neustadtseite zum Hauptbahnhof (Fruchtschuppen Breitenweg) zu befördern.

Gleich nach der Besetzung wurde eine Ausgangssperre verhängt, die aber bald gelockert wurde. Während der Betriebsruhe wurden alle irgend verfügbaren Kräfte zu Aufräumungsarbeiten eingesetzt. Vor allem

Blick vom nördlichen Weserufer auf die »Adolf-Hitler-Brücke« am 16. April 1945

galt es, alle noch auf der Strecke befindlichen Wagen und Wagenteile zu bergen. Da Strom nicht vorhanden, wurde die Firma Siedenburg, die noch eine alte gebrauchsfähige Zugmaschine besaß, zu den Abschleppungsarbeiten herangezogen. Traurig sah es nach Aufhebung der Ausgangssperre in unseren Büroräumen in der Sparkasse aus. Alle Akten waren aus den Schränken gerissen und lagen unter Glasscherben auf den Tischen und Fußböden umher. In unsere Bunkerzentrale waren Soldaten eingedrungen und hatten die wertvollen und zur Zeit unersetzlichen Apparate in Stücke geschlagen. Auf den verschiedenen Bahnhöfen waren aus den behelfsmäßig eingerichteten Werkstätten fast alle Werkzeuge gestohlen. Der intakte Bahnhof Horn war von den Engländern besetzt. Fast alle Fahrscheinlager waren ausgeräumt, und die Fahrscheine lagen überall umher. Sogar ein Ausweichlager in Osterholz war vollkommen ausgeräumt und die Fahrtausweise lagen tagelang in Bündeln auf der Straße oder in den Gräben. Es sah trostlos aus. Das technische Büro, das sich in den unteren Räumen der Nord-

deutschen Kreditbank befand, durfte lange Zeit nicht betreten werden. Alle Pläne und sonstiges wichtiges Material waren teils zerstört oder durcheinander geworfen. Aber da zeigte sich die alte kameradschaftliche Zusammengehörigkeit der Straßenbahner. Alle ohne Ausnahme griffen zu, und in kürzester Zeit war einigermaßen Ordnung geschaffen. Wenige Tage nach der Besetzung rissen die schweren amerikanischen Kranwagen und sonstige Fahrzeuge noch bestehende Teile der Oberleitung von oben.

An eine Wiederaufnahme des Betriebes war vorläufig nicht zu denken. In der Hauptsache galt es, wertvolles Material zu bergen, und da leistete die Besatzung des einzigen betriebsfähigen Turmwagens, die Schlosser Müller und Bergmann, Erstaunliches. Immer wieder gelang es ihnen, ein paar Kanister Brennstoff zu organisieren und ihren Turmwagen einsatzfähig zu erhalten. Jeder Meter Draht, der von den Amerikanern oder Engländern heruntergerissen worden war, wurde geborgen, abhanden gekommenes Werkzeug irgendwie zurückorganisiert, und auch in den verschiedenen Werkstätten wurden alle Kräf-

Wiederherstellung der heruntergerissenen Oberleitung der Linie 15 am Neustadtsbahnhof nach einem Fliegerangriff

te eingesetzt, um die noch brauchbaren Maschinen vor Regen zu schützen und neue Arbeitsplätze zu schaffen. Unter schwierigsten Umständen [...] wurden einige Wagen wieder betriebsfähig gemacht. Da Glas nicht erhältlich, wurden zerbrochene Scheiben durch irgendwie organisierte Faserplatten ersetzt [...]. Aber der Bahnbetrieb durfte vorläufig nicht wieder aufgenommen werden. Man munkelte damals, daß eine amerikanische Gesellschaft in Bremen einen Autobusbetrieb mit Doppeldeckern einrichten wollte. Daß dieses bei der geringen Höhe der Bahnunterführungen nicht möglich, daran hatte wohl niemand gedacht.

Schon bald konnte in den Räumen der Sparkasse, die nicht oder nur wenig gelitten hatten, ein geregelter Bürobetrieb aufgenommen und auch Inventur gemacht werden. Einen Personenwagen hatten wir bei einem Bauern unter Heu versteckt gerettet, und so konnte auch festgestellt werden, was von den in der Umgebung ausgelagerten Sachen noch vorhanden. Das Ergebnis war trostlos. Mehrere tausend Meter Uniformstoffe waren spurlos verschwunden, ebenso Reserve-Maschinenteile, Handwerkszeug etc. Der eine schob die Schuld auf den anderen. [...] Wir versuchten, mit den wenigen uns noch verbliebenen Autobussen vom Stadtrand zum

Zentrum zu fahren, aber auch das war nur ein Versuch, da zunächst jedes Fahrzeug von den Alliierten requiriert wurde. Unsere Vorortbahner bauten aus organisierten Ersatzteilen einen kleinen Wagen zurecht, und nun wurde die Umgebung nach verloren gegangenen Autobussen und Anhängern abgesucht. [...]

Mittlerweile wurde alles versucht, um eine günstige Entscheidung über die Wiederaufnahme des Straßenbahnbetriebes zu erreichen. Endlich, am 26. Mai 1945, war es soweit. Wir erhielten von den Amerikanern den Auftrag, die Straßenbahn so schnell wie möglich wieder in Betrieb zu setzen. [...] Die größte Sorge bereitete die

Beschaffung von Oberleitungsdraht. Da erfuhren wir, daß in der Nähe des Bahnhofs Etelsen große Bünde italienischer Oberleitungsdraht, den Deutsche in Italien organisiert hatten, lagerten. Dieser Draht, dessen Eigentümer vorläufig nicht festzustellen war, wurde sofort herangeholt. Die ersten Oberleitungen konnten nun wenigstens provisorisch gezogen werden. 18 Trieb- und 29 Beiwagen waren mittlerweile betriebsfähig gemacht; ein Teil dieser Wagen befand sich in der Neustadt, konnte aber, da alle Brücken zerstört, in der Altstadt nicht verwendet werden. In der Neustadt war ein getrennter Betrieb eingerichtet worden.

Am 13. Juni 1945 fuhr der erste Wagen der Linie 16 um 11.36 Uhr ab Hyazinthenweg – Pappelstraße – Am Deich von 6 bis 20 Uhr in Sechsminutenabständen und von 20–21 Uhr in 7 ½ -Minutenabständen, von der Bevölkerung der Neustadt freudig begrüßt. Vom Deich ging eine Fähre zur Altstadt. Später wurde eine Notbrücke von

Nach dem Zusammenbruch: Plünderung eines Wehrmachtstransports

den Amerikanern gebaut. Die einzige Brückenverbindung zur Neustadt bestand bis dahin in einer Pontonbrücke, die vom Osterdeich in der Nähe der Mozartstraße über die Weser führte. Am 22. Juni 1945 konnte dann um 9.06 Uhr die Linie 5 vom Bürgerpark bis zum Markt eröffnet werden, die am 25. Juni bis zur Diepenau verlängert wurde. Auch diese Linie verkehrte zunächst nur von 6 – 21 Uhr in Sechsminutenabständen. Am 26. Juni 1945 gelang es, einen beschränkten Omnibusbetrieb zwischen Lilienthal und Hauptbahnhof einzurichten. [...]

Wie sahen aber die Wagen aus, in denen die stets zunehmende Anzahl Fahrgäste befördert werden mußte? Glas war kaum oder nur unter großen Schwierigkeiten zu erhalten, desgleichen Beleuchtungskörper. Die Wagen mußten, da ja fast alle Wagenhallen zerstört waren, im Freien untergebracht werden, und so wurden trotz aller Bewachung ständig Scheiben und Beleuchtungskörper gestohlen, ja sogar die Faserplatten, mit denen die Wagen wegen mangels an Glas abgedichtet waren, wurden abmontiert. Die Materialbeschaffung wurde immer schwieriger, und so machte auch die Reparatur der durch die Kriegsereignisse beschädigten Wagen nur langsame Fortschritte. [...]

Das Marken- und Kartensystem wurde nach Kriegsende weitergeführt und statt des »Reichsadlers« auf den Karten nun das große Bremer Staatswappen gedruckt. Lebensmittelkarte für Erwachsene, gültig im Mai 1945

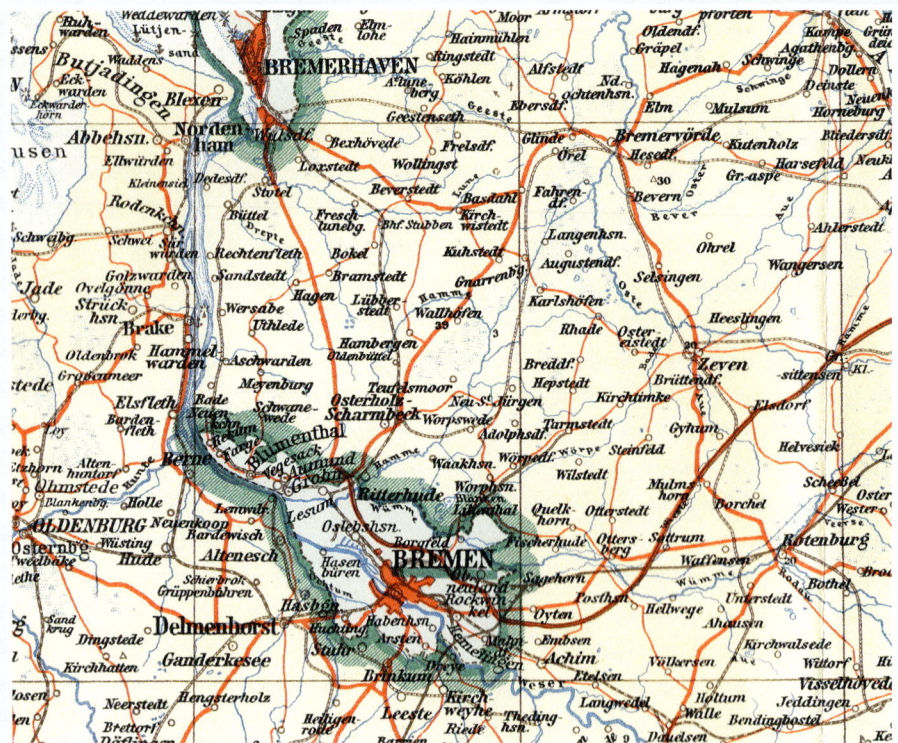

Verlauf der Zonengrenzen um Bremen. Bremen war amerikanische Enklave in der britischen Besatzungszone

Eine weitere große Schwierigkeit bestand für die Straßenbahn in der Personalbeschaffung. Viele Straßenbahner mußten wegen ihrer Parteizugehörigkeit auf Anordnung der Militärregierung entlassen werden. Hunderte waren noch nicht aus Kriegsgefangenschaft heimgekehrt, und Neueinstellungen wurden immer schwieriger. Die Straßenbahn konnte zum Lohn weder zusätzliche Lebensmittel noch sonst etwas bieten, und gerade die Lebensmittelversorgung gestaltete sich immer schwieriger. [...]

Trotz aller Schwierigkeiten war es möglich, bis zum 31. Dezember 1945 wieder 60 Prozent der früheren Bahnlänge betriebsfertig herzurichten und 113 Triebwagen und 133 Beiwagen in Betrieb zu nehmen. Ebenso hatte die Bremer Vorortbahnen GmbH Ende des Jahres 1945 außer angemieteten Lastwagen und einigen Autobussen wieder 14 eigene Autobusse

und zehn Anhänger in Betrieb. Die stete Überlastung der Wagen – stiegen doch die Fahrgastziffern im Jahre 1946 auf die bisher nie erreichte Höhe von 111 Millionen, die außerordentlich große Zahl der Schwarzfahrer nicht mitgerechnet – erforderte viel Reparaturen, und der Verschleiß des zum Teil sehr alten und nur notdürftig reparierten Wagenparks war sehr groß. [...]

Ständig waren Einkäufer und zuverlässiges Personal unterwegs, um Glühlampen, Glas und sonstige dringend benötigte Materialien irgendwo aufzukaufen und nach Bremen zu begleiten. Scharf mußte anfangs aufgepaßt werden, damit die Sachen auch ihren Bestimmungsort erreichten und nicht unterwegs abhanden kamen. Rechnungen und Quittungen wurden kaum noch ausgestellt. Die Preise zogen immer mehr an; der Schwarzmarkt blühte. Aber unverdrossen wurde weitergearbeitet, um dem Verkehrsbedürfnis zu genügen. In en-

ger Zusammenarbeit aller Abteilungen gelang es, eine Strecke nach der anderen wieder betriebsfähig zu machen und auch die für die Aufrechterhaltung des Betriebes benötigten Wagen in Stand zu setzen. [...]

Nicht unerwähnt bleiben darf die Beschaffung des in den Wintermonaten dringend benötigten Brennmaterials für die Werkstätten und auch das Personal. Da Kohlen und Koks kaum zu erhalten, wurde eine größere Torfaktion in Szene gesetzt. In der Nähe von Gnarrenburg wurde mit anderen Unternehmen ein Abkommen zwecks Torfgewinnung getroffen. Zeitweise waren bis zu 50 Personen, Männer und Frauen, Angehörige der Bremer Straßenbahn AG, dort von montags bis sonnabends mit der Torfgewinnung unter Zuhilfenahme von ein bis zwei im Laufe der Zeit eingesetzten Maschinen beschäftigt. Die Arbeitskräfte wurden mit einem Lastwagen oder alten Omnibus am Montag früh hinausgebracht, wurden dort in notdürftig hergerichteten Baracken untergebracht und gegen Abgabe von Marken verpflegt. Sonnabends wurden sie dann, wie oben, wieder nach Bremen zurückbefördert. Eine außerordentlich anstrengende, da ungewohnte Arbeit, die aber mit Lust und Liebe von allen ausgeführt wurde. Große Schwierigkeiten bereitete die sichere Beförderung des trockenen Torfs vom Moor nach Bremen, da der Torf aus der britisch besetzten Zone in die amerikanische Zone hineingebracht werden mußte. Oft konnte dies nur nachts und auf Umwegen geschehen. Hierbei leistete uns wiederum die Firma Siedenburg mit ihren Treckern und Anhängern große Dienste. Ähnliche Schwierigkeiten entstanden auch bei der Beschaffung von Gemüse, Kartoffeln etc. für die mittlerweile eingerichtete Werksküche. Auch da gelang es oft nur bei Nachtfahrten und unter großen Schwierigkeiten die benötigten, nicht bewirtschafteten Lebensmittel heranzuschaffen.

Die Kapelle der Bremer Straßenbahn AG bringt Robert Claessens zum 75. Geburtstag ein Ständchen. Im Hintergrund das stark zerstörte »Parkhaus« am Holler-See

Als meine Frau sehr schwer erkrankte gab es leider keine Rettung mehr. Am 18. Februar 1954 rief der Tod meine Ica ab, nach fast 43jähriger glücklicher Ehe. Im Juni des Jahres 1954 habe ich dann das Haus verkauft und eine kleine drei Zimmer Etage in der Schaffenrathstraße 46 bezogen. Ein Wiederaufbau des Hauses hätte mehr als 70.000 D-Mark gekostet, ich hätte soviel als möglich vermieten müssen und mir eine große Last aufgehalst, also weg damit. Am 1. Juli 1952 war ich nach 32jähriger Tätigkeit bei der Straßenbahn in den Ruhestand getreten, 76 Jahre alt. Seit meinem 15. Lebensjahr habe ich gearbeitet davon 20 Jahre für den NDL, zum größten Teil in Australien und wollte nun den Rest meines Lebens in Ruhe und Beschaulichkeit genießen.

1 Erica Maria Margarita Claessens, geb. 4. August 1914 in Sydney.
2 Das ehemalige HAPAG-Schiff »Ypiranga« war 1919 abgeliefert worden und wurde zur Rückführung australischer Soldaten eingesetzt und brachte auf der Rückfahrt Deutsche nach Europa.

Robert und Alfons Claessens 1959

Ruhelose Wanderlust

Nach dem Tode meiner Ica und dem Verkauf des Hauses erfasste mich eine ruhelose Wanderlust, und ich fuhr nach Australien, besuchte dort meinen zweiten Jungen.

Da ich nicht fliegen wollte, bemühte ich mich um eine Passage auf einem der neuen NDL Passagier/Frachtdampfer, mit denen der NDL kürzlich die Australfahrt wieder aufgenommen hatte. Ich erhielt auch auf dem Dampfer »Neckarstein« das sogenannte Hospital zur Verfügung gestellt. Die beiden auf dem Schiff befindlichen Passagier-Kabinen waren an zwei australische Eheleute vergeben. Am 6. Oktober 1954 abends ging ich in Bremen an Bord der »Neckarstein«, da das Schiff schon in den frühen Morgenstunden des folgenden Tages fahren sollte. Das Wetter war wenig schön, kalt und regnerisch, trotzdem erschien noch in den späten Abendstunden der Gesangverein der Bremer Straßenbahn und sang mir zum Abschied ein paar Lieder. Endlich, am Mittag des 7., war alle Ladung an Bord, und um 14 Uhr verließen wir bei wenig schönem Wetter Bremen und dampften die Weser abwärts. [...] Unser Fahrplan war wie folgt: Bremen – Antwerpen – Port Said – Sues – Aden – Fremantle – Adelaide – Melbourne – Sydney. Vorgesehen war, dass wir am 24. November etwa in Sydney eintreffen sollten. Aber der Rheder denkt und der australische Hafenarbeiter lenkt. Bei schönem Wetter und flotter Fahrt ging es durch den Kanal und die Biscaya, dort nur zwölf Stunden leichte Dünung aus Süd-West, die uns etwas aufhielt und nach Passieren von Gibraltar im Mittelmeer ein paar Stunden dichter Nebel, durch den wir auch etwas aufgehalten wurden. Das Mittelmeer war wie ein Ententeich. Wir männlichen Passagiere besichtigten die Maschine gründlich, und Freimarkts-Beginn wurde mit Berliner Pfannkuchen gefeiert. Es gab viel zu sehen, zu erzählen, zu lesen und zu schreiben und so wurde einem die Zeit nicht lang. [...]

Am Sonntag, den 31. Oktober, passierten wir den Äquator und am nächs-

Mit dem NDL-Frachtschiff »Neckarstein« fährt Claessens 1954 nach Australien, um dort zwei seiner Söhne zu treffen

ten Tage nachmittags fand die übliche Linientaufe statt. 26 Mann, die die Linie noch nie passiert hatten, wurden nach altem Brauch getauft und lange wurde an dem Abend noch in der Mannschaftsmesse bei viel Bier gefeiert. [...]

Am Montag, den 8. November, bei SO Wind heftige Dünung, hörten [wir] durch Funk, daß in allen Australhäfen Streik. Um 17.30 Uhr kam Rottnest Is-

NORDDEUTSCHER LLOYD BREMEN

TAUFSCHEIN

Wir Poseidon, Dreizackschwinger und Erderschütterer, von Zeus Gnaden, Herr aller stehenden und fließenden Gewässer mit allem, was an, auf und in ihnen sich tummelt und herumtreibt, Gebieter der Fluten, Wogen und Wellen, haben heute

Herrn Robert Claessens

nachdem **er** auf dem von Uns sorgsam behüteten und betreuten hochbordigen Meeresschiffe

T.S. „NECKARSTEIN"

dem NORDDEUTSCHEN LLOYD in BREMEN gehörig, Unseren Äquator unter Unserem gnädigen Schutze passiert hat, in aller Form Rechtens getauft. Allem Uns untertanen Volke, vom Haifisch bis zur Auster, und auch allen Mitgliedern des staubgeborenen Menschengeschlechtes, hohen und gemeinen, blau-, braun- und schwarzäugigen, blond-, braun-, schwarz-, grau- und weißhaarigen, spitz- und stumpfnasigen, gerade- und krummbeinigen, ist dies zu Kund und zu Wissen zu bringen.

Gegeben in unserem KORALLENSCHLOSSE AM ÄQUATOR

am **1. November 1954**

mit Unserer eigenhändigen Unterschrift!

Poseidon

land in Sicht, und da kein Lotse erschien, ankerten wir um 19 Uhr eben außerhalb der Einfahrt zum Hafen von Fremantle. Später wurde uns von Land durch Blink mitgeteilt, daß im Hafen kein Platz, am nächsten Morgen würde aber jemand mit Bescheid und Post an Bord kommen. Da lagen wir nun, pünktlich waren wir angelangt, aber bis hierher und nicht weiter. [...] Am Dienstag, den 9. November, kam um neun Uhr morgens endlich ein Boot von Land und brachte uns Post etc., ferner wurde uns mitgeteilt, daß wir vielleicht abends einlaufen könnten. Um 19 Uhr lagen wir endlich im Hafen von Fremantle. [...] Der Streik der Hafenarbeiter ging weiter, und es war vorläufig nicht abzusehen, wann wir nach Adelaide weiter kommen würden. [...]

Am Dienstag, den 16. November, fingen endlich die Hafenarbeiter wieder an zu arbeiten, und Donnerstag, den 18. November, war alle Ladung gelöscht und wir setzten um 16 Uhr unsere Reise nach Adelaide fort. Nach wieder schöner Fahrt um die West Ecke Australiens und durch die große australische Bucht kamen wir Montag, den 22. November früh acht Uhr, in Adelaide an. [...] Ich erhielt dort ein Telegramm von meinem Jüngsten, Karlfried, aus Sydney, daß er am nächsten Tage per Flugzeug nach Adelaide kommen und mich dort abholen würde. [...] Wir hatten durch liebenswürdiges Entgegenkommen anderer Fluggäste zwei sehr schöne Plätze in der Mitte der Maschine erhalten und konnten von da aus ungehindert das überflogene Land beobachten. [...] Da ich am Stock ging, wurde ich von den beiden sehr gut aussehenden Hostesses besonders gut betreut. [...] zunächst flogen wir über dichtbesiedeltes Land, dann kam ein Stück, das mehr einer Wüste ähnlich sah und dann Renmark und die wunderbaren Obstbaugebiete am Murray River. Weiter ging es über große Grasflächen, den berühmten Riverina Distrikt, und schließlich stieg das Flugzeug über die Wolken und überflog in ziemlicher Höhe die Blue Mountains (Blaue Berge). Dann ging es zur Küste des Pazifik hinunter, und unter uns lag Sydney. Pünktlich um 11.30 Uhr landeten wir auf dem Flughafen »Mascot«. Ein riesiges Gelände, dicht bei der Botany Bay gelegen und in weiterem Ausbau begriffen. Hier erwarteten uns mein zweiter Sohn und verschiedene gute Freunde. Mein Junge und ich sahen uns nach mehr als 15 Jahren zum ersten Mal wieder. Costin Oarda fuhr uns dann in seinem Wagen zu der etwa acht Kilometer entfernt liegenden inneren Stadt. Schon auf diesem Wege konnte ich sehen, wie Sydney sich seit meinem Abschied im Jahre 1919 verändert hatte. Auf allen Hauptstraßen ein riesiger Autoverkehr, und je mehr wir uns der Innenstadt näherten, desto mehr traten Hochhäuser von bis zu 18 Stockwerken in Erscheinung. [...] Dann ging es weiter zum Bradfield Highway, der Auffahrt zur berühmten Sydney Hafen Brücke. Über die Brücke fuhren wir dann nach North Sydney und Kirribilli. Hier wohnte Babsy in einer großen Pension (boarding house). Die Pension »Glenferrie« lag erhöht und man hatte von ihr aus einen guten Blick über den Hafen. [...] Von dort aus konnte ich jedes ein- und auslaufende Schiff beobachten und einen großen Teil des gewaltigen Hafens übersehen. Im »Glenferrie« wohnten etwa 44 Personen, durchweg nette Menschen, mit nur wenigen Ausnahmen alle Männlein und Weiblein geschäftlich tätig. Hier blieb ich bis zu meiner Abreise von Sydney wohnen. In drei Minuten war man an einem Ferry, das alle halbe Stunde verkehrte und einen in weiteren zehn Minuten zum Circular Quay brachte. [...] Auf der Westseite des Circular Quay legten vor dem ersten Weltkrieg

Linke Seite:
Urkunde über Claessens' Linientaufe an Bord der »Neckarstein«

Height – Top Arch – 437 ft.
Width 159 ft. 11¼ inches.
Footway 10 ft. each.
Roadway 57 ft.
Four Electric Railway Tracks
Length of Span. 1650 ft.

Harbour Bridge Sydney
showing Luna Park.

Vieles hat sich in Sydney verändert –
auch die Harbour Bridge kennt Claessens
noch nicht

die Dampfer des Norddeutschen Lloyd
an, und dort hatte ich auch früher mein
Büro. Ich fand Pier und Schuppen etc.
genau so wieder wie ich sie vor 38 Jahren verlassen hatte. [...] In Glenferrie
eingetroffen, richtete ich mich zunächst
einmal in meinem Zimmer etwas ein und
hatte dann um zwölf Uhr mit Babsy
Lunch in Glenferrie. Babsy und ich
hatten uns natürlich viel zu erzählen,
und so verging die Zeit im Flug. Gegen
18 Uhr fuhren wir zur Stadt hinüber und
trafen im Wentworth Hotel, in dem Karlfried wohnte, mit Betty Hill [der zukünftigen Frau Babsy's] und Karlfried
zusammen und blieben dort zu einem
sehr guten Dinner. Nach dem Dinner
fuhren Betty, Babsy und ich wieder nach
Glenferrie und ich sank einigermaßen
müde in mein Bett.

Montag, den 29. [November], holte
Karlfried mich schon um neun Uhr ab,
wir bummelten etwas durch die Stadt,
lunchten mit Babsy zusammen im Wentworth, und später hatten wir lange bei
Kodack zu tun. Karlfried holte dort die
letzten Filme von seiner Reise ab. Wir
besuchten noch Mr. Marks, 85 Jahre alt,
unser früherer Nachbar in Ruscutters

Bay. Unser altes Haus hatten wir noch
genau wie früher vorgefunden. Auch die
ganze nähere Umgebung war noch die
gleiche. [...]

Dienstag, den 30. November, fuhr ich
um neun Uhr mit Babsy in Taxe zum
Wentworth Hotel, dort holte uns, d. h.
Babsy, Karlfried und mich Costin Oarda
in seinem Wagen ab und wir brachten
Karlfried zum Flughafen. Pünktlich um
11.30 Uhr flog Karlfried in einem voll-
besetzten Stratosphären Cruiser ab, zunächst nach Fidji und dann weiter nach
San Francisco – Bogota zurück.

Am Mittwoch, den 8. Dezember, kam
endlich früh morgens »Neckarstein« in
Sydney an. Ich ging vormittags an Bord,
holte meine noch an Bord befindlichen
Koffer ab, hatte aber vorher noch mal
Lunch an Bord mit dem Kapitän, ersten
Offizier und leitenden Ingenieur. [...]

Donnerstag, 23. Dezember, vormit-
tags bei unserem Agenten wegen Heim-
Passage. Einzige Möglichkeit mit »D.
Neckarstein«, der Anfang Januar von
Brisbane fahren sollte, vier Wochen Ver-
spätung. Hatten Lunch im Wentworth
Hotel. Dann gemütlich zu Hause. [...]

Freitag, 24. Dezember Heiligabend,
wovon man aber in Sydney nichts merkte. Die Commonwealth Bank hatte in
der Vorhalle einen riesigen Weihnachtsbaum aufgestellt. Kühles Wetter 22 Grad.
Brachte vormittags zwei Koffer zur
»Neckarstein«. [...] Um 21 Uhr brachten
Babsy und ich Betty zur Bahn, die mit
dem Nachtzug nach Blayney oder Wonga zu ihrem Vater und Bruder fahren
wollte.

Montag, 27. Dezember, standen zeitig auf, frühstückten und fuhren um
acht Uhr zur Central Railway Station.
Um 8.30 Uhr Abfahrt in einem sehr gut
air conditioned Zug erster Klasse nach
Blayney. Es ging durch die blauen Berge, und ich hatte viel zu sehen. Wie oft
war ich vor vielen Jahren den gleichen

Weg gefahren. [...] Bald nach 14 Uhr trafen wir in Blayney ein und dort holten uns Bettys Bruder Langley mit seinen beiden sieben und vier Jahre alten Buben John und Richard im Auto ab. Gleich etwas über das Auto. Ein uralter, aber sehr bequemer Dodge, der immer noch seine 80 bis 90 Kilometer machte. Babsy und ich gaben unser Gepäck im Club Hotel ab, dort waren für uns Zimmer bestellt, und fuhren dann nach Wonga, das etwa drei Kilometer außerhalb von Blayney liegt.

Wonga liegt sehr hübsch, schönes älteres Wohnhaus umgeben von gepflegtem Garten und hohen Bäumen. Um das Haus läuft eine breite Veranda, und dort war immer ein kühles Plätzchen. In Wonga begrüßten uns der alte Mr. Hill (85 Jahre alt), Betty und Langleys Vater, Langleys sehr sympathische Frau Billie und Betty sehr herzlich. Man fühlte sich sofort zu Hause. Wir blieben bis zum Abend dort, hatten viel zu erzählen und zu sehen. Mr. Hill sen. ist sehr rüstig, schöne schlanke Erscheinung. Ein »Grazier« von altem Schrot und Korn. Grazier ist ein Mann, der nur Schaf- und Viehzucht betreibt, »Farmer« nennt man einen Mann, der Weizen, Kartoffeln und anderes anbaut und nebenbei eventuell Schaf- oder Viehzucht betreibt. Wonga ist die kleinste Station von Mr. Hill, hat aber ausgezeichneten Boden und ist wegen der Nähe von Blayney, einer kleinen, im Aufblühen begriffenen Stadt, sehr wertvoll. Durch das Gelände von Wonga fließt ein Fluß, der immer, auch während der größten Trockenheit Wasser führt. Von hier führt eine Wasserleitung nach Blayney und gleichzeitig hat das Haus in Wonga immer fließendes Wasser. Der alte Herr ist ein Feind von manchen Neuerungen, so gibt es in Wonga kein electrisches Licht, sondern nur große Petroleum-Glühlampen. Mr. Hill gehören noch zwei weitere

und bedeutend größere Stationen, die einige hundert Kilometer entfernt liegen. Auch gutes Land und ständig fließendes Wasser. Auf jeder der Stationen sitzt ein Manager, sozusagen der General Manager ist neben dem alten Hill der Sohn. An Nebengebäuden ist nur ein Schuppen vorhanden. Vieh und Pferde sind stets draußen. Abends kühlt es sich merklich ab, da Blayney immerhin einige hundert Meter hoch liegt. Um 21 Uhr fuhren uns Betty und Langley im Dodge zum Hotel, in dem wir sehr gut untergebracht waren. Dass in meinem Zimmer seit sicher langer Zeit eine Fensterscheibe kaputt war und der Vorhang einige Löcher aufwies, dabei darf man sich nichts denken. Die Australier sind nun einmal, besonders auf dem Land, sehr anspruchslos. [...]

Mittwoch, den 29. Dezember. Schönes warmes Wetter, abends abkühlend. Babsys großer Tag. Zum Lunch waren wir in Wonga und dann ruhten wir etwas in unserem Hotel. Um 18 Uhr wieder nach Wonga, dort großer Auftrieb. Etwa 40 Personen erschienen, lauter gute Freunde der Familie. Langley gab die Verlobung seiner Schwester mit Babsy offiziell bekannt. Große Gratu-

Betty Hill, Claessens' zukünftige Schwiegertochter, und Sohn Babsy. Im Hintergrund der Wagen der Hills, ein »uralter, aber sehr bequemer Dodge, der immer noch seine 80 bis 90 Kilometer machte«

Die ehemaligen Pieranlagen des NDL findet Claessens noch weitgehend unverändert vor. Mit dem blauen Kreuz hat er auf der Postkarte sein früheres Büro markiert

3114. Circular Quay & City from Harbour Bridge. Sydney.

Torturen aber warm, Waren um 9²⁰ in
Klazing, dort holten uns Bittg. Kinder mit
den beiden Jungs Dhn. Richard (7 - 4 Jahr alt)
nette Kerle, fahren dann im alten „Dodge" nach
Kanza, 3 Meilen. Leben uns Bezirk u Club Hotel
ab, Kanza liegt sehr hübsch, schönes Wohnhaus umgeben
an gut gepflegten Garten u hohen Bäume, Wurden dort
durch den alten Mr. Hill (85 Jahr) zarte schlanke Erscheinung, sehr rüstig, und die junge Frau Hill empfangen, blieben bis zum Abend dort. Abend bedankten
Bittg. u Mr. Hill zu. brachten uns gegen 9 Uhr
zu Hotel u Klazing. Dort gut untergebracht, krank
mit einem Stück mit Kanne, In Kanza sichte Bru
eine sehr giftige Schlange, etwa 5 Fuss lang
Club Hotel. £ 1-4-6 p Tag, Zimmer 8/6. Frühstück 5/

Dinner 6/- , Lunch 5/6. £ 7/7/- p. week

Dienstag d. 28. 12. 54
Schöner, reichlich warmes Wetter. Frühstückten im
Hotel. Gegen 10 kam Bittg. uns im alten Dodge abholen. Unser u Kanza zu Mittag u. fahren u 14 im Truck
mit Mr. Hillyn. beiden Jungs nach Kanungen, der
2. Stadt u Mr. Hill. Sehr schöne Fahrt, viele Farmen
mit Hafer, Kartoffeln etc. In Kanungen in Masogu
Mr. Dittmar, Vater deutsch, Mutter holländische.

Sehr nette australische Frau. Nach längerem

Aufenthalt wieder nach Wonga zurück, um ... ...

... Haus. Sehr hügeliges Gelände, weit ... Bergen

... Schafe – Vieh. Nach dem Dinner um 1/2 9 fuhr

mich Babsi ... Truck zu Hotel. Etwas kühler,

... Wind. Letzter Feiertag.

Mittwoch d. 29.12.54   Schöner, warmer Wetter

abends abkühlend u. windig. Nach dem Frühstück

fuhren nach Wonga?, Besorgung in der Stadt,

Nach dem Lunch geruht im Hotel. Um 6 ...

wieder nach Wonga. Dort ... Party, etwa

... Personen, Bettys. Babsi Verlobung wird durch ...

... er 20, at Mater Misericordiae (Private), to Patricia and John—a daughter (Karen Marguerite).
DUNCAN.—December 28, to Elaine and Keith—a son (James Keith).
EARDLEY.—December 30, at St. Margaret's, to Mary and Henry—a daughter (Catherine Noelle).
EARNSHAW (nee Brook).—Decem-

... N. Charnock, of Lidcombe.
CLAESSENS—HILL.—The Engagement is announced of Betty, only daughter of Mr. F. M. Hill and the late Mrs. Hill, of "Wonga," Blayney, to George Claessens, of Kirribilli, second son of Mr. Robert Claessens and the late Mrs. Claessens, of Bremen, Germany.

Donnerstag d. 30.12.54. Nach dem Frühstück

um 1/2 10 nach Wonga?, schönes Wetter, kühler

... abends recht kühl. Nach dem Lunch

... Fritz, Babsi u. ich nach Barrock? ...

Mr. ... besuchen. Wunderbare ...

... dicht bei Wonga. Blieben

... dann zu Wonga. Später wieder nach Wonga.

Abends ... nach Bene... aus Bathurst,

... Um 1/2 11 wieder im Hotel

Seite aus Claessens' Tagebuch zur Australienreise. Eingeklebt die Verlobungsanzeige von Betty und Babsy

lation, der alte Herr war sehr gerührt, Betty ist doch sein besonderer Liebling. Betty heißt übrigens richtig Lorna McKay Hill, wird aber seit ihrer Kindheit Betty genannt. Sehr lustige Gesellschaft, es wurde viel gegessen und getrunken. Um halb zwei fuhren schließlich Babsy und ich zu unserem Hotel. [...]

Freitag, den 31. Dezember 1954. Sehr heißer Tag, 90 Grad F., um elf Uhr fuhr Betty Babsy und mich im Dodge nach Bathurst, sehr schöne Gegend, gegen 13 Uhr in Bathurst. Aßen im Hotel Knickerbocker sehr gut zu Mittag und bummelten dann durch Bathurst. Wie hat sich alles auch hier verändert seit 1917-19. Damals wohnten wir hier, kleine Stadt, richtig ländlich. Heute 30.000 Einwohner, schöne große Gebäude, sehr schöne Parks, Hotels, große Warenhäuser und viel Betrieb. [...] Schluss des alten Jahres, alles war ruhig, keine Sylvester Aufregung oder Radau. Der Australier sagt: happy new year und damit ist die Sache erledigt. [...]

Sonnabend, den 1. Januar 1955. Schönes warmes Wetter. In Wonga gutes Abschiedsfrühstück. Dann fuhr Betty uns zur Stadt. [...] Der Abschied von Wonga ist mir richtig schwer geworden. Ich muß heute noch an den alten Mr. Hill denken, wenn er mittags aus seinem Zimmer kam, selbst bei sehr warmem Wetter angetan mit seiner Wolljacke, in das Wetter schaute und meinte, es wäre wohl etwas kühl, er zöge doch wohl besser noch eine Jacke an. Wir liefen in Hemd und Hose herum und hatten es heiß. Was würde der wohl zu einem deutschen Winter sagen? Babsy ist ein Glückspilz, in eine solche Familie hinein zu heiraten. Aber sie mögen ihn alle, alle gern. [...]

Dienstag, 4. Januar 1955. Etwas kühleres Wetter, frischer Südwind nur 25 Grad Celsius. Erfuhr um zehn Uhr bei den Agenten, daß »Neckarstein« Ende der Woche von Brisbane direkt nach Aden fahren würde. Mein Sohn und ich buchten sofort für den nächsten Tag zwei Plätze in einem Flugzeug. [...]

Mittwoch, den 5. Januar 1955. Pünktlich um 11.30 Uhr flog die große Maschine vollbesetzt mit Babsy und mir ab, und noch einmal konnte ich einen Blick von oben auf Sydney werfen, in dem ich so viele und schöne Stunden und Tage verlebt hatte, der Abschied wurde mir nicht leicht. Viele gute Freunde ließ ich zurück. Die Maschine flog gleich auf etwa 13.000 Fuß Höhe, und so war von der überflogenen Landschaft leider nichts zu sehen. Unterwegs wurde uns ein gutes Lunch serviert, dazu guter Whisky und Soda, und pünktlich erreichten wir Brisbane. Wir machten eine lange Schleife über die sehr ausgedehnte Stadt und landeten um 14 Uhr. Vom Flugzeug aus hatten wir uns einen Wagen bestellt, der uns in rascher Fahrt zum Dampfer »Neckarstein« brachte. Hier wurde ich mit halloh empfangen, war ich doch der einzige Passagier. Ich bezog eine der sehr schönen Kabinen, und Babsy richtete sich für die Nacht in der zweiten Kabine ein. Er wollte am nächsten Nachmittag wieder nach Sydney zurückfliegen. [...]

Donnerstag, den 6. Januar 1955. Frühstück mit Babsy an Bord, dann Stadt Besichtigung, 86 Grad Fahrenheit. Ich zog mich bald in das sehr elegante Lennox Hotel zurück, Babsy machte derweil einen Geschäftsbesuch. [...] Um 17.15 Uhr flog Babsy in viermotoriger großer wieder vollbesetzter Maschine (52 Fahrgäste) nach Sydney zurück. Vielleicht war das ein Abschied für immer von meinem zweiten Sohn. Aber ich weiß nun, dass er in Sydney gut aufgehoben ist, dass es ihm in jeder Beziehung gut geht und er eine große Anzahl sehr lieber und guter Freunde hat. Außerdem habe ich seine Braut und deren Familie kennen gelernt und bedaure nur, daß ich nicht bis zum Tage der Hochzeit, die am 16. April in Sydney stattfinden soll, in Australien bleiben konnte. [...]

Donnerstag, den 9. Januar 1955. Abschied vom australischen Festland. Um zehn Uhr früh ging es endlich los und zunächst mit Schlepperhilfe stromabwärts. Um 11 Uhr 40 erreichten [wir] Morton Bay und nahmen Kurs nordwärts. [...]

Sonnabend, 12. Februar. Um vier Uhr früh ankerten [wir] auf Dünkirchen Rhede, warteten Hochwasser ab. Um acht Uhr verholten wir in die Schleuse und um 9.30 Uhr aus der Schleuse in den Hafen. Schauderhaftes Wetter, kalt und regnerisch. Um zehn Uhr lagen [wir] endlich am Pier und sofort wurde mit den Ladungsarbeiten begonnen. In Dünkirchen war noch viel zerstört, sahen zahlreiche Bunkeranlagen etc., die noch aus der Kriegszeit stammten. Um 18 Uhr war alle für Dünkirchen bestimmte Ladung gelöscht, und um 21 Uhr legten [wir] endlich ab, verholten in die Schleuse, heftiger Schneeregen, langes Manöver, waren erst um 23 Uhr in der Schleuse, die wir gegen Mitternacht endlich verließen, um unsere Reise nach Antwerpen fortzusetzen.

Sonnntag, den 13. Februar, passierten um acht Uhr früh Vlissingen und nun ging es Schelde aufwärts. Wetter trübe und kalt, zeitweise Schneeschauer. Zeitweise kam die Sonne durch, auf beiden Seiten der Schelde alle Dörfer und Felder unter tiefer Schneedecke, schönes Landschaftsbild. Gegen Mittag erreichten [wir] Antwerpen, konnten aber erst um 15 Uhr in den Innenhafen verholen. Wieder langes Manöver, lagen um 17.30 Uhr an unserem Liegeplatz Dock 219. Um 22 Uhr wurde mit dem Entlöschen der Ladung begonnen. Es wird gut gearbeitet.

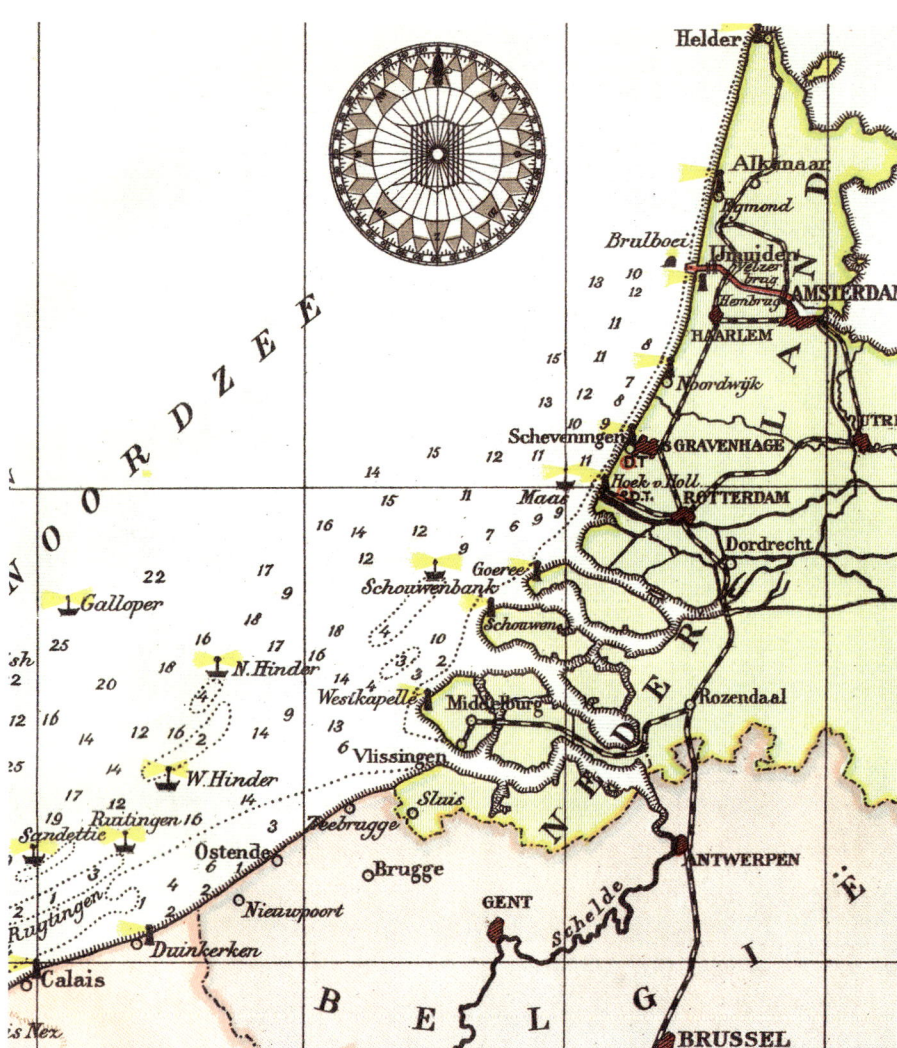

Der Rückweg führt an der niederländischen Nordseeküste vorbei

Montag, 14. Februar. Kalt minus 2–3 Grad, leichtes Schneetreiben, um 15 Uhr alle Ladung gelöscht, 15.30 Uhr legten wir ab. Dieses Mal ging es sehr schnell, schon um 16.35 Uhr fuhren wir aus der Schleuse, und nun ging es Schelde abwärts und nach Rotterdam. Am 15. Februar um zwei Uhr früh lagen wir schon im Hafen von Rotterdam und um acht Uhr wurde mit dem Löschen der Ladung begonnen. Die Holländer lassen sich Zeit. Ich fuhr um zehn Uhr mit unserem Agenten zur Stadt, war aber mittags schon wieder an Bord. Da Tauwetter ziemlicher Patsch in der Stadt. Nachmittags schöne Sonne, aber kalt. Übrigens hatten wir seit Dünkirchen und Antwerpen allerlei Damen an Bord. Die Frauen des Kapitän, ersten Offizier und ersten Ingenieur waren in Dünkirchen an Bord gekommen und einige andere Frauen in Antwerpen.

Am 16. Februar waren um drei Uhr früh alle Ladearbeiten beendet, und gegen fünf Uhr setzten wir unsere Reise nach Bremen fort. Die letzte Etappe sollte noch recht stürmisch werden. Draußen erwartete uns schwerer NW Sturm, Schiff verhielt sich aber gut, gegen neun Uhr passierten wir Texel, und dann ging es an den Nordseeinseln mehr östlich entlang, so daß wir den Sturm mehr achterlich hatten. Um 16.45 Uhr nahmen wir beim Weser Feuerschiff den Weserlotsen an Bord, bei der hohen See nicht einfach, und dann ging es weseraufwärts gen Bremen. Um 18.45 Uhr Lotsenwechsel bei Bremerhaven, ziemlich umständlich, da auch hier noch allerlei Seegang. Regen und Sturm, viel SOS Rufe aus der Nordsee. Um 20 Uhr passierten wir wieder Brake, und um 22.30 Uhr machten wir im Überseehafen von Bremen neben einem anderen Dampfer fest, da kein freier Platz.

Donnerstag, den 17. Februar 1955. Um fünf Uhr früh verholten wir an unseren Liegeplatz, Ende der Reise. In Bremen kalter Winter. Um 7.30 Uhr erschien Schöning, um mich abzuholen. Zuerst wurde aber noch mal ordentlich an Bord gefrühstückt, die letzte Mahlzeit an Bord, dann von allen verabschiedet, und um neun Uhr fuhren wir nach meiner Wohnung. Ich hatte vorher mit meiner Tochter telefoniert und ihr abgeraten, zum Schiff zu kommen; so trafen wir uns alle in meiner Wohnung Schaffenrathstraße 46.

Rückschauend kann ich nur sagen, daß ich eine wunderschöne Reise hinter mir habe. Interessant und schön in Australien und sehr erholsam an Bord. Mit großer Dankbarkeit gedenke ich aller derer, die dazu beigetragen haben, diese Reise so schön zu gestalten. Dankbar muß ich sein, daß es mir bald 79jährigem vergönnt gewesen ist, diese doch zeitweise etwas anstrengenden Monate in Gesundheit zu überstehen. Nicht einmal eine kleine Erkältung hat mich trotz des doch ziemlich plötzlichen Witterungswechsels behindert.

Ich fuhr dann nach England zum Besuch meines Ältesten, weiter nach Kolumbien zum Besuch meiner ältesten Tochter und jüngsten Sohn. Mehrere Besuche in England folgten und schließlich Anfang 1958 ein mehrmonatiger Besuch des Ältesten, der mittlerweile nach den USA (Washington) übergesiedelt war. Viel Schönes habe ich von der Welt gesehen, Freud und Leid in vielen Jahren in treuer Kameradschaft mit meiner unvergesslichen Frau geteilt und nun kann ich mich an den Kindeskindern erfreuen.

Hugo Carl Robert Claessens am Schreibtisch
in der Wachmannstraße 82 und im Garten
seines Hauses mit Hajo und Marion, den
Kindern seiner Tochter Ingrid–Marion

Das Gutshaus Orschen im Kreis Preußisch–Eylau,
Ostpreußen, Robert Claessens' Geburtshaus

Zur Entstehung der »Lloydmissionen«

Dieses Buch enthält die Lebensgeschichte von Hugo Carl Robert Claessens, in verschiedenen Teilen von ihm selbst berichtet. Claessens wurde 1876 als Sohn eines Gutsbesitzers in Ostpreußen geboren und starb als pensionierter Direktor der Bremer Straßenbahn AG am 11. März 1961 in Bremen.

Vor seinem Eintritt in die BSAG lagen rund 25 Berufsjahre als Seemann, in denen er zum größten Teil in Diensten des Norddeutschen Lloyd gestanden hatte. Die Schifffahrtsgesellschaft zählte Ende des 19. Jahrhunderts zu den größten Reedereien der Welt. Claessens war für sie in vielen verschiedenen Funktionen im Einsatz, zunächst als einfacher Seemann, dann als Offizier. Er nahm an einer sechsmonatigen Südseeexpedition teil und vertrat anschließend als Leiter der Lloyd-Inspektion in Sydney bis zu seiner Internierung im Ersten Weltkrieg die Interessen der Reederei in Australien.

Zu Beginn der 1950er Jahre hatte Claessens seine als junger Mann geführten Tagebücher und Briefe an die Eltern durchgesehen, zu Lebenserinnerungen ausgearbeitet und nach und nach für seine Familie zu Papier gebracht. Mehr als fünfzig Jahre danach kam 2008 sein in Zürich lebender Enkel Hajo-Günter Thümen auf die Herausgeber zu und legte Claessens' vier Typoskripte zur Begutachtung vor. Die absatzlos und eng mit Maschine geschriebenen Texte sind überschrieben mit »Mein Lebenslauf« (50 Seiten), »Tagebuchblätter« (84 Seiten), »Kurzer Bericht über meine Reise nach Australien« (18 Seiten) und »1945« (10 Seiten über die Betriebsaufnahme der Bremer Staßenbahn).

Die Texte enthalten flüssige und stilistisch einheitlich verfasste Erinnerungen.

Ihre spannend und abwechslungsreich anmutenden Inhalte spielen in den Oberbereichen »Ostpreußischer Gutsbesitz«, »Weltweite Segel- und Dampfschifffahrt«, »Bremerhaven/Bremen«, »Südseekolonien«, »Reisebeschreibungen«, »Bremer Straßenbahn« und »Familiäres«. Persönliche Empfindungen und Betrachtungen kommen vor, stehen aber nie im Mittelpunkt.

Auf die Frage nach Abbildungsmaterial erzählte Hajo-Günter Thümen von dem Fotohobby seines Großvaters und brachte dem Verlag in mehreren Lieferungen Alben, lose Fotoabzüge und eine Zigarrenkiste voller Fotonegative, aufgenommen auf seiner Südseereise im Jahr 1907.

Die Texte und ein ungeordnetes Konvolut seiner zusätzlichen persönlichen Dokumente versprachen die Möglichkeit der Rekonstruktion eines nicht uninteressanten Lebensbildes: Ein Spross ostpreußischer Großgrundbesitzer nimmt im Alter von nur 14 Jahren sein Leben in die Hand, bringt es zum »Schiffer auf Großer Fahrt«, wird später Direktor der Bremer Straßenbahn AG und hält viele seiner Erlebnisse mit Stift und Kamera fest. Somit fiel die Entscheidung zur Herausgabe dieses Buches.

Claessens' Typoskripte sind zumeist ungekürzt, um einige sachliche Fehler bereinigt und überwiegend alter Rechtschreibung folgend, in neuer Kapitelgliederung wiedergegeben. Mit den »Tagebuchblättern« wurde Claessens' Schilderung seiner Teilnahme an der Südsee-Expedition in den Text »Mein Lebenslauf« eingefügt, ebenso sein Bericht zur Straßenbahn nach Kriegsende (ab Seite 272). Das Buch endet mit Claessens' Australienreise, jetzt »Ruhelose Wanderlust«.

Robert Claessens an seinem Schreibtisch bei der Bremer Straßenbahn AG

Claessens' Texte weisen einen ganz eigenen, ambivalenten Charakter auf: Einerseits ist es der alte Mann, der Rückschau hält auf sein Leben, und andererseits ist es eine Zusammenschau von vielen spannenden und detailreichen Schilderungen. Die Erklärung dafür wurde oben schon vorweggenommen: Claessens war für seinen Lebensbericht nicht nur auf seine Gedächtniskraft angewiesen, sondern konnte auf eigene Aufzeichnungen zurückgreifen und somit an vielen Stellen Details einflechten, die er andernfalls nach so langer Zeit nicht mehr hätte wissen können.

Claessens erzählt, was ihm wichtig erscheint und was ihm Freude macht, und das sind vor allem Erlebnisse aus seiner Seefahrtszeit. Manche Abschnitte sind sehr präzise mit Tagesdaten dargestellt, während andere, teils monatelange Fahrten nur in Nebensätzen Erwähnung finden.

Nach Ende der Darstellung seiner Zeit beim Lloyd 1919 ist die Familie nahezu das einzige Thema. Erlebnisse

nach seinem 1920 erfolgten Eintritt in den Vorstand der Bremer Straßenbahn AG schildert er nicht, auch nicht sein offenbar intensives Bremer Vereinsleben. Dass er Interesse an Technik und an Autos hatte, schimmert in seinen Texten durch, aber dass er langjähriger Vorsitzender des Bremer Automobilclubs war, davon ist keine Zeile zu finden. Claessens war Eiswettgenosse und Mitglied bei Haus Seefahrt, er gehörte der Historischen Gesellschaft, dem Club zu Bremen, der Deutschen Gesellschaft zur Rettung Schiffbrüchiger und weiterer Vereinigungen an.

Bei der Lektüre entsteht das Bild eines Menschen, der mit sich im Reinen ist. Er erscheint weder bescheiden noch eitel, er ist sehr selbstbewusst, ohne überheblich zu wirken. Claessens' Rückschau zeigt, dass er sehr zu schätzen wusste, was ihm das Leben zu bieten hatte. Er ist dankbar für die glücklichen Wendungen, die sein Weg genommen hat. Und an vielen

Stellen wird deutlich: Robert Claessens war ein Genussmensch. Immer wieder finden ausgiebige Frühstücke, herrliche Mittagessen, gute Flaschen Wein und fidele Abende Erwähnung, und Foto um Foto zeigt ihn mit Zigarre in der Hand. Er liebt die Erinnerung an die angenehmen Seiten des Lebens, die er auszufüllen wusste.

Claessens, der sich auch in einer einfachen Hütte mit Hängematte wohlfühlen konnte, führte kein Luxusleben, war aber durch seine Herkunft und seine Karriere regelmäßig bevorzugt und genoss Privilegien. Zugleich lassen Claessens' Texte den sicheren Schluss zu, dass er ein überaus verantwortungsvoller und pflichtbewusster Mensch mit sozialem Verständnis war.

Wenige Jahre nach der Reichsgründung 1871 geboren, verlief Claessens' Lebensweg durch vier verschiedene politische Systeme und zwei Weltkriege. Bis 1914 profitierte er als Angehöriger der

Robert Claessens
Drehmanstr. 82
4/4218.

Mein Lebenslauf.

Ich wurde am 27. Juli 1876 in Orschen, Kr. Pr. Eylau, als Sohn des Rittergutsbesitzers Alphons Claessens und seiner Ehefrau, Maria geb. Baur, geboren und am 3. August des gleichen Jahres im Elternhaus durch den kath. Pfarrer aus Landsberg auf die Namen Hugo Carl Robert getauft. Vater und Mutter waren Aachner Kinder. Vater war daselbst am 24. Dezember 1837 und Mutter am 25. Mai 1846 geboren. Als junger Mann war Vater zur Erlernung der Landwirtschaft zu dem Majoratsbesitzer Freiherrn von Tettau Tolks gekommen, dessen Besitz in der Nähe von Bartenstein in Ostpreussen lag. Anfang der siebziger Jahre pachtete mein Vater das in der Nähe liegende Gut Lloyden und heiratete am 21. Juni 1873 meine Mutter in Aachen. In Lloyden wurden meine beiden älteren Brüder Alfons am 4. April 1874 und Eugen am 13. April 1875 geboren. Anfang 1876 kaufte dann mein Vater das etwa 3000 Morgen grosse Rittergut Orschen. Orschen war sehr schön gelegen. Das langgestreckte Gutshaus mit den einer grossen viereckigen Hof einschliessenden Wirtschaftsgebäuden lag auf einer Erhebung, ein 8 Morgen grosser Garten erstreckte sich bergabwärts und unten lag das Dorf d. h. die Häuser der Gutsarbeiter und einige kleine Bauerngehöfte. Das Gutshaus selbst war ein aus dem 18. Jahrhundert stammender jetzt einstöckiger Bau. Früher soll es einen zweiten Stock gehabt haben, den aber ein Vorbesitzer hat herunter nehmen lassen. Hier wurde am 1. August 1877 meine Schwester Elisabeth, gen. Else, und am 4. November 1880 mein jüngster Bruder Hugo geboren. Wir waren somit 5 Gschwister. Die ersten Schulkenntnisse erwarb ich mir mit den älteren Brüdern zusammen bei einer Erzieherin und unserem Dorfschullehrer, später erhielten wir einen Hauslehrer, Kandidat Ilse, der ein ganz ausgezeichneter Lehrer und Erzieher war. Gerne erinnere ich mich der schönen Zeiten meiner ersten Jugend in Orschen. Wir waren 8 Kilometer, zum ... Teil sehr schlechten Landwegs, von der nächsten kleinen Stadt ... entfernt und bis zur nächsten Bahnstation ... schlechter Landweg und 5 ...

Handelsmarine von Industrialisierung und ansteigendem Welthandel. Deutschland als imperiale Großmacht erfuhr Claessens aus eigenem Erleben. Er lernte die Südsee kennen, unmittelbar bevor der »Stoß der Moderne«, wie Horst Gründer 2004 in seiner Einleitung zur 5. Auflage der »Geschichte der deutschen Kolonien« schreibt, auch Ozeanien von Grund auf veränderte.

Politisch ist er ohne Zweifel als eines der vielen »kaisertreuen« Kinder seiner Zeit anzusehen. Dass er sich in der NS-Zeit als Vorstand der mehrheitlich staatlichen Bremer Straßenbahn AG mit den Machthabern arrangieren musste, liegt auf der Hand, und dass die Bremer BSAG monatlich zehn Reichsmark als seinen »SS-Förderbeitrag« einem SS-Mann entrichtete, ist in seiner »Entnazifizierungsakte« nachzulesen.

In exponierter öffentlicher Stellung stehend, war Claessens unter »dem Druck der Verhältnisse« im April 1937 NSDAP-Mitglied geworden. Einen nach dem Krieg von einem Straßenbahner geäußerten Belastungsvorwurf konnte er unbedingt glaubhaft ausräumen. Als »Mitläufer« eingestuft, kehrte er in sein Amt bei der BSAG zurück. Es ist kaum vorstellbar, wie der kulturinteressierte und welterfahrene Claessens der von Fremdenhass geprägten NS-Ideologie das Wort geredet haben könnte. Seine beiden älteren Söhne waren in den dreißiger Jahren britische Staatsbürger geworden.

Sein Vater hätte sich als »sozialistischer Kapitalist« bezeichnet, sagte ohne nähere Ausführung Claessens' 1922 geborener und heute in Kanada lebender Sohn Karlfried im Jahr 2010 bei einem Telefonat mit den Herausgebern. Die 1920 geborene Tochter Ingrid-Marion erinnert sich an Streit und Beschimpfungen, weil Claessens sich dauerhaft weigerte, statt der »Bremer Speckflagge« die Hakenkreuzflagge im Vor-

Eines von drei Typoskripten aus dem Nachlass von Robert Claessens

Mattengeld der »Zentralkarolinen«, Übersee-Museum. Claessens brachte dies mehr als einen Meter lange Zahlungsmittel von der Südsee-Expedition 1907 mit nach Bremen

garten seines Hauses in der Wachmannstraße zu hissen.

Die den Texten beigefügten Fotos, Karten und Literaturzitate sollen teils zur Erklärung, teils als stimmungsvolle Staffage dienen. Viele sind zeitgenössische Zeugnisse des Norddeutschen Lloyd, wie überhaupt bei der Auswahl darauf Wert gelegt wurde, dass die Stücke unbedingt authentische Zeugnisse aus Claessens' Lebenswelt zeigen. Sämtliche Beigaben sind als Verständnishilfen und Lektüreergänzung aus sich heraus gedacht und sollen keinen interpretatorischen Rahmen bilden oder gar Reflexion aus heutiger Sicht darstellen.

Das Erscheinen der »Lloydmissionen« geschieht auf Initiative und in dankbarer Erinnerung von Hajo-Günter Thümen und seiner Schwester Marion Thümen-Lotz an ihren Großvater Robert Claessens. Es ist zugleich ein Dankeschön an ihre Mutter Ingrid-Marion und ein Gruß an ihren Onkel Karlfried, das sechste und letzte Kind von Claessens und seiner 1954 verstorbenen Frau Erica.

Ingrid-Marion Thümen, geborene Claessens, war 1953 Witwe geworden, und Robert Claessens kümmerte sich mit um den 13-jährigen Enkel Hajo und die erst vier Jahre alte Marion. Die Erinnerungen der Geschwister an den geliebten »Großvater« sind unauslöschlich. Er hatte Zeit für sie und ließ sich immer wieder überreden, von seinen Reisen und vom Norddeutschen Lloyd zu erzählen. Für den heranwachsenden Hajo wurde Robert Claessens zum wichtigen Ansprechpartner und Ratgeber während der Schul- und Ausbildungszeit.

Die Herausgeber bedanken sich für die vertrauensvolle Zusammenarbeit mit der Familie und für die Freiheit bei der Zusammenstellung der Fotos und Dokumente aus dem Nachlass von Robert Claessens, ferner bei Gisela Krüger (Universität Bremen), Sabine Hartleib (Bundesamt für Seeschifffahrt und Hydrographie, Rostock), Sabine Kasten (Enkelin von Wilhelm Schönian), Dr. Renate Noda und Wilfried Steenken-Eisert (Übersee-Museum, Bremen) für ihre Hilfen.

NACH
AEGYPTEN

MIT DEM
NORDDEUTSCHEN LLOYD
BREMEN

M. DuMont Schauberg, Köln.

Literatur, Quellen, Bilder

Literatur

Richard Andree: Andree's Allgemeiner Handatlas. 1. Aufl., Bielefeld und Leipzig 1881

Karl Baedeker: Baedeker's Holland und Belgien. Leipzig 1897

Karl Baedeker: Baedeker's Italien von den Alpen bis Neapel. Leipzig 1903

Karl Baedeker: Baedeker's Nordost-Deutschland (von der Elbe und der West-grenze Sachsens an) nebst Dänemark. Leipzig 1914

Karl Baedeker: Baedeker's Schweiz. Leipzig 1907

Karl Marten Barfuß, Hartmut Müller und Daniel Tilgner (Hg.): Geschichte der Freien Hansestadt Bremen von 1945 bis 2005. Bd. 1: 1945–1969. Bremen 2008

Fritz R. Barran: Städte-Atlas Ostpreußen, Würzburg 2008

Ottomar Beta: Das Buch von unsern Kolonien. Leipzig 1908

Georg Büchmann: Geflügelte Worte. Der Citatenschatz des deutschen Volkes, 19. Aufl., Berlin 1898

Heinz Burmester: Segelschulschiffe rund um Kap Horn – Die abenteuerlichen Lebenswege der Viermastbarken »Herzogin Cecilie«, »Herzogin Sophie Charlotte« und »L'Avenir/Admiral

Karpfanger«. Oldenburg und Hamburg 1976

P. Buttenberg: Konserven mit Heizvor-richtung. Zeitschrift für Untersuchung der Nahrungs- und Genussmittel 8 (1904), S. 355–357

Bremer Adressbuch, diverse Jahrgänge

Brockhaus' Konversationslexikon. 14. Aufl. (16 Bde.), Leipzig, Berlin und Wien 1894–1897

Deutsche Kolonialgesellschaft (Hg.): Deutscher Kolonialatlas. Ausgabe 1909, bearbeitet von P. Sprigade und M. Moisel, Berlin 1909

Deutsche Kolonialgesellschaft (Hg.): Deutscher Kolonialatlas. Ausgabe 1912, bearbeitet von P. Sprigade und M. Moisel, Berlin 1912

Edwin Drechsel: Norddeutscher Lloyd Bremen 1857 – 1970, History, fleet, ship mails. Vancouver 1994

Julius Eckstein (Hg.): Historisch-biogra-phische Blätter. Der Staat Bremen, Norddeutscher Lloyd. Berlin 1913

Carl Elschner: Corallogene Phosphat-Inseln Austral-Oceaniens. Lübeck 1915

Bernhard Frommund: Deutsch-Neuguinea, eine Perle der Südsee. Hamburg 1926

Otto Fulst: Gründung und Entwickelung der Seefahrtschule in Bremen, in:

Bremisches Jahrbuch, Bd. 19 (1900) Bremen, S. 36–93

Gaeblers kleiner Handatlas über alle Teile der Erde. Bearbeitet, gezeichnet und hg. von Eduard Gaebler, Leipzig 1933

Basil Greenhill und John Hackman: Herzogin Cecilie: Lebensgeschichte einer Viermastbark. Hamburg 1993

Horst Gründer: Geschichte der deutschen Kolonien. 5., mit neuer Einleitung und aktualisierter Bibliographie versehene Aufl., Paderborn, München, Wien und Zürich 2004

Hermann Gutmann und Jochen Mönch: Die Eiswette von 1829. Ein Bremer Fest – Geschichte und Geschichten. Bremen 2010

Hermann Habenicht: Justus Perthes' See-Atlas. Gotha 1895

Ernst Haeckel: Indische Reisebriefe. 1. Aufl. Berlin 1883, erstes Kapitel: »Auf der Reise nach Indien«, zitiert nach: http://caliban.mpiz-koeln.mpg.de/haeckel/ceylon/kapitel01.html, abgerufen am 23.9.2011

Albert Hahl: Gouverneursjahre in Neuguinea, hg. von Wilfried Wagner. Hamburg 1997

D. von Henk: Zur See. Hamburg 1895

Otto Höver: Von der Galiot zum Fünf-master. Bremen 1934

Arnold Kludas: Die Seeschiffe des Norddeutschen Lloyd. Herford 1991

Kolonial-Wirtschaftliches Komitee (Wirtschaftlicher Ausschuss der Deutschen Kolonialgesellschaft, Hg.): Kolonial-Handels-Adressbuch. Berlin 1909

Paul Langhans: Justus Perthes' Staatsbürger-Atlas. 24 Blätter mit über 100 Karten, Diagrammen und Abbildungen zur Verfassung und Verwaltung des Deutschen Reiches und der Bundesstaaten. 4. Aufl., Gotha 1904

Moritz Lindemann (Bearbeiter): Der Norddeutsche Lloyd. Geschichte und Handbuch. Bremen 1892

Otto Lueger: Lexikon der gesamten Technik und ihrer Hilfswissenschaften. Stuttgart und Leipzig 1910

O. Mann: Das Aufsuchen von Erzlagerstätten nutzbarer Mineralien in den Tropen. Eine Anleitung zum Prospektieren für den Offizier, Beamten, Kaufmann und Pflanzer [= Deutsche Tropen Bibliothek, Bd. 11]. Hamburg 1913

Andreas Mausolf: Die Geschichte der Bremer Straßenbahn 1876–2010. Bremen 2010

Merck's Warenlexikon. Leipzig 1884

Meyer, Hans Hermann Meyer: Die Bremer Altstadt – Wanderungen in die Vergangenheit. Bremen 2003

Meyers Konversationslexikon. 4. Aufl., Leipzig und Wien 1885–1892

Norddeutscher Lloyd (Hg.): Aus dem Betriebe des Norddeutschen Lloyd Bremen, o. Verf., Bremen o.J. [1912]

Norddeutscher Lloyd (Hg.): Hochzeitsreisen. O. Verf., Bremen o.J. [um 1910]

Norddeutscher Lloyd (Hg.): Nach Ägypten, Du Mont, Schauberg. Bremen und Köln o. Verf., o.J. [um 1910]

Norddeutscher Lloyd (Hg.): Nach Algier. Bremen, o.J. [um 1910]

Norddeutscher Lloyd (Hg.): Nach dem sonnigen Algerien. Bremen o.J. [um 1910]

Norddeutscher Lloyd (Hg.): Nach Italien. Bremen, o.J. [um 1910]

Peter-Michael Pawlik: Von der Weser in die Welt, Bd. 1. Bremerhaven und Hamburg 1993

Peter-Michael Pawlik: Von der Weser in die Welt, Bd. 3. Bremen 2008

H. Paasch: Vom Kiel zum Flaggenknopf. Marine-Wörterbuch […], 4. Aufl., Hamburg 1908

Fritz Peters: Zwölf Jahre Bremen 1945–1956. Bremen 1976

Arnold Petzet (Hg.): Heinrich Wiegand – ein Lebensbild. Bremen 1932

A.G. Plate (Editor for: The Norddeutscher Lloyd, Bremen): The »Lloyd« guide to Australasia. London 1906

Paul Preuß: Wirtschaftliche Werte in den Deutschen Südseekolonien. Der Tropenpflanzer Jg. 19 (1916), S. 491–514

Elisabeth Rogge-Ballehr: Schule der See – Viermastbark Herzogin Cecilie. Gräfelfing 1987

Anneliese Scharpenberg, eingeleitet und überarbeitet von Hartmut Müller: Die Deutsche Südseephosphat-Aktiengesellschaft Bremen. In: Bremisches Jahrbuch, Bd. 55 (1977), S. 127–241

Heinrich Schnee (Hg.): Deutsches Kolonial-Lexikon. 3 Bde., Leipzig 1920

Wilhelm Schönian: Aufzeichnungen über die Wege und Irrwege des Wilhelm Schönian. Masch.schr. Manuskript, o.O., o.J.

Ernst Christian Schütt: Die Chronik Hamburgs. Dortmund 1991

Herbert Schwarzwälder: Das Große Bremen-Lexikon. 2 Bde., 2. Aufl., Bremen 2003

Friedrich Spengemann: Von Vegesacker Reedern, Schiffen und Kapitänen. Bremen 1956

Siebzig Jahre Norddeutscher Lloyd Bremen 1857–1927, o.Verf., Berlin 1927

Reinhold Thiel: Die Geschichte des Norddeutschen Lloyd 1857–1970. 5 Bde., Bremen 2003, Bd. 3: 1900–1919

Thieme-Preusser: A new and complete critical dictionary of the English and German languages, Hamburg 1883

Georg Wegener: Deutschland im Stillen Ozean. Bielefeld und Leipzig 1903. Bd. 15, Land und Leute, Monographien zur Erdkunde, hg. von A. Scobel

Leo Woerl (Hg.): Illustrierter Führer durch Bremen mit Bremerhaven und Umgebung. 8. Aufl., Leipzig 1903

Quellen

Ungedruckte Quellen (Staatsarchiv Bremen)

Norddeutscher Lloyd 7, 2010 – 49;
7, 2010 – 227; 7, 2010 – 241

Passregister, Staatsarchiv Bremen
4,14 / 3-107

Schiffspapiere 4,24-F.657 (»Drehna«),
4,24-F.730 (»F. E. Hagemeyer«)

Senator für politische Befreiung
4,66-I-18,68

Statistisches Landesamt, Passagierlisten
4,57/5-27

Zeitungen

Bremer Nachrichten, diverse Jahrgänge,
Staatsarchiv Bremen

New York Times, diverse Jahrgänge,
online-Archiv

The Sydney Morning Herald, diverse
Jahrgänge, online-Archive

Weser-Kurier, diverse Jahrgänge,
Staatsarchiv Bremen

Weser-Zeitung, diverse Jahrgänge,
Staatsarchiv Bremen

Der „Vater" der Straßenbahn

Direktor Robert Claessens feiert 75. Geburtstag

Die Bremer Straßenbahn AG. feiert heute den 75. Geburtstag des Seniors ihres Vorstandes, Direktor Robert Claessens. Hunderte von Angehörigen der Straßenbahn und der Vorortbahnen sehen in ihm vor allem den wohlwollenden und treusorgenden „Vater" in der Hauptverwaltung am Brill.

Der Sohn eines ostpreußischen Rittergutsbesitzers sollte ursprünglich Arzt werden. Fast genau vor 60 Jahren verließ er jedoch die Schule, um sich dem Seemannsberuf zu verschreiben. Fünf Jahre lang erlebte er auf deutschen und englischen Segelschiffen die große Zeit der „Windjammer" und lernte so fast die ganze Welt kennen. Vor der Jahrhundertwende noch trat er nach seiner Militärdienstzeit als Offizier beim Norddeutschen Lloyd ein. Sein Kapitänspatent von der Bremer Seefahrtsschule trägt das Datum vom 1. März 1901. Als Schiffsoffizier und in verschiedenen Landstellungen stand er etwa zwei Jahrzehnte im Dienste des Norddeutschen Lloyd, zuletzt in Australien. Wie sehr er mit den wirtschaftlichen Verhältnissen in der Südsee vertraut ist, zeigen auch seine Studien in den Laboratorien von W. M. Müller, Rotterdam und Beer Sondheimer in Frankfurt und seine Teilnahme an einer Expedition zur Erforschung von Phosphatlagern in der Südsee, die zur Gründung der Südsee-Phosphat-Gesellschaft führte.

Nach vorübergehender Tätigkeit für das Reichsfinanzministerium wurde er am 1. Juli 1920 in den Vorstand der Bremer Straßenbahn berufen. Seit 1931 ist er auch Geschäftsführer der Bremer Vorortbahnen G. b. m. H.

Während des jetzt mehr als 30jährigen Wirkens am Brill galt seine besondere Aufmerksamkeit und Zuneigung den persönlichen Schicksalen der Angehörigen der beiden Betriebe. Direktor Claessens rief eine Betriebskrankenkasse ins Leben. Er sorgte für die Ruhegeldkasse, für die Sterbekasse, für in Not geratene Angehörige der Gesellschaft und für die Beschaffung von Baugeldern für Eigenheime.

Über die Aufgaben des engeren Betriebs der beiden Unternehmungen hinaus entfaltete Direktor Claessens eine vielseitige Wirksamkeit auch außerhalb Bremens. Er war es, der sich nach dem Zusammenbruch für die Neugründung der Fachorganisation einsetzte und der sich um die Wiedereinrichtung der Haftpflichtgemeinschaft bemühte. Er ist Aufsichtsratsmitglied der Bahneinkauf G. m. b. H. seit ihrer Gründung. Er war Beiratsmitglied des Vereins der Straßenbahnen für die britische Zone, der Arbeitsgemeinschaft der Vereinigungen öffentlicher Verkehrsbetriebe und ist jetzt Mitglied des Verwaltungsrats beim Verband öffentlicher Verkehrsbetriebe.

Für seine Straßen- und Vorortbahnangehörigen war und ist er besonders die Verkörperung menschlicher Fürsorglichkeit. Deshalb sei hier auch seine Unterstützung der Sängervereinigung und der Musikkapelle der Straßen- bzw. Vorortbahnen nicht vergessen. Seit 1932 ist er außerdem Präses des Bremer Automobilclubs.

Artikel des »Weser-Kuriers« zum 75. Geburtstag von Robert Claessens, 27. Juli 1951

Bilder

Archiv BSAG/Freunde der Bremer Straßenbahn e.V.: 274

Bildbestand der Deutschen Kolonialgesellschaft in der Universitätsbibliothek Frankfurt: 119, 140 u., 141, 147, 154 o., 155, 180, 183, 195, 208, 212, 214, 217, 222

Bremer Landesmuseum für Kunst und Kultur – Focke-Museum: 59, 117

Bundesarchiv, Koblenz (Bild 146-1970-068-53): 65

Bundesamt für Seeschifffahrt und Hydrographie, Rostock (Seekartenarchiv): 136, 156 f., 162, 170, 176, 178 f., 186 f., 206

Deutsches Schifffahrtsmuseum, Bremerhaven: 14 (2)

Edition Temmen: 12 o., 55, 110 u., 118

Hapag-Lloyd AG, Hamburg: 60, 151, 266, 279

Library of Congress: 9, 13, 15, 16, 18 f., 24 (2), 26, 29, 46, 54, 57, 61, 71, 88 u., 90, 91

Sammlung Arnold Kludas: 28, 127

Sammlung Jörn Bullerdiek: 21, 39, 121, 124 f., 132, 246, 249, 250, 253, 257, 276, 282, 289

Sammlung Harry Schwarzwälder: 273

Sammlung Herbert und Inge Schwarzwälder: 62, 275

Georg Schmidt: 262

Staatsarchiv Bremen: 48/49, 67, 106, 115, 128/129, 276

Staatsarchiv Hamburg: 32

Nachlass Robert Claessens (Fotoabzüge, Postkarten, Dokumente u.a.): 6, 7 o., 8, 12 u., 20 (2), 20 u., 37, 41–43, 45, 58, 68 (2), 69, 70 (2), 74 (4), 75 (2), 76–79, 80 (2), 81 (2), 82, 83 (4), 84 (2), 85 (2), 86 (2), 87 (2), 88 o., 92 f., 94 (2), 95 (2), 97, 98 (2), 99 (2), 100 (2), 101 (3), 102 (2), 103 (2), 104 (2), 107, 108 (2), 109 (2), 110 (o.), 135, 137, 139, 140 o., 142 f. (je 2), 146, 154 u., 163, 172, 174 f., 204, 207, 209, 226, 233 (2), 234 f., 240 (2), 241, 243, 245, 255 o., 258 (2), 259, 260 u., 261, 263 (3), 264, 267, 268 (2), 269 f., 271 (2), 277 f., 280, 283 (2), 284 f., 289 (2), 290–292

Nachlass Robert Claessens (von Negativen gescannt): 138, 152 (2), 153, 158 f., 160 (2), 161, 165–169, 177, 197–199, 205 (2), 224 f., 227, 236, 237 (3), 251 (2), 255 u., 256 (2), 257 o., 260 o.

Nachlass Wilhelm Schönian: 145, 231 f. (4)

Übersee-Museum Bremen (Inv. D06423, Fotograf: Matthias Haase): 293

aus Publikationen entnommene Bilder

Richard Andree: Andree's Allgemeiner Handatlas. 1. Aufl., Bielefeld und Leipzig 1881: 116

Ottomar Beta: Das Buch von unsern Kolonien. Leipzig 1908: 148, 190, 211

Brockhaus' Konversationslexikon. 14. Aufl. (16 Bde.), Leipzig, Berlin und Wien 1894–1897: 34, 111

P. Buttenberg: Konserven mit Heizvorrichtung. Zeitschrift für Untersuchung der Nahrungs- und Genussmittel 8 (1904), S. 355–357: 185

»Detroit Evening News«, 2. Juli 1900, http://maggieblanck.com/Hoboken/PhotosFire.html, abgerufen am 27.9.2011: 63

Julius Eckstein (Hg.): Historisch-biographische Blätter. Der Staat Bremen, Norddeutscher Lloyd. Berlin 1913: 11, 239

Carl Elschner: Corallogene Phosphat-Inseln Austral-Oceaniens. Lübeck 1915: 112–114, 120, 201

Bernhard Frommund: Deutsch-Neuguinea, eine Perle der Südsee. Hamburg 1926: 150

Gaeblers kleiner Handatlas über alle Teile der Erde. Bearbeitet, gezeichnet und hg. von Eduard Gaebler, Leipzig 1933: 44

Hermann Habenicht: Justus Perthes' See-Atlas. Gotha 1895: 17, 22 f.

Handbuch der Reichspostdampferlinien nach Ostasien und Australien, hg. vom Norddeutschen Lloyd, Bremen 1908, Umschlagabbildung: 126, 130

Otto Höver: Von der Galiot zum Fünfmaster. Bremen 1934: 52

Paul Langhans: Justus Perthes' Staatsbürger-Atlas. 24 Blätter mit über 100 Karten, Diagrammen und Abbildungen zur Verfassung und Verwaltung des Deutschen Reiches und der Bundesstaaten. 4. Aufl., Gotha 1904: 7 u.

Moritz Lindemann (Bearbeiter): Der Norddeutsche Lloyd. Geschichte und Handbuch. Bremen 1892: 25, 30

Norddeutscher Lloyd (Hg.): Aus dem Betriebe des Norddeutschen Lloyd Bremen, o.Verf., Bremen o.J. [1912]: 10, 66, 123, 244 (3)

Norddeutscher Lloyd (Hg.): Hochzeitsreisen. O.Verf., Bremen o.J. [um 1910]: 131, 242, 248

Norddeutscher Lloyd (Hg.): Nach Italien. Bremen, o.J. [um 1910]: 252, 254

Norddeutscher Lloyd (Hg.): Nach Italien. Bremen, o.J. [um 1910]: 247

H. Paasch: Vom Kiel zum Flaggenknopf. Marine-Wörterbuch [...], 4. Aufl., Hamburg 1908, Pläne, Nr. 85 oben: 51

A.G. Plate (Editor for: The Norddeutscher Lloyd, Bremen): The »Lloyd« guide to Australasia. London 1906: 133 f., 232, 238, 265

Heinrich Schnee (Hg.): Deutsches Kolonial-Lexikon. 3 Bde., Bd. 1, Leipzig 1920: 149

Heinrich Schnee (Hg.): Deutsches Kolonial-Lexikon. 3 Bde., Bd. 2, Leipzig 1920: 171, 173, 182, 196

Heinrich Schnee (Hg.): Deutsches Kolonial-Lexikon. 3 Bde., Bd. 3, Leipzig 1920: 189, 223

Siebzig Jahre Norddeutscher Lloyd Bremen 1857 – 1927, o.Verf., Berlin 1927: 31, 72, 96

Die Deutsche Bibliothek verzeichnet
diese Publikation in der Deutschen
Nationalbibliografie; detaillierte
bibliografische Daten sind im Internet
unter http://dnb.ddb.de abrufbar.

Layout und Umschlaggestaltung:
hofAtelier, Toni Horndasch

© EDITION TEMMEN 2012
Hohenlohestraße 21 · 28209 Bremen
Tel. +49 - 421 - 34 84 30
Fax +49 - 421 - 34 80 94
info@edition-temmen.de
www.edition-temmen.de
Alle Rechte vorbehalten

Gesamtherstellung: EDITION TEMMEN
ISBN 978-3-8378-4024-7